欧洲法与比较法前沿译丛
丛书主编：李 昊

第七版

德国破产法

【德】乌尔里希·福尔斯特 ◎著
张宇晖 ◎译

Insolvenzrecht

Ulrich Foerste

中国法制出版社
CHINA LEGAL PUBLISHING HOUSE

欧洲法与比较法前沿译丛编委会

主　编：李　昊

编　委：季红明　杜如益　葛平亮
　　　　黄　河　蒋　毅　查云飞

总序

西法东渐，尔来百年。精卫填海，其得其失?

试举一例：清光绪二十八年，梁任公急心于救国而作《新民说·论权利思想》，仅述耶林权利思想之“崖略”；此后薪火相继，百余年间，译此名著者代有其人；而今海峡两岸，《为权利而斗争》汉译本频出，精品不断。年届期颐的潘汉典教授更是在新中国成立前和改革开放后两个节译本的基础上，准备结合德文原著的多个版本和多语译本，推出该书更新、更深思熟虑的全译本。真可谓不负耶林，不负任公！法律翻译界五世同堂，各尽其力，此诚文化之盛世，亦比较法之盛世也！

且不言严复先生所倡“信、达、雅”之标准，翻译本非鹦鹉学语、口耳之学，乃在新语言环境下之诠释与再造。法律翻译更是融汇东西方社会治理之经验，谋求古今中西仁人思想之汇通。故清末法学家沈家本修律，颇得益于同文馆之法学译著。梅仲协先生评价民国时期制定的民法典：“现行民法采德国立法例者，十之六七；瑞士立法例者，十之三四；而法、日、苏联之成规，亦曾撷取一二。”新中国的法制建设最初得益于苏联法学；改革开放后的法制重建，视野更为广阔，对欧美各国的法律关注不断加深。比较法学者也渐渐从宏大的法理阐释，走向微观的法律制度和判例研习；许多研究者也从单纯的以“西药寻中病”式研究，转向了谋求中西法学对于共同关切的重大社会问题之交流与反思。

德国法之译介，自20世纪90年代以来有法律出版社出版、米健教授主持的“当代德国法学名著”译丛以及吴越教授主持的“德国法学教科书”译丛，其影响之深远，在业界功不可没。然而德国法学著作汗牛充栋，法律更新更是日新月异，许多有特色、有深度的作品仍然值得我们继续挖掘。欧盟法的发展在近十年亦是异军突起，然而目前尚无特别全面、体系化的译丛。本丛书正是希望补时之缺，给更倾向于中文阅读的读者提供一批德国和其他欧盟国家最新的法学名作，力求让读者把握德国法和欧盟法的最新脉动，拓展比较法的视野。德国法部分沿袭人大社和北大社已有的德国法学教科书策划书目，大体分为基础教程、拓展教程以及部分专著，以查缺补漏和注重前沿交叉为特色；欧盟法部分在选材上则不拘一格，既有大部头的综合教材，也有针对某一领域、某一问题的专论。同时，丛书还部分涉猎英美学者的经典名著和前沿作品。

放眼世界，目下比较法学颇有“式微”之感。恰如韩世远教授在其新版《合同法总论》序言中结合个人访学经历作出的观察：美国学者坦陈“不再注重欧洲的文字和思想”；而在德国司法实务中，比较法解释也缺乏权威性。进而得出，“在法体系的形成期，比较法最易发挥其作用；一旦法体系形成并日趋成熟，该体系已可为所遇到的法律问题提供成套的解决方案，自给自足，便成寻常”。另外，2018年6月底，英国退欧钟声敲响，欧元区财政一体化动议受挫，欧盟法的适用地域、深化层次也在缩减。此时在中国研究德国法和欧盟法还有意义吗？答案无疑是肯定的。比如大数据时代的数据保护，德国、欧盟几乎是日新月异，它们的解决方案中有哪些经验和教训？对中国无疑颇具启迪意义。再如德国民法典的编纂艺术，以及后法典时期如何续造法律、与时俱进，都对当下的民法典立法以及未来的法治建设意义深远。故而，在比较法越来越难以为我国法治提供现成答案的前提下，在比较法本身也无法在司法实务中自证其正当性和权威性的情况下，它带给人们的是超越法域的人类理解，以及对共同疑难问题的方案参考。从法律人自身修养而言，比较法带来的宏大视野和智慧启迪也是不可或缺的。在风景如画的阿尔斯特湖畔，在汉堡马克斯•普朗克比较与国际私法研究所的四层地下书库，我们再次感受到了比较法的力量。

本译丛自2013年动意以来，由北京航空航天大学李昊老师牵头，与明斯特大学、科隆大学、汉堡大学等德国著名学府的诸位在读博士共同遴选策划了德国部分书目；欧盟法书目则主要得益于毕业于中国政法大学中欧法学院的诸位留欧博士。译事不易，甘苦自知。前后弹指五年，其间多有波折，我们策划的部分书目已经在中国人民大学出版社、北京大学出版社先后出版，编委会在此衷心感谢。本次策划出版的四十余本译著，在规模、涵盖领域上可以说是盛况空前的。中国法制出版社的马颖主任及侯鹏、靳晓婷、王雯汀等多位编辑不仅在出版事宜上给予了大力支持，而且各位编辑老师的眼光、魄力也给我们留下了深刻的印象。本编委会在此对中国法制出版社和各位编辑老师致以深深的谢意。本丛书的译者虽然大部分都有留欧学习的经历，然而法律语言古奥，加之译者个人的经验和学养有限，有所讹误在所难免，望广大同仁不吝指正赐教，欣欣为盼！

丛书编委会谨识

2018年6月28日

前言

《破产法》[①]不曾安定：随着2017年3月29日《依据〈破产法〉和〈撤销法〉完善撤销时法的安定性》[②]的颁布（BGB1.I654），德国联邦参议院对破产撤销的规定明显更加严格，即广泛吸收了过去十年对体系产生重要影响的相关的法官法（Richterrecht）。[③]实践中需要不断关注故意损害撤销；本书也因此扩展了对故意损害撤销的说明。另外，立法者对2015年5月20日颁布的《欧盟议会和欧盟理事会关于破产程序的第2015/848号条例》[④]（ABL.EU Nr. L 141 v.5.6.2015, 19）也在各个方面作了必要的补充性规定。因2017年4月13日颁布了《便利解决集团破产》[⑤]，《破产法》进行了相应的立法修订（BGB1.I866）。此外，本书还补充了关

① 译者注：本书未特别说明的，均为德国法律，如《破产法》为德国破产法。

② Das Gesetz zur Verbesserung der Rechtssicherheit bei Anfechtungen nach der Insolvenzordnung und nach dem Anfechtungsgesetz.

③ 译者注：Richterrecht 指"法官法"，亦称"法官造法"或法的续造（Rechtsfortbildung），也是法官审理案件依据的"判例法"。与此不同，我国《法官法》是关于法官的管理和任职等的规定。

④ Verordnung (EU) 2015/848 des Europäischen Parlaments und des Rates vom 20. Mai 2015 über Insolvenzverfahren.

⑤ Gesetz zur Erleichterung der Bewältigung von Konzerninsolvenzen.

于破产法的重要的法院裁判。本书所引司法判决和文献均截至2017年年底，当然这本书的构想很大程度上出自上述文献。

感谢我的助理 Christian Helte 先生（候补文官）和 Sergej Rast 先生（法学硕士），[①] 还有 Pia-Marleen Brillert 女士（学生助理）提供了大量而宝贵的帮助。

另外，感谢大家的指导和建议（ufoerste@uos.de）。

乌尔里希·福尔斯特

2018年1月于奥斯纳布吕克

① 译者注：德国有两次司法考试，分别为：Referendarexamen（候补文官见习考试）和 Assessorexamen（候补文官资格考试）。Assesor 指候补文官，是指通过了两次国家司法考试，开始了法律职业之路。

第1版前言（2013）

对学生来说，破产法并不容易理解。《破产法》中的大部分内容貌似是对《民法典》中《债法》和《物权法》的特殊规定，但实际上《破产法》也改变了《公司法》和《劳动法》的规则，而首先改变的是《强制执行法》。然而通常，上述法律规定没有（或不再）同时介绍给读者。因而，在没有补充性知识的情况下，学习《破产法》常常使人灰心丧气。这令人遗憾，但实际上也可以避免。

虽然，《破产法》不再是大学的必修课，可能属于选修课。但未来《破产法》会日益引起实务人员，尤其是律师的关注。经济发展也有助于此。另外，随着消费者破产和余债免除更加活跃，预计留给传统的《强制执行法》的空间会越来越少。

《破产法》如此复杂并且有时显得如此特殊，但也可以对其进行解释。本书首先追求的也是通俗易懂，即对特殊之处从基础知识开始引导并对其经济背景进行解释。因此，本书通过前面的文献使细节得到很大扩展；[1]不能省去参考文献！这本《破产法概论》是这些年给学生上课的成果，但也面向毕业生和实务人员（“经济刑法”硕士课程）。

---

① 译者注：为方便查阅，本书各个部分前均列有参考文献，有的章节也列入了参考文献。

译者说明

为了方便更好地理解德国破产法，主要有以下两个方面需要澄清。

首先，是对译著的一些说明：书中所参考的法条如未特别注明出自哪部法时，均出自德国《破产法》；对段落中的中心意思使用了加黑字体；文中使用楷体的段落属于方便理解或加深的部分；相关知识点在所引边码中皆有说明。

其次，是对德国《破产法》及我国《企业破产法》的概括说明。

1. 经立法修订，德国《破产法》整合了《破产清算法》和《和解法》。程序上分为（*参见→边码 21 及以下*）：常规程序（主要适用于公司破产，但不排除消费者破产）和消费者破产程序。常规程序之下分为清算程序和破产计划程序，而破产和解实际上仅适用于自然人破产。目前，我国《企业破产法》尚未构建消费者破产程序及相应的余债免除制度。而重整程序中债权人小组划分、债权顺位、计划表决与德国均有不同，如在德国破产法中职工工资、社会保险、税收等并非优先顺位，主要原因在于德国《社会保险法》对此提供了保护措施。另外，对于破产申请义务、自行管理制度和管理人的组成、处分权及责任等两国规定均有不同。

2. 2012 年以后德国破产法的立法改革：欧盟的《破产前的重组指

令》①于2019年3月28日通过了一读程序，成员国原则上应该于两年之内转化为国内法；《便利解决集团破产法》于2018年4月21日生效；2017年4月5日生效的《优化撤销时法律安定性立法》主要对德国《破产法》的第133条第2款、第3款和第142条第1款、第2款进行了修订；此外参照《美国破产法》第11章，德国于2011年11月7日颁布了《进一步便利公司重整法》②，对自行管理和破产计划表决进行了大量修改，主要部分于2012年3月1日生效。而我国《企业破产法》自2007年实施以来，就企业破产适用问题先后颁布过3次司法解释：2011年就一般适用问题、2013年针对认定债务人财产以及2019年针对债权人权利行使问题。

自接触德国法以来，笔者对规则之间相互衔接给社会带来的秩序感感受颇深。正如前辈所言，要做到理论上复杂化，实践中解决问题才能简单化。笔者怀着不尚玄虚、精益求精的态度来完成翻译事宜，但因时间和水平所限，难免出现疏漏。大家的指正在此不胜感激：Zhangyuhui1027@outlook.com。另外，感谢我的先生杨文龙参与了本书的校对工作。

① Vorschlag für eine Richtlinie des Europäischen Parlaments und des Rates über präventive Restrukturierungsrahmen, die zweite Chance und Maßnahmen zur Steigerung der Effizienz von Restrukturierungs-, Insolvenz- und Entschuldungsverfahren und zur Änderung der Richtlinie 2012/30/EU.

② Gesetz zur weiteren Erleichterung der Sanierung von Unternehmen.

缩略语表

a. A.	anderer Ansicht	其他观点
a. E.	am Ende	最后
a. F.	alte Fassung	旧版本
a. M.	anderer Meinung	其他观点
abgedr.	abgedruckt	印刷；刊登
abl.	ablehnend	对立的
Abl.（EG）	Amtsblatt	公报
Abs.	Absatz	款
abw.	Abweichend	背离的
AcP	Archiv für die civilistische Praxis	《民事实务档案》
AG	Aktiengesellschaft; Die Aktiengesellschaft（Zeitschrift）; Amtsgericht	股份公司；《股份公司》（杂志）；地方法院
AktG	Aktiengesetz	《股份公司法》
allg. M.	allgemeine Meinung	普遍观点
Alt.	Alternative	选择
Amtl. Begr.	Begründung zum Regierungsentwurf der Insolvenzordnung, BT-Drs.12/2443	《破产法政府草案的说明》，联邦议会公报 12/2443
Amtl. Begr. EGInsO	Begründung zum Regierungsentwurf des Einführungsgesetzes zur Insolvenzordnung, BT-Drs. 12/3803	《破产实施法政府草案》的说明，联邦议会公报 12/3803
Amtl. Begr. InsOÄndG	Begründung zum Regierungsentwurf eines Gesetzes zur BetrAVG ders. Änderung der Insolvenzordnung, BT-Drs. 14/5680	《破产法改革法政府草案》的说明，联邦议会公报 14/5680
Amtl. Begr. IntInsR	Begründung zum Regierungsentwurf des Gesetzes zur Neuregelung des Internationalen Insolvenzrechts, BT-Drs.15/16	《重新规定国际破产法的法律的政府草案》的说明，联邦议会公报 15/16
AnfG	Anfechtungsgesetz	《撤销法》

续表

Anh.	Anhang	附录
Anm.	Anmerkung	评注
AnwBl.	Anwaltsblatt	《律师公报》
AO	Abgabenordnung	《税捐法》
ArbGG	Arbeitsgerichtsgesetz	《劳动法院法》
arg.	Argumentum	论据
Art.	Artikel	条
Aufl.	Auflage	版
Ausf.	ausführlich	详细的
BA	Bundesagentur für Arbeit	联邦劳工局
BAG	Bundesarbeitsgericht	联邦劳工法院
BayObLG	Bayerisches Oberstes Landesgericht	巴伐利亚州最高法院
BayObLGZ	Entscheidungen des Bayerischen Obersten Landesgerichts in Zivilsachen	《巴伐利亚州最高法院民事判决集》
BB	Der Betriebsberater	《企业顾问》
BBodSchG	Gesetz zum Schutz vor schädlichen Bodenveränderungen und zur Sanierung von Altlasten	《联邦防止土地不利改变和污染场地修复法》
Bd.	Band	卷
BeckerRS	Beckrechtsprechung (beck-online)	贝克判例（贝克在线法律数据库）
Begr.	Begründung	论证
BetrAVG	Gesetz zur Verbesserung der betrieblichen Altersvorsorge	《企业养老保障改善法》
BetrVG	Betriebsverfassungsgesetz	《企业组织法》
BFH	Bundesfinanzhof	联邦最高行政法院
BGB	Bürgerliches Gesetzbuch	《民法典》
BGBl.	Bundesgesetzblatt	《联邦法律公报》
BGH	Bundesgerichtshof	《联邦最高法院》

续表

BGHZ	Entscheidungen des Bundesgerichtshofs in Zivilsachen	《联邦最高法院民事判决集》
BMF	Bundesministerium der Finanzen	联邦财政部
BNotO	Bundesnotarordnung	《联邦公证人法》
BRAO	Bundesrechtsanwaltsordnung	《联邦律师法》
Bsp.	Beispiel	举例
BT-Drs.	BundestagsDrucksache	联邦议会公报
BVerfG	Bundesverfassungsgericht	联邦宪法法院
BVerfGE	Bundesverwaltungsgericht	《联邦行政法院判决集》
BZRG	Bundeszentralregistergesetz	《联邦登记法》
bzw.	beziehungsweise	或者
ca.	circa	大约
DB	Der Betrieb	《企业》
DDR	Deutsche Demokratische Republik	德意志民主共和国
ders.	Derselbe	同前
DGVZ	Deutsche GerichtsvollzieherZeitung	《德国法院执行人报》
d. h.	das heißt	即
dies.	dieselbe, dieselben	同前
Diss.	Dissertation	博士论文
DStR	Deutsches Steuerrecht	《德国税法》
DZWiR	Deutsche Zeitschrift für Wirtschaftsrecht	《德国经济法杂志》
EDV	Elektronische Datenverarbeitung	电子数据处理
EG	Europäische Gemeinschaft(en)	欧洲共同体
EGBGB	Einführungsgesetz zum Bürgerlichen Gesetzbuch	《民法典实施法》
EGGVG	Einführungsgesetz zum Gerichtsverfassungsgesetz	《法院组织实施法》
EGInsO	Einführungsgesetz zur Insolvenzordnung	《破产实施法》
EGZPO	Gesetz, betreffend die Einführung der Zivilprozessordnung	《关于民事诉讼实施法》

续表

Einl.	Einleitung	导论
einschr.	Einschränkend	限制的
ESUG	Gesetz zur weiteren Erleichterung der Sanierung von Unternehmen	《进一步便利企业重整法》
et al.	et alii (lat.) = und andere (Autoren)	以及其他的（作者）
EU	Europäische Union	欧盟
EuGVÜ	EWG-Übereinkommen über die gerichtliche Zuständigkeit und die Vollstreckung gerichtlicher Entscheidungen in Zivil und Handelssachen vom 27.09.1968	《1968 年 9 月 27 日欧共体关于民商事领域的司法管辖权及法院判决的执行权公约》
EuGVVO	Verordnung (EG) Nr. 44/2001 des Rates über die gerichtliche Zuständigkeit und die Anerkennung und Vollstreckung von Entscheidungen in Zivil und Handelssachen vom 22.12.2000	《2000 年 12 月 22 日欧盟理事会第 44/2001 号关于民商事领域司法管辖权以及判决承认和执行的指令》
EuInsVO	Europäische Verordnung über Insolvenzverfahren	《欧洲破产条例》
EUV	Vertrag über die Europäische Union vom 07.02.1992, i. d. F. durch den Vertrag von Lissabon vom 13.12.2007	《1992 年 2 月 7 日的欧盟条约，由 2007 年 12 月 13 日里斯本条约修正》
EWiR	Entscheidungen zum Wirtschaftsrecht	欧洲经济利益统一体
f.	folgende / folgender	以下（临近范围内）
FamFG	Gesetz über das Verfahren in Familiensachen und in den Angelegenheiten der freiwilligen Gerichtsbarkeit	《家庭事务和非诉事务程序法》
ff.	Folgende	以下（范围较广）
Fn.	Fußnote	脚注
FS	Festschrift	祝贺文集

续表

GBO	Grundbuchordnung	《土地登记簿法》
GbR	Gesellschaft bürgerlichen Rechts	《民事合伙》
GenG	Genossenschaftsgesetz	《合作社法》
GesO	Gesamtvollstreckungsordnung (außer Kraft)	《共同执行法》(失效)
GG	Grundgesetz	《基本法》
ggf.	Gegebenenfalls	酌情；如有必要
GKG	Gerichtskostengesetz	《法庭收费法》
GmbH	Gesellschaft mit beschränkter Haftung	有限责任公司
GmbHG	Gesetz betreffend die Gesellschaften mit beschränkter Haftung	《有限责任公司法》
GmbHR	GmbH–Rundschau	《有限责任公司评论》
GmS–OGB	Gemeinsamer Senat der Obersten Gerichtshöfe des Bundes	联邦最高法院联合法庭
GPR	Zeitschrift für das Privatrecht der Europäischen Union	《欧盟私法期刊》
GRUR	Gewerblicher Rechtsschutz und Urheberrecht	《工业产权保护与著作权》
GS	Gedächtnisschrift	纪念文集
GVG	Gerichtsverfassungsgesetz	《法院组织法》
HGB	Handelsgesetzbuch	《商法典》
h. L.	herrschende Lehre	主流观点
h. M.	herrschende Meinung	主流观点
Hrsg.	Herausgeber	编者
Hs.	Halbsatz	半句
i. d. R.	in der Regel	通常
i. E.	im Einzelnen	具体地；详细地
i. H. v.	in Höhe von	高达……
im. Erg.	im Ergebnis	结果

续表

inkl.	Inklusive	包括
insb.	Insbesondere	特别是
Insbüro	Zeitschrift für Insolvenzsachbearbeitung und Entschuldungsverfahren	《破产事务处理和债务免除程序期刊》
InsO	Insolvenzordnung	《破产法》
InsVV	Insolvenzrechtliche Vergütungsverordnung	《破产法薪酬条例》
InVO	Insolvenz und Vollstreckung (Zeitschrift)	《破产与执行》(杂志)
IPR	Internationales Privatrecht	《国际私法》
IPRax	Praxis des Internationalen Privat und Verfahrensrechts	《国际私法与程序法实务》
i. R.	im Rahmen	在……范围内;根据
i. S. d.	im Sinne des/der	就……而言;按……的意义
i. Ü.	im Übrigen	此外
i. V. m.	in Verbindung mit	结合……
JA	Juristische Arbeitsblätter	《法律工作报》
JR	Juristische Rundschau	《法律评论》
JuS	Juristische Schulung	《法律培训》
JZ	Juristenzeitung	《法律人报》
KfH	Kammer für Handelssachen	商事合议庭
Kfz	Kraftfahrzeug	机动车
KG	Kammergericht; Kommanditgesellschaft	柏林高等法院;有限合伙企业
KO	Konkursordnung (außer Kraft)	《破产清算法》(失效)
krit.	Kritisch	批判的
KSchG	Kündigungsschutzgesetz	《解雇保护法》
KTS	Zeitschrift für Insolvenzrecht-Konkurs, Treuhand, Sanierung	《破产法杂志——破产、信托、重整》

续表

KV	Kostenverzeichnis (Anlage 1 zum Gerichtskostengesetz)	费用索引（法庭收费法附件 1）
LAG	Landesarbeitsgericht	地方劳动法院
lat.	Lateinisch	拉丁语
LG	Landgericht	地方法院
lit.	Litera	字母
LMK	Lindenmaier-Möhring, Kommentierte BGH-Rechtsprechung	Lindenmaier-Möhring,《联邦最高法院判决评注》
LS	Leitsatz	指导原则
m.	Mit	与……
m. a. W.	mit anderen Worten	换句话说
MDR	Monatsschrift für Deutsches Recht	《德国法律月刊》
MiZi	Anordnung über Mitteilung in Zivilsachen vom 01.06.1998	《1998 年 6 月 1 日关于民事案件中通知的规定》
MoMiG	Gesetz zur Modernisierung des GmbH-Rechts und zur Bekämpfung von Missbräuchen, BT-Drs.16/6140	《有限责任公司法现代化和反滥用法》，联邦议会公报 16/6140
MuSchG	Mutterschutzgesetz	《母亲保护法》
m. w. N.	mit weiteren Nachweisen	进一步证据表明
Nds.SOG	Niedersächsisches Gesetz über die öffentliche Sicherheit und Ordnung	《下萨克森州关于公共安全和秩序法》
NJW	Neue Juristische Wochenschrift	《新法学周刊》
NJW-RR	NJW-Rechtsprechungsreport Zivilrecht	《新法学周刊民事法判例报告》
Nr.	Nummer	项；编号
NZA	Neue Zeitschrift für Arbeits und Sozialrecht	《新劳动与社会法杂志》
NZG	Neue Zeitschrift für Gesellschaftsrecht	《新公司法杂志》
NZI	Neue Zeitschrift für Insolvenzrecht	《新破产法杂志》
o.	Oben	上

续表

OHG	offene Handelsgesellschaft	普通合伙企业
OLG	Oberlandesgericht	州高等法院
OVG	Oberverwaltungsgericht	州高等行政法院
PAO	Patentanwaltsordnung	《专利律师法》
ProdHaftG	Produkthaftungsgesetz	《产品责任法》
RdA	Recht der Arbeit (Zeitschrift)	《劳动法》(杂志)
Rechtsausschuss	Beschlussempfehlung und Bericht des Rechtsausschusses des Deutschen Bundestages zu dem Regierungsentwurf einer Insolvenzordnung, BT-Drs.12/7302	《德国联邦议会法律委员会对〈破产法政府草案〉的决议建议与报告》，联邦议会公报12/7302
RegE	Regierungsentwurf	政府草案
RG	Reichsgericht	帝国法院
RGBl.	Reichsgesetzblatt	《帝国法律公报》
RGZ	Entscheidungen des Reichsgerichts in Zivilsachen	《帝国法院民事判决集》
Rn.	Randnummer	边码
Rpfleger	Der Deutsche Rechtspfleger	德国司法辅助人
RPflG	Rechtspflegergesetz	《司法辅助人法》
Rspr.	Rechtsprechung	判决
RVG	Rechtsanwaltsvergütungsgesetz	《律师收费法》
S.	Satz; Seite	句；页
s.	siehe	见
SchKG	Bundesgesetz über Schuldbefreiung und Konkurs (Schweiz)	《联邦债务免除和破产法》(瑞士)
SGB	Sozialgesetzbuch	《社会法典》
s. o.	siehe oben	见上文
sog.	sogenannte	所谓的
StBerG	Steuerberatungsgesetz	《税务咨询法》
StGB	Strafgesetzbuch	《刑法典》
str.	streitig	有争议的

续表

StVG	Straßenverkehrsgesetz	《道路交通法》
s. u.	siehe unten	见下文
u.	und; unten	和；下面
u. a.	unter anderem	等等，其中之一
u. Ä.	und Ähnliches	以及类似……
u. a. m.	und anderes mehr	以及其他等
überw. M.	überwiegende Meinung	主流观点
umstr.	umstritten	有争议的
UmwG	Gesetz über die Umwandlung von Kapitalgesellschaften und Bergrechtlichen Gewerkschaften	《资合公司和矿业联合公司变更法》
UrhG	Urheberrechtsgesetz	《著作权法》
USt.	Umsatzsteuer	营业税
usw.	und so weiter	等等
u. U.	unter Umständen	在……情况下
v. a.	vor allem	首先
VbrInsVO	Verbraucherinsolvenzvordrucksverordnung i. d. F. vom 23. 6. 2014 (BGBL. I 703 ff., Hinweisblatt 735 ff.)	2014年6月23日的《消费者破产回证条例》版本(《联邦法律公报》第一部分，第703页及以下页码，提示页第735页及以下页码)
VerglO	Vergleichsordnung (außer Kraft)	《破产和解法》(失效)
VersR	Zeitschrift für Versicherungsrecht, Haftungs-und Schadensrecht	《保险法，责任法和损害赔偿法杂志》
vgl.	vergleiche	参见
VIA	Verbraucherinsolvenz aktuell (Beilage zur Zeitschrift NZI)	《消费者破产实务》(NZI杂志增刊)
VOB/B	Verdingungsordnung für Bauleistung, Teil B: Allg. Vertragsbedingungen für die Ausführung von Bauleistungen	《建筑工程发包法》，B部分：实施建筑工程的一般合同条件
VuR	Verbraucher und Recht (Zeitschrift)	《消费者与法》(杂志)

续表

WEG	Wohnungseigentumsgesetz	《住宅所有权法》
WG	Wechselgesetz	《汇票法》
WM	Wertpapier Mitteilungen	《有价证券通讯》
WPO	Wirtschaftsprüferordnung	《经济审计师准则》
WuB	Entscheidungssammlung zum Wirtschafts–und Bankrecht mit Anmerkungen	《经济法和银行法的判决集及评注》
z. B.	zum Beispiel	例如
ZBB	Zeitschrift für Bankrecht und Bankwirtschaft	《银行法与银行经济杂志》
ZGR	Zeitschrift für Unternehmensund Gesellschaftsrecht	《企业与公司法杂志》
ZInsO	Zeitschrift für das gesamte Insolvenzrecht	《统一破产法杂志》
ZIP	Zeitschrift für Wirtschaftsrecht	《经济法杂志》
ZPO	Zivilprozessordnung	《民事诉讼法》
ZRP	Zeitschrift für Rechtspolitik	《法律政策杂志》
z. T.	zum Teil	部分
zust.	zustimmend	同意的
zutr.	zutreffend	适用的
ZVG	Gesetz über die Zwangsversteigerung und Zwangsverwaltung	《强制拍卖与强制管理法》
ZVI	Zeitschrift für Verbraucher-Insolvenzrecht	《消费者破产杂志》
ZWE	Zeitschrift für Wohnungseigentumsrecht	《住宅所有权法杂志》
z. Z.	zur Zeit	目前
ZZP	Zeitschrift für Zivilprozess	《民事诉讼法杂志》

注：如未注明法条出处，则源自《破产法》。

目录

第一部分

基　础

第一章　破产程序的目的

参考文献：*Gaul*, Rechtsverwirklichung durch Zwangsvollstreckung aus rechtsgrundsätzlicher und rechtsdogmatischer Sicht, ZZP 112(1999), 135 ff.; *Kodek*, Der insolvenzrechtliche Gleichbehandlungsgrundsatz in vergleichender Perspektive, KTS 2014, 215 ff.; *Paulus*, § 1 InsO und sein Insolvenzmodell, NZI 2015, 1001 ff.; *Uhlenbruck*, Zur Geschichte des Konkurses, DZWiR 2007, 1 ff.; *Windel*, Der insolvenzrechtliche Gleichbehandlungsgrundsatz und seine Auswirkungen auf die Abwicklung schwebender Austauschverträge, JURA 2002, 230 ff.

第一节　导　论

一、破产的概念

当债务人不能以其财产对债权人进行清偿时，即发生债务人破产，亦 1
即债务人无支付能力（第 17 条）或出现资不抵债（第 19 条），通常情况下两者兼具。人们称上述情况为**实质破产**。对此，如果唯一一个债权人，比如一个大的债权人得不到债务人的（完全）清偿就足以构成实质破产。然而，大多数情况是破产债务人有很多债权人，一个大型的公司可能会有上千个债权人。如果这些债权人听闻债务人不能清偿到期债务，在债务人财产耗尽之前，许多债权人将催促债务人清偿属于自己的那部分债务，或者这些存在竞争关系的债权人至少要为其是否能得到更好的清偿而担忧。因此破产法也被看作一种竞合（拉丁语“concursus”，即有共同涌入之意，意在指债权人的竞赛）。并且，1999 年 1 月 1 日由《破产法》取代的《破产清算法》还将债务人称为“共同债务人”（共同的债务人）。与此相对应，**形式破产**是指狭义上的破产，即由破产法院启动破产程序。形式破产是以实质破产得以确认为前提。

二、德国的破产程序

2 破产并不只是一种边缘现象。2015年破产给债权人造成了高达196亿欧元的损失，仅根据官方数据已造成高达65亿欧元的损失，22.5万个工作岗位因此消失或受到威胁。适用破产程序的案件在过去十年里增长了4倍，经济发展当然也出现相应的波动。

表1-1　1960—2016年的破产数量概览

年　份	破产总量	公司破产
1960	2958	2358
1980	9140	6315
2000	41,780	27,930
2010	169,840	32,060
2011	159,580	30,120
2012	150,810	28,720
2013	141,900	26,300
2014	135,020	24,030
2015	127,570	23,180
2016	122,590	21,560

近来首先大量出现了消费者破产。这或许与1999年以来，无清偿能力的个人通过破产程序可免除债务有关。起初债务人至少仍需筹集破产程序费用，但该障碍很大程度上也被取消。当然，消费者的清偿能力也会因整体经济的发展而受到影响。

3 造成**破产的原因**是多方面的。对于个人来说失业和离婚具有重要的影响。面对现金和无须现金支付（电子商务卡和信用卡支付）的诱惑而产生的赤字以及先前“先存储，后消费”的美德丧失都实属其中。

对于公司，主要是管理错误（例如错误的市场评估；对市场变化或竞争对手的过慢反应；对费用增加以及自动化的忽视或不明智的公司共同决策），但对此采取乐观而非谨慎的态度似乎是非常危险的。尽管劳动密集型的产品制造业或高新技术产业的国际竞争不断加剧，但也不能回避德国工资和社保制度，这类产业的公司会面临上述问题，除非通过合理化安排或生产扩张。但公司衰败可能也有运气的成分，比如面临重要客户的破产、经济危机或自然灾害问题。而中小型德国经济体的持续困境是所谓的股东**自有资本**（Eigenkapitalquote）的短缺（参见 *K. Schmidt*, *JZ 1984*, *771 ff.*）。虽然良好的经济发展使去年自有资本份额平均增长到 30%，然而对外部筹资（如银行信贷）的依赖性仍然很高。相应地，在偿付债务和利息的巨大压力下，企业经济不景气时应对商业衰败的能力也在下降。

近来**外部筹资也越来越难**：经过审慎地信用考察和利润预期，中小型企业取得信贷，可能需等数十年之久。如今信贷机构更看重它们的利润——实际在德国很低——并且相应地更加看重违约风险，也就是客户的商业信用。对此，银行和储蓄机构也受到约束，因为从其自身来讲它们必须用其（高昂的）股本（Eigenkapital）来填配大量的信贷：以前每项信贷，不考虑信用风险，都以 8% 的股本来换配。相应地，通常每项贷款的条款（如利率）也相差甚微。因此，某些“差”的信贷也由“好”的信贷（具有较好商业信用的债务人）所共担，换句话说就是“取得了横向资助”。从 2008 年 1 月 1 日起，债务人的商业信用越差，越要加强股本填补信贷（巴塞尔银行委员会建议稿“巴塞尔Ⅱ”）。这将迫使信贷机构实行严密的商业信用鉴定和严格的等级划分。同时，这将使得“差的”债务人取得信贷（至少）更加昂贵，而信用良好的债务人——潜在的大公司——的信贷成本会降低。关于该较为严苛的规定是否使得中小型企业贷款更加困难，将在“巴塞尔Ⅲ”（自 2014 年 1 月 1 日起在欧盟生效）中继续探讨。

第二节　对债权人的共同清偿

理论上，立法者不需要对具有多个债权人的破产案件单独规定。立法 4
者可以相信，尽管债务人无足够偿付能力，债权人也可以通过法院单独主张个人权利并且经单独强制执行程序得以执行（《民事诉讼法》第 704 条及以下）。如果某债权人及时提起执行程序，或许可以得到清偿；而行动缓慢的债权人就比较倒霉。一些债权人或通过和债务人的特殊关系（朋友、商业联合等）或通过施压，使其在债务人财产越来越少的情况下可以被优先考虑。这或许也可以被立法者所承认。然而立法者却另有决定，即作了**特殊规定**——部分由刑法加以规定（德国《刑法典》第 283c 条），但主要在执行法中进行了如下规定。

如果启动了破产程序，则债权人可以共同得到清偿（第 1 条第 1 句）。 5

相应地，债务人的债务关系会得到有序清理，债务人剩余的共同财产会得以分配。人们把该种方式称为共同执行（Gesamtvollstreckung）。从本质上讲，破产法也是一种特别执行程序法。其中破产管理人负责债务人财产（“破产财团”或简称“财团”）的共同清偿。破产管理人可以事先变价该财产。为了简化程序，破产管理人可以结束或者影响债务人缔结的法律关系，如效力待定的买卖合同、使用租赁合同（Mietvertrag）、用益租赁合同（Pachtvertrag）和劳动合同（第 103 条及以下）。因此，《破产法》也包含了**《债法》**以及**《劳动法》**的内容。通过这种方式变价共同财产，具有很大的优势：比单独强制执行中出售个别财产，有机会取得更多的收益。

第三节　债权人的平等对待

一、回顾：《民事诉讼法》中的顺位原则

6 在破产法领域外，顺位原则（也即优先或者预先原则）占据重要地位。对于该原则来说，这种“先到磨坊先使磨”的自有观念由来已久（参见 *Wacke*, *JA 1981*, *94 ff.*）。《物权法》中已有规定，只有在先的取得人可取得财产的所有权（《民法典》第 929 条）、优先取得动产质权（Faustpfandrecht）（《民法典》第 1209 条）或抵押权（《民法典》第 879 条）；在遇到善意第三人的情况下可能会丧失该优先权。同时在强制执行中也规定了优先顺位并且将得以优先清偿，例如在先对机动车进行了扣押（《民事诉讼法》第 804 条第 3 款、第 808 条第 1 款）；在先向债务人的雇主送达了扣押工资以抵债的裁定（《民事诉讼法》第 829 条第 3 款）；在先登记了强制抵押权（《强制拍卖与强制管理法》第 10 条第 1 款第 4 项、第 11 条第 1 款）或——作为无担保的债权人——在先查封了（Beschlagnahme）应被拍卖的土地（《强制拍卖与强制管理法》第 10 条第 1 款第 5 项、第 11 条第 2 款、第 22 条）。[①] 相反，谁如果处于不利的顺位，不能被（完全）清偿并且也不能取得债务人的其他财产，最终会落得两手空空。人们称之为**债权人的竞赛**。

---

① 译者注：Beschlagnahme 作为执行措施，在德语中既可以针对不动产又可以针对动产，既包括查封不动产，又包括扣押动产。因为这里涉及土地按中文使用习惯译作查封；如后面涉及财产则统一译作查封 / 扣押。

这可能由多种原因造成：债权人或许不知道债务人的经济境况面临危机，因而不会关注强制执行。又或许其还未曾获得执行名义（Vollstreckungstitel）（判决、执行通知等），而该执行名义是单独强制执行的前提（《民事诉讼法》第704条、第794条）。另外，或许也存在如下原因，债权人不能筹集必要的费用垫付款（Kostenvorschuss）（《法庭收费法》第12条）。而且，民事诉讼程序可能持续数年之久，债务人甚至还有可能推迟诉讼进程。需要考虑的还有，在其他债权人具有信息优势时，剩下的债权人不会利用执行名义，因为他们相信债务人已属于无产者。

然而，作为强制执行法的核心理念，顺位原则在**早期是有争议的**。 7
1879年以前，在德意志帝国仅有一些特别法遵循这一原则。此外，国外诉讼法（Prozessrechte）也将查封/扣押的财产分配给所有或多数债权人，用以清偿债务。《民事诉讼法》的意见稿中提出了反对该优先原则，认为该原则可能有失公正，因为一个执行程序的及时性通常取决于偶然事件。例如非本地人通常对债务人的偿付能力问题获悉太晚。因此，经过长期激烈的辩论后人们才确定了优先原则：谁对债务人的偿债能力进行了仔细的考察，就必须给予其照顾。否则，那个促成财产查封或发现债务人财产的人，会视其他债权人为火中之栗。没有优先原则可能会造成重复担保（Überpfändungen）问题，因为债权人在第一项担保物（Pfandstück）上没有保留所有权的话，预计将会考虑取得其他财产（进一步参见*Gaul*, *ZZP 112 [1999], 135, 153 ff. m.w.N.*）。

二、债权人在破产法上的平等对待

根据顺位原则，债权人的自由竞赛**随着破产启动**而终结：共同执行涉 8
及所有的债权人（→边码5）。该程序应使所有债权人平等受益[所谓的“对债权人的平等对待”（par condicio creditorum）]。因此，分配债务人财产时，每个债权人可取得相同的份额，从这个意义上来说，每项债权所分配的比例相应地符合所有债权与所有债务的比例——资产负债比。

例如：债权累计总额为100,000欧元，债务人财产（净资产）为7000欧元，则每个债权人按照7%的比例取得债权。如果债权人G向债务人请求2000欧元的债权，则破产管理人仅向其支付140欧元。

按份清偿是破产法的核心理念，其在“共同”清偿原则中得以明确规定（*vgl. Motive zur KO, 17 f.*）。在《破产法》第39条第1款（“根据数额比例”）、

第 191 条第 1 款第 2 句以及第 226 条第 1 款中更加明确化。此外，平等对待的目标多次得到确保：破产程序启动后，禁止为个别破产债权人实行强制执行（第 89 条）。立法者也必须阻止某些债权人通过债务人而取得任意优先权或债务人任何财产转移行为。因此，大多数情况下，债务人会丧失其财产的管理权和支配权，而由破产管理人管理和支配（第 21 条及以下、第 88 条及以下）；对此将由物权法予以补充。

9 另一方面，债权人平等对待原则得到很大扩展：如果破产程序得以启动，该原则在一定期限内可以**广泛追溯**适用。而根据《民事诉讼法》，在该期限内债权人竞赛似乎已经开始：

- 在所谓的破产撤销的范围内（第 129 条及以下），授权破产管理人中立处理程序启动前发生的并且不利于债权人共同体的行为。通常涉及债务人受益（财产转移）或某些债权人先于其他债权人而受益（在危机期间得到清偿或担保）。
- 另外，所谓追溯禁止（Rückschlagsperre）（第 88 条）是指，某些通过强制执行取得的担保自始无效：认为已取得担保的债权人，根据法律规定将丧失该担保。

该追溯的平等对待将**不断扩大**适用。首先，通过《破产法》的立法者；其次，主要通过不久前立法者重新考虑适用的《法官法》（→边码 *323h*）加强破产撤销。破产撤销追溯至债务人支付不能时，这已成为趋势，并且根据新的规定，即使债务人不能清偿其债务的一小部分时——根据联邦法院约 10%——也已经开始扩张适用破产撤销。而《破产清算法》的立法者认为，所有债权人共同涌入时债务人财产不足支付并不危险，相反也许有必要停止大部分的必要支出（*Motive zur KO, 320 ff.*）。然而，这依然给债权人竞赛（→边码 7）保留了空间，而上述问题对于立法者来说已经成为过去时。

10 然而存在**例外**情形：并不是所有的债权人——而仅仅是那些属于同一债权人小组的债权人——会得到平等对待。通常破产债权人小组属于最大的小组：破产程序启动时，对债务人享有财产请求权的个人债权人（persönlicher Gläubiger）即破产债权人（第 38 条、第 87 条）。[①] 第 39 条

---

① 译者注：个人债权人或普通债权人（persönlicher Gläubiger）区别于物上债权人（dinglicher Gläubiger）；物上债权人是指土地登记簿上的权利债权人，而个人债权人是指其他金钱债权的债权人。

中所谓的“后顺位破产债权人”的地位较差。而优先于所有破产债权人的是所谓的“财团债权人”（第53条及以下；→边码75及以下）。如果金额不足以清偿该“财团债权”（也即“财团债务”），则破产程序可能根本不能启动或会被终止。此外，首先清偿程序费用，其次清偿新的财团债务，最后清偿旧的财团债务——但每组内部都是同等份额，也即按份清偿（第209条）。

此外，享有特别权利的债权人享有绝对的优先顺位。例如某人在所有权保留的情况下卖给债务人一辆客车，但并未收到客车的价款，则该出卖人拥有“取回权”：甚至允许出卖人在破产程序之外实行返还请求权（第47条）。如某人从债务人处取得质权（Pfandrecht）或所有权担保（Sicherungseigentum），虽应适用破产程序，但其一如既往地享有“别除权”：将优先于其他所有债权人从担保物的收益中得到清偿（第49条及以下、第170条第1款第2句）。

表1–2　概览：破产情形下的债权人清偿

	清　偿	顺　位	内部关系
取回权人（第47条及以下；在具体标的物上的请求）	程序之外	最优顺位	
别除权人（第49条及以下；基于担保而请求清偿）	程序中	优于财团债权人和破产债权人	根据《破产法》之外的一般规定
财团债权人（第54条及以下）	程序中	优于破产债权人（第53条）	原则上平等对待
破产债权人（第38条）	程序中	优于后顺位的破产债权人	平等对待（按份清偿）
后顺位破产债权人（第39条）	程序中（通常一无所获）		平等对待（按份清偿）

三、债权人平等对待的理由

11 对于竭尽全力却无法取得执行名义或无论如何也不能及时获得执行的债权人来说，平等对待原则是一件好事。然而，平等对待原则会对情况较好的债权人产生束缚，破产程序启动于其而言属于厄运来临，因为债权人的竞赛将因国家干预而中断。而其中的正当性何在呢？从传统上来说，必须保证**法和平性**（Rechtsfrieden）（*s. nur Häsemeyer InsR Rn. 2. 01 ff.*）。无论如何，即使在大型破产案件发生时，社会和平不允许受到危害。并且对持怀疑态度的债权人的干预原则上也可以得到控制（*a. M. wohl Smid InsR §1 Rn. 18 ff.*）：内部安全对我们来说或许不是首要问题。此外，因太晚发现债务人破产，为获得单独强制执行而发生债权人竞赛并且《民事诉讼法》的立法者对此表示接受时（→边码 7），法和平性会受到破损。

需要补充强调的是，将破产时出现的损失分摊给所有债权人也是公平性所要求的（*Seuffert*）——但为什么呢？各种企图构建债权人权利和利益共同体的说法（*vgl. Knütel, FS Kreft, 2004, S. 3, 10 ff.*）并不能解释该问题（*zutr. Windel JURA 2002, 231 f.*），由 *Hoffmann* 推测的立法弱化顺位原则也不能解答该问题（*Foerste ZZP 2017, 511 ff.*）。另一方面需指出，债务人处于危机时由于缺乏操控能力，所有债权人可能通过设立债权、追诉及实施（如通过提供贷款）影响到破产，即必然影响债务人的财产和责任关系，因此为了平衡债权人和债务人的利益或许必然要受限于按份清偿（*Häsemeyer KTS 1982, 515 ff.; Smid InsR § 1 Rn. 22*）。但这也并不表明，这种抽象的影响因此可以损害到债权人（*Landfermann ZZP 1994, 128 f.*）。根据法律规定该影响是无关紧要的。因为在债务人丧失控制能力前，已经成立请求权的这些债权人也会受限于按份清偿原则。

然而，一旦破产被官方确认（→边码 5），立法者通过共同执行来取消单独执行的意愿即已足够，并且给予其他目标以优先地位，即平等对待和较好的财团变价。规定整体变价的立法者也必然不允许债权人通过快速行动“获得任何好处”。

12 当然这并不能使对债权人竞赛进行具有溯及力的干涉正当化，如特别的破产撤销（第 130 条至第 132 条）。为了使债权人平等受偿，也不一定需要**追溯的平等对待**，因为破产程序已经在负责此问题。因此必须再次满足立法者的意图。立法者认为在债务人客观上已无能力清偿其债务时——处于实质破产时——债权人就享有平等对待的请求权：一项“破产请求权”。只有早期请求权的可执行性取决于破产程序的启动。因此，支付停止但仍可进行交易时，人们想阻止造成群起抗争并且损害商业信用的情形（*Motive zur KO, 102 f.*）。该评价是有争议的（同上）。但基于该评价的规定是有约束力的。

第四节　债权人平等对待的路径

一、一般程序和破产计划

共同清偿债权人的典型路径是“变价”债务人财产（如财产出售）并将变价金额按份分配（第1条第1句第1种情形；所谓的“一般程序”）。但是，该路径通常导致财产分割（“清算程序”）。而通常可以以很低的价格买到单个物品（多数是二手物品）时，财产分割是不利的。然而债权人也可以规定其他路径。 13

不同于一般程序，破产计划程序（第1条第1句第2种情形）允许各个债权人进一步就债权人清偿、财团变价和分配进行协商，即所希望的清算在“破产计划”中加以制定。该破产计划必须经债权人——通常是在小组中表决——多数同意（第222条、第243条及以下）。通常计划要对债权人部分弃权进行规定，即如同和解及强制和解。只要处于同一组别的债权人没有受到不利影响（第245条第2款第3项），计划甚至可对债权人区别对待。无论如何，该计划程序强化了债权人在程序中的共同参与，即所谓的债权人自治。这是《破产法》中的特别事项，也是对法和平性的一项贡献。

二、破产企业的维持

不同于一般程序（→*边码13*），法律规定了“特别是为维持企业”（第1条第1句第2种情形）。所考虑的是企业破产（或称法人破产）或者相关具有价值的财产（Vermögenswerte）（土地、机器、存货、债权、许可权等）经营主体的破产。通常企业破产是市场经济进行必要清理而呈现的令人惋惜的一面。但有时拯救企业是可能的，也是值得期待的，并且也符合**债权人的利益**。人们或许可以帮助企业经营主体（Unternehmensträger）——如破产的有限责任公司——再次完全或者部分地“东山再起”，这样允许用未来盈利陆续地清偿债务（重整；适用率很少）。或许人们根据某项重整措施转让企业财产（整个企业或者某项经营出售），由此债权人可以从所得价款中获得清偿（“转让型重整”）。这将有助于未来有盈利希望的企业的价值得到显著提高——通常比其中单个财产价值的总和高得多（所谓的继续盈利的价值）。 14

这很大程度上也符合**公共利益**。因为它有助于减少破产情况下的失业率并且避免更多的企业出现破产的结果。对于经济结构薄弱的地区显得尤为重要。

第五节　余债免除

15 以破产程序进展到财产分配为限，原则上在破产程序中债权人仅消灭破产份额部分的请求权。另外，破产程序终结后，债务人还负有清偿债务的责任（第 201 条第 1 款；“剩余债权”）。根据之前的《破产清算法》，该原则的适用没有例外情形。但现在债务人通过向债权人让与长期内（6 年、5 年及 3 年）自己的收入所得（超过冻结限额）并且必要时努力谋得一份职业（第 286 条及以下）的方式，可以免除余债（第 1 条第 2 句）。规定余债免除完全属于破产法推动的结果：余债免除允许债务人——更确切地说是每个人也包括破产的企业主——再次获得**经济自由**，而不必长期依靠未被冻结的微薄收入维持生存。而且，也符合社会利益和经济政策，即减少无望的资不抵债部分的财政预算——达 300 万欧元到 600 万欧元。

结论：破产法应规定所有债权人获得同等清偿，更确切地说是追溯的同等清偿。理想的财团变价有助于债权人与债务人财团相关的法律关系再次得到有序清理。特别对维持破产公司寄予厚望，因为这有助于保护就业岗位并且避免其他公司一同破产。债权人对于执行破产程序有重要的影响（债权人自治）。破产法还应服务于在公司的清算和维持 / 重整之间做出决定。余债免除应给破产的公民提供经济上重新开始的可能性，这也有益于社会。

第二章　破产程序的概览

根据《破产法》存在两种类型的程序：一种是传统的，特别适合公司的破产程序（下述：常规破产程序或一般程序）；另一种是适合不（再）从事独立经济活动的个人的消费者破产程序。

第一节　企业破产

一般程序始于债务人或债权人的申请（第 13 条）。由此开始了**启动程序**（因此“启动申请”，也常常称为“破产申请”）。在此破产法院首先审查，是否允许申请（获准程序，Zulassungsverfahren），例如债务人是否具备破产资格并且——在债权人申请时——是否至少能够证明债务人存在支付不能或资不抵债的情形（第 14 条）。 16

经允许的债权人申请将送达给债务人。在债务人的听审下，法院审查该申请是否有根据：是否确实存在债务人支付不能或资不抵债的情形（第 16 条及以下）；是否至少仍留有足够的财团来支付程序费用（第 26 条）。审查或许会延期。因此为了使财团在该期间内不再减少，破产法院可以命令采取保全措施，例如任命“临时破产管理人”、责令对债务人实行一般的处分禁止（第 21 条及以下）。如果未满足启动的前提条件，破产申请也将因此被驳回。 17

否则**启动破产程序**，并立即公告相应的裁定。同时法院任命一名（最终的）破产管理人并确定一系列期日（第 29 条）：对债务人的债权申报期日（第 28 条）；“报告期日”，在该期日内破产管理人对债务人或企业提出报告，债权人根据该报告决定是否继续破产程序（第 157 条）；“审查期日”（第 176 条），在该期日内将讨论申报的债权。破产程序启动属于查封 / 扣押措施（破产扣押，Insolvenzbeschlag）。通过破产启动债务人虽然没有丧失财产的所有权，但可能丧失对财产的处分权：仅破产管理人可以支配和管理该财团（第 80 18

条及以下）。因此管理人必须立即占有所发现的财团（第148条；“现有财团”）并且编制财产目录。管理人还应返还存在取回权的非财团标的物。不可扣押的标的物可由债务人处分。剩下的标的物属于所谓的“应有财团”。另外，管理人必须追讨债务人对他人的债权，紧急情况下通过诉讼或继续未决的诉讼追讨债务。该第三债务人仅可通过向管理人（财团管理人）给付完成债务履行（第82条）。必要时破产管理人可以行使破产撤销权，追溯流失的财产并返还于破产财团。当破产法院同意债务人“自行管理”时，债务人可例外地继续拥有管理权和支配权（第270条及以下）。

19 财团变价（“积极财团”）和债权确认（“消极财团”）是**清偿债权人**的前提。原则上管理人有义务进行财团变价。除非债权人做出其他决定，否则应将财团财产变现（第159条）。所得变价收入属于“分配财团”（Teilungsmasse）。合法债权将在中间分配中得到通知：每项债权将在破产管理人处申报并且由破产管理人登记到“破产清单”中。在审查期日内，破产管理人和债权人对于申报的债权无异议时，则该项债权得以确认（第178条）——不经过法院的审查。相反如果对债权提出了异议，债权人必须通过对异议人提起诉讼，由法院给予确认；随后的判决对其他债权人也产生效力（第179条及以下）。法官将债权确认或异议情况登记到破产清单中（第178条第2款）。在分配清单上标注，应该支付哪些债权份额以及留置该份额。在此基础上进行中期分配（Abschlagsverteilungen）（第187条第2款），在完全变价和结算期日后进行最终分配（Schlussverteilung）（第196条及以下）。

20 最终分配后破产**程序便终结**。

如果债务人争取余债免除，则必须尽早申请，例如破产申请时一同提出余债免除申请。经破产申请启动破产程序后，债务人必须努力取得劳动收入。结算期日后将对可能的、已知的驳回事由（Versagungsgründe）进行裁决；但提交申请后债务人仍须注意余债免除可能被提前驳回，特别是由于债务人违反义务时（第290条、第295条及以下、第299条）。否则破产法院会准予余债免除并且最晚于破产程序启动后第6年起，某些情况下第5年起，很少从第3年起准予余债免除（参见第300条）。

第二节　消费者破产

21 如果债务人为自然人且不从事独立经营活动（或者尽管先前独立经营

但财产关系非常简单）时，适用消费者破产程序。但所预设的程序（→*边码 16 及以下*）**因优先适用债务清理合意而发生变化**：如果债务人想提出破产申请，首先应该尝试和债权人达成合意。实践中债务人应该说服债权人，（进一步）放弃债权。由此，对消费者来说，同样对法官来说省去了费用高昂的程序并且可以尽早地免除债务。如果合意不成，则需要进行第 2 项尝试：在启动申请时应向法院递交“债务清偿计划”（第 305 条第 1 款第 4 项）。如果有机会的话，法院基于该清偿计划参与推动与债权人的合意。如果合意因少数人参与表决而失败，则在某种情形下法院可代行同意（第 309 条）。破产启动程序（→*边码 17*）先停止进行。如债权人提出启动申请，则债务人同样会获得合意的机会。只有当该尝试失败或者不必期待合意时，法院才对破产申请作出裁判（第 311 条）。如果破产申请是有根据的，则随之出现如图 2–1 所示的破产程序的类型。

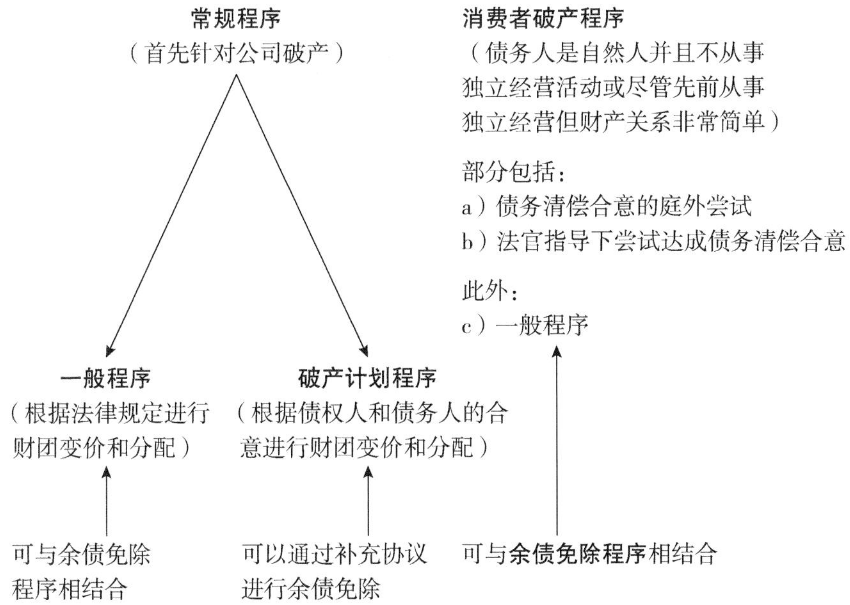

图 2–1　概览：破产程序的类型

第三章　改革中的破产法

参考文献：*Balz*, Aufgaben und Struktur des kuenftigen einheitlichen Insolvenzverfahrens, ZIP 1988, 273ff.; *Windel*, Die Insolvenzordnung: Reform im Banner von Masseanreicherung Unternehmenssanierung und Schuldbefreiung, JURA 1999, 1 ff.

22 《破产法》（连同《破产实施法》）是在 1994 年制定的。但是自 1999 年 1 月 1 日起才开始生效，因为一些联邦州担心，因《破产法》而需支出更多的司法费用（Kostenschub），并且想赢得无须因此而支付更多司法费用的时间。该《破产法》使 **3 部法律失效**：1877 年 2 月 10 日西德适用的《破产清算法》（《帝国法律公报》第 1 部分第 351 页），1935 年 2 月 26 日的《和解法》（《帝国法律公报》第 1 部分第 321 页）和在新联邦州适用的《共同执行法》，该《共同执行法》仅适用于德意志民主共和国的私人破产，生效后被修改（修订版于 1991 年 5 月 23 日生效；《联邦法律公报》第 1 部分第 1185 页）。因此，非常重要的是，该《破产法》致力于制定一部联邦统一的破产法。

23 但首先致力于内容上的改革，因为几十年来旧的**《破产清算法》和《和解法》**被认为是不完善的：《和解法》应该阻止破产，但结果是几乎未被适用，另外也因为和解要保证每个债权人取得 35% 的不切实际的最低清偿份额（《和解法》第 7 条第 1 款）。虽然强制和解简化破产，但是强制和解几乎从未达到 3/4 必要多数债权人的同意。更糟糕的是，任何财产分配都完全成为例外情形。因为破产程序中 80% 的案件属于“财团不足”的情况，也就是说不能支付程序费用，无法启动或者要终止程序。另外可以进行破产份额清偿的案件比例平均大概为 4%——出现所谓的财团不足（Massearmut）的结果。人们诉称“破产的破产”（*Kliger*, *KTS 1975*, *142*）。

24 **新法中**主要新的规定如下所述：

- **整合了《和解法》和《破产清算法》**，在新法中使债务清偿合意成为可能（通过破产计划）并且在消费者破产程序中甚至促使达成债务清偿合意。

- 针对**财团不足**规定了一系列的策略，例如激励债务人尽早提出破产申请（第 18 条、第 270 条、第 290 条第 1 款第 4 项），在破产程序开始后所取得的财产归属于财团（第 35 条第 1 款第 2 种情形），加强破产撤销，破产管理人对担保物的变价规则（第 166 条）和别除权人的费用分摊规定（第 170 条及以下）。
- 特别是重整有助于维持企业价值。通过破产计划的灵活性和第 160 条以下转让型重整（→*边码 14*）都便利了企业重整。
- 重要的是，**财团不足时的程序启动**将在以下两方面得到简化，因通常在一般破产程序启动后破产管理人才发现其他财团：通过保证债权人对业务执行人（Geschäftsführer）享有追偿权（Regressanspruch），来激励债权人预先垫付程序费用，如果业务执行人不能消除拖延破产的疑虑（第 26 条第 3 款结合第 15a 条第 1 款至第 3 款）。此外在延期支付程序费用下，也将启动破产程序。当然在债权人支付程序费用下也可以启动破产程序（→*边码 590 及以下*）。
- **债权人自治**在不同程度上得到加强，例如在选任破产管理人时（第 57 条）和在通过破产计划达到简单多数决时（第 244 条及以下）。
- **余债免除**使债务人免于终生“债台高筑”并且同时起到社会政策的作用。
- 适用于消费者破产的**简易程序**（→*边码 21*）应该会使破产程序的进程加快并且减少支出。

关于《破产法》改革的**法律政策讨论**一直在持续。特别是关于根据生效的法律而协商一项困难的破产前的企业重整问题（→边码 432）。欧盟委员会在 2016 年 11 月 22 日对企业破产的指令草案提出了备受争议的防御性重整程序（参见 *Bork ZIP 2017, 1441 ff.*; *Kayser ZIP 2017, 1393 ff.*; *ausf. Riggert/Seagon et al. NZI 2017 Sonderbeil. 1*）。但是现实法上的某些目的令人怀疑（为概览读者可参见：*Marotzke, Das deutsche Insolvenzverfahren: ein Hort institutionalisierter Unverantwortlichkeit?, KTS 2014, 113 ff.*）。

对于整个银行破产，请参见 *Binder KTS 2013, 277 ff.*。

第二部分

程序的参与人

第四章　债务人

参考文献：Gottwald InsR–HdB/Gundlach 140 ff.; *Gundlach/Frenzel/Schmidt*, Die Insolvenz unfähigkeit nach der Insolvenzordnung, NZI 2000, 561 ff., *Hitzel*, Der Staatbankrott, KTS 2015, 441 ff.; *Prütting*, Ist die Gesellschaft buergerlichen Rechts insolvenzfähig?, ZIP 1997, 1725 ff.

第一节　自然人和法人

可以对任何自然人和法人的财产启动破产程序（第 11 条）。但是应该严 25
格区分财产和财产持有人。仅**财产持有人**可以参与程序（参与破产程序资格），即法律主体。该主体是具有完全权利能力或者至少具有部分权利能力的（自然人或法人），即可以享有某项权利并且可以参加破产程序。

相反法律主体的财产由标的物组成。因而财产不能参与程序（*ungenau Amtl.Begr., 113*），但是财产属于破产程序的标的物。原则上包括债务人的全部财产（统一破产原则；第 35 条第 1 款）。例外情形下，部分财产将由特别破产程序进行分配，由此造成的结果是，同一个债务人可以参加多个程序（→边码 34）。

自然人（《民法典》第 1 条）具有破产资格，而不取决于其是否为商人、 26
独立经营者或消费者。对于企业无须区分商业和个人财产状况，即涉及其全部财产。

私法上的法人如股份有限公司、有限责任公司、合作社和具有法律 27
权利能力的社团自始便具有破产能力。尽管法人在破产程序启动时被暂时解散（参见《股份公司法》第 262 条第 1 款第 3 项；《有限责任公司法》第 60 条第 1 款第 4 项；《民法典》第 42 条），但是并未丧失其法律人格（Rechtspersönlichkeit），仍作为债务人存续。并且继续由董事会及业务执行人代表该法人——当然其不参与破产管理人职责范围内的事务。

当财产全部被分配时，法人的破产资格才终止（→边码 *172* 及以下）。先前暂时解散并不能改变该情形（第 11 条第 3 款；例如：*BGH ZInsO 2005, 144*）。这也适用于人合公司。对此，公司是因先前的破产程序还是因其他原因而解散并不重要［例如公司章程及发起人协议（Gesellschaftsvertrag）中规定了公司存续期、股东决议解散］。

28 **无权利能力的社团**等同于有权利能力（第 11 条第 1 款第 2 句）。虽然社团主体实际上为社团成员（《民法典》第 54 条第 1 句）。但无权利能力的社团本身为受限的权利能力，因为无权利能力的社团在民事诉讼中可以作为当事人并且受单独强制执行的约束（《民事诉讼法》第 50 条第 2 款、第 735 条）。因此认为社团也具有破产资格与上述规定具有一致性。

29 根据第 11 条第 1 款第 1 句，**公法上的法人**同样也具有破产资格。但为了使国家权力及行政保持其功能，《破产法》第 12 条作了特别规定：联邦和联邦州不具有破产资格。如果州法有明文规定，并且作为州监管之下的法人（如公法上的团体、机构、基金会）不具有破产资格，这普遍发生在乡镇和乡镇团体。因此非自营企业或国有企业不受《破产法》的约束，但私法上的企业（如有限公司）适用《破产法》。对于破产财团的限制参见《民事诉讼法》第 36 条第 1 款第 1 项并结合《民事诉讼法》第 882a 条第 2 款、《民事诉讼实施法》第 15 条第 3 项。

如果企业不具有破产资格，则可能会危害到企业的雇员。因为他们没有破产金请求权（→边码 *101*）并且对养老金保障协会（→边码 *261*）不享有请求权，因为相应的金额只能由具有破产资格的企业进行给付。因此声明某个法人不具有破产资格的联邦州，要保证该法人的雇员在此范围内不受到损害（第 12 条第 2 款）。

30 国际上一直在探讨，是否应规定**对国家的破产程序**（*vgl. Herdegen, WM 2011, 913 ff.; H.-F. Müller, KTS 2013, 263 ff.*）。同时，人们愿意——改变先前不总是严格按照原则进行尝试的做法——参与国际货币基金组织 / 世界银行和国家公民，即纳税人及私法债权人（如银行、股份投资人）支付不能时的风险。债权人平等对待应阻止私法债权人肆意放贷给国家。如果把该行为视为“破产程序”，实属虚妄。因为国家将不会给予债权人其财产——并且也允许国家这样做，因为国际法上禁止干涉国家主权（对阿根廷的执行尝试参见 *BverfG NJW 2007, 2610 ff.*）。例如之前建议处于破产中的希腊将其荒岛给予债权人时，被希腊强烈地拒绝了。因此最多只能依据国家共同体之间就破产达成协议并且基于该协议，依据破产国家达成适当的（？）债务重组协议和自我承诺（→边码469及以下），这是个棘手的问题。因此人们必须等待国家共同体之间的协商。如果提供贷款者对强制适用破产法表示忧虑，贫困国家也许很难得到贷款。

第二节　无法律人格的企业

一、商事合伙、海事合伙、欧洲经济利益集团

“无法律人格的公司”也具有破产资格。对此第11条第2款第1项 31
特别规定了普通合伙和有限合伙。首先这意味着，对该类**企业的财产适用破产程序**是可能的；之前的《破产清算法》已经对此作了相应规定（《破产清算法》第209条）。

但问题是，谁参与破产程序，谁就是**债务人**。关于《破产清算法》第 32
209条，主流观点认为作为这类的商事企业不具备破产资格。因此，债务人仅可能是（承担个人责任和共同连带责任的）合伙人。因为该合伙人享有个人财产所有权，针对共同共有财产的破产程序仅包括合伙人财产的一部分，因此必然属于特别破产程序（→边码25）。《破产法》是否认为商事合伙本身为债务人，很难说：原文（“无法律人格的企业”）反对商事合伙本身为债务人，但草案说明赞成商事合伙本身为债务人（*Amtl. Begr.*, *S.113*）。《商法典》第124条第1款、第161条第2款进一步赞同债务人的地位，明确规定普通合伙和有限合伙具有能力承担债务，因而也必然具有破产资格。根据该观点，破产的标的物是人合商事公司（Personenhandelsgesellschaft）的全部财产。在此适用全部破产原则。

二、民事合伙

对于**民事合伙的财产**也可以启动破产程序（第11条第2款第1项）。 33
根据先前的规定这是不可能的。

但只有民事合伙也具有权利能力时，才**可以参与程序**。与普通合伙和有限合伙相比，法律提供的依据甚少（→边码32）。民事合伙也属于无法律人格的企业（第11条第2款第1项）。《民事诉讼法》第736条确认了该观点。在对《破产法》的改革中，立法者对民事合伙的法律性质和责任这

一由来已久的争议故意未作答复（*Amtl. Begr*, *112*; *Rechtsauschuss*, *156*）。传统观点认为，债务人和程序的参与人仅仅是具有共有关系的民事合伙的合伙人。该破产程序必须限制在共有财产范围内（特别破产）。

相反，如果**合伙人破产**，合伙企业的财产则不属于破产程序中的财团，而债务人在民事合伙中的份额可能属于破产财团（《破产法》第 84 条;《民法典》第 731 条及以下）。

然而，2001 年 1 月 29 日联邦最高法院在裁判中认为原则上民事合伙具有权利能力（*BGHZ 146*, *341 ff.*; *dazu K. Schmidt NJW 2001*, *993 ff.*）。因此，民事合伙在破产程序中也必然是财产的持有人。因此，程序涉及民事合伙的全部财产（全部破产）。

第三节 遗产和共有财产

34 根据第 11 条第 2 款第 2 项，破产程序的标的物也可以是遗产、共同所有存续期间的共有财产以及共同管理的共有财产（《破产法》第 333 条及以下;《民法典》第 1450 条及以下）。所有的上述情形不适用全部破产原则（→边码 25），而属于**特别破产程序**（也即特别破产）: 在遗产破产程序中，继承人属于债务人和程序的参与人。但该程序仅限于继承的财产，并不排除对继承人的个人财产启动后续程序（→边码 669 及以下）。夫妻双方对共有财产破产承担责任（在共有关系范围内）。但该程序只限于共有财产，然而也不排除，对一方或夫妻双方的特别财产和保留财产（Sonder- und Vorbehaltsgut）启动后续破产程序。

对于**其他的法定共有**（Rechtsgemeinschaften）详见 *MüKoInsO/Ott/Vuia*, *§ 11 Rn. 9 ff.*——按份共有不具有破产资格。如涉及对共有财产部分的管理，则建筑物区分所有权人共同体具有权利能力（《住宅所有权法》第 10 条第 4 款），但根据《住宅所有权法》第 11 条第 3 款不得对该管理的共有财产启动破产程序。

第五章　破产法院

参考文献：*Beth*，Amtsermittlung des Insolvenzgerichts im Eröffnungsverfahren，NZI 2014，487 ff.；*ders.*，Der unter rechtlicher Betreuung stehende Schuldner，ZInsO 2012，316 ff.；Gottwald InsR-HdB/*Klopp/Kluth/Pechartscheck* 432 ff.；*Laumen/Vallender*，Beweisführung und Beweislast im Insolvenzverfahren，NZI 2016，609 ff.；*Lissner*，Die Aufsichtspflicht des Insolvenzgerichts，ZInsO 2012，957 ff.；KS-InsO/*Prütting*，Allgemeine Verfahrensgrundsätze in der Insolvenzordnung，1 ff.；*Schoppmeyer*，Rechtskraftwirkungen im Insolvenzverfahren，ZInsO 2016，2157 ff.；*Thole*，Gläubigerinformation im Insolvenzverfahren-Akteneinsicht und Auskunftsrecht，ZIP 2012，1533 ff.；*Uhlenbruck*，Die Zusammenarbeit von Richter und Rechtspfleger in einem künftigen Insolvenzverfahren，Rpfleger 1997，356 ff.

第一节　管　辖

一、事务管辖

破产程序的事务管辖权在**区法院（Amtsgericht）**，但限于**地方法院（Landgericht）所在地的区法院**。管辖权扩展至整个地方法院辖区内的破产案件（第 2 条第 1 款）。该管辖权属于专属管辖权，不能由当事人协议变更（《民事诉讼法》第 40 条第 2 款结合《破产法》第 4 条）。程序由特定区法院集中审理应考虑该区法院的专业性和是否具有先进设备（图书馆、软件等）。而接近地方法院的法院易满足上述考量因素，因为大多数情况下，地方法院所在地拥有较大图书馆，并且地方法院也是上诉审法院（Beschwerdeinstanz）（→边码 44）。联邦州可以对管辖权另行规定（第 2 条第 2 款）；这种情况经常发生（*im Einzelnen Becker KTS 2000，166 ff.*）。 35

二、地域管辖

36 对事务管辖的区法院规定之后，第 3 条确认了地域管辖并且也是强制性规定：**债务人的独立经济活动中心**“在其管辖区内”的区法院具有管辖权——根据第 2 条的规定无疑是指地方法院的管辖区内（第 3 条第 1 款第 2 项）。也可以说是企业破产的受理法院（Gerichtsstand），即股份公司、有限公司、普通合伙、有限合伙、商人、农业经营者或自由职业者的受理法院。如果合伙人独立，经济业务主要是执行合伙企业业务，[①] 公司破产的受理法院也适用于负个人责任的合伙人的破产程序。

公司内部事实上的意思表示形成地起决定性作用，即作出指导性决策并在公司经营过程中被贯彻执行的地点（主流观点，*Uhlenbruck/Pape*, *InsO* § *3 Rn. 4*）。例如一个公司生产地在赖内市，而其管理地在奥斯纳布吕克，则奥斯纳布吕克是经济活动的“中心”。对于多个住所地而言，公司的主要住所地具有决定性作用。此外数个法院可能都具有管辖权（参见《民事诉讼法》第 35 条及以下；《破产法》第 3 条第 2 款）。对于康采恩集团，请参见→边码 *694*。

在破产申请开始时，业务必然还在继续，至少部分业务还在继续。业务经营停止后，不可再适用《破产法》第 3 条第 1 款第 2 句。

37 如果不存在受理法院，根据第 3 条第 1 款第 1 句，起决定性作用的是，在哪个地方法院辖区内债务人具有**一般受理法院**（对此参见《民事诉讼法》第 12 条至第 17 条）。这意味着，基于经验法则，对于消费者破产而言，在大多数情况下，债务人的居住地具有决定性；对于经济活动不再活跃的法人和人合公司而言，其住所地具有决定性（《民事诉讼法》第 17 条）。

三、职能管辖

38 在具有事务和地域管辖的法院内部，司法辅助人原则上具有“职能”上的管辖权（《司法辅助人法》第 3 条第 2 项字母 e 项），但法官也具有部分职能管辖权：例如**司法辅助人**（Rechtspfleger）决定破产程序的终结和终止，决定对破产管理人的法律监督、临时设立债权人委员会、召集并主持债权人会议（Geläubigerversammlung）、确认破产计划以及命令和终结自行

---

① 译者注：在此指的是合伙人大部分时间用来执行合伙业务。

管理等——法官可以全部或部分保留上述所有职能，然后委托给司法辅助人或者然后（再次）由法官自行负责该职能（《司法辅助人法》第18条第2款；进一步参见*Fuchs ZInsO 2001，1033 ff.*）。

破产程序启动前的程序（包括保全措施、启动的裁判）、破产管理人的任命、对单独强制执行提出抗辩的裁判（第89条第3款）、破产计划程序——在消费者破产中——和债务清偿计划程序通常属于**法官**的职能（《司法辅助人法》第18条第1款第1项、第2项）。如果申请了余债免除，则无论如何法官应根据第287a条对驳回还是准予余债免除，以及关于上述事项的异议作出裁判（进一步参见《司法辅助人法》第18条第1款第3项；《基本法》第92条）。 39

第二节　程序原理

一、一般原理

除非《破产法》作另行规定，否则破产程序**准用《民事诉讼法》的规定**（《破产法》第4条）。 40

该准用是合法的，因为破产程序首先属于《共同执行法》（→边码5），因此可以归入争讼裁判权。另外**与非讼程序相似**，债务人的申请足以使程序启动（第13条第1款第2句），甚至可给予债务人自行管理权（第270条）。但相较于《家庭事务和非讼事务程序法》第26条，法官依职权主动调查占主导地位。但破产清算的义务主要不在法官，而在于参与人（破产管理人、债权人及自行管理机构）。对法官来说，主要是提供救济措施（Fürsorgemaßnahmen），例如第21条及以下，对财团担保和变价有别于执行法的模式，规定了债务清偿合意之下的债权（参见《民事诉讼法》第802b条）并且伴随余债免除。

不同于民事诉讼程序中的原则（当事人主义原则），破产法官在很大程度上有义务依职权进行调查（第5条）：法官审查相关事实不依赖于参与人的主张，当然根据主流观点，只有在破产申请准许后才可调查（*BGH NJW 2003，1187*）。法院可自行主动收集证据（第5条第1款第2句；→边码*126*），但不排除参与人提出证据。

大多数情况下，破产程序只对参与人公开；因为《法院组织法》第 41

169条仅适用于言词“审理”的案件，并且这类案件在破产程序中很少，因为规定的期日原则上仅用于债权人自行管理。当债务人的财产关系简单明了并且债权人的数量或债务金额较少时，应该进行书面审理（第5条第2款，以有其他规定为限）。然后法院与参与人通过书面形式进行交流；言词审理的期日，如第29条、第75条、第160条第1款第2句、第176条、第197条、第235条第1款的规定可被取消适用。在其他情形下也可自由选择言词审理（第5条第3款）。但是应该保护参与人合法的听审权（das rechtliche Gehör），至少通过书面形式保证该项权利（《基本法》第103条第1款；《破产法》第10条）。《民事诉讼法》中关于法官（《民事诉讼法》第41条及以下）、司法辅助人员的自行回避和申请回避，当事人能力、诉讼能力和代理的规定在破产中得以相应地适用（第4条）。债务人不享有诉讼费用救助（Prozesskostenhilfe）（《民事诉讼法》第114条及以下；*→边码589*），但必要时债权人（*→边码89*）和破产管理人（*→边码287*）可享有诉讼费用救助。

42　实践中非常重要的是**卷宗查阅权**（Akteneinsicht）。第154条、第175条第1款第2句、第188条第1款第2句逐条规定了查阅权。另外，《破产法》第4条、《民事诉讼法》第299条及以下也对此作了规定（推荐阅读*Pape ZIP 2004, 598 ff.*）：程序参与人享有广泛的查阅权（类推适用《民事诉讼法》第299条第1款），即程序启动时（*→边码16及以下*）的申请人、破产程序启动后所有的破产债权人以及因财团不足而驳回程序启动时（《破产法》第26条）的破产申请人。另外债权人在大多情况下可作为“第三人”查阅卷宗（类推适用《民事诉讼法》第299条第2款），即在涉及债权人法律利益时，并且多数情况下应该同意债权人的卷宗查阅权，然而实践中通常债权人很难取得卷宗查阅权（参见*OLG Frankfurt a.M. NZI 2008, 618 f.*）。

43　法官以裁定或（程序指导性的）决定方式作出裁判。如今只能通过网络对裁判进行**公告**（第9条第1款第1句、第2款第2句和第3句：*www.insolvenzbekanntmachungen.de*）。只有当州法规定了其他公告方式时（《破产法》第9条第2款第1句），采用其他方式公告（如通过法院布告板、当地的或跨区域性的报刊）才合法；但是目前为止，或许由于费用的原因，没有任何州采取过其他公告方式。公告日后经过两日，公告生效（第9条第1款第3句；重要）：在周二进行公告的裁判从周四24时（即周五）起开始生效。例外情况下才有必要进行裁判的**送达**（进一步参见第8条和第9条第 3 款),[①] 如根据《破产法》第 23 条第 1 款第 2 句涉及禁止处分或涉及破产程序启动时。但可以采取节省费用的方式进行送达，如邮寄送达。对居所不明人（如逃离的债务人）不予送达。

二、法律救济

44 只有破产法规定可以**立即申诉**（法律政策上的错误规定）时（第 6 条第 1 句)，才可开启对裁判的立即申诉(《民事诉讼法》第 567 条及以下;《破产法》第 4 条)，立即申诉不取决于法官或司法辅助人同意与否（《司法辅助人法》第 11 条第 1 款)。申诉必须在两周之内（《民事诉讼法》第 569 条第 1 款及以下条款;《破产法》第 4 条）向破产法院（《破产法》第 6 条第 1 款第 2 句）提出。该期限为紧急期限（Notfrist)(后果:《民事诉讼法》第 233 条及以下)。申诉期限自裁判宣布时起算，在不宣布裁判时自裁判送达时起算（第 6 条第 2 款)，否则自裁判公告时起算（第 9 条第 3 款)。为了加速程序的进程，宣布被撤销裁判的法官及司法辅助人可以对申诉进行补救（《民事诉讼法》第 572 条第 1 款第 1 句;《破产法》第 4 条)。另外，法官或司法辅助人应不迟延地向申诉法庭呈递该申诉（《民事诉讼法》第 572 条第 1 款第 1 句后半句及以下条款;《破产法》第 4 条)，原则上由申诉法院的单个法官裁判该申诉。该申诉不具有延迟效力（《民事诉讼法》第 570 条第 1 款及以下条款;《破产法》第 4 条)。破产法庭同申诉法庭一样始终可以执行被撤销的裁判（《民事诉讼法》第 570 条第 2 款、第 3 款)。

45 即使没有对立即申诉作出规定，司法辅助人的裁决也可以被审查，即通过对**司法辅助人的抗诉**（Rechtspfleger-Erinnerung)(《司法辅助人法》第 11 条第 2 款；例外:《司法辅助人法》第 11 条第 3 款第 2 句，→边码 *68*)。抗诉也必须在两周内提出；无过错的期限迟延适用《民事诉讼法》第 233 条及以下。司法辅助人可以对该抗诉进行补救。否则司法辅助人应向破产法官呈递该抗诉，由破产法官对此继续作出裁判。

46 只有在地方法院准许时（《民事诉讼法》第 574 条第 1 款第 2 项;《破产法》第 4 条)，才可对地方法院（申诉法院）的裁判启动**法律申诉**。如果案件涉及原则性问题，或有助于法律的续造，或有助于确保统一司法判决时，才准许法律申诉（《民事诉讼法》第 574 条第 2 款和第 3 款;《破产

① 译者注：除非有例外情况，否则公告视为对所有当事人的送达。

法》第 4 条）。法律申诉应该在 1 个月内向联邦最高法院（《法院组织法》第 133 条）提出（《民事诉讼法》第 575 条及以下；《破产法》第 4 条）。如果申诉的裁判损害了联邦法并且由于该损害而引起申诉或存在上告事由（Revisionsgrund）时，申诉便是有根据的（进一步参见《民事诉讼法》第 576 条；《破产法》第 4 条）。

第三节　司法裁判的职责

47 破产法官（法官或司法辅助人）违反职责时，由每个联邦州承担责任（“国家责任”；《基本法》第 34 条结合《民法典》第 839 条）。但是，只有在重大过失的情况下才产生该责任［参见 *BGH NJW 2003, 3052（3053）*］。例如，破产法官使破产程序的启动迟延或者草率地启动了破产程序［*LG Dortmund KTS 1984, 147（149 f.）*］，比如违反《破产法》第 21 条及以下没有进行财团保全或者选任了不合格的破产管理人（参见→边码 *48a* 及以下；*BGH ZInsO 2008, 267f.*）。许多破产法官任职于较小的法院，破产法官在该法院也负责其他的法律领域，因此对于破产法的专业化而言几乎未留有充足的时间。

所谓的**裁判法官特权**（“Spruchrichterprivileg”）（《民法典》第 839 条第 2 款）大多数情况下并不反对上述责任。因为破产法官很少进行该条意义上的“判决”。[①] 但从技术上来说，《民法典》第 839 条第 2 款不仅使判决特权化，即不仅包括必要的言词审理（破产程序中可排除言词审理，第 5 条第 3 款第 1 句），而且也使承载判决的裁定特权化（参见 *BGH NJW 2003, 3052*）。但在破产程序中对此作了例外规定（例如根据第 300 条第 1 款、第 303 条第 1 款的裁判）。

在违反职责的情况下，法官不自行承担责任。但是，如果法官行为存在重大过失，联邦州可以追偿其个人责任。

---

① 译者注：《民法典》第 839 条规定了法官判决豁免情形：第 839 条（2）公务员在对诉讼案件作出判决时违背其职务义务时，仅在违背职务义务涉及犯罪行为时，始对由此产生的损害负赔偿责任。对违背职务义务拒绝或者迟延执行职务的，不适用上述规定。而破产法官作出的裁判一般不具有实体法上的效力，所以很少发生《民法典》第 839 条实体法上的“判决”。但是第 839 条第 2 款不仅包括判决，也包括承载判决的裁判。

第六章　破产管理人

第一节　职务和监督

参考文献：*Gaier*, Verfassungsrechtliche Aspekte der Auswahl und der Abwahl des Insolvenzverwalters, ZInsO 2006, 1177 ff.; *Ganter*, Die Aufsicht des Insolvenzgerichts und ihre Grenzen, ZInsO 2017, 2517 ff.; *Gehrlein*, Abberufung und Haftung von Insolvenzverwaltern, ZInsO 2011, 1713 ff.; Gottwald InsR-HdB/*Klopp*/*Kluth*/*Pechartscheck* 471 ff.; *Lissner*, Die Rechtsstellung des Sonderinsolvenzverwalters, ZInsO 2016, 1409ff.; *Pape*, vorauswahl und Bestellung von Insolvenzverwaltern im Lichte der Rechtsprechung des BGH, ZInsO 2017, 1341 ff.; *Schumann*, Die Unabhängigkeit des Insolvenzverwalters, FS Geimer, 2002, 1043 ff.

正如上文破产程序概览所述（→边码 16 及以下），破产管理人在一定 48
程度上是程序的管理人。同时破产管理人不承担公法上的职责，不是“公权力授予实行人”（Beliehener），但属于司法辅助机构（*Marotzke, ZInsO 2009, 1929 ff.*）。程序的成功很大程度上取决于管理人的资质。破产管理人是在破产程序启动时通过破产法官的选任而产生（第 27 条），选任于破产管理人接受该职务时生效。

对破产管理人的要求规定于《破产法》第 56 条第 1 款第 1 句中，即“应 48a
任命一名适合个案，特别是业务精通并且独立于债务人和债权人的自然人”。

业务精通要求管理人具有企业经济知识，如经济法和破产法上的知识（尤其是商业会计账目、劳动法、税法和公司法上的知识），此外实践经验，尤其是不同规模的破产事务处理经验也尤为重要（*E. Jaeger*: „*Schulung in steter Verwendung*“；进一步参见 *Degenhard/Borchers ZInsO 2001, 337 ff.*）。行业知识是有帮助的甚至是必要的。职业资质（Berufsabschlüsse）始终是很好的证明：审计师、税务师或有经验的企业经营者通常具有丰富的法律知识，因此遗留的法律问题在外界（也可能是包含律师在内的企业办公人员）的帮助下会清晰起来。专业化有助于律师在破产案件中获得执业经验。如今会对破产法领域的专业律师进行资质评定从而推动这一发展。另外，破产管理人具有相应的办公设备，如果是较大的破产案件，还需具备合适的工作人员。破产管理人办公地点较近是所期望的，但现在通常是不必要的（*BGH NZI 2016, 515f.*）。

48b 同样重要的是破产管理人的**独立性**：只有破产管理人与债务人和债权人保持必要的距离，才能实现破产程序目的的公平性（如同《民事诉讼法》第41条及以下；参见 *Prütting ZIP 2002, 1965 ff.*）。债务人和债权人推荐候选人并不违背该独立性（第56条第1款第3句第1项）。但是如果管理人先前甚至在破产程序启动前已经为其他参与人提供过咨询，则管理人的公正性将受到质疑。如果管理人先前仅就破产程序的运行及后果向债务人提供了一般性的建议，则不影响管理人的独立性（《破产法》第56条第1款第3句第2项）。但该情况很少发生，因为如果债务人处于危机时已经接受过咨询，则多数情况下他们想知道的一般都是濒临破产对他和公司、公司业务执行人、股东可能会有哪些后果，在多大程度上还可以避免该后果发生等。

48c 破产管理人的**选任**涉及债权人和破产管理申请人之间的利益关系。选任需要以下两个步骤。

- 首先，只要满足该职务所需的最低要求，就应该将所有愿意从事破产管理的人列入候选名单（第56条第1款第1句）。相应地，前期选任表（Vorauswahlliste）必须包括申请人的资质、背景知识和经验。

前期选任表有利于法官做出决定。前期选任表应该给申请人提供更高的机会，让申请人衡量是否可以被选任（《基本法》第12条）。申请可以限制在特定程序中（第56条第1款第2句），例如限制在企业或消费者破产或特定的经济部门。候选名单也应按事实作区分（*MöKoInsO/Graeber § 56 Rn. 95 ff.*）。完全不予考虑律师的国家司法考试成绩（*BGH NZI 2016, 516 Rn. 29; a. M. OLG Hamburg ZInsO 2017, 2231 f.*）。谁未在候选名单上，可由法院根据《法院组织实施法》第23条作出的判决（*BGH NZI 2016, 512 Rn. 9*）进行审查［《基本法》第19条第4款；*BVerfG NJW 2004, 2725（2727）*］。因为破产管理（特别在“有意思的”程序中）是有吸引力的，所以现在部分程序中存在大量不是特别简单明了的名单。将管理人的选任基于评分系统限制于最具能力的申请者，是有争议的（参见 *Pape ZInsO 2017, 1344 ff.*）。

- 其次，法官应该选择最适合该案件的申请者，应该避免要求苛刻的管理人损害债权人的利益。因此如果法官推荐申请人，并且所推荐申请人的资质和经验能说服相关破产程序中的同事及司法辅助人时，多数情况下不应该拒绝该推荐人。而对职场新人的支持和优化管理人资质同样很难得到统一——几乎是无法解决的问题（参见 *MüKoInsO/Graeber § 56 Rn. 126 a. E.*）。一般应允许有经验的破产管理人继续期望得到赖以生存的委托，因为破产管理人承担高额的固定成本，例如必须保障大量的职工在职，从而继续维持生存。

在较大型的破产程序中，**债权人**对选任破产管理人也会产生影响：债 48d
权人会对公司所需管理人提出精确要求或者直接推荐某人负责该职务（进一步参见→边码 *105a*）。

但是，任何情况下都**不存在对破产管理人的选任权**，仅存在无过错实 48e
施选任的裁量权（*BVerfG NJW 2006, 2614*）。落选的申请人不可以对竞争对手提起诉讼（Konkurrentenklage），但是可以对错误的选任决定的违法性提出确认之诉（*BVerfG NJW 2006，2617*）；参见《法院组织实施法》第 28 条第 1 款第 4 句（参见 *OLG Koblenz NJW-RR 2005, 1076 ff.*）。无论选任决定，都必须考虑国家责任（→边码 *47*）。

仅在法官选任破产管理人之后的第一次债权人会议上，**债权人可以更** 49
换法官选任的破产管理人（第 57 条第 1 句）。而该决议需要达到“总额的多数”（由债权人代表的债权总额的多数）。根据《破产法》第 57 条第 2 句还要求达到参与表决的债权人“人头的多数”。这可以避免大的债权人对管理人施加影响（*Amtl. Begr. InsOÄndG, 26*）。除非更换的管理人不适合该职务（例如证据证明存在利益冲突，*BGH ZIP 2004, 1113 f.*），否则法官必须任命债权人更换的管理人（否则可以根据第 57 条第 4 句提出控诉）。但是必须给债权人会议在管理人是否适合该职务的问题上保留一定的评判空间（参见 *Graeber ZIP 2000, 1468 ff.*）。

破产管理人受**破产法院监督**（第 58 条）。破产法院仅对破产管理行为 50
（或者不作为）而不是目的的合法性进行审查和施加影响。法官对监督措施的原因和范围进行符合职务的自由裁量。法官可以随时要求管理人答复及报告，并且必要时命令管理人作为或不作为。法官可以采取警告或处以罚款的执行措施。管理人可以对处以罚款提出立即申诉（第 58 条第 2 款第 3 句)。

51 如果设置了债权人委员会(→边码 *71*),则存在**债权人委员会的监督**。由于债权人的商业经验,监督会扩展到管理行为的目的正当性。对此,债权人委员会享有详细的信息知情权(第 69 条)。管理人采取某种具有重大影响的措施时,(在内部关系上)甚至需要债权人的同意(第 160 条)。

52 **破产管理**随着财团分配后破产程序的终结、终止(第 215 条)或根据第 57 条对管理人重新选任而**终结**。因重大事由可以免除管理人的职务(第 59 条)。通常是出于职务上的原因而免职,比如无职务处理能力,损害了与债权人或法官的关系,存在重大的义务违反或其他对管理人是否适合该职位产生质疑的事由。

对破产管理人不忠实的怀疑(*BGH NZI 2011, 282 f.*)或者存在欺骗法官的情形足以使得对管理人的任命产生疑问,例如对管理人的公正性和独立性产生怀疑(*BGH NZI 2017, 667 Rn. 8 ff.: frühere Kooperation mit dem Schuldner*)。

但管理人也可以申请解除职务,例如由于破产期间生病或工作任务过重。随着程序的终结,管理人的**报酬请求权**也随之到期(第 63 条第 1 款;→边码 *77*)。

管理人对财团、债务人和债权人的职务请参见→边码 *176 及以下*。

第二节　责　任

参考文献:*Berger/Frege/Nicht*, Unternehmerische Ermessensentscheidungen im Insolvenzverfahren–Entscheidungsfindung, Kontrolle und persönliche Haftung, NZI 2010, 321 ff.; *Lücke*, Persönliche Haftung des Verwalters in der Insolvenz, 5. Aufl., 2015; *Pape*, Zur Haftung des vorläufigen und des endgültigen Insolvenzverwalters aus §61 InsO, FS Kirchhof, 2003, 391 ff.; *Schultz*, Die Haftung des Insolvenzverwalters, ZInsO 2015, 529 ff.

53 管理人违背破产法规定的义务不仅会引起破产法官的干涉,而且需承担相应的责任(第 60 条及以下)。对此涉及的是私法上的责任,而不是"违背职责"等。

一、对参与人的责任

根据第60条第1款，每个参与人都可以要求损害赔偿，即管理人对每个参与人都负有破产法上的义务（即破产债权人、债务人、取回权人和别除权人、第264条意义上的债权人以及财团债权人）。

例如：根据第60条第1款第1句，如果破产债权人在财团分配时被忽略，别除权人在分配担保收益时未被优先清偿，管理人都应该承担责任，即对每一项个人损害承担责任。

但如果管理人损害了整个破产债权人的利益（例如以低于破产财团标的物价值的价格卖出该标的物），则产生了财团损害（整体损害）。受害人不可以单独主张财团损害，但可以通过整体损害清偿的方式解决（→边码281、边码284）：单独请求将由新选任的破产管理人来主张；新选任的管理人或者作为特别管理人（具有单一职责、追诉赔偿）或者甚至接替现在的管理人（第60条第1款第1句，第92条；参见 *W. Lüke ZIP 2004, 1693 ff.*）。

破产管理人只因**过错**承担责任，确切地说是“一个正直且认真的破产管理人”是否尽到注意义务（《破产法》第60条第1款第2句；对《民法典》第276条第2款的明确化规定）。需要注意解决的典型问题是，谁必须在“无宽限期”的情况下接管一个并不熟悉且在破产情况下大多穷困潦倒的公司（未完成的工序、被忽视的账目、最好的人力资源流失等）。 54

对于辅助人因过错违反义务，管理人也应该承担责任（《民法典》第278条第1句），管理人通过第三方企业主完成自己的职务，第三方因过错违反义务时，管理人也应该承担责任（例如通过律师为财团收款，*BGH NZI 2016, 353 f.*）。当然如果管理人必须任用债务人的职员，则管理人代替该职员承担责任并不公平，因为该职员和债务人之间的劳动关系原本就继续有效（→边码251及以下），并且或许没有其他人熟悉该业务。因为管理人并不熟悉全体员工，因此仅需注意该员工是否明显不具备业务能力，对监督该员工负责并自行做出重大决定（第60条第2款）。结论：应区分管理人对自己人员和对债务人员工的责任承担。

二、对财团债权人的责任

如果管理人设立一项财团债务，而该债务不能通过财团得以全部清偿， 55
则管理人对此承担责任（第61条第1句）。财团甚至不足以清偿该优先顺位的债务时，管理人必须用自己的个人财产继续清偿。如果管理人在设立财团债务时不能认识到财团可能“预计”不足以清偿债务时（第 61 条第 2 句），则不适用上述规定：管理人对其无过错（→边码 54）负有举证责任［举证责任倒置（Beweislastumkehr）］，如管理人制定了可信的清偿账目，对该账目进行了不断的检查和更新，并对应收款项的可执行性和未来企业的发展做过现实的评估。因此该责任相当严格，主要因为管理人必须在不确定的情况下继续经营债务人公司（进一步参见 *Pape ZInsO 2003, 1013 ff.*；→边码 84）。

但是，司法判决对该责任划定了**界限**。

1. 只有在管理人设立财团债务时认识到财团不足以清偿该债务，才应该承担责任。如果财团在设立债务时还足以清偿债务，但之后由于管理人可指责的行为而造成财团减少从而不足以清偿该债务时，则不适用第 61 条的规定，依然应根据第 60 条承担责任（*BGHZ 159，108 ff./111 ff.*）。

2. 第 61 条仅保护基于财团请求提供对待给付的财团债权人，尤其是与管理人订立了合同的债权人。因此，管理人不对他人产生的费用负责，因为尽管财团不足，管理人也会随着程序进展而掏空财团（*BGHZ 161，236 ff.*）。

3. 只有信赖利益应该得以补偿，不包括积极利益，如代替给付的损害赔偿（*BGHZ 159，117 ff.*）。

破产法上的损害赔偿请求的诉讼时效为 3 年，自知道产生该请求权的事由之日起计算（《民法典》第 195 条和第 199 条；《破产法》第 62 条第 1 句）。诉讼时效最长至破产程序终结时起 3 年后消灭（第 62 条第 2 句）。管理人可以通过赔偿责任险（Haftpflichtversicherung）获得保护（*van Bühen NZI 2003，465 ff.*）。

三、一般侵权责任

56 如果管理人违反了不属于破产法上的义务类型或对没有参与破产程序的人造成损害，则不能依据《破产法》第 60 条及以下的规定，而是应根据侵权法的一般规定承担责任。

例如：地面结冰时，管理人疏忽了公司土地前面的人行道的安全，致使行人摔倒。

但这是有争议的。赞同者认为，如果管理人占有财团后（第 148 条）

还有采取保全措施的可能性并且有足够的财团财产采取保全措施时，管理人应尽到《民法典》第823条第1款一般的尤其是自己的注意义务（Verkehrspflichten）（*BGHZ 100*，*350*；*BGH ZIP 1987*，*1339 f.*；也可以参见 *Foerste VersR 2002*，*1 ff.*；*a. A. Eckardt KTS 1997*，*417 ff.*）。也可以根据《民法典》第831条第1款而承担责任，但债务人员工拒绝时不适用此条款。因为只有为营利而雇用了自己的员工时，适用过错推定才是合理的［参见 *BGH NJW 1990*，*976*（*978*）］。

管理人的侵权行为**由财团**来承担责任（类推适用《民法典》第31条），甚至属于财团债务（第55条第1款第1句；→边码79）。但出现财团不足时也无济于事。

第七章　破产债权人

参考文献：Gottwald InsR–HdB/*Klopp/Kluth/Pechartscheck* 452.，461 ff.，465 ff.；*Görg*，Gerichtliche Korrektur von Fehlentscheidungen der Gläubiger im Insolvenzverfahren，DZWiR，2000，364 ff.；*Janca/Heßlau*，Geldstrafen und Geldbußen in der Insolvenz，ZInsO 2012，2128 ff.；*Pape*，Aufhebung von Beschlüssen der Gläubigerversammlung und Beurteilung des gemeinsamen Interesses nach §78 InsO，ZInsO 2000，469 ff.；*Plathner/Sajogo*，Das Stimmrecht in der Gläubigerversammlung，ZInsO 2011，1090 ff.；*K.Schmidt*，Gesetzliche Unterlassungsansprüche im Insolvenzverfahren，FS Gerhardt，2004，903 ff.；*Uhlenbruck*，Ausgewählte Pflichten und Befugnisse des Gläubigerausschusses in der Insolvenz，ZIP 2002，1373 ff.

第一节　概　述

57　破产债权人将共同平等地得到（份额）清偿（*→边码 4 及以下*）。破产债权人是指，破产程序启动时对债务人享有财产请求权的**个人债权人**（persönlicher Gläubiger）（第 38 条）。个人债权人是指，和债务人成立债法法律关系的债权人。当物权人向所有权人仅主张次级请求权[①]（Sekundäransprüche）（如《民法典》第 989 条及以下）时，同样也属于破产债权人。而取回权人和别除权人可以优先于破产债权人受偿。下文中提到的“债权人”，一般是指破产债权人。

58　因为份额清偿通过金钱支付完成，所以破产债权必须是**财产请求权**，即可以以金钱支付结算或以金钱估值。因此，发货请求权、返还请求权、

---

① 译者注：权利首先应为实体权利，如物权、债权。其次应为请求权，请求权分为第一层次请求权，如物权请求权、债权请求权（在此债权请求权和实体债权内容重合），第一层次请求权旨在可以实现私力救济；紧接着是第二层次请求权（次级请求权），即诉权，指在私力救济不能时，有权向法院寻求救济的权利。这里 Sekundäransprüche，指的是请求法院给予损害赔偿的请求权。

施工请求权需以金钱来估值（第 45 条）。破产债权人必须事先申报金钱债权。这同样适用于《民法典》第 1004 条第 1 款第 1 句的排除妨害请求权（*BGH ZInsO 2002, 526*；对于环境法参见→边码 730 及以下）。相反，向债务人提出的人身性质的不作为或不可代理的作为请求权（如授予证书、请求答复）不属于财产相关的请求权（进一步参见 *OLG Stuttgart ZInsO 2002, 775 f.*）。但并不排除，因违反不作为义务而申报金钱债权（*BGHZ 155, 378 f.*）。

请求权必须**在程序启动时**已经成立，但不必在程序启动时满足请求权的所有要件。程序启动时存在产生破产债权的法律基础（Rechtsgrund）即可。人们也称之为具有涵摄请求权（aus dem der Anspruch fließt）的事实或债法机体（“Schuldrechtsorganismus”）（*MüKoInsO/Ehricke § 38 Rn. 16 m. w. N.*）。 59

虽然破产法对该原则并未完整规定，但该原则具有普遍适用性：如因破产管理人拒绝履行效力待定的合同（第 103 条第 2 款第 1 句）、提前终止了继续性债务关系（第 109 条第 1 款第 1 句、第 113 条第 3 句）或解除了租赁合同（第 109 条第 2 款第 2 句），受害人仅可以按破产债权来主张损害赔偿请求权。尽管之后才出现管理人的干预，但该请求权在破产程序启动前已经成立。

也可以这样解释，第 38 条包括依据法定“条件”而成立的债权。通过法律行为而约定了延缓条件的，也属于次级请求权（→边码 62）。

弱化债权具有两方面的作用：一方面，许多程序启动后才“变得完整”的请求权仍是破产债权，但不属于财团债权。重要的是，虽然这些债权人的请求权在启动时还不完整，但可以参与程序。

例如：担保人也可在程序启动支付后，要求对债务人追偿，→边码 64；因履行受托事项尽管在程序启动后才产生费用，但是受托人依然可以根据《民法典》第 670 条享有请求权。当侵权行为在程序启动后才造成损害，也发生侵权责任——当然仅当存在责任基础（Haftungsgrund）时，例如根据《民法典》第 823 条第 1 款破产程序启动前存在损害法益；有争议。

在破产程序启动后才取得请求权的**新债权人**，被第 38 条排除在外：因为破产扣押仅禁止处分行为（第 81 条），不禁止负担行为（Verpflichtungsgeschäfte），新债权人（无疑）可以与债务人订立债务合同。但因此增加的新债权既不能参与程序也不能发生债务人执行（→边码 *163* 及以下）。 60

债务人在程序启动后才取得的财产甚至都被排除执行，因新取得财产将接连一同被查封 / 扣押（第 35 条第 1 款第 2 种情形）。这可能是不合理的，但财团应该得以增加，即给予旧的债权人优先顺位（但受到第 35 条第 2 款的限制→边码 *171a*）。

因此新债权人必须等待，至少到破产程序结束后（为了之后执行新取得的财产或继续进行破产程序），但是如果债务人争取余债免除（→边码 *570*），也许还要等待更久。熟知破产法的人便会建议，只和债务人进行现金交易（“Bargeschäfte”）——债务人现金支付，因为现金不可作为担保标的物并且因此也不会纳入财团（第 35 条及以下）。特别困难的是那些享有法定请求权的债权人。特别是生活费债权人（Unterhaltsgläubiger）要承受每个月——并且在破产程序启动后——产生新的请求权。

61 仍有许多**特殊情况**。法律对一些特殊情况已经作了规定：

- 未到期债权视为已到期（第 41 条第 1 款）。破产时未到期债权的债权人可以在债务人履行前要求考虑其债权，这有利于债权人。为了平衡，必须对债权人的债权进行减值（第 41 条第 2 款）。
- 62 如果附解除条件的债权尚未成就时，将始终作为不附条件的债权处理（第 42 条）。
- 附延缓条件的债权将不依据第 42 条而受益，但也可以申报该债权（作为附条件的债权）（根据第 191 条）。只是该债权在财团分配时将受到限制。
- 63 数人对同一给付负有全部责任的，债权人可以在破产程序中向任何一个债务人主张其在程序启动前已经可以请求的全部金额（第 43 条）。

例如：作为共同债务人承担责任；作为主债务人和担保人承担责任；也可能作为公司和股东承担责任（进一步参见 *MüKoInsO/Bitter § 43 Rn. 13 ff.*）。

- 64 根据《民法典》第 670 条或根据《民法典》第 670 条和第 683 条，担保人可以行使追偿权（Rückgriffsansprüche），但也可以根据《民法典》第 774 条第 1 款第 1 句债权人对破产的主债务人（Hauptschulner）的请求权转移给担保人。请求权的转移附有延缓条件，即担保人对债权人进行了清偿［主流观点：*BGH NJW 1990, 1301（1302）*］。因此，在担保人清偿前（→边码 *62*），可以在（主）债务人破产程序中申报该债权。但是，这仅适用于被担保的债权人的债权未被申报时（第 44 条）。

限制的原因在于主债务和追偿请求在经济上的同一性。所以担保人也可得到足够的保护：只要担保人完成对债权人的履行，债权人的请求权就转移给了担保人。(《民法典》第 774 条第 1 款第 1 句；进一步参见 *MüKoInsO/Bitter* § 44 *Rn.* 21 *ff.*)。

第二节　后顺位债权人

部分破产债权人将被后顺位清偿，即只有完全清偿第 38 条中的债权后才会被清偿，鉴于此，债权人平等受偿原则是受限的。尽管对相同顺位的债权人应遵循平等受偿原则，但在下列各分组中也将按一定的顺位进行清偿（第 39 条第 1 款），后顺位债权如下所示： 65

——自破产程序启动时，破产债权产生的利息［如贷款利息、滞纳金[①]（Verzugszinsen）］；

——在程序启动后，因参加破产程序产生的费用（对于预付程序费用的参见→边码 76）；

——因罚金（Geldstrafe）等以及基于强制金（Zwangsgeld）产生的债权；[②]

——因赠与承诺而产生的债权；

——基于返还股东贷款而产生的债权或具有相同地位的债权（→边码 318 及以下）；

——约定的后顺位债权（例如在通常分红权的情形下）。

几乎没有剩余金额余留给所有此类后顺位债权。如果破产法院例外要求后顺位债权人申报时，才应该申报该后顺位债权（第 174 条第 3 款）。

第三节　债权人的机构

由于《破产法》的规定，债权人对破产程序（债权人自行管理、债权人自治）具有**极大影响**。最重要的影响在于，债权人可以参与破产计划程序；因此特别规定了债权人的决议（→边码 500 及以下）。另外，债权人共同体通过“机构”共同参与程序：通过债权人会议（Gläubigerversammlung） 66

---

① 译者注：也称迟延履行金。

② 译者注：根据德国法，Geldstrafe 属于刑法上的惩罚方式，即称罚金；Geldbuße 属于行政法上的惩罚方式，即称罚款；Zwangsgeld 属于某种执行法上的惩罚方式如《法院组织法》，指某些只能由当事人履行的义务，当时人拒绝履行时，法院可以实施的惩罚方式，即称强制金。

（债权人的“全体大会”）和债权人委员会（Gläubigerausschuss）。

一、债权人会议

67 破产债权人和别除权人可参加债权人会议，但债务人和破产管理人也可参加（参见第 74 条第 1 款第 2 句）。破产法院（司法辅助人）主持债权人会议（第 76 条第 1 款）。

同样将由司法辅助人**召集**。更确切地说，由管理人、债权人委员会、占总债权额 1/5 或 2/5 的债权人或别除权人召集（进一步参见第 75 条）。

债权人会议有很大的**职权**。例如债权人会议可以：

——决定债权人委员会的设立或保留（第 68 条）；

——更换管理人（第 57 条）；

——要求管理人答复和报告（第 79 条）；

——决定停止经营或暂时继续经营债务人公司，让管理人基于特定目标制订破产计划（第 157 条）；

——阻止债务人企业或营业转让给“内部人员”或大债权人（第 162 条）；

——如未设立债权人委员会时，决定管理人实施具有重大意义的法律上的行为（第 160 条第 1 款第 2 句）或基于申请破产法院同意由债权人会议做出决定（第 161 条第 2 句）；

——完全享有债权人委员会的职权，因为作为债权人的最高机构，债权人会议高于债权人委员会。

68 债权人的**表决权**是有疑问的，因为通常（还）根本不清楚债权人事实上在多大范围内享有请求权。已申报并非后顺位的破产债权且破产管理人和享有表决权的债权人均未对之提出异议，无论如何赋予一票表决权（第 77 条第 1 款）。

但是，以管理人和在期日内到会的债权人都同意为限，对有争议的债权也可给予表决权（第 77 条第 2 款）。同时，该规则适用于附延缓条件的债权人和别除权人（第 77 条第 3 款）。

缺乏合意时，由破产法官裁判。例如需要考虑的是，申报的债权是否清楚或甚至已经以其他方式得以确认。很多方面都依据法官的裁判。但只有当司法辅助人作出裁判时（《司法辅助人法》第 11 条第 3 款第 2 句），裁判才可以被撤销（第 6 条第 1 款）。但是可能发生更正：在表决前，当管理人或出席的债权人提出申请时，法官及司法辅助人员可以变更裁定（第

77 条第 2 款第 3 句）。表决后，司法辅助人员的裁判可以被更改：如果有人在表决期间提出申请表决，法官可以对表决权重新确定并再次安排表决（《司法辅助人法》第 18 条第 3 款）。

如果与表决事项有利益冲突，则无表决权（类推适用《民法典》第 34 条；《有限责任公司法》第 47 条第 4 款；《股份公司法》第 136 条第 1 款），例如对（管理人）与该利益冲突人之间的法律行为、对其提出的法律争议或者对在债权人委员会中解除其职务进行表决（主流观点；另外可参见 *Grell NZI 2006, 77 ff.*）。

决议要求达到绝对多数。但占参与表决的绝对多数即已足够，即占出 69
席并未放弃投票的债权人的绝对多数。另外，不以人头方式计票。重要的是债权数额（→边码 68），对别除权人来说重要的是别除权的价值（第 76 条第 2 款）。达到“总额的多数”即已足够。如果仅有一名债权人出席并表决，则构成“总额的多数”。实践中通常没有债权人出席参与表决（表决不能）（Beschlussunfähigkeit）。因此将认定债权人放弃参与表决：允许破产管理人单独决定（进一步参见第 160 条第 1 款第 3 句）。

如果决议与破产债权人的共同利益相抵触，基于申请，破产法院必须 70
取消决议（第 78 条）。例如决议可能危及债权人被平等对待或优先受偿。当然最终取决于与共同利益相抵触的评价和判断。在此对不同的评判通过多数决的方式决定。如果决议持不同观点，法院也必须接受。但是，如果有证据表明多数债权人存在错误评判——在实践中重要的是——或存在强势债权人的投机表决的证据，则必须进行干预（法律措施：第 78 条第 2 款第 2 句）。

二、债权人委员会

设立委员会实际上是债权人的事务。但通常在第一次债权人会议举行 71
前，已经需要设立委员会。可以由破产法院设立委员会（第 67 条）。取回权人和重要的破产债权人，即享有最高额债权的债权人、小债权人和雇员代表应属于破产委员会成员；借贷人、供应商和无担保债权人也可以出席。如果之后共同举行债权人会议，可以放弃已设立的债权人委员会，也可以不再选举某个委员会成员、选举其他成员或开始设立委员会（第 68 条），而不受第 67 条规定的约束。但始终可以选举非债权人作为债权人委员会的成员（第 67 条第 3 款），因咨询可能需要该非债权人的专业知识。

委员会规模小于债权人会议，因此更易做决策。因此，委员会有**重要** 72

的职权，例如：

——在报告日前企业应该停止经营或转让，由委员会同意（第 158 条第 1 款）；

——对管理人特别重要的交易表示同意与否（第 160 条）；

——对管理人财团分配的同意（第 187 条第 3 款第 2 句）和中期分配时对份额的确认（第 195 条第 1 款第 1 句）；

——参与制订破产计划（第 218 条第 3 款、第 232 条第 1 款第 1 项、第 233 条第 2 句）；

——支持并监督管理人［第 69 条、第 261 条第 2 款、第 262 条；特别重要的是：审查现金往来（Kassenprüfung）］。严格来说属于债权人委员会成员的责任而不是作为机构的委员会的责任。但委员会同样应该合作并做出合理分工。

73 **决议**的前提是，绝对多数的委员会成员出席表决。不同于债权人会议，决议通过不取决于债权数额，而取决于投票人数（第 72 条；“人头的多数”）。也就是在具有两个或三个成员的委员会中需要两个成员同意。非债权人也可以享有第 67 条第 3 款意义上的表决权。对此，委员会必须代表所有债权人的利益。因此，每个委员会成员对“共同利益”负有义务，即保持中立。如果存在利益冲突问题，便丧失表决权（*→边码 68*；*Uhlenbruck ZIP 2002，1376 ff.*）。

74 **委员会成员的地位**类似于破产管理人：享有报酬请求权和垫付款偿还请求权（第 73 条）。破产法官可因重大原因免除成员职务（第 70 条；反对者可以提出立即申诉）。因过错违反义务者，应对破产债权人和别除权人承担责任（第 71 条；*例如 OLG Celle NZI 2010，609 ff.*）。例如，当某成员隐瞒了利益冲突（*→边码 73*）并且作了不利决定时，可能会受到惩罚。

第八章 财团债权人

参考文献：Gottwald InsR-HdB/*Klopp/Kluth/Wimmer* 1118 ff., 1129 ff.; Gottwald InsR-HdB/*Keller* 2629 ff.（Gerichtskosten），2259 ff.（Vergütung des Insolvenzverwalters）.

债权人平等对待原则（→边码 8）不适用于财团债权人。财团债权人 75
实际上应该“预先”得到完全受偿，即**先于破产债权人**（第 53 条）。但财团请求权仅包括对破产费用和因其他财团债务产生的请求权，即破产程序开始或在破产程序期间内产生的债务。预先清偿首先有助于破产程序顺利进行。对此，留给破产债权人的财团分配份额可能会大幅减少。

第一节 程序费用（财团费用）

程序费用一方面是破产程序的**法庭费用**（Gerichtskosten）。 76

程序费用遵循《法庭收费法》，根据《法庭收费法》第 48 条、第 58 条结合费用索引第 2310 号及以下。债务人申请破产程序启动时，以程序结束时财团的价值为基础；债权人申请破产程序启动时一般以债权的金额为基础，但当财团价值较低时以财团价值为基础。例如债权人基于 5,000 欧元的请求提出启动申请，并且财团价值总额为 50,000 欧元，则分配给启动程序（根据《法庭收费法》附件 2）的为 0.5 × 121（欧元）=60.50（欧元），但是法定最低限额实际是 180 欧元（《法庭收费法》第 2311 号）。执行破产程序的费用以财团价值为依据，最终根据收益扣除优先权（Vorrechte）（财团净值）。在债权人申请中需支出全部费用的 3 倍［例如附加费用为 3 × 121（欧元）=363（欧元）］。而且，还有债权审查的费用（20 欧元 / 债权人；《法庭收费法》第 2340 号）以及其他费用等，另外还有公正和送达费用，或许还包括鉴定费（《法庭收费法》第 23 条第 1 款第 2 句和第 3 款）。

如果债权人预付了法庭费用（第 26 条第 1 款第 2 句），则赋予债权人特权：事后债权人的补偿请求权（Erstattungsanspruch）可以纳入“法庭费用”。①

77 对此，还包括**破产管理人（或临时管理人）**和债权人委员会成员**的报酬和垫付款**（第 54 条第 2 项）。根据破产法上的薪酬规定（《破产法薪酬条例》）进行裁量，根据第 65 条，该条例由联邦司法部部长于 1998 年 3 月 19 日公布（*BGBL. 1998 I 2205*；*www.gesetze-im-internet.de/insvv/index.html*）。

该条例规定了破产管理人的标准基数，而该基数同样是以程序终结时的财团价值为依据（根据《破产法薪酬条例》第 2 条首先财团达到 25,000 欧元时为财团的 40%，当最多只有 10 个债权人申报债权时，至少为 1000 欧元；其次财团达到另外的 25,000 欧元时为财团的 25%；接下来财团达到另外的 200,000 欧元时为财团的 7% 等）。对一般的事务性费用包括办公费用也要支付，但不包括差旅费。特别管理费或减少的管理费（《破产法薪酬条例》第 3 条）相当于附加费及垫付款。管理人的律师费（《破产法薪酬条例》第 5 条）属于第 55 条第 1 款第 1 项规定的情形。对于临时破产管理人享有每个基数的 25%，该基数根据《破产法薪酬条例》第 2 条的百分比来计算（《破产法薪酬条例》第 63 条第 3 款、第 11 条）。债权人委员会中的工作将以小时数来支付报酬（35—95 欧元）（《破产法薪酬条例》第 17 条）。金额由破产法官确定（第 64 条）。如果法官同意，管理人已经预付的费用，允许管理人从财团中提取确定的款项（《破产法薪酬条例》第 9 条第 1 句）。

第二节　其他财团债务（财团债务）

78 财团债务首先是由于**管理人的行为**（如因管理人的法律行为，至少因管理人债法上的义务）而产生（第 55 条第 1 款第 1 项）。

例如：管理人——以管理人的身份——购买了一台电脑，对于支付购买价款的请求就属于财团债务。

第一眼看上去，该规则给予了新的合同相对方优先权，但是最终该规则也有利于破产债权人。因为在多数情况下只有在某些人还愿意与管理人订立合同时，财团的管理和变价才有可能。并且，除现金交易外，只有在

① 译者注：这意味着债权人对法庭费用的补偿请求属于财团债权，优先于破产债权而受到清偿。

给予合同相对方优先受偿时才可以期待他人与管理人订立合同。

- 与财团相关的管理人的侵权行为（unerlaubte Handlungen）产生财团债务。如因疏忽使行人摔倒在经营的地面上。同样适用于危险责任（Gefährdungshaftung），例如属于财团的大型客车出现事故。在此属于管理人监督下的独立财产可以类推适用《民法典》第 31 条与法人同样对待。除财团外，管理人或许也要承担个人责任（→边码 *56*）。 79
- 管理人对引导诉讼同样产生财团债务。管理人进行未完成的诉讼（→边码 *273* 及以下），根据主流观点，甚至承继该诉讼前的诉讼费用也属于财团债务［*BGH NZI 2006, 295 Rn. 15*; *K. Schmidt KTS 1994, 309*（*312*）；原因：程序费用裁决的统一性］。但这涉及的范围太广了（参见 *Uhlenbruck/Sinz InsO § 180 Rn. 44 f.*; *Heiderhoff ZIP 2002, 1564 ff.*）。 80

以其他方式管理、变价或分配财团产生财团债务（第 55 条第 1 款第 1 项），实践中首先是基于环境法产生财团债务：更多的是，向管理人提出的废物排除妨碍请求权，比如状态妨害者（Zustandsstörer）（进一步参见→边码 *730* 及以下）。 81

如果债务人未履行**双务合同**，则合同相对方的请求同样属于财团债务（第 55 条第 1 款第 2 项）。只有合同相对人必须向“财团”完成（部分）履行即交付给管理人时，才会把合同相对方的请求作为财团债务。因此会出现两种情形： 82

- 管理人可以选择是否坚持双务合同并要求合同相对方履行（第 103 条；→边码 *233*）。
- 尽管存在破产法的规定，合同必须立即继续履行，因为根据法律规定合同继续成立。如商业办公楼的出租人或债务人对雇员必须继续履行合同（第 108 条及以下、第 113 条）。如果对合同相对方的对待给付请求可以给予优先受偿，才可能期待继续履行的规定适用于合同相对方。

例如：债务人将房屋出租给了 M，该合同继续成立（第 108 条第 1 款第 1 句）。因此 M 要继续支付租金（现在是向管理人支付）。相反，管理人必须继续履行义务，保留 M 对租赁物的使用权，并且维持租赁物可使用的状态（《民法典》第 535 条第 1 款第 2 句）。在出现租赁瑕疵时，M 由此享有对维修的财团请求权，但是只有该瑕疵在破产程序启动前已经产生并且仅在当时产生破产债权时（*BGH ZIP 2003, 854 f.*）。

83 当破产程序启动后**不当得利**流入财团中，则产生财团债务（第55条第1款第3项）。

例如：（1）D对S的债务已经消灭后又向破产管理人履行了该债务。（2）在不知道破产程序启动的情况下，D从S处取得货物（根据第81条第1款第1句无效）并且因此向S支付了货款，S把货款交付给了管理人（第81条第1款第3句）。（3）D对一台机器保留所有权，管理人在不知情的情况下转让了该机器以换取必要的原材料。只要该原材料还未被加工，D便可以取得对原材料的给付请求权（第48条第2句），在原材料加工后，可以对取得加工后的利益所得。

相反，某人在程序启动前无法律理由向债务人进行了履行，当时享有返还请求权（《民法典》第812条第1款第1句第1种情形）。该请求仅可能是破产债权（第38条）。

84 如果债务由**临时破产管理人**（→边码97及以下）在程序启动前设立。程序启动后似乎只可能属于破产债权。基于此，临时破产管理人也许之后不能找到合同相对人。根据第55条第2款，财团债务以以下两种类型的案例展开。

（1）因债务人要承担一般的处分禁止，临时管理人作为“强势”管理人可处分债务人财产（第22条第1款第1句）。

（2）临时“强势”管理人对持续性债务关系享有对待给付请求权。如为了继续经营而雇用债务人的劳动力（第22条第1款第2句第2项），则该雇员的工资请求权就属于财团债务（进一步参见→边码99及以下）。

复习和巩固

> **案例1：** 通过让S生产割草机并转让给最终买主的方式，破产管理人V临时继续经营破产公司。比如在6月1日转让给了K一台割草机。K在使用设备的过程中因切割刀脱落严重受伤。因程序启动后，在公司长期工作的员工M未拧紧螺丝而使得切割刀脱落。K请求V给付200,000欧元的损害赔偿。G和V于8月1日签订合同并取得财团请求权，担心其请求权会因此而落空。在该案件中，G可以从V处获得损失补偿吗？
>
> **参考答案：** 如果V与G设立了财团债务，尽管G在8月1日才认识到或许财团不足以履行该财团债务，G也可以根据第61条对V个人提出补偿损失请求权。
>
> （1）或许因K的债权使财团明显不足。确实如此吗？根据第55条第1款第1项取决于财团的责任（更确切地说：取决于S以财团来承担责任）。债务人从财团中

卖出机器，因此不仅买方的履行请求权属于财团债务，而且根据《民法典》第278条因违反合同的损害赔偿请求权也属于财团债务。在此根据《民法典》第280条第1款、第278条、第437条第3项瑕疵损害赔偿请求权也属于财团债务。类推适用《民法典》第31条，K还可以根据《民法典》第831条、第831条第1款、第253条（→边码56、边码79）和《产品责任法》第1条至第4条，享有损害赔偿的财团请求权。将有危险的割草机带入交易中事实上发生财团减少。

（2）根据第61条第2句，可以免除V的举证责任吗？前提是，V在8月1日不可能知道产品瑕疵和由此产生的危险责任。对此适用第60条第1款第2句中的过错衡量。虽然V自身并不知道产品瑕疵，琵琶琶但是根据《民法典》第278条V也许应该对M的过错承担责任。但这违反了第60条第2款的规定：该条也适用于第61条第2句中规定的情形，并且V必须接受债务人雇员的帮助，并且该雇员并不是明显不适合该职位。结论：根据第61条V对G不承担责任。

（3）如果V存在过错，则根据第61条的字面意思其必须承担责任。这可能有点过分，因为这样的话每次违反管理义务（违反交易安全或合同）都可能发展成对财团债权人的损害。第61条的保护目的在于限制责任承担（参见*BGH NZI 2008*，735；其他参见*MüKoInsO/Hefermehl* § *55 Rn. 22*）。

第九章　取回权人和别除权人（概要）

85　**取回权人**是指，基于物上权利或人身权，可以主张标的物不属于破产财团的债权人（第 47 条）。但是取回权人不属于破产债权人，而是可以优先清偿的债权人，即有权在破产程序之外主张取回请求权（→边码 344 及以下）。因此，所有权人多数情况下可以要求管理人立即返还标的物（《民法典》第 985 条），出借人可以要求管理人立即返还标的物（《民法典》第 604 条）。紧急情况下取回权人可以选择诉讼和强制执行。

86　**别除权人**——如抵押权人（Hypothekare）、质权人（Pfandgläubiger）和所有权担保人（Sicherungseigentümer）——享有别除清偿的权利（第 49 条及以下；→边码 368 及以下）。虽然他们必须参与破产程序，但同样可以优先受偿，即从别除权人的担保物收益中优先于破产债权人而受偿（第 170 条第 1 款第 2 句）。就此而言，别除权人不是破产债权人。

例如：G 银行提供给 B 100,000 欧元贷款。为了保证偿还贷款，B 的兄弟 S 在其土地上向 G 银行设立了土地债务。如果 S 发生破产，只要土地债务还可以作价，即对 B 的请求权还成立，那 G 就享有别除权。

87　但是，如果别除权人对债务人享有第 38 条意义上的请求权时，通常别除权人同时也是破产债权人，即被担保的请求权（第 52 条第 1 句）。这种被担保的破产债权人不允许比与其有竞争关系的债权人优先受偿。因此，在财团分配时该债权人的份额不能直接以原有债权来计算。因为原有债权（如果还没有被别除受偿时）可能经别除受偿而减少。因此份额以余额来计算，即以原有债权减去别除清偿的数额后剩余的数额来计算份额（第 52 条第 2 句）。或许因别除权发生迟延清偿，债权人不能及时说明该余额。之后债权人可能放弃别除清偿：完全取消清偿（Totalausfall）。对该取消清偿的解释参见→边码 448 及以下。

例如：G 银行提供给 S 100,000 欧元的贷款，S 又为 G 设立了一项土地债务。如果 S 发生破产，G 不仅享有别除权，也可以将偿还贷款请求权（《民法典》第 488 条）作为破产债权予以申报。如果土地价格上涨并且分配给土地债务的净收益为 70,000 欧元，还可以追诉 30,000 欧元的破产请求权。如果对于 30,000 欧元从中取得 5% 的份额时，G 还可以再取得 1500 欧元。

第三部分

破产程序启动之路径

第十章　启动申请

参考文献：Gottwald InsR–HdB/*Vuia* 199 ff., 244 ff., 262 ff.; *Hackländer/Schur*, Die Zulässigkeit des Eröffnungsantrags bei Erfüllung der Forderung des antragstellenden Gläubigers, ZInsO 2012, 901 ff.; *Schillgalis*, Rechtsschutz des Schuldners bei fahrlässig unberechtigten Insolvenzanträgen, 2006; *Schmahl*, Zur Praxis öffentlich–rechtlicher Gläubiger bei der Stellung und Rücknahme von Eröffnungsanträgen, NZI 2002, 177 ff.

第一节　债权人的申请

破产程序不依职权而依申请启动（第 13 条第 1 款）。与民事诉讼法一样，破产程序适用处分原则（Dispositionsgrundsatz）。每个债权人都享有申请权。但债权人必须与破产启动在**法律上利益**相关（第 14 条第 1 款）。如果债权人享有别除权，基于别除权，债权人毫无疑问可得到全部清偿时，或者如果债权人违反程序目的，如给债务人施压，从而或许在即将发生的程序启动前争取还可以得到清偿时，则不享有请求权。 88

为了某些因犯罪行为而受损害的债权人，自 2017 年 7 月 1 日起可由**检察机关**提出破产申请（《刑事诉讼法》第 111i 条第 2 款）。

为了使法官和债务人不会因恶意或草率申请而任务缠身，债权人必须**证明**享有（破产）债权并且存在破产事由（第 14 条第 1 款）。从而使法官，从证明中得以确信，上述两者都存在极大可能性。可以只通过现有证据来证明［如交付的发货单、账单、注册信息的节录（Registerauszüge）、执行记录、书面的证人证言］，如有必要，只要可以强化个人主张，也可以通过保证代替宣誓（eidesstattliche Versicherung）（《破产法》第 4 条结合《民事诉讼法》第 294 条）。 89

为了证明**债权**，债权人不必提供执行名义。但要对其享有请求权的事实进行证明（例如 *LG Berlin ZInsO 2005, 499 ff.*）。债权人必须使法官相信其享有请求权（即所谓的必要性审查）（Schlüssigkeitsprüfung）。如果法律状况（Rechtslage）不清晰，法官没有职责对法律状况进行解释（*BGH NZI 2007, 350*）：如请求权未经证实，则申请无果。然后债权人只能先进行或等待民事诉讼（对此在被诉人破产时可能会有很大的费用风险），直到另一个债权人提出破产申请，并在启动的程序中以较低的费用说明债权。有时对事实和法律基础的怀疑来自债务人的异议。但通常只有启动申请被允许后（第 14 条第 2 款），该异议才会被听取。但很有可能之后才确认，该申请（与预期相反）不合法。然后申请才要被驳回。

Schmerbach NZI 2003, 421 ff. 针对债权人申请在**实务方面**给予了参考——如果债权人允许获得一定的破产份额，特别是不用担心“因财团不足”（第 26 条）而驳回申请（*BGH NJW 2004, 3261*），则债权人可享有**诉讼费用援助**（Prozesskostenhilfe）（《民事诉讼法》第 114 条及以下；《破产法》第 4 条）。是否要给债权人指定一名律师，取决于个案情况，尤其取决于事实状况和法律状况的难度（《民事诉讼法》第 121 条第 2 款；《破产法》第 4 条）。

第二节　债务人的申请

90 债务人也可以提出申请（自行申请，Eigenantrag）——不同于“他人申请”（Fremdantrag）。法人或无法律人格的企业（→边码 *31* 及以下）中**代表机构**（业务执行人、董事会）**的每个成员**及每个负个人责任的股东、清算中的公司清算人（第 15 条）有权提出申请。原则上不存在申请义务。法律规定的界限在于，禁止破产债务人对债权人造成一定的危险（《刑法典》第 283 条及以下）。争取余债免除的债务人，当然有责任不随意拖延由债权人提出申请的破产启动（参见第 290 条第 1 款第 4 项）。

91 然而，资合公司（Kapitalgesellschaften）和不存在自然人股东对企业债务负个人责任的企业（《破产法》第 15a 条；有权利能力的社团参见《民法典》第 42 条第 2 款和《破产法》第 15a 条第 6 款）有义务**申请破产**。因为此类公司的责任财产（Haftungsmasse）是有限的，所以对债权人来说特别危险。原则上，必须最晚于破产出现后的 3 周内由代表机构（第 15a 条第 1 款和第 2 款）不迟延地申请破产。如果法人无人管理（führungslos）（第 10 条第 2 款第 2 句），则申请义务将部分扩张：例如在有限责任公司中将扩张到每个股东，除非能够证明其不知道支付不能或无人管理（第 15a 条第3款；参见 *Berger ZInsO 2009，1977 ff.*）。

由此自行申请常常多于债权人申请。但是违反申请义务——“破产拖延”（Insolvenzverschleppung）的问题经常存在（*Haarmeyer/Beck ZInsO 2007，1065 ff.*；*Kirstein ZInsO 2008，131 ff.*）。**违反**申请义务是要**受到惩罚的**（过失即构成，因不合法而驳回申请的属于错误申请，参见第15a条第4款至第6款），违反人需对债权人承担损害赔偿责任（→边码282及以下）。就顾问责任（Beraterhaftung）而言参见 *H.-F Müller ZInsO 2013，2181 ff.*。

第三节 合法前提

另外，申请的合法性取决于**一般的诉讼要件**（《破产法》第4条结合《民 92
事诉讼法》）。必须满足的条件有：

——书面申请（第13条第1款第1句），作为诉讼行为（Prozesshandlung）禁止对其限制条件及规定日期；

——法院的管辖权（第2条及以下；→边码35及以下）；

——申请人的申请权（第13条第1款第2句和第15条）；

——申请人的当事人适格问题（Parteifähigkeit）（《民事诉讼法》第50条）；

——申请人的诉讼能力（Prozessfähigkeit）（《民事诉讼法》第51条及以下）及符合规定的法定代表；

——债务人的破产能力（→边码25及以下）；

——合法的程序选择（一般破产程序或消费者破产程序；→边码 *640*）。

债权人申请时还要求证明债权和启动原因，并且存在法律上的利益 92a
（第14条第1款；→边码 *88* 及以下）。

如同其他诉讼要件，在法官裁决期间内上述两种情形都必须存在。如果债务人得知破产申请后，对债权人的债权很快给予履行，债权人的破产申请将因此不具有合法性。但是第14条第1款第2句对此做出了限制，因为某些债权人可能还会关注程序启动（例如未关闭债务人营业必然将取得新的请求权的财政局，而该新的请求权或许不再能实现时）。

债务人申请（“自行申请”）还需要： 92b

——对产生启动原因的主要标志性事实进行说明（*BGH NJW 2003，1187*）；

——法人或人合公司提出破产申请，但不是由代表机构的所有成员或不是由负个人责任的所有股东提交申请时，需要证明启动原因（第 15 条第 2 款和第 3 款）；

——债权人名录和债权清单（第 13 条第 1 款第 3 句）；

——企业继续营业时，如有必要需对公司债务进行分类（第 13 条第 1 款第 4 句和第 6 句）：根据最高额债权、最高额担保债权、税务局的债权、社保机构（Sozialversicherungsträger）的债权、企业的养老金（Altersversorgung）进行分类，并包含上一年度的总资产（Bilanzsumme）数额、营业收入（Umsatzerlösen）和员工的平均数量（第 13 条第 1 款第 5 句）；

——对上述数据和债权人名录的正确性声明（Richtigkeitserklärung）（第 13 条第 1 款第 7 项）。

第四节　撤回和终结声明

93 对破产申请作出裁决前，允许**撤回**申请（第 13 条第 2 款）。

因为程序启动必然会有影响，该影响远远超越了和债务人及法官的关系：它也影响到其他的债权人和第三人。为了维护法的安定性，因此启动后程序不应该通过单方行为而再受到影响（参见第 213 条）。

撤回申请时，一般由申请者承担程序的费用（《破产法》第 4 条结合《民事诉讼法》第 269 条第 3 款第 2 项和第 3 项；有争议的例外情形：参见《破产法》第 14 条第 3 款）。

94 债权人可以事后**声明终结申请**，比如经证实的债权事后得以履行时（*BGH NJW 2002, 516 ff.*）。与撤回相比，如果该终结没有争议（大多数情况都如此），例如由于害怕进行破产程序而对未清偿的债权进行清偿后（→边码 *92a*；参见 *Foerste/Helte ZInsO 2017, 2722 ff.*），必要时债权人可以让法官责成债务人承担程序费用（根据《破产法》第 4 条结合《民事诉讼法》第 91a 条）。但是有利的诉讼费裁判至少要求，终结前的申请是合法的（*MüKoInsO/Schmahl/Vuia § 13 Rn. 131 ff.*）。并且只可以在裁判申请前作出终结声明（类推适用第 13 条第 2 款后半句）。

第十一章　法院的临时措施

参考文献：*Andres/Hees*, Weiterveräußerung von Vorbehaltsware im Insolvenzeröffnungsverfahren trotz Erlaubnis（§21 II 1 Nr.5 InsO），NZI 2011，881 ff.；*Berscheid*，Stellung und Befugnis des vorläufigen Insolvenzverwalters aus arbeitsrechtlicher Sicht，ZInsO 1998，9 ff.；*Foerste*，Der Umgang des vorläufigen Insolvenzverwalters mit Sicherungsrechten，in：Heinrich（Hrsg.），Wirkungsvolle Gestaltung von Arbeitsbedingungen als Weichenstellung für Restrukturierung，Sanierung und Insolvenz，2008，81 ff.；*Ganter*，Betriebsfortführung im Insolvenzeröffnungs-und Schutzschirmverfahren，NZI 2012，433 ff.；*ders.*，Sicherungsmaßnahmen gegenüber Aus-und Absonderungsberechtigen im Insolvenzeröffnungsverfahren，NZI 2007，549 ff.；Gottwald InsR-HdB/*Vuia* 287 ff.；*Heublein*，Die Ausgleichsansprüche des Aussonderungsberechtigten bei Anordnung von Sicherungsmaßnahmen nach § 21 Abs. 2 S. 1 Nr. 5 InsO，ZIP 2009，11 ff.；*Irmen/Werres*，Die Zwangsmaßnahmen des vorläufigen Insolvenzverwalters und der verfassungsrechtliche Schutz der räumlichen Privatsphäre，NZI 2001，579 ff.；*Schillgalis*（s. Lit. vor Rn. 88）.

从破产申请到法院裁判，可能需要几天，但大多数需要历时几周或 95
几个月。在此阶段，必须保证财团免遭危险。根据第 21 条第 1 款第 1 句，只要破产申请（→*边码 92*）的合法性得以确定，为防止发生不利于债权人的财产状况变动，法官必须**依职权采取必要的保全措施**。此外，债务人必须告知必要情况（第 20 条第 1 款结合第 97 条第 1 款第 1 句；进一步参见→*边码 135 及以下*）。而且法官可以或者必须设立**临时债权人委员会**（Vorläufigen Gläubigerausschuss）（→*边码 105a 及以下*）。通过此方式，债权人可以事先对启动程序和之后的破产程序施加影响。如果债务人争取“自行管理”破产程序［之后不设立破产管理人，而允许债务人在“事务管理人”（Sachwalter）的监督下对财团自行管理］，必要时应该命令实行**临时自**

行管理或所谓的**保护伞程序**（Schutzschirmverfahren）（→*边码 105e*）。

只有在还未确定债务人彻底破产时才可以进行该程序。但大多数情况下债务人已临近破产。并且早期对“弱势”情形进行调整，特别是可以利用重整机会时，是非常有利的，尤其对之后成功启动程序具有决定性作用。因此，（尤其是对较大的公司而言）事实上破产程序之前通常已经“**奏起了音乐**”：已处于**启动程序之中**。

第一节　一般的处分禁止

96 法官可以对债务人实行一般的处分禁止（第 21 条第 2 款第 1 句第 2 项第 1 种情形）。一般处分禁止包括程序启动时属于财团的所有标的物（→*边码 141 及以下*），也包括公告禁止后债务人又取得的标的物（《破产法政府草案的说明》，第 116 页）。违反禁令处分行为**绝对无效**：根据第 24 条第 1 款，禁令可能对程序启动后的行为产生影响（→*边码 181 及以下*）。

因禁令仅有利于保护单个债权人，所以实际上只是《民法典》第 135 条及以下意义上的相对处分禁止。但该规定将被《破产法》第 24 条第 1 款替代。

禁令公告后，债务人实施的任何处分行为都是无效的（→*边码 182 及以下*）。相反，禁令公告后在没有债务人参与的情况下，通过执行而取得是有效的；因为不适用第 91 条的规定（→*边码 188 及以下*）。部分情况下善意第三人也受到保护：在对处分受限不知情的情况下相信土地登记簿（第 81 条第 1 款第 2 句）或者向债务人进行了履行时（第 82 条），是要受到保护的。为了保护财团，处分禁止必须尽快公布，送交债务人及次债务人并在土地登记簿和商业登记簿上进行登记（第 23 条）。

第二节　临时破产管理人的任命

97 破产法院也可以设立一名临时管理人（第 21 条第 2 款第 1 句第 1 项）。公司破产中**通常**发生该情形。随着之后程序启动，临时管理人多数情况下被任命为破产管理人。临时管理人的法律地位（选任、免职、责任、法院的监督）与破产管理人一样（第 21 条第 2 款第 1 句第 1 项结合第 56 条、第 56a 条、第 58 条至第 66 条；→*边码 48 及以下*）。

破产申请后由于典型的动荡，专业人士对企业情况尽快做出判断并采取应急措施对公司破产来说尤其重要。因为对于即将启动程序而言，必须正确作出让步，从而尽快“挽救”或许还能挽救的事务。并且，对于继续任命的情形，临时管理人还将根据情形继续公司运营，即尝试循序渐进地开展可盈利的业务，维持债务人的客户，与此同时寻找重整的机会（至少对个别企业来说）。因为多数情况下需要解决短期流动资金的问题，管理人要尝试用令人信服的重整方案说服银行（继续）提供贷款。

临时管理人一直有权进入债务人的营业场所，并在该营业场所进行调查，特别是查阅营业文件（第22条第3款第1句和第2句）。但对于居住场所来说，仅适用于在此处进行商业经营的情形（*BGHZ 158, 216*）。债务人及业务执行人要向管理人给予所有必要的答复，并基于破产法官的要求，对答复的正确性和完整性以保证代替宣誓；债务人还需承担其他协助义务（第22条第3款第3句、第97条；→*边码135及以下*）。如拒绝协助时，紧急情况下可能会被拘留（第22条第3款第3句、第98条）。管理人的其他权限取决于如下临时管理人的类型。

一、具有处分权的临时管理人

如果法官让债务人承担一般的处分禁止（→*边码96*），则有必要任命一个临时管理人，因为被撤销的职权必须有人来接替。然后，破产管理人获得广泛的职权，也因此被称为**“强势”管理人**。 98

- 其对财团享有广泛的管理权能和处分权能（第22条第1款），但无权对财团进行变价，除非紧急转让等情形（*BGH NZI 2012, 366*）。
- 其必须保全并维持财团（第22条第1款第2句第1项）。
- 企业属于财团，因此其应继续经营企业直到对破产程序启动作出裁判（第22条第1款第2句第2项）。因为停止经营会造成不可逆转的情形，之后使财团变价变得困难（→*边码433*）。但是如果考虑到继续营业可能会大量减少财团，则允许在破产法官的同意下停止经营。
- 同时，管理人应确认债务人的财产是否足够支付程序费用（重要，参见第26条）。另外，其可以作为专家被委托审查是否存在启动原因以及继续经营的企业有何前景（第22条第1款第2句第3项）。
- 由债务人实施的但被中断的诉讼，由管理人决定是否承继该诉讼

[《民事诉讼法》第 240 条第 2 句及以下条款;《破产法》第 24 条第 2 款;进一步参见 *Henckel FS Schumann*, *2001*,(*212 ff.*);也可参见→边码 272 及以下]。

1. “强势”管理人的财团债务

99 “强势”临时管理人设立的债务与债务人相关。程序启动后,该债务可能属于破产债务(参见第 38 条)。由此,可能没有人还愿意与管理人缔结交易。为了推动临时管理,在之后**破产程序启动**时,让该类请求权因而成为财团债务(第 55 条第 2 款第 1 句)。这首先涉及合同请求权,但也涉及法定义务。同样重要的是,如果继续性债务关系中“强势”管理人提出对财团的对待给付请求权,则因继续性债务关系而产生的债务属于财团债务(第 55 条第 2 款第 2 句)。

例如:“强势”管理人在危机中继续经营着债务人的公司并且有权请求提供电、气、水和债务人租赁的办公室或者对债务人的雇员享有请求权。

根据第 21 条第 2 款第 1 项和第 61 条,在财团不足的情况下,管理人有承担个人责任的风险(例如 *OLG Schleswig DZWiR 2002*, *256*)。但管理人总是可以通过及时“解除”合同相对人来保护财团(*BGH NJW 2003*, *2455 f.*)。

如果**破产申请被驳回**,首先根本不会出现“财团”,也不会存在财团债务。但涉及请求权也必须从管理的财产中优先得以受偿(第 25 条第 2 款;→边码 *106*)。

2. 工资债权和破产金

参考文献:*Hunold*, Insolvenzgeld und Insolvenzgeldvorfinanzierung als Sanierungsinstrument, NZI 2015, 785 ff.

100 债务人作为雇主而成立的劳动关系,对“强势”管理人来说具有现实迫切性。原则上管理人应该继续经营公司,因此其必须请求雇员提供劳动力,雇员的**工资债权**属于财团债务(第 55 条第 2 款第 2 句)。工资债权可能完全耗尽财团财产,以至于其他的财团债务都不能得到清偿。但是根据第 61 条,管理人有承担责任的风险,因为总体来说管理人继续经营了该公司。对此“强势”管理人必须考虑,是否让公司尽早停止经营(第 22 条第 1 款第 2 句第 2 项)。截至 2001 年实务中采用了其他做法:多数情况下破产法官一开始只任命“弱势”管理人(→边码 *103*),对于“弱势”管理人不适用第 55 条第 2 款的规定。自此,管理人的责任风险得以缓和。

与此相关，实践中雇员的工资债权很大程度上转移给了联邦劳动局。

一般工资债权由联邦劳动局的**破产金**来清偿：在破产程序启动时（财团不足时启动驳回也一样），联邦劳动局基于劳动关系存续的最后三个月的工资拖欠款（Lohnrückstände），支付等同于税后工资额的破产金（《社会法典三》第 165 条和第 167 条）。相应的资金由意外险（Unfallversicherung）承担者筹集并分摊给隶属于他的各个雇主（《社会法典三》第 358 条及以下）。虽然破产金在破产程序启动后才支付，但临时管理人可以设法前期融资（Vorfinanzierung）：银行取得之后由破产金偿付的工资债权，并且为此支付到期或未来的劳动工资。这很大程度上减轻了企业资金短缺的负担，由此，临时管理人可以利用剩下的资金首先进行重整。 101

实践中，破产金非常重要（*Cranshaw ZInsO 2013, 1493 ff.*）。通常会被固定纳入计划之内。尽管每项基于破产金而取得的前期融资必须经过联邦劳动局同意，并且只有在预计该公司可以提供很大一部分的职位时才会同意，但破产金还是将被大规模地利用（进一步参见 *Uhlenbruck/Ries/Zobel InsO § 22 Rn. 180 ff.*；对于临时自行管理参见 *ZIP 2012, 699 f.*）。通过这种方式对雇员的保护会变异为筹集重组的启动资金。总之，该方式保护免于较高的失业率，也减轻了联邦劳动局的负担。所有资金实际由公司提供：通过分摊给其份额。最终“保证”公司在破产时进行重整的机会。

如果最终用破产金偿付时，**工资债权转向**联邦劳动局（《社会法典三》第 169 条）。该转向联邦劳动局的工资债权之前通常属于财团请求权（第 55 条第 2 款第 2 句），但财团请求权可能耗尽财团，因此享有未担保的（较旧的）工资债权的雇员会吃亏。但是现在工资债权转移给联邦劳动局后，根据第 55 条第 3 款第 1 句便将工资债权归为破产债权。由此“强势”临时管理人实际上可以没有顾虑继续经营公司。因为“强势”临时管理人可以请求破产金时，其余可请求的财团债权便变得简单清晰。 102

二、无处分权的临时管理人

如债务人保留有处分权（与第 21 条第 2 款第 1 句第 2 项相反），也可以任命临时管理人。与债务人相比，管理人一般仅享有较少的职权：仅需要确保承担责任的财产并且监督债务人公司，所以被称为**“弱势”管理人**（先前被称为“扣押担保”规定中的“扣押保管人”）。临时管理人的其他义务及职权由破产法官在任命时确定（参见第 22 条第 2 款第 1 句）。临 103

时管理人的职务可以很广泛，但是不允许超越“强势”管理人的职务（第22条第2款第2句）。必须具体确定“弱势”管理人的职权，即限定于确定的法律行为或行为类型，如收款（Forderungseinziehung）（进一步参见*Kirchhof ZInsO 2004, 57 ff.*）。但在受限的范围内“弱势”管理人也可以获得处分权，即在某些方面的职权得以“强化”。对此，如果之后将启动破产程序，临时管理人甚至可以设立财团债务（第55条第2款；*BGHZ 151, 365 ff.*）。

103a 另一方面，法官可以命令，债务人整个或特定的处分取决于临时管理人的同意（第21条第2款第1句第2项第2种情形；**“半强势”管理人=享有同意权的管理人**）。在该范围内存在处分限制问题（第24条第1款、第81条及以下；→*边码96*）；债务人不可单独处分。但保留同意权的临时管理人也不可单独处分，至少没有法官的具体授权不可单独处分（第22条第2款第1项）。但管理人无论如何可以阻止或允许债务人的处分，因此，人们称之为“半强势”管理。

例如：法官命令，仅允许S在临时破产管理人（IV）的同意下进行处分。现在D用现金清偿了S的债权。该收款行为虽然不是真正的对债权的“处分”，但也是无效的（根据第21条第2款第1句第2项第2种情形、第24条第1款、第82条第1句）：必要时D必须再次向IV支付。

第三节 其他保全措施

104 一般来说，不允许在破产程序启动后对财团财产强制执行（→*边码162及以下*），但在破产程序启动前是可能的。法官可以在破产程序启动前，保护之后的财团**不被单独强制执行**（第21条第2款第1句第3项）并且法官原则上也必须这样做。

- 禁止动产（动产、债权、财产权）强制执行与第89条第1款程序启动后介入的禁止强制执行有相同的效力（《破产法政府草案的说明》，第116页；→*边码162*、*边码166及以下*）。
- 暂时停止动产强制执行仅仅可以阻止已经进行的强制执行（后果：《民事诉讼法》第775条第2项）。
- 仅在《强制拍卖与强制管理法》第30d条第4款规定的条件下可以暂时停止不动产执行。根据该规定首先要求临时管理人对此进行申请。

根据第21条第1款第1句的一般条款允许实施**进一步的措施**，例如查封债务人办公场所或扣押商业材料、冻结账户（效力：《民法典》第135条和第136条）、禁止债务人进入住宅（Hausverbot）（*BGH NZI 2007, 233*）甚至拘留债务人（第21条第3款）。根据第21条第2款第1句第4项也可以命令暂时禁止通信（→*边码137*）。 105

需要注意的是**第21条第2款第1句第5项**中的情形，某些债权人享有取回权或别除权，比如所有权担保或债务人提供的让与担保债权。破产程序启动后虽然债权人要从别除物中优先受偿，但仅在限制条件下优先受偿（第170条及以下；→*边码386*、*边码389及以下*）。因此，应阻止债权人在破产程序启动前使自己快速任意得以受偿。破产法官还可以命令**禁止变价和禁止取得**（Verwertungs-und Einziehungsverbot）。该“相对”处分禁止（《民法典》第136条）阻止了让与担保的受让人（Sicherungszessionar）继续向第三债务人主张债权；当然，现在只有为债权人保管该收益（*BGH NZI 2010, 339 Rn. 39 f.*）的临时破产管理人有权主张（第21条第2款第1句第5项最后）。事实上，如果对取回物享有请求权，债务人必须随时返还取回物。但必要时法官可以允许取回物和别除物用于**公司的继续经营**。如果请求权人获得了（不可撤销的）代替物，甚至允许转让相关的物品，如延期所有权保留（主流观点，*K. Schmidt/Hölzle InsO § 21 Rn. 76*；有争议*Foerste*［*vor Rn. 95*］，*103 ff.*）。必须对其他的保全折价与一定的用益损失进行补偿（第21条第2款第1句第5项中的第2句和第3句）。

第四节　临时债权人委员会的设立

参考文献：*Beth*, Zur Unverhältnismäßigkeit der Einsetzung des vorläufigen Gläubigerausschusses gem. §22a Abs. 3 2. Alt. InsO, ZInsO 2012, 1974 ff.; *Cranshaw*, Haftung, Versicherung und Haftungsbeschränkung des（vorläufigen）Gläubigerausschusses?, ZInsO 2012, 1151 ff.; *Huber//Magill*, Der（vorläufige）Gläubigerausschuss: aktuelle praxisrelevante Aspekte aus dem Blickwinkel eines Kreditinstituts, ZInsO 2016, 200 ff.; *Obermüller*, Der Gläubigerausschuss nach dem „ESUG“, ZInsO 2012, 18 ff.; *Römermann/Praß*, Rechtsschutz bei Ablehnung eines vorläufigen Gläubigerausschusses, ZInsO 2012, 1923 ff.（m. Anm. *Horstkotte*, 1930 ff.）.

105a 自 2012 年 3 月 1 日起，法官要面对其他临时的规定。这涉及**《进一步便利公司重整法》**；该法对破产法中的核心领域进行了修订（参见 *Hirte/Knof/Mock DB 2011, 632 ff., 693 ff.*），必然也留下了很多问题。

法官可以设立临时债权人委员会，而不取决于是否将命令采取保全措施（第 21 条第 2 款第 1 句第 1a 项）。通过临时债权人委员会，破产公司的债权人应该可以对运行中的公司经营尽早施加**影响**，特别是如果破产程序即将启动时，可以**对破产管理人的选任**施加影响。虽然管理人将由破产法官确认（→边码 48）。但原则上要给予临时委员会机会，对管理人提出要求，并且给予其机会表达适合人选（第 56a 条第 1 款，也可参见第 56a 条第 3 款）。如果委员会对管理人提出特定的要求，法官在选任管理人时要以此为依据。并且，如果临时委员会一致推荐某人为破产管理人，法官要受其约束，除非推荐的人选不适合（第 56a 条第 2 款）。

对于适合性参见→边码 48a 及以下，当然，原则上不允许法官就推荐人员专业上的适合性进行审查，因为该权限由委员会保留。但根据第 56 条第 1 款第 1 句必须确保候选人必要的**独立性**；因为通过债权人的支持而获得（可获利益的）委托，在较大的程序中承担破产管理，这种机会将会诱使灵活的候选人事先寻求接近债权人或向其表明理解债权人其中的利益（例如在处理别除权、履行撤销权或通过程序早期相应的职务行为）。但相关审查的合法范围是有争议的（参见 *Frind ZInsO 2014, 124 ff.*）。如果法官对一致推荐的候选人（第 56a 条第 2 款第 1 句）有分歧，则必须在启动裁定时告知不选任该推荐人的重要理由（第 27 条第 2 款第 4 项）。

105b 如果法官要**任命临时破产管理人**，则上述规则也适用于临时破产管理人的选任（第 21 条第 2 款第 1 句第 1 项、参照第 56a 条）。如果其最终被任命，则临时委员会要协助和监督临时破产管理人（第 69 条、第 21 条第 2 款第 1 句第 1a 项）。临时债权人委员会享有很大职权；其明显可以减少法官对破产程序的掌控。

105c **设立临时委员会**有三种方式：

（1）鉴于债务人公司规模，如果下列三个指标中至少满足了两个，就必须设立临时委员会：总资产至少达到 6,000,000 欧元、12 个月中的营业收入至少为 12,000,000 欧元并且年平均雇员至少达到 50 个［“必要委员会”（Pflichtausschuss）；进一步参考第 22a 条第 1 款］。

（2）如果债务人、（可能任命的）临时管理人或债权人对此进行了申请，并且已经提及可能的候选人并附有该候选人的同意声明，则应设立临时委员会［“派生的必要委员会”（derivativer Pflichtausschuss）；第22a条第2款］。

（3）但法官也可以设立临时委员会［“任意委员会”（fakultativer Ausschuss）；第21条第2款第1句第1a项］。

当然下列情形不允许设立临时债权人委员会（第22a条第3款）：

——如果债务人已经停止营业；

——如果考虑到预期破产财团，设立临时债权人委员会可能是不允许的：因设立委员会产生费用问题，但该费用超出了预计财团比例；或

——如果与设立相关的事务延迟，使债务人财产状况发生不利变化（例如为了赢得合适的委员会成员花费时间以至于可能延迟必要临时管理人的紧急设立）。

但是对排除事由的范围是极具争议的（*MünchKomm/Haarmeyer*，§ *22a*；→边码 *141* 及以下）。

临时债权人委员会的**成员**应该是债权人团体的代表人（→边码 *71*；第67条第2款、第21条第2款第1句第1a项）。如果法院对此提出要求，则由债务人（或事先设立的临时管理人）任命可能的候选人（第22a条第4款）。但只有债权人可以成为临时委员会成员（第67条第3款不适用）。因此，外部专家甚至工会会员可能不属于临时委员会成员。这很糟糕，因为必要时委员会必须退让重整，并且就每个成员因过错违反义务时要承担责任而言，更需要有能力的成员（第71条、第21条第2款第1句第1a项；对于大型案件参见 *MüKoInsO/Haarmeyer* § *22a Rn. 52*）。选任委员会成员属于法官的职务（*BT-Drs. 17/5712，25*）。 105d

第五节　临时自行管理

尽管公司启动破产程序，但有时不选任破产管理人而是允许债务人在监督下继续经营是合理的。如果没有证据证明债权人将受到损害，基于债务人的申请，破产法官可以命令所谓的**自行管理**；为了监督营业将任命所谓的事务管理人（进一步参见→边码 *604* 及以下）。立法者曾希望，尽管启动破产程序，但如果债务人还可以继续经营，比起经常遇到的案件，可以激励其较早提出破产申请。但该期望并没有得到满足。因此，立法者通过《进一步便利企业重整法》进一步推动了该想法：自2012年3月1日起， 105e

在提出破产申请后，债务人也可以设法成为“屋子的主人”，即似乎将自行管理推到前面。

这可能发生在以下两种形式下：通过**临时自行管理**——伴随着由第三方确认的“临时事务管理人”——或者通过保护伞程序，债务人不仅可以启动临时自行管理，而且可以很大程度上影响临时事务管理人的选任，并且使免于执行措施和加强商业信用成为可能。该新规定在大型破产程序中的意义越来越重要：新规在较短的时间内改变了破产实务（*进一步参见→边码 626 及以下*）。

第六节　保护债务人免受保全措施

106 保全措施的规定具有重大影响。特别是当通过该方式，破产申请被公之于众并且在商业交易中（也许前期）获得很有前景的印象时。因此，如果没有延期效力，债务人提出**立即申诉**（第 6 条、第 21 条第 1 款第 2 句）也是好事。

当保全措施不再符合目的，特别是在破产程序启动申请被驳回时，应**撤销保全措施**（参见第 25 条第 1 款）。根据第 23 条撤销一般处分禁止（第 21 条第 2 款第 1 句第 2 项）必须进行公告。如果设立了“强势”临时破产管理人，在其结束职务前，还应清偿管理费用和由其设立的债务（第 25 条第 2 款）。临时管理人法律上的行为在任何情况下都生效（类推适用第 34 条第 3 款第 3 句）。如果启动了破产程序，则该法律上的行为可以被撤销（第 129 条及以下；*→边码 291*）。

107 针对保全措施的法律救济当然可能会很晚。但采取**其他保护措施**比较困难。只要是合适的，债务人就应该采取预防措施：只要债务人预计破产申请是不合法的，就可以向有管辖权的破产法院交存一份“保护文书”（Schutzschrift），并指出预期的申请是无意义的。如果因不合理的破产申请，使得保全措施造成损害，并且债权人对可能没有意义的申请发生认识错误时，债权人要对造成的损害承担责任（*参见 Schillgalis* [*vor Rn. 88*], *46 ff.*，*137 ff. m. w. N. zum Streitstand*）。但主流观点与此不同，而这在结果上或许是对的。

第十二章　启动事由和程序费用的支付

第一节　启动事由

参考文献：*Böcker/Poertzgen*，Der insolvenzrechtliche Überschuldungsbegriff ab 2014，GmbHR 2013，17 ff.；*Bork*，Grundfragen der Zalungsunfähigkeit（§17 InsO），KTS 2005，1 ff.；*ders.*，Wie erstellt man eine Fortbestehensprognose?，ZIP 2000，1709 ff.；*Ekkenga*，Insolvenzvorbeugung durch Rangrücktritt，ZIP 2017，1493 ff.；Gottwald InsR–HdB/ Gundlach 153 ff.

存在破产事由，破产申请才可成立（第16条）并且——需要补充的是——破产财团至少够支付程序费用（第26条第1款；*→边码120及以下*）。所有债务人，例如自然人、法人、无法律人格的企业都可能出现的破产事由是支付不能（第17条第1款："一般破产事由"）。对于法人来说，资不抵债即足以构成破产事由（第19条）。如果债务人提交破产申请（"自行申请"），则甚至濒临支付不能即已构成破产事由（第18条）。 108

一、支付不能

当债务人不能履行到期债务时，即构成支付不能（第17条第2款）。因此，这取决于支付的能力，而不是支付的意愿：需要比较的是可支配的资产和到期需支付的债务。对此，法官做出裁判的时间具有决定性，而不是破产申请送达时的状况。因为早期的状况可能已经好转或者恶化，并且破产的目的要求，最后的裁判结果（Erkenntnisstand）必须要有根据。**暂时支付不能**（Zeitpunkt–Illiquidität）要通过所谓的资产负债表（Liquiditätsbilanz）查明（*例如参见 LG Augsburg ZInsO 2003，952 ff.*）。在资产负债表中一方面要包括支付义务和已转化为金钱请求权（例如根据《民法 109

典》第 280f 条及以下）的其他义务［例如《民法典》中第 433 条第 1 款第 1 句所有权取得请求权（Verschaffungsanspruch）］。哪些是到期义务，要根据《民法典》第 271 条进行判断。不予考虑的是延期请求权和其他附期限的请求权（gestundete und betagte Ansprüche），如根据合同基于借款返还请求权要在 6 个月后以分期付款的方式支付借款。另外，司法判决还要求，“认真主张”过每项债务（*BGHZ 173，289 ff.*）。另一方面要按截止日期将可支配资产列入。这里指的是资金，尽管实物资产也许可以转化为资金，但这里不包括实物资产。因为在此债务人应能够及时提供资金资产。

但根据立法者的意思，暂时的支付中断是无害的（《破产法政府草案的说明》，第 114 页）。允许债务人短期内——最晚 3 周内——恢复提供资金的状态（参见 *BGHZ 163，139 f.*），其可以通过借贷、出售或抵押财产来提供资金。对于证明责任，如果对支付不能有争议时，申请者应承担证明责任，相反如果债务人引证只是出现暂时支付中断，则由债务人承担证明责任。

支付不能不必达到“很大程度”支付不能。资金不足以偿付多个债权人之一已构成支付不能。当然，该债权人必须对其请求权给予证明（参见→边码 89；*Henkel ZInsO 2011，1237 ff.*）。但是，只是很小的资金断裂（Liquiditätslücke）不构成支付不能（《破产法政府草案的说明》，第 114 页）。立法者有意未给出进一步的数据。但如果支付不能的份额至少达到总债务的 10%，而债务人不能提供相反的证据证明，则认为构成支付不能。如果可预见不久将超过 10% 的份额，则仅构成较小的资金断裂（进一步参见 *BGHZ 163，144 ff.*）。

110 债务人已停止支付时（Zahlungseinstellung），**推定为支付不能**（第 17 条第 2 款第 2 句）。该规定免除了对支付不能的证明问题。停止支付是可归责于债务人的行为并且使合同相对方产生因无支付能力而不能支付的印象［也许是请求长期延期支付、不能支付较为重要的继续经营的费用、大量的票据拒绝证明书（Wechselproteste）或执行措施、突然结束经营、债务人出逃；进一步参见 *BGH NZI 2013，932 f.*］。即使债务人还可以提供部分支付，也不能排除停止支付。

一旦认定为停止支付，到再次收到支付款项时**继续有效**。为了给债务人施加压力，债权人在债权未得到支付（“支付停止”）而提出破产申请时，这将变得很重要。例如如果通过此方式债权人达到债权得以清偿的目的，其将撤回申请或做出终结声明（节省费用）（→边码 *94*）。但单个支付不再使停止支付的状态发生改变（*BGH NJW 2002, 514 f.*）。当事后其他债权人（继续）提出破产申请并且现在选任的管理人想撤销对债权人的给付时，该规则具有重要意义（参见→边码 *304* 及以下）。

但是，支付不能更像是破产的**指向标**。只有在公司的现状或未来完全透明时，才能对公司的情况做出真实陈述：清偿旧的贷款，只要公司还可以达到盈余时，才可获得新的贷款。否则，将停止新的贷款，如此在旧债务到期和收益不佳的情况下，支付不能的情形较早出现并且可以被认识到。事实上大多数情况下很少能了解到债务人的实际情况。通常债务人还能得到贷款，即便未来是否有盈余很不确定或者甚至已经显示出支付不能的情况，这可通过新的借贷得以避免，但也只是推迟支付不能的状态而已。所以，第 18 条（超越之前的《破产法》）把破产事由又向前推移是有意义的。 111

二、濒临支付不能

如果只是濒临破产，债务人也可以提出破产申请，即债务人“预计到期时不能履行已产生的支付义务时”（第 18 条第 1 款和第 2 款）。因此，重要的是**期间支付不能**（Zeitraum–Illiquidität）。该情形可通过资产表来确认，该资产表中将推定期限内的收入和支出进行对比，并且指出支付资金亏损情况（现金流）。 112

一方面，包括了现有资产及未来到期日前可支配的资产（第三方应支付的应收款项、未来的营业收入、利息等）。

另一方面，资产表要包含支付义务。因为在不久后债务必须被清偿时，这便是相关资产流出的证明。不仅要包括到期债务，而且必须包括截至较晚规定期日内的债务。根据第 18 条的规定，完全于之后才产生的债务不予考虑。就义务完全不确定而言，如当义务产生附有一定条件时，上述规定是有意义的。如果可以预见需要支付，则必须超越文本意思而被纳入支付义务之中，例如继续生产中未来原材料的购买费用（参见《破产法政府草案的说明》，第 115 页）。

根据法律规定，该推定期限不受限制。它可以是几个月，也可以更长。推定期限越长，预测越不准确，破产事由的证明会越难。

该（新的）破产事由达到的**目的**是，与现在通常发生的情形相比，引导债务人较早的申请破产，而不应使原本不稳定的公司更加衰败或使财团 113

减少。但该目标并不容易达成。

在公司发展不景气时，债务人在心理上通常会陷入困境。其力不从心只能希望状况变好并常常自我粉饰不景气的状况（自我暗示），特别是当其声誉和毕生的事业处于危险之中时：与美国不同，破产对我们来说属于严重失败，即使破产并不总是可归责于债务人（→边码 3）。据此，也并没有准备好给债务人第二次机会。因此，这使得债务人很难下决心“带着恐惧结束其公司”。

但至少存在促使其**走向破产法院的激励措施**：阻止之后债权人获得担保权（《破产法》第 165 条及以下；《强制拍卖与强制管理法》第 30d 条第 1 款和第 2 款）；提交破产计划的权利（第 218 条）；继续以（临时）自行管理的方式经营（第 270 条及以下）；确保余债免除的希望（第 290 条第 1 款第 4 项）。这些措施是否已足够推动债务人根据第 18 条提出破产申请，还待观察。根据破产管理人的答复，尽管债务人申请远远多于债权人申请，但大多数情况下提出申请都太晚了。

债权人不能因债务人濒临支付不能而提出破产申请。否则可能存在危险，即债权人在破产前就可以以一个推测的——不确定是否有根据的——破产申请，给债务人施加压力或破坏对重整所作的努力。

三、资不抵债（Überschuldung）

114 对于**法人**（股份公司、有限公司）来说，破产程序既可以在（濒临）支付不能时启动，又可以在资不抵债时启动（第 19 条第 1 款），即债务人的财产不再可以清偿现有债务时启动（第 19 条第 2 款第 1 句）。如果不是自然人作为债务人承担责任时，破产事由将扩大化。扩大化的原因在于资合公司的有限责任。相反，当然应该允许自然人有机会通过借贷度过瓶颈期（参见 *Motive zur KO*, *319 f.*）。背后的经验是，人的责任会降低破产风险：为了重整不稳定的公司以及使其重新回到盈利的状态，人们将最大限度投入其企业经营能力，这不仅因为“人格中宣传的力量”（*Gerhardt*），而且由于其要承担个人责任。这也可以确保其商业信誉，并且同时有望实现持续的支付能力。因此对自然人来说首先只有在对该期待产生失望时才出现破产指示。虽然该公司业务执行人的才能可能如同单个商人企业家一样，但根据经济活动的规则来看，业务执行人有不同的目的，因为（至少原则上）仅仅由有限公司承担责任。

资不抵债也适用于**无法律人格的企业**（普通合伙、有限合伙、民事合 115
伙等），并且在该企业中没有负个人（无限）责任的自然人股东（第 19 条第 3 款第 1 句）。一般负个人（无限）责任的是其他类型的企业。

例如：（1）民事合伙作为债务人，其股东是一个普通合伙和一个有限公司；（2）债务人是一个特殊的有限合伙企业（GmbH & Co.KG）（多数情况下，有限合伙企业中的普通合伙人只是有限公司）。[1]

与之不同的是，如果一个普通合伙企业承担债务并且该普通合伙企业是由有限公司和 X 女士组成。

但如果其中一个负个人责任的股东是“其他类型的企业”，在该企业中存在负个人责任的自然人股东（第 19 条第 3 款第 2 句），则无法律人格的企业将与法人区别对待（只是在支付不能的情况下破产）。

例如：民事合伙作为债务人的股东是一个有限公司和一个有限合伙。该有限合伙中的普通合伙人是 Y 先生。

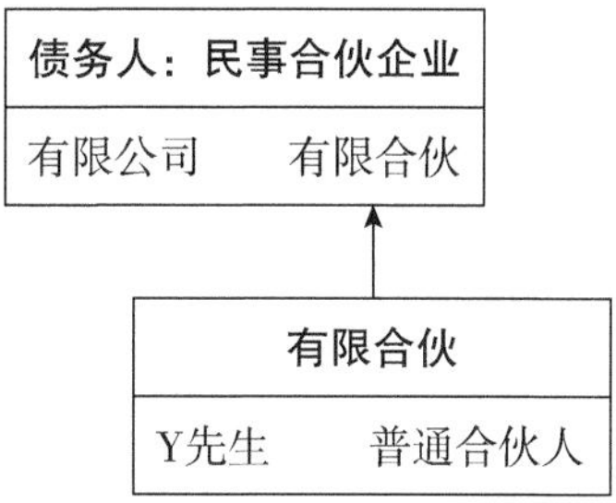

这是合乎逻辑的，因为要期待自然人集合所有力量阻止破产（→边码 *114*）。

为了**确认资不抵债**，要对资产负债表（资产负债状况）中的资产和负债 116
进行对比。负债包括破产程序启动下可能作为破产债权的已发生债务，以及因股东贷款或相似的法律上的行为可归责于企业的债务（→边码 *318* 及以下）。

仅可以通过第 39 条第 2 款（第 19 条第 2 款第 2 句中详细的列举式说明）中所谓的放弃优先地位（Rangrücktritt）来避免。债权人声明放弃优先地位时，仅在下述情形中产生对其债权的履行，即当所有其他债权人已得到清偿。通过这种合同内容的变更（Inhaltsänderung）（《民法典》第 311 条第 1

① 译者注：GmbH & Co. KG 中必然有一个普通合伙人是有限公司。

款)，该债权受到严重贬值：其不必（较长时间）处于被动状态。事后的放弃优先地位可以消除资不抵债的状态——并走向重整（进一步参见 *Berger ZInsO 2015，1938 ff.*)。

资产指在破产程序启动时可以被变价的财产。

117 问题是**资产如何变价**：资产将列明现有资产（机器、存货、办公设备、债权等）因出售和分割所获得的价值总额。所谓隐藏储备（stille Reserven①）——因会计法上对资产保守估值的要求而产生——在此要进行“溶解”。② 如果对第三人的债权不可执行的话，则不予考虑。但所有这些“清算值”（Liquidationswerte）必然会很少。另一方面公司通常有继续经营的机会。如果之后有获得盈利希望时，必须通过额外加价的方式来处理。因为该希望——通过对未来盈余现价折算——会提高公司的实际价值。或许通过将（高额的）重置成本（Wiederbeschaffungskosten）作为继续经营的价值（Fortführungswerte）的方式进行估值，使公司的实际价值分配到相应的公司资产中。

结论：清算值只是稍微少于债务额，很容易达到资不抵债——因很少会存在较高的继续经营的价值。

合理估值非常重要。不应该只是因为健全的公司通常通过借贷融资而被他人从市场上取得，并且德国中型企业在很大程度上都依赖于外来资金（→边码 3)。

118 **之前的破产清算法**考虑到这一点。虽然是因为清算值较低（当时的主流观点)。如果清算值低于负债额，则资不抵债还要求公司不太可能进行中期的继续经营［所谓的二级资不抵债审查（zweistufige Überschuldungsprüfung)；*BGHZ 119，213 f.*；还可参见 *Lauscher/Wirtz JURA 2009，886 ff.*］。相反，在有继续经营的前景下，将要立即否决资不抵债。

但法律委员会对继续经营的许可在破产法意见中做了保留“决定”：继续经营的预测可能导致，公司在没有可清偿负债的资本下继续经营。这将威胁到债权人，尤其是在预测错误时（法律委员会，157)。因此**旧法第 19**

---

① 译者注：也称“静储备”，指对企业设备等在资产负债表中的低估或对债务的高估。比如，一个以长期使用的厂房以购买价出现在资产负债表中，但现在市场价格已远远高于当时的购买价，若该厂房现在还可以很好地支持生产，该部分差价可以看作“静储备”。

② 译者注：意指原来被低价估值的数额要重新列入资产的价值额中。

条第 2 款使估值与继续经营的预测相关：如果公司的继续经营没有可能性，则应该要预估出（较低的）清算值。否则，做出（多数情况下较高的）继续经营的价值要有依据。但即使如此，还是可以证明存在资不抵债的情形：当债务甚至高于继续经营的价值时（参见 *OLG Naumburg ZInsO 2004，512 ff.*）。1999 年的破产法倾向于严格立法。

随着金融危机（2008 年 10 月）的爆发，该情况有所改变。现在对于立法者来说，让因金融危机而可能陷入困境的公司不因轻微可能发生的资不抵债而受到破产程序的约束，似乎是可取的：只要公司还存在继续经营的希望，就应该排除适用破产程序。根据**新法第 19 条第 2 款**，如果因债务人已经做好继续经营的准备并且中期（截至下一个会计年度结束）不会存在支付不能的威胁，那么公司“在很大程度上”存在继续经营的可能性，则排除“资不抵债”。对此要查明期间内的流动资金（Zeitraum–Liquidität）（参见→边码 *112*）。该改变只是作为危机中的权宜之计，当时立即得到适用：立法者回到之前破产清算法上的温和的二级资不抵债审查规则。 119

问题：作为典型的破产事由（支付不能和资不抵债）哪个更容易使破产程序启动成为可能？

这不能一概而论：资不抵债反映了某个时期的支付不能。债务人虽然债务过多但还可以一直获得贷款时（经常发生；比如因为提供借贷的银行没有认识到或假装看不到），仅发生资不抵债。相反，债务人资产多于债务，但资产不应被变现或不能马上被变现时（很少发生；比如在不动产销售困难时），仅发生支付不能。

表 12–1　概览：破产事由

破产程序关于	原则上满足的必要条件	债务人提出破产申请时，满足以下条件也可以
人	支付不能（第 17 条）	濒临支付不能（第 18 条）
法人和无法人资格的社团	支付不能（第 17 条）或资不抵债（第 19 条）	濒临支付不能（第 18 条）
无法律人格的企业（民事合伙、普通合伙、有限合伙等）	支付不能（第 17 条）；资不抵债，当股东（并且包括该股东的股东）不作为自然人负个人责任时（第 19 条）	濒临支付不能（第 18 条）

第二节　破产费用的支付

参考文献：Gottwald InsR–HdB/*Gundlach* 387 ff.；*Haarmeyer/Beck*, Die Praxis der Abweisung mangels Masse oder der Verlust der Ordnungsaufgabe des Insolvenzrechts, ZInsO 2007, 1065 ff.；*Heyer*, Eintragungen in das Schuldnerverzeichnis nach § 26 InsO, Auskünfte und Löschungen, ZInsO 2004, 1127 ff.

一、费用支付的类型

120 在存在破产事由的情况下，只有确保可以支付破产程序费用时，破产程序才可以启动：如果**债务人财产**预计不够支付程序费用，即法庭费用及破产管理人的报酬和垫付款，则要驳回启动申请（第 26 条第 1 款第 1 句；进一步参见→*边码 76 及以下*）。但资产和程序费用在前期很难进行估值，特别是在公司要暂时继续经营时（→*边码 98*）。如果临时破产管理人可以向法官报告情况或请专家介入，将便于作出必要的预估（第 22 条第 1 款第 2 句第 3 项）。

细节：*如有疑问时，要说明得出该清算值（→边码 117）的依据。之后才得以执行的请求权也属于债务人财产，例如债务人的应收账款及因破产撤销而产生的返还请求权。预计要取回的标的物不予考虑。因别除权而产生的使用费和支出费用要予以扣减。可能发生的诉讼风险要包括在内，如可证明问题及之后的执行机会（Vollstreckungschancen），但也要考虑获得诉讼费用援助的可能性（→边码 287）。*

121 **预付程序费用**的情况下，也可以启动程序（第 26 条第 1 款第 2 句）。对此需要债权人愿意并且只有当他认为继续“投资”值得时：程序启动后选任的破产管理人可能会找到未知的资产。如此，要首先从中偿付该预付款（财团债务；→*边码 76*）。如果怀疑没有履行破产申请义务或破产申请义务履行得太晚时，预付可能还是值得的（→*边码 91*、*边码 282*）。如果申请义务人不能免责时，则必须偿还预付款（第 26 条第 3 款）。当然，如果申请义务人本身发生破产，该规则起不了太大作用；因此在给有限公司提供较大数额的贷款时，银行通常会坚持让业务执行人提供担保。

但实践中，预付的意愿也会受阻，因为很多因破产而受损的债权人还可以强迫危机中的债务人进行部分偿付。该债权人必定担心，某个接受其资金帮助的破产管理人将此事揭发并且试图通过破产撤销使该债权人得到的好处失效，这对提高破产份额并无用处。

在**延期支付诉讼费用**的情况下，程序继续进行（第26条第1款第2句）。只有为了使债务人余债免除成为可能，国家财政的利益在此才要退出：延期的前提是，债务人为自然人，自行提出了破产申请，同时申请了余债免除并且不属于明显要拒绝准予余债免除的情形（第4a条；进一步参见→边码*592*及以下）。 122

二、因财团不足而驳回申请

如果程序费用不能被支付，则驳回启动申请（第26条第1款第1句），这是最糟糕的破产情形，裁定要公开公告。最好也通知检察机关（*MiZi Nr. IX/2*），因为财团不足破产前通常会发生犯罪行为（*Haarmeyer ZInsO 2007, 1065 ff.*）。为了向未来的商业伙伴发出警示，要将债务人登记在**债务人名录**（Schuldnerverzeichnis）中（第26条第2款；《民事诉讼法》第882b条第1款第3项和第882h条第1款；“黑名单”）。 123

根据第21条及以下，要**撤销实行的任何保全措施**。如果选任了临时“强势”破产管理人，其必须在其职务结束前用管理的资产清偿费用（第25条第2款；→边码*106*；对于管理人的报酬参见第26a条）。同样也适用于管理人所设立的债务，如果管理人请求对待给付（例如债务人企业中的雇员的劳动力），也包括继续性债务关系（Dauerschuldverhältnis）。

在没有启动破产程序的情况下，债务人保留自由处分的权利。相反，债权人保留继续**单独强制执行**的可能。单独强制执行不是在任何情况下都毫无希望：尽管债务人不能支付（或许高额的）破产程序费用，但财团可能还具有一定规模，并且足够偿付第一个执行债权人，特别是有破产金的情况下，财团不会因支付工资而被耗尽（→边码*101*）。 124

对于**资合公司**来说，因财团不足而驳回申请将导致其解散（Auflösung）（参见《股份公司法》第262条第1款第4项；《有限责任公司法》第60条第1款第5项）。对此要通知登记法院（Registergericht）（第31条第2项）。同样也适用于无负个人责任的自然人股东的商事企业（《商法典》第131条第2款第1句第1项）。解散的企业虽然可以继续支配其财产，但这只能用于公司法上的清算，即通过给债权人分配财产且剩余财产（只是理论上来说）分配给股东来完成公司清算（《有限责任公司法》第70条和第72条）。 125

在此因该类清算不适用破产程序，所以清偿债权人应遵循**顺位原则**。实践中，清算人（业务执行人或股东）可以因自己对剩余财产请求权进行干预，这在法律政策上是有问题的。破产法作为改革法实际上也应避免，清算必须遵循破产程序（进一步参见→边码 *174*）。因财团不足而驳回申请不属于该情形［对此参见 *K. Schmidt ZGR 1996, 209*（*221*）］。

如果企业最终没有财产，随之便发出企业注销（Löschung）（《家庭事务和非讼事务程序法》第 394 条）。只有在意外情况下发现了其他财产，才还可以依照清算执行（如《有限责任公司法》第 66V 条）。

第十三章　对启动申请的裁判

参考文献：*Henckel*, Fehler bei der Eröffnung des Insolvenzverfahrens–Abhilfe und Rechtsmittel, ZIP 2000, 2045 ff.; *Wessel*, Der Sachverständige im Insolvenzeröffnungsverfahren nach § 5 InsO, DZWiR 1999, 230 ff.

第一节　重大事实的确认

申请人要说明提出破产申请合法（→*边码 92 及以下*）的事实根据［说明原则（Beibringungsgrundsatz）；主流观点］。决定破产程序启动的其他事实由法官**依职权**调查（第 5 条第 1 款）。任何合法的证据都可被追溯，如证人、公职人员的官方答复，特别是检查债务人工厂及营业场所并查阅商业资料的专家。在此，特别是临时管理人可以作为证人或专业鉴定人（第 22 条第 1 款第 2 句第 3 项后半句）提供有价值的帮助。债务人、公司的业务执行人及监事会、同样现在和原来的职工，如会计员（第 101 条第 2 款）任何情况下都应告知所有必要的情况（第 20 条第 1 款结合第 97 条第 1 款第 1 句；进一步参见→*边码 135 及以下*）。紧急情况下可以强制其告知（参见第 20 条第 1 款第 2 句；→*边码 137*）。 126

法官在审问**证人**关于债务人财产关系时，或许也可以通过该方式发现有哪些赔偿或撤销诉讼的机会，在该诉讼中破产管理人之后（在辩论主义的普通程序中）可能看到辩护的机会。但要注意拒绝作证的权利（《民事诉讼法》第 383 条及以下；《破产法》第 4 条）。如果证人有沉默的义务，并且破产管理人获得相关授权（→边码 98、边码 103），则临时破产管理人可以免除证人的沉默义务［主流观点；参见 *MüKoInsO/Ganter/Lohmann* § *5 Rn. 29 ff.*; *AG Göttingen ZInsO 2002, 943（944）: Hausbank des Schuldners*］。此外，债务人可以自行命令解除第三人银行保密义务（进一步参见 *Huber, ZInsO 2001, 289 ff.*；有争议）。但法官也可以通过法院执行人员征集对账目的**答复**（《民事诉讼法》第 802L 条第 1 款第 2 项；《破产法》第 4 条；*Beth NZI 2016, 109 ff.*）。对可能的国外账户，必要时债务人要委托授权国外机构（BGH NZI 2004, 21）。**专家**仅可以在债务人的同意下进入其营业场所（BGHZ 158, 217）。根据《民事诉讼法》第 142 条、《破产法》第 4 条的规定也可以将**证书**递交给第三方，如税务师（*LG Köln ZVI 2005, 79 ff.*）。

在具备对破产申请进行裁判的条件时，由法官进行裁判（《司法辅助人法》第 18 条第 1 款第 1 句）。因涉及消费者破产程序（第 304 条）并且债务人提出了破产申请时，只要程序停止（进一步参见第 306 条第 1 款和第 3 款；→边码 *644*、边码 *667*），便无须对破产申请作出裁判。

第二节　驳回申请

127 如果申请不合法或无理由时，将被驳回。当中的要件之一（→边码 *92* 及以下）未满足，则申请因不合法而被驳回。当然，如果申请人的数据或材料只是不完整，则法官应首先要求其在合理的期限内提供完整资料（第 13 条第 3 款）。

例如：缺少应由债务人呈递的债权人名录。

申请无根据是指下列两种情形：

- 因财团不足而驳回。预计财团甚至不能支付诉讼费用，并且既没有预先支付也没有延期支付该费用（→边码 *120* 及以下）。
- 启动原因虽然做了可信性证明，但不能被证实，即不能使法官确信（进一步参见 *Zipperer NZI 2003, 590 ff.*）。

128 有时支付不能或资不抵债取决于提出破产申请的**债权人的债权**是否成立。债务人对该债权有争议，则该债权可能不具有可信性；该申请继而不合法（→边码 *89*）。另外，必须确认债权。在此，对疑难的法律问题进行解释不属于法官的职责。债权人因债权而得出破产事由时，其必须对该债权另行解释。

随着破产申请的驳回，同时产生**对费用的裁判**。就债权人申请未果而言，费用由债权人自行承担（《民事诉讼法》第 91 条及以下；《破产法》第 4 条）。根据主流观点，其不适用于财团不足而驳回的情形，但这对债权人来说帮助不大，因为其仍然是国家财政的费用债务人（《法庭收费法》第 23 条第 1 款和第 31 条）。诉讼费用承担者的裁判（Kostengrundentscheidung）不包括临时破产管理人的报酬；对临时管理人的报酬将根据第 26a 条分别裁判。

通过立即申诉**可以撤销**驳回申请（《民事诉讼法》第 567 条；《破产法》 129
第 6 条第 1 款、第 34 条第 1 款）。破产申请人（债权人或债务人）任何情况下都享有该申诉权。因财团不足而驳回申请时，申诉权（也）始终向债务人开放（第 34 条第 1 款第 2 种情形），尤其是将债务人登入债务人名录，对其造成严重损害时。当申诉期间查明债务人有足够财产并被证明可信时，允许再次提出启动申请（*BGH NJW-RR 2002, 1571*）。

第三节　程序的启动

当申请合法且有根据时，**裁定启动程序**。仅于公告时生效［例如通过 130
文书处（Geschäftsstelle）以公告为目的进行发布］，但是效力可以追溯到法官签字时。这很重要，因为破产程序启动具有很多重大影响。因此，裁决必须指明启动的小时（和分钟）（第 27 条第 2 款第 3 项）。否则，午时（12 点）为启动时间（第 27 条第 3 款）。文书处要将启动裁定“立即”公开公告，即通过网络（第 30 条第 1 款；*→边码 43*）。另外还需将裁定进行送达（第 30 条第 2 款），其中包括债务人的债务人，如果其得知或之后得知破产程序启动时。根据破产法官的要求，要将破产标记（Insolvenzvermerk）登记在土地登记簿上，由此可以排除善意取得已查封的土地（*→边码 184*；第 32 条）。当然这只适用于已经公告或之后被公告的土地。

裁定的内容包括： 131

——债务人确切的名称和地址（第 27 条第 2 款第 1 项）；

——法官在破产程序启动时任命的（第 27 条第 1 款）破产管理人的姓名和地址（第 27 条第 2 款第 2 项）；

——要求债务人的债务人不再向债务人，而是向破产管理人履行，第 28 条第 3 款（最后对第 82 条第 1 句的后果作出警示）；

——要求债权人申报债权（根据原因和数额并附上相应的证明），并确定申报期日（两周到三个月之间；第 28 条第 1 款）；

——要求债权人告知对债务人动产或权利享有的担保权（进一步参见第 28 条第 2 款）；

——确定所谓的报告期日（Berichtstermin）（尽可能在六周内并且最多三个月内；第 29 条第 1 款第 1 项），但该规定不适用于简易程序

（第 29 条第 2 款第 2 句）；

——确定所谓申报债权的审查期日（Prüfungstermin）（申报期日届满后的一周到两个月，通常与报告期日的时间一致；第 29 条第 1 款第 2 项和第 2 款）。

132 启动裁定**可以**通过立即申诉而**撤销**，但仅适用于债务人（《民事诉讼法》第 567 条；《破产法》第 6 条第 1 款和第 34 条第 2 款）。

如果债务人自己提出申请，则其提出申诉是有问题的（*BGH NZI 2012, 318*）。如果在此期间内破产事由消失，则当然构成"实质意义上的"申诉（参见 *BGH NJW-RR 2007, 765*）。

如果破产程序损害到债权人的利益，则债权人也可以撤销启动裁定，例如债权人的债权还有得以成功强制执行的希望。

133 谁对启动裁定有异议，必须承受异议带来的不利，并且直到对申诉作出裁判为止：申诉不具有停止执行的效力（keine aufschiebende Wirkung）（《民事诉讼法》第 570 条第 1 款及以下条款；《破产法》第 4 条），但破产法院及申诉法院还是可以停止裁定的执行（《民事诉讼法》第 570 条第 2 款及以下条款；《破产法》第 4 条）。虽然这不会阻碍启动的法律效力（例如查封 / 扣押），但会阻止破产管理人（后续）的变价措施。

134 如果申诉成功，**程序启动的法律后果自始无效**。债务人处于和从未丧失处分权一样的状态。由此，破产管理人必须被看作未被授权人，然而这会危害到法律行为。因此，第 34 条第 3 款第 3 句规定，所有破产管理人实施的法律上的行为（例如关于财团标的物的处分、出租）或者对破产管理人实施的法律上的行为（例如第三债务人的履行）继续有效。债务人必须承受这些交易或者甚至还需履行该交易（→边码 *403*）。

奥斯纳布吕克地方法院　　19.03.2018

破产法庭

案号：17 IN 24/18

裁定

关于该公司的财产状况：Plochty-Basalt Steine 有限公司，Waldweg 13，
49086 奥斯纳布吕克，
法定代表人 Claus-Peter Visionär（业务执行人）
商事登记：奥斯纳布吕克地方法院 HRB 1234

于今日 2018 年 3 月 19 日 11 时 23 分，根据《破产法》第 2 条、第 3 条、第 11 条、第 16 条及以下启动破产程序，因该企业支付不能并且资不抵债。

选任的破产管理人为：**Peter Rückgriff 律师，Ringstr. 25，49074 奥斯纳布吕克，电话 05 41/1 23 45-0，传真 05 41/1 23 45-8**。

禁止债务人在破产程序期间处分现有的和未来的财产；对该财产处分权将转移给破产管理人。启动之后将不再发生对债务人的债务免除履行。如果仍对债务人履行了债务并且资产未归入财团，将存在这样的危险，即其仍必须再次向破产管理人履行。根据《破产法》第 8 条第 3 款，委托破产管理人代为送达。

要求债权人：

a）以书面方式并根据《破产法》第 174 条的规定于 **2018 年 5 月 17 日**前申报破产债权（《破产法》第 38 条）；

b）不迟延地通知破产管理人，其对债务人的动产或权利享有哪些担保请求权。说明对哪些标的物享有担保权、担保权的类型和担保权产生的原因及担保的债权。如因过错不通知或者迟延通知，则对因此而产生的损失要承担责任（《破产法》第 28 条第 2 款）。

要求对债务人负有履行义务的人，不再向债务人而是向破产管理人履行（《破产法》第 28 条第 3 款）。

将于破产法官前安排下列**期日**：

1. 在星期一，**2018 年 4 月 30 日 10 点 30 分**，N 301，Nebenstelle，Kollegienwall 10，Osnabrück，债权人会议（报告期日）决议关于选任其他破产管理人及《破产法》第 66 条、第 68 条、第 100 条、第 149 条、第 160 条、第 162 条、第 207 条、第 271 条所涉事务；

2. 在星期四，**2018 年 6 月 14 日 10 点**，N 301，Nebenstelle，Kollegienwall 10，Osnabrück，债权人会议将审查审查期日内申报的债权。

说明：债权已确定的债权人将不再通知。

Riedl，地方法院法官

第四部分

破产程序启动的效力

第十四章　对债务人的个人效力

参考文献：*Gaiser*, Die Auskunfts–und Mitwirkungspflichten des Schuldners gemäß § 97 InsO und die Frage nach alternativen Auskunftsquellen, ZInsO 2002, 472 ff.; *Gehrlein*, Reichweite und Grenzen der Befugnisse von Gesellschaftern und Anteilseignern in der Regelinsolvenz, ZInsO 2017, 1977 ff.; Gottwald InsR–HdB/*Eickmann* 538 ff.; Gottwald InsR–HdB/*Haas* 1562 ff.(Gesellschaftsinsolvenz); *Graf/Wunsch*, Insolvenzplan und Eigenverwaltung–Ein gangbarer Weg auch in der Insolvenz von Rechtsanwälten, Notaren und Steuerberatern?, ZVI 2005, 105 ff.; *Gutsche*, Die Organkompetenzen im Insolvenzverfahren, 2003; *Lange*, Die Trauerarbeit des Insolvenzschuldners, ZInsO 2017, 424 ff.; *Laroche*, Auskunftspflichten des Organvertreters in der Insolvenz der Gesellschaft, ZInsO 2015, 1469 ff.; *Uhlenbruck*, Auskunfts–und Mitwirkungspflichten des Schuldners und seiner organschaftlichen Vertreter im Insolvenzverfahren, NZI 2002, 401 ff.

第一节　答复和协助义务

因破产启动，债务人**有义务答复**所有与程序有关的情况（第 97 条第 1 款），例如关于资产和债务、申报的债权的合法性、债权人的担保权、破产撤销可能性的依据和破产的原因。原则上即使无明确的要求也存在答复义务［*AG Oldenburg ZInsO 2001, 1170(1171)*］。必要时，通过保证代替宣誓来确保答复的正确性和完整性（第 98 条第 1 款）。如果债务人隐匿属于财团的财产，其甚至要受到刑罚(《刑法典》第 283 条第 1 款第 1 项和第 6 款）。而且债务人有**协助的义务**：其必须协助破产管理人（第 97 条第 2 款、第 3 款第 2 句），例如通过允许进入营业场所或私人场所、交付钥匙、通过提供文件管理的信息（包括电子数据库的密码）和交易详情，根据情形也可以通过授权取得国外财产。 135

136 破产前经常会出现债务人**犯罪**的情形。因此，保险起见，破产程序的启动也要告知检察机关（*MiZi Nr. IX/3*; *ernüchternd Weyand ZInsO 2008, 242 ff.*）。对于该犯罪，若债务人有拒绝作证的权利（Zeugnisverweigerungsrecht），其将在其他诉讼程序中作为证人被审问（《刑事诉讼法》第 55 条;《民事诉讼法》第 384 条第 2 项）。但在破产程序中债务人的陈述很重要：法律要求债务人做出陈述（第 97 条第 1 款第 2 句）。为了平衡，第 97 条第 1 款第 3 句规定，如启动刑事诉讼程序或违反秩序法规定的程序并且债务人不同意使用该答复，则**不得违反债务人的意思而使用已给予的答复**。根据目的解释，该规定也适用于因债务人答复而得到的证据（"毒树之果"; 主流观点; *Hefendehl wistra 2003, 6 ff.*; *BT-Drs.12/ 2443, 142*）。虽然这可能是促使债务人摆脱各种刑事追诉的答复。但如果人们未将第 97 条第 1 款第 3 句适用于对事实的自愿答复，而该事实在相关机构的调查中即得以展现，则会涉及债务人的答复（*K. Schmidt/Jungmann InsO § 97 Rn. 13*）。

137 如果债务人拒绝答复或协助，想完全摆脱该义务（逃跑）或者甚至危害到财团，**可以被强制拘传并交付羁押**（第 98 条第 2 款和第 3 款；例如 *BGH NZI 2016, 365 ff.*）。只有法官可以命令拘留（《司法辅助人法》第 4 条第 2 款第 2 项；否则可以立即申诉）。事前必须听取债务人的陈述（例外：第 10 条）；当然根据可能被拘留的书面指示给予发表意见的机会即已足够，例如在程序开始或传唤听审时。发出逮捕令时就必须认识到债务人的具体请求［*BGH NJW 2005, 1505（1508）*］。作为较轻微的措施，允许对住宅和营业场所发出**搜查令**（Durchsuchungsanordnung）。为了查明债务人不利的行为或阻止财团损害，在有具体依据的情况下，也可**禁止其通信**（Postsperre）（第 99 条）（*OLG Celle NJW--RR 2001, 635 f.*）。之后给债务人的信件将邮递给管理人，并且首先由管理人查阅。债务人可以以《基本法》第 10 条请求撤销该措施（第 99 条第 3 款）。

138 对于法人的所有上述规则适用于业务执行人及董事会成员，如没有业务执行人或董事会成员，则适用于股东、监事会的成员，甚至适用于先前的上述人员（第 101 条第 1 款）。在无法律人格的企业破产中（第 11 条第 2 款），仅涉及有代表权的负个人责任的股东（第 101 条第 1 款第 1 句）。职员始终负有答复义务（进一步参见第 101 条第 2 款）。

第二节　职业法上的限制

不规范的财产关系是指《工商管理条例》第35条意义上的非法性，可能会**撤销其营业许可**（Widerruf der Gewerbeerlaubnis）（*BverwG NVwZ 1982，503*），但不是发生在破产程序期间，因为在该程序中已经由管理人来负责防范风险（《工商管理条例》第12条）。 138a

破产启动对于**自由职业者**来说通常具有较大的影响（*Schmittmann NJW 2002，182 ff.*）。尽管律师与商业经济不可比较，但其要研究大量的破产案件。同样适用于医生，一是因为卫生事业上的各种政策变化，二是因为新入职者面临残酷竞争。对于受行业协会约束的自由职业而言适用特别的准入和执业规则。之后也有可能撤销职业者的资质：律师、专利代理人、公证员和税务师处于资产危机时（参见《专利律师法》第21条第2款第8项；《公证员法》第50条第1款第6项；《税务咨询法》第46条第2款第4项），同样如果审计师经济状况混乱时也适用（《审计师准则》第20条第2款第5项）。如果破产程序已经启动（或者因财团不足而被驳回）（参见 *BGH NJW 2007，1287 f.*），则推断出现资产危机；但可能早期已出现经济混乱的状况。

相反，职业法对**医生**没有限制规定。相对于**建筑师**而言，一些联邦州有权将其从建筑师名单上删除（参见 *OVG NRW ZInsO 2010，481 ff.*）。

如**律师**处于资产危机时，可以撤销律师执业许可，除非诉求法律者的利益不因此而受到威胁（《联邦律师法》第14条第2款第7项）。但是在破产时，始终都存在该威胁。如果经法官确认的破产计划，或已被接受的债务清偿计划给出余债免除的希望，则不存在该威胁（*BGH NJW 2017，1181 Rn. 6*）；同样适用于暂时允许债务人进入余债免除程序（第286条及以下）并且（至少）在破产程序终结前没有被拒绝的情形。如果破产的律师至今执业未遭到任何投诉，而是自己提出了破产申请，并且根据破产管理人的答复没有因律师委托而需申报的债权，那么下列限制即已足够，即律师在较大型的律师事务所作为员工从事职业并且为保护委托人的利益职业受到很大的限制，例如放弃事务所牌照和信头上的名称，仅以委托方式为事务所收益而接受委托，并且不能接受付款（参见 *BGH BeckRS 2015，06885 Rn. 12*）。对于**税务师**参见 *BFH ZInsO 2009，1405 ff.*；*Pape ZInsO 2009，1383*。

某人陷入资产危机中，则**既不应该成为商事案件合议庭（KfH）的陪审**

员，也不应该成为名誉法官（参见《法院组织法》第33条第5项、第52条第1款第2项及《法院组织法》第109条第3款第2项、第113条第2款）。

第三节　破产企业的解散

139 **企业**因破产程序启动而**解散**：资合企业（《股份公司法》第262条第1款第3项；《有限责任公司法》第60条第1款第4项），人合企业也是如此（《民法典》第728条第1款第1句；《商法典》第131条第1款第3项）。必要时解散情况要登记在商事登记簿上，但企业还继续存在（进一步参见 *Kallweit NZG 2009, 1416ff.*）。现在，企业目的被破产目的所覆盖：企业组织（董事会、业务执行人等）虽然还在职位上，但其职权被收回，只要企业财产被查封/扣押并且实行破产管理时（→*边码140及以下*）。现在其职权限制在企业内部事务，即限制于免于破产的财产和权利及破产程序中的企业作为债务人可以及必须履行的职务。对于**清算和注销**参见→*边码172及以下*。

如果作为有限合伙企业的普通合伙人［即**特殊合伙企业**（GmbH & Co.KG）］的有限公司启动破产程序，则该有限公司视为退出有限合伙企业（《商法典》第131条第3款第1句第2项和第161条第2款）。而且在下列情况下该有限合伙也不能继续存在：

（1）如果剩下多个有限合伙人，该有限合伙企业因缺少普通合伙人而解散（除非确定了新的普通合伙人并且继续经营该有限合伙企业；*BGHZ 8, 38*）。有限合伙企业必须因此而被清算；与有限公司相关的权利由破产管理人代为实施。

（2）如果有限合伙企业仅有一个有限合伙人，则该合伙企业甚至将不经过清算而终结。有限合伙企业的权利继受人（Rechtsnachfolger）为该有限合伙人。但该有限合伙人仅以其继受的份额负责清偿有限合伙企业的债务，除非其也要承担《商法典》第171条及以下的履行义务（*BGH ZIP 2004, 1048*）如果该有限合伙企业同样也启动了破产程序（同时破产，Simutaninsolvenz），是否有限公司也视为退出该有限合伙企业，如许多其他情况，是有争议的（参见 *Scholz/Bitter GmbHG Vor § 64 Rn. 197ff.*）。

对于**普通合伙企业和股东**都破产的问题参见 *Reiswich ZInsO 2010, 1809ff.*。

第十五章　债务人财产的查封 / 扣押

破产程序启动使得大部分的债务人财产被查封 / 扣押（财团查封 / 扣押）。该“破产扣押”产生多方面的后果。首先，债务人丧失其处分权，即**保全财团财产**。其次，财团按“责任法”将被分配（变价和清偿）给破产债权人。查封 / 扣押不以“卷入”单个强制执行程序应满足的条件为条件（根据《民事诉讼法》第 808 条第 2 款第 2 项呈递扣押文书；根据《民事诉讼法》第 829 条第 3 款送达扣押裁定等）。不久程序启动后（→*边码 130*），亦即对整个标的物启动程序，则根据法律实行扣押。 140

第一节　破产财团

参考文献：*Casse*, 5 Jahre P–Konto–Streitpunkte und offene Fragen, ZInsO 2015, 1033 ff.; *Ganter*, Die betriebliche Altersversorgung in der Unternehmensinsolvenz, NZI 2013, 769 ff.; *Günther*, Das Pfändungsschutzkonto in der Insolvenz des Bankkunden, ZInsO 2013, 859 ff.; Gottwald InsR–HdB/*Klopp/Kluth/Wimmer* 511 ff.; *Heinze*, Das pfändungsfreie Unternehmen im Insolvenzverfahren 2015, 1117 ff.; *Leipold*, Erbrechtlicher Erwerb und Zugewinnausgleich im Insolvenzverfahren und bei der Restschuldbefreiung, FS H. F. Gaul, 1997, 367 ff.; *Seidler*, Selbstständige in der Insolvenz–Der Insolvenzbeschlag von Arbeitsmitteln, 2008; *Tetzlaff*, Rechtliche Probleme in der Insolvenz des Selbständigen, ZInsO 2005, 393 ff.; *v. Zwoll/Eckhardt/Rehborn*, Die Arztpraxis in Krise und Insolvenz, 2007.

一、债务人财产

“破产财团”将被查封 / 扣押。根据第 35 条第 1 款包括债务人所有财产（全部破产）。例外情况下，程序只限于特别财团（Sondermassen）（→*边码 34*）。包括债务人程序启动时所享有的财产（旧有财产），也包括债 141

务人在程序期间又取得的财产（新取得财产；第 35 条第 1 款第 2 种情形）。与财产相区别的是债务人的人格权，例如债务人的姓名权（《民法典》第 12 条），还有纯粹家庭法上的请求权和决定接受遗产或遗赠的优先权（第 83 条第 1 款第 1 句）。财产亦指：

- **物权**如所有权，也包括房屋所有权、共同所有权（参见《民法典》第 745 条第 2 款；对于夫妻房屋参见：*OLG Hamm NZI 2002, 32*）、遗产所得（承诺迟延并不影响，*BGH NJW 2011, 1448 f.*）；还有抵押权、土地债务、质权、期待权（Anwartschaftsrechte）等。

142 • 具体情形下的**无形财产权**：专利权，如果公布了商业使用的意图；著作权（仅具有著作使用权，《著作权法》第 31 条），如果著作权人同意财团所属时（参见《著作权法》第 113 条及以下；参见 *Nerlich/Römermann/Andres InsO § 35 Rn. 71*）。

143 • **债权**，首先是支付请求权，包括隐藏的劳动收入请求权（《民事诉讼法》第 850h 条和第 36 条第 1 款第 2 句；类似参见 *BAG NZA 2008, 779*）、律师或私人医生的报酬请求权（*BGHZ 162, 190 ff.*：有保密义务）、现在和未来养老金请求权（对抚恤金事项参见 *BGHZ 160, 197 ff.*）、请求支付赔偿，甚至包括请求支付痛苦抚慰金（Schmerzensgeld）（*LG Bochum ZInsO 2007, 1156 f.*）；但根据《民事诉讼法》第 811 条第 1 款第 12 项不包括治疗费（Heilungskosten）和抚养费（Unterhaltsansprüche）请求权（→*边码 153*；有争议）；返还多缴税款请求权（Steuererstattung）、有限公司破产中有限公司向业务执行人提出的请求权（根据《有限责任公司法》第 64 条第 1 句）或者向股东提出的未付出资、补足出资请求权（《有限责任公司法》第 31 条）；对犯罪在押人员所谓的自有资金的请求权（BGH NZI 2013, 940 f.）。此外，还包括其他请求权，例如基于免除、货物交付、返还还有附延缓条件的请求权（例如房租押金的返还请求，根据 *BGH NJW 2017, 1747 f.*）。

144 • **整个公司**，包括商业价值（“商誉”）和客户资源（参见第 160 条第 2 款、第 162 条及以下），随着之后变价也可被转让。但也要注意财团所属的法律限制（→*边码 151 及以下*）。

但是，对**自由职业者**（医生、律师、税务师）**的业务**，越来越多的人认为，在没有营业者的同意下允许被转让。因病人及委托人的资料只有在相关人员的同意下才允许转让给取得人，该“商誉”只可有限地得以实现

（进一步参见 *Uhlenbruck/Hirte InsO* § 35 *Rn.* 276 *ff.*）。

- 如**商号**为物名商号，[①] 则债务人财产必然包括债务人的商号。对于人名商号（Personenfirma）——其包含单个商人及股东的名字——要进行区分：有限公司的商号原则上可（和公司一起）转让（*BGHZ* 85，222 *ff.*）。对单个商人和人合企业商号变价的前提是，债权人的利益优先于某个商号命名人的利益。但如果债务人有法律义务，将其姓氏纳入商号中，则不存在上述前提（参见 *BGHZ* 32，108 *ff.*）。该义务现今已不复存在，因此越来越多的人同意可变价性（参见 *KS-InsO/Heckschen* 1067 *ff.*）。但也有人为阻止可变价提出了合理理由（*Wertenbruch ZIP* 2002，1931 *ff. m. w. N.*）。 145
- **企业法上的权利**，如股权、有限公司股份。根据第 84 条第 1 款第 1 句也包括人合企业和遗产共同体的份额（更确切的是和成员权相关的财产权的部分）。 146

新取得的财产同样属于财团（第 35 条第 1 款第 2 种情形）。查封 / 扣押的也可以是债务人“在程序进行期间”取得的财产。当然在破产程序之后——至少在引起旧的或新的债权人提出强制执行程序或提出继续的破产程序前——取得的财产不受影响。 147

这要求进行区分。但并不容易区分开来：如果债务人的请求权在程序终结时（第 200 条）还没有完全成立，则该请求权也可以作为之后新取得的财产（第 35 条第 1 款第 2 种情形）。如果划分责任基础，具备成立原因已足够。所以，因侵权行为（《民法典》第 823 条第 1 款）而产生的请求权至少要求侵害在程序启动前已经发生；而在纯粹的财产损害的情况下并不重要（*Häsemeyer InsR Rn.* 9. 23）。

重要的是，只有债务人在程序期间提供的劳动得到补偿时，才包括工资和报酬请求权。另外，下列特殊情况需要注意： 148

——程序启动前收入的提前让与［例如对开户行（Hausbank）的让与担保］不可将让与的债权从财团中收回。只有对债务人（程序期间）来说债权成立时，才可以被转让；但第 91 条第 1 款阻止取得任何财团财产（对于先前的不同规定参见→边码 *263a*）。

---

① 译者注：Sachfirma 为物名商号，指公司商号中包含公司的业务标的范围，如某建筑公司；Personenfirma 为人名商号，例如 Müller 建筑公司，其中 Müller 为人名商号。

——为了取得余债免除（第 287 条第 2 款第 1 句），债务人在程序启动前对受托人声明让与，这并不能改变，债务人其在程序期间获得的收入作为新取得要纳入财团（→边码 *536*）。

149 新取得的财产纳入财团是有问题的（参见 *Pape ZInsO 2002, 918 ff.*）。根据《破产清算法》，新取得的财产不纳入财团，因此可以由债务人处分（如添附物），同样破产程序启动后才取得对债务人的请求权，新债权人可以要求实施该请求权。但《破产法》认为首先没有添附（Existenzaufbau）的权限并且留给新债权人干预的空间本来就很少，因为债务人通常已提前转让了工资请求权（《破产法政府草案的说明》，第 122 页）。这不足以令人信服。目前新取得的财产被区别对待（→边码 *171a*）。

150 **替代取得**（Surogationserwerb）的财产也属于财团财产，即用财团资产通过法律行为、行政行为或变价行为（例如《民法典》第 946 条及以下）所取得的每项其他财产。该法律原则（例如参见《民法典》第 2041 条对遗产的规定）虽然未在《破产法》中加以规定，但在此也同样适用。该原则补充了第 35 条第 1 款的规定。

二、不可扣押的财产①

151 不可单独强制执行的财产，不属于财团财产（第 36 条第 1 款第 1 句）。一般来说这保护的仅是自然人（不保护破产的有限公司）。如果**动产**属于债务人的生活必需品，则根据《民事诉讼法》第 811 条该动产不可扣押——否则其要依靠社会救济，这相当于以纳税人交付的费用来执行；如果该动产用于宗教事宜或极具个人化的物品。

问题是，是否可以扣押《民事诉讼法》第 811 条第 1 款第 5 项中规定的小规模经营的生产工具的保护（生产工具、生产资料、交通工具等）。例如自由职业者是否有权使用昂贵的实验设备继续执业，如果尽管存在破产，职业法解除其执业时？破产的公司会尽可能不受破产法的约束（尽管→边码 *144*），并且只要职业法上允许（参见→边码 *138a*），债务人尽管在破产的情况下还可能“继续执业”（参见 *Voigt/Gerke ZInsO 2002, 1054 ff.*; *LG Achen NZI 2006, 643*）。实践中破产程序的目的具有优先性［*MüKoInsO/*

① 译者注：Unpfändbare Gegenstände，此处涉及债务人哪些财产应该纳入财团，哪些财产不得纳入财团。在此译为“扣押”。

Peters § *36 Rn. 24 ff.*；也可参见 *Seidler*（*Rn. 141* 之前）*131 ff.*；不是很明确 *Uhlenbruck/ Hirte InsO* § *35 Rn. 278/288*]。

尽管存在《民事诉讼法》第 811 条第 1 款第 11 项的规定，但营业账簿（及电子数据库资料）必然属于财团（第 36 条第 2 款第 1 项），此外，也包括病历（*Vallender NZI 2013，1001 ff.*），尽管存在《民事诉讼法》第 811 条第 1 款第 4 项和第 9 项的规定，农业生产经营设备和药店也属于财团财产，因破产程序不是强制分割该企业，而是尽可能增加其收入。如变价收益与其价值不符，则家庭用具不属于财团（《破产法》第 36 条第 3 款；《民事诉讼法》第 811 条第 1 款第 1 项和第 812 条）。

广义上讲，根据《民事诉讼法》第 850 条，就债务人超出最低生活费 152
（Existenzminimum）的**劳动收入**——工资、养老保险（Versicherungsrente）及其他收入——也属于财团。《民事诉讼法》扣押的界限在此也适用（参见第 36 条第 1 款第 2 句）。

2018 年对于单身者来说，**劳动收入**中免于扣押的金额至少为 1133 欧元，如果要照顾配偶，则免于扣押的金额至少为 1560 欧元（《民事诉讼法》第 850c 条第 1 款至第 4 款和关于第 850c 条的附件）。对于净收入达到 2000 欧元的债务人可免于扣押的金额甚至上升至 1393 欧元（单身的情况下）及 1780 欧元（有配偶的情况下）。根据《民事诉讼法》第 850a 条，加班所得可能也属于不可扣押的收入。

小企业家（Kleinunternehmer）及自由职业者可根据《民事诉讼法》第 850i 条、《破产法》第 36 条第 1 款第 2 句申请扣押保护，从而解除工资债权的破产扣押。法官允许债务人享有请求权的数额，与依靠劳动所得收入中免于扣押的数额相符（《民事诉讼法》第 850c 条）。

《民事诉讼法》第 850k 条和第 850L 条中的**账户冻结**（Kontopfändung）（进一步参见 *Büchel ZInsO 2010，26 f.*；撤销划款参见→边码 *156b*）。

由破产法官而不是执行法官（Vollstreckungsgericht），对免于扣押的收入作出裁判（第 36 条第 4 款）。

《民事诉讼法》中对特定债权人扩大可扣押范围的条款，在《破产法》 153
第 36 条第 1 款第 2 句并未提及，显然不得适用。

“根据案件情况，特别是根据要追回请求权类型和收入高低”，扣押**养老金**（Unterhaltsrenten）合理时（《民事诉讼法》第 850b 条第 1 款第 2 项和第 2 款），才可扣押法定养老金。在总体执行程序中不进行这种区分：如果赞成该请求权可被扣押，则对所有破产债权人都有利。这实际上是反对将请求权纳入财团，即赞成完全干涉债务人。但联邦法院想在破产程序中全部类推适用《民事诉讼法》第 850b 条（*ZInsO 2010*，*190 f.*；*a. M. Wollmann ZInsO 2010*，*754 f.*；*Uhlenbruck/Hirte InsO § 35 Rn. 158*）：如果符合规定的衡量标准，也应该将养老金**纳入财团**。

154 无论如何，社会法上继续性的金钱支付请求权不可被扣押（《社会法典一》第 54 条第 2 款至第 5 款）。因赠与而产生的请求权、增益所得（Zugewinnausgleich）和义务部分（Pflichtteil）的请求权可以被扣押，如果其被承认或处于诉讼系属（rechtshängig）时（《民事诉讼法》第 852 条），之后也要纳入财团（*BGH NJW 2011*，*1448 f.*）。这也适用于痛苦抚慰金赔偿请求权，除非破产管理要求变更该请求权的内容（《民事诉讼法》第 851 条；《民法典》第 399 条第 1 种情形）不可扣押。不可转让的请求权（《民事诉讼法》第 851 条第 1 款），例如提供服务和履行劳务请求权（《民法典》第 613 条）。但该规则不适用于《民法典》第 399 条第 2 种情形中的约定让与禁止（《民事诉讼法》第 851 条第 2 款）。

问题：如果约定 V 不得让与对 K 的 10,000 欧元的购买价款，那么在 V 破产时，该购买价款的请求权可以纳入财团吗？——可以，尽管存在《民事诉讼法》第 851 条第 1 款和《民法典》第 399 条第 2 种情形的规定，但根据《民事诉讼法》第 851 条第 2 款该对待给付义务可以被扣押。在此涉及的是金钱（《民事诉讼法》第 808 条第 2 款）并且也不存在《民事诉讼法》第 811 条第 1 款第 1 项、第 2 项和第 8 项的情形。

问题：S 在程序启动后，用不可扣押的劳动收入购买了第二台电视机，该电视机属于财团？——新取得属于财团，除非其不可扣押。根据《民事诉讼法》第 811 条第 1 款第 1 句第 1 项、《破产法》第 36 条第 1 款第 1 项，扣押保护也限制购买电视机。如果 S 用其最低生活费来购买“奢侈品”，则该物品将纳入财团（*MüKoInsO/Peters § 35 Rn. 45*）。

第二节　管理权和处分权的转移

一、处分权

155 根据第 80 条第 1 款，“债务人对破产财团所属的财产管理和处分权转移给破产管理人”。债务人还是财团财产的所有权人（Eigentümer）及持有人（Inhaber）。与权利持有人享有处分该权利的原则相反（参见《民法典》第903条），处分权能（Verfügungsmacht）将**与权利相分离**并转移给管理人：债务人只剩下一个“壳”。因此，从债务人那里几乎什么都无法取得（第81条和第91条；*→边码181及以下*），除非债务人享有不可扣押的财产（*→边码151及以下*）。

对比参见《民法典》第161条，上述为**绝对处分限制**。不可混淆的是，既不是《民法典》第134条意义上的“绝对禁止”（该条也对处分无效作出了规定），也不是《民法典》第135条及以下的“相对处分禁止”（相对处分禁止指，虽然存在某些债权人的利益，也可能是破产债权人，但违反禁止的处分仅对这些债权人无效）（《民法典》第135条第1款第1句；参见*BGHZ 111, 367ff.*）。但违反《破产法》第80条的处分行为，对所有人无效。这属于没有法律权限（Rechtsmacht）产生的必然结果，但在第81条第1款第1句中再次予以确认。

二、管理权

1. 财团保全（Sicherung der Masse）

参考文献：*Görling*, Asset-tracing-Auffinden von verschobenen Vermögensmassen in der Insolvenz, in: Chr. Berger (Hrsg.), Zweiter Leipziger Insolvenzrechtstag, 2001, 107 ff.; *Obermüller/Kuder*, SEPA-lastschriften in der Insolvenz nach dem neuen Recht der Zahlungsdienste, ZIP 2010, 349 ff.

破产管理人享有管理权（第80条第1款），甚至有**立即占有**和管理财 156
团的义务（第80条第1款和第148条第1款）。因必须保护财团免遭损失，例如防止绝望的债权人以及债务人的干预，管理人也可以要求法院执行人对物加盖封印的方式来保全财团（第150条；后果：《刑法典》第136条第2款）。设备及现金存款、有价证券和贵重物品参见第149条。如果债务人不交付财团财产，管理人可采取强制执行措施。启动裁定可以作为执行名义（第148条第2款第1句）。应该不需要法官的搜查令（Durchsuchungsordnung）（参见《民事诉讼法》第758a条第2款）。如果管理人干预免于扣押物时，债务人可以提出执行抗诉（Vollstreckungserinnerung）；破产法院对此具有管辖权（《民事诉讼法》第766条；《破产法》第148条第2款第2项）。如果第三人占有财团财产，则首先必须提起返还之诉（*→边码286*）。另外，要保护财团免遭日常危险如盗窃和火灾，尤其是债务人不再管理公司时。

156a 管理人因其控制权，有义务**保证交易安全**，即保护第三人免受因财团财产引起的危险（《民法典》第 823 条及以下和第 836 条及以下）。例如地面结冰，第三人跌倒在结冰的地面时会产生财团责任（第 55 条第 1 款第 1 项），或许也会产生管理人的个人责任（→边码 56）。

156b 先前管理人（通常也包括临时管理人）必须拒绝**取款**授权程序（Einzugsermächtigungsverfahren）时的转账行为：对此，债权人（通过其银行）促使债务人的开户行（作为“支付机构”）支出债务人应负债的金额。债务人银行可以要求其客户费用补偿并且根据主流观点，仅经客户（对其银行）准许时，相应地从客户账户支出（《民法典》第 684 条第 2 句）。如果债务人现在因破产扣押而不能处分其存款时，只能由（临时）破产管理人同意处分（*BGH NZI 2012, 22 f.*）。（临时）破产管理人可以对转账提出“抗诉”并阻止记入借方（Belastungsbuchung）。

如今这已经不可能发生。司法判决使其变得困难，因为取款授权程序被信贷经济所改变，并且自 2014 年起，通过 SEPA—主动借记程序（SEPA-lastschriftverfahren）所取消。该程序规定，债务人立即授权支出操作（Zahlungsvorgang），即向其银行发出指示，从其账户发出的支出立即兑付（*Omlor NJW 2012, 2150 ff.; ausf. Reischl InsR Rn. 527 ff.*）。

157 管理人在接管财团之后要编制**财产一览表**（Vermögensübersicht），该表中包含对财团财产的估值，并且包含与之相对的债务人债务（第 153 条）。原则上根据盘存（Inventur）要准备财团财产清单，并尽可能在债务人参与下尽快制作该清单（参见第 151 条第 1 款第 2 句），由此不可控的损失可被记录并避免发生。每一项财产要标注其价值，对取决于公司继续经营的财产要标注其清算价值和继续经营的价值（第 151 条第 2 款）。要利用所有包含债权人的材料（如商业资料或债权记录），制作债权人目录（第 152 条第 1 款）。债权必须精确，要分别包括后顺位的债权人和别除权人，要对财团债务进行估值。为了准备报告期的事项（第 29 条第 1 款第 1 项）所有制作清单要交存破产法院（第 154 条）。

2. 其他事项的管理

158 另外“管理”还包括现有财产的使用和维护，必要时以雇主的身份对破产公司继续经营（参见第 158 条第 1 款），决定是否履行效力待定的合同（第 103 条），提交税务声明（Steuererklärung）等并且财团变价前可以进行新的法律行为。当然，管理人也要对第三人主张债务人的请求权和权利，必要时进行催告、提出诉讼、终止并提出破产撤销。因仅允许管理人设立债权，所以第三债务人不可以再向债务人履行清偿而免责（进一步参见第 82 条；→边码 *191* 及以下）。

一方面，根据第80条第1款，债务人丧失诉讼实施权（Prozessführungsbefugnis）：不得为财团权利向第三人提起诉讼。相反，也不允许破产债权人对债务人提起诉讼（第 87 条；例外：第 184 条）；已提起的诉讼是不合法的（*OLG Koblenz MDR 2014, 863*）。另一方面，新的债权人虽然可以对债务人提起诉讼（*BGH NJW 2016, 2260*），但其诉讼费也将很难得到补偿；新债权人仅可以以不可扣押的财产得到执行（→边码 *163* 及以下）。

可以**在内部关系上**对管理权**进行限制**。首先对破产程序具有重要意义的法律上的行为（Rechtshandlungen）而言，当债权人委员会——如没有则债权人会议——同意时（第 160 条第 1 款），允许债务人作出该法律上的行为。这“尤其”适用于变价措施如公司或营业转让（参见第 161 条及以下）、库存货物的整体转让、土地的“任意转让”（危险，因为——不同于《强制拍卖与强制管理法》中的拍卖程序——没有出价人之间的竞争），并且还适用于可能给财团造成巨大负担的贷款，以及适用于大额诉讼标的的诉讼争议。 159

债权人的决议参见→边码 *68* 及以下、边码 *73*。实践中在小型的程序中常见的情形是，债权人会议不具备决议能力，因为没有人出席而事后被确认为给予了同意（第 160 条第 1 款第 3 句）。

三、例　外

当破产法官命令所谓的**自行管理**（Eingenverwaltung）时，债务人保留有管理权和处分权，即允许债务人对自己的财团管理和处分（第 270 条第 1 款第 1 句）。多数情况下适用于公司破产（第 312 条第 2 款）。即使在自行管理时债务人也必须受到各种限制（→边码 *612* 及以下）。 160

另外，不可利用管理权和处分权进行**违反破产目的的交易**。否则等同于滥用代理权：如果管理人进行该类交易，则显然违反了职务的目的——所有破产债权人平等受偿，并且对每个独立的观察者来说违反行为显而易见，则该类交易无效（*BGHZ 150, 360 f.*；详情请参见 *Pape ZInsO 2016, 2149 ff.*）。 161

第三节　执行禁止和追溯禁止

参考文献：Gottwald InsR–HdB/*Eckardt* 621 ff.; *Grothe*, Die vollstreckungsrechtliche „Rückschlagsperre" des § 88 InsO, KTS 2001, 205 ff.

一、执行禁止（Vollstreckungsverbot）

1. 禁止的范围

162 随着破产程序启动，以债权人平等对待为目的，顺位原则将结束债权人的“竞赛”（*→边码 8 及以下*）。因此，**破产债权人**仅可根据破产法的规定来实现其请求权（第 87 条）。如果涉及对财团财产的强制执行，则拒绝对财团财产实行强制执行（第 89 条第 1 款）。强制执行“其他财产”，即免于扣押的财产，也是不允许的。

该财产大多数属于不可扣押的财产（→边码 151 及以下、边码 154）。但如果破产管理人认为某项财产无价值（进一步参见→边码 170 及以下）而将其“释放”后，也可视为免于扣押的财产。虽然之后对该财产强制执行也没有意义。但不阻止债务人对特定债权人从免于扣押的财产中自愿并给予优先清偿（BGH ZInsO 2010, 376 f.）。

163 根据第 89 条第 2 款第 1 句似乎不阻止，**新债权人**强制执行破产启动后才设立的债权（*→边码 60*）：仅阻止扣押因服务或劳动关系产生的关于收入的“未来债权”的扣押。但事实上第 89 条第 2 款第 1 句仅仅是对其他的执行阻止（Vollstreckungssperre）作了补充：根据第 91 条第 1 款，没有人可以通过强制执行取得对财团财产的权利。破产债权人保留财团权利（参见第 38 条）。因此必须完全阻止新债权人取得财团财产。

164 新债权人可以执行自由财产（freie Vermögen）。[①] 然而，自由财产通常是无价值的。另外，通常因《民事诉讼法》上对债务人的保护规定也不能取得该财产（《民事诉讼法》第 811 条及以下、第 850 条及以下）。但是，允许抚养债权人（Unterhaltsgläubiger）在最低生活标准范围内扣押对债务人的债权（《民事诉讼法》第 850d 条；*→边码 724 及以下*），同样适用于故意实施侵权行为情形下的受害人（《民事诉讼法》第 850f 条第 2 款）。

165 第 89 条第 2 款第 1 句对“未来”**工资和薪酬债权**（Lohn–und

---

① 译者注：即免于破产扣押的财产。

Gehaltsforderung），即对**破产程序启动后**因工作而取得的报酬，实行额外的执行禁止。这“也”适用于新的债权人，即原本的破产债权人。仅对特别需要保护的债权人来说，允许其强制执行：对于抚养债权人及故意侵权行为时的受害人（《破产法》第89条第2款第2句结合《民事诉讼法》第850d条、第850f条第2款），如果其为新的债权人，也适用该规定（*BGH NZI 2008, 50 f.*）。禁止的范围可能是令人惊讶的。因为在破产程序终结后债务人重新取得支配权，所以执行竞赛（Vollstreckungs-Wettlauf）也会重新开始。并且事实上每个债务人都应该有机会对此早做准备（参见《民事诉讼法》第832条）。而如果债务人要争取余债免除，为之后可有效实行工资和报酬请求权，立法者进行了干涉；因余债免除（Restschuldbefriedigung）的前提是，债务人和所有债权人在之后达成一致（参见第287条第2款第1句），如果灵活的债权人通过扣押可以提前实现债权时，则可能不会达成一致进而不能实现余债免除。

需要区分完全在**破产程序后**才实行的**强制执行措施**。原则上允许实行该强制执行措施。除非因债务人争取余债免除，要对之前的破产债权人继续实行平等对待（→边码*570*）。

2. 禁止的效力

在程序启动后提出申请**强制执行**时，如属于第89条第1款的情形， 166
则要**驳回**申请。已经开始的程序**不再继续**。

例如：不再允许将为执行债权而作出的扣押和转付裁定（Pfändung-und Überweisungsbeschluss）送达给第三债务人，因为该裁定将因送达而生效（《民事诉讼法》第829条第3款）。也不可再执行拘留命令（Arrestbefehl）和临时处分措施（和财团有关的），也不可以因破产债权取得公开财产保证（Offenbarungsversicherungen）（《民事诉讼法》第807条）。

第89条不适用于取回权人。因此，《民法典》第985条、第546条中的请求权可以通过强制执行而实现。

通过**不合法的强制执行**不产生扣押质权（Pfändungspfandrecht）。根据 167
主流观点（公私法混合理论），该质权不仅需要国家查封/扣押行为的“加入”，而且要求遵守财产保护的程序规定如第89条（来源于《民法典》第125条）。不合法的扣押通常因“国家行为的介入”，使得继续执行成为可能，例如强制拍卖（Zwangsversteigerung），但该强制拍卖可能造成债务人财产不复存在，因此应提出申诉（Rechtsbehelfe）：向破产法官抗议（Erinnerung）

执行措施（《民事诉讼法》第 766 条；《破产法》第 89 条第 3 款第 1 句），对执行法官不合法的裁判可以进行立即申诉（《民事诉讼法》第 793 条；《司法辅助人法》第 11 条第 1 款）。由管理人提出针对财团财产的执行抗议，由债务人提出针对免扣押财产的执行抗议。

例如：尽管几天前对 S 的破产程序已经启动，但因债权人 G，法庭执行人扣押了 S 珍贵的橡木箱子。因此，管理人申请，该项扣押不合法（《民事诉讼法》第 766 条）。破产法官对此作出裁定（第 89 条第 3 款第 1 句）。基于该裁定法庭执行人撤销已经采取的执行处分（Vollstreckungsmassregeln）（《民事诉讼法》第 775 条第 1 项和第 776 条），例如去除扣押印章。如果管理人不及时干涉，拍卖和收益支付对 G 生效。若无扣押质权，G 就没有对拍卖收益的请求权，因此 G 必须将收益归还给管理人（《民法典》第 812 条第 1 款第 1 句第 2 种情形）。

但是，程序启动前扣押质权已经产生时，该质权继续有效并且债权人享有别除权（第 50 条第 1 款）。相反如果采取追溯禁止或者可能进行破产撤销时，则不适用（→边码 *308* 及以下）。

二、追溯禁止

168 财团保护将通过所谓的追溯禁止而扩展（第 88 条第 1 款）。其以“追溯”方式禁止破产债权人已采取的强制执行，即程序启动时，破产债权人通过强制执行取得财团财产，追溯其自始无效。对此，是指破产申请时的前一个月或破产申请后（到程序启动前）所取得的担保，例如包括扣押质权、强制抵押权（Zwangshypotheken）和《强制拍卖与强制管理法》第 20 条及以下中的查封 / 扣押。根据法律规定，该担保无效。不适用于国家查封 / 扣押（“介入”）；国家查封 / 扣押只有在申诉（→边码 *167*）成功后才会撤销（有争议；也可以参见《强制拍卖与强制管理法》第 28 条第 2 款）。

在债务人申请的**消费者破产**中甚至追溯到债务人申请时的前 3 个月（第 88 条第 2 款；→边码 *662*）。

与破产撤销（Insolvenzanfechtung）的关系：因担保可能是在已经“实质破产”（→边码 *1*）的阶段取得的，所以追溯禁止变得合法化。因此，根据第 131 条第 1 款第 1 项，原则上这也适用于破产撤销。但紧急情况下，必须向法官主张破产撤销。相反，追溯禁止自行生效。首先，也应注意的是，该便利首先应有助于无破产管理人的程序（参见《破产法政府草案的说明》，第 137 页），即自行管理程序。

追溯禁止**不包括**担保**清偿**，即在第 88 条的危机期间内发生扣押时，允许债权人拍卖扣押物并取得该收益。尽管拍卖收益应当给予扣押质权的享有人，而该扣押质权因第 88 条而存在问题。该规定同样只有在破产程序启动后才适用，当债权人之前受到清偿时，几乎不会造成损害。立法者也同意此观点（进一步参见 *Grothe KTS 2001, 213*）。然而，清偿必须**在程序启动前**结束。因为之后的措施——也包括执行收益的支付——将因第 89 条而无效（*→边码 162 及以下*）。如果清偿及时，其之后也有可能被撤销。 169

表 15–1　概览：破产程序启动后的执行限制

	执行标的		
	财　团	“其他财产”	程序结束时起的工资和报酬请求权
破产债权人	不允许（第 89 条第 1 款）；破产前的执行适用追溯禁止（第 88 条）和撤销（第 130 条及以下）	不允许（《民事诉讼法》第 811 条及以下、第 850 条及以下；另外参见《破产法》第 89 条第 1 款）	不允许（第 89 条第 2 款第 1 项）
新债权人	不允许（第 91 条第 1 款）	还是不允许（《民事诉讼法》第 811 条及以下、第 850 条及以下）；但可以参见《民事诉讼法》第 850d 条、第 850f 条第 2 款	不允许（第 89 条第 2 款第 1 项）；但可以参见第 89 条第 2 款第 2 项结合《民事诉讼法》第 850d 条、第 850f 条第 2 款

第四节　财团财产的解除

参考文献：*Gehrlein*, Die Freigabe der selbstständigen Tätigkeit des Schuldners, ZInsO 2016, 825 ff.; *Gotter*, Die selbstständige Tätigkeit im Insolvenzverfahren und die Negativerklärung gemäß §35 II 1 InsO, 2015; *Haberzettl*, Die Freigabe im Insolvenzverfahren, NZI 2017, 474 ff.; *Heinze*, Unternehmensfeigabe und Bestandsvermögen, ZInsO 2016, 1563 ff.; *Wischemeyer*, Freigabe einer selbstständigen Tätigkeit nach § 35 Abs. 2 InsO–Praxisfragen und Lösungswege, ZInsO 2009, 2121 ff.; *Zimmermann*, Freigabe gem. § 35 Abs. 2 InsO und/oder Betriebsstilllegung gem. §§ 157, 158 InsO?, ZInsO 2011, 2057 ff.

一、概　述

170 破产管理人可以通过向债务人单方意思表示，放弃某项财产作为财团财产变价，从而“解除占有”某项财产。由此**结束破产扣押**：债务人原本就保留为财团持有人时，现在重新取得财团的支配权。因此，在没有对该财产强制执行前，债务人可以一直自由支配该财产（但只要程序继续，就允许新债权人强制执行该自由财产；参见→*边码 162 及以下*）。对经济发生重大影响时，可以解除。因为通常——并且在公司破产时——财团中的财产自始就不可以变价或变价需要支出不可接受的费用时。

例如：因土地质权（Grundpfandrecht）而价值耗尽的土地虽属于财团，但对管理人来说不可期待其变价收益，相反还要迫使管理人支付地产税（Grundsteuer）。如工业用地的建筑被拆除后，才可以转让，但所需的费用超过预期的价格。

但如果管理人一定要变价该财产或者还要对该财产负责（如基于交易安全保障或维护公共秩序义务），则不利于破产债权人和为债权人服务的破产程序的利益。

人们区分了**不同类型的解除**。破产扣押的撤销将被视为真正的解除（多数情况——并且在此——直接称之为“解除”）。对此要区分非真正的解除：将不属于财团的财物归还给其所有人，即取回权人。修正的解除允许债务人以自己的名义主张属于财团的权利（目的：免除财团的诉讼费用）。另外该解除不影响破产扣押。

二、解除的合法性

1. 原则

171 法律没有明确规定管理人的解除权限，但规定了其**前提**：第 32 条第 3 款、第 35 条第 2 款第 1 句和第 85 条第 2 款，如果允许债务人承继对财团标的物的诉讼时，债务人重新取得法律权限。另外第 80 条也表明，当管理人甚至可以向第三人转让时，为了债务人的利益其更要解除扣押，因债务人毕竟始终是所有人。

权限的界限在于，财团是服务于债权人的，当减少财团是对债权人有利或者至少没有损害时，才允许减少财团。否则解除可能无效（→边码 *161*）并且根据第 60 条及以下承担责任。公法上的义务也可能与解除对立（重要的如废物处理；→边码 *728*）。解除也不影响合同上的约束：如果解除租赁房屋，那么财团还对承租人负有义务，直到租赁合同结束（参见→边码 *247*）。

2. 自营业务时的解除（第 35 条第 2 款）

明确允许解除自营业务时的**收益**。债务人在程序期间想要（或者将要）从事企业经营，其必须支付账单、税务或者完成其他履行。事实上只有管理人可以从事上述事务（第 80 条），因破产扣押还包括新取得（例如从商业销售中取得）。但管理人让债务人用财团财产经营，因为这看起来是有意义的，那或许管理人应该对超过财团债务的后果负责——（第 55 条第 1 款第 1 项）。因此根据第 35 条第 2 款，管理人应确认：管理人必须明确划分债务人的自营业务和来自自营业务的财产。只要这些财产原本不属于免于扣押的财产（→边码 *151* 及以下），管理人就可以选择根据所谓的积极 171b
声明（Positiverklärung），管理人明确经营的财产（继续）属于财团，另一方面来自“破产程序中”的经营业务的新债权人可以主张其请求权，即属于财团请求权（第 55 条）。消极声明（Negativerklärung）则相反，即首先 171c
是解除经营的财产。

（上段首行旁边距号：171a）

根据**主流观点**必然对第 35 条第 2 款**进一步加以解释**：

（1）该解除不仅应包括营业活动的收益和购置的（新的）生产工具，也应包括（整个）为营业而投入的财产（参见 *BT-Drs.16/3227, 17*；*BGHZ 192, 322 Rn. 19, 28*）。但该解释明显背离了文义并且使得保留给破产债权人的旧有财产从财团中抽离。

（2）解除应该包括整个合同关系，特别是继续性合同应转移给债务人；依据该旧的合同——而无须管理人的解约通知——不再产生财团请求权（*BGHZ 192, 322 Rn. 16 ff.*）。

债务人享有该“自由”收益。在取得盈利的范围内，债务人必须向管理人履行与工资相应的支付，工资是指其在被雇用时可能达到的工资（第 35 条第 2 款第 2 项，第 295 条第 2 款；参见→边码 *545*）。假定的工资中免于扣押的部分将保留给债务人（*BGH NZI 2014, 461 Rn.22.*）。另一方面，解除应明确，利用旧财产不（再）归责于财团，即不属于财团债务。但新债权人可以执行免于扣押的新取得财产；如果新取得财产不足以偿付，则甚至可能发生二次破产程序（*BGH NZI 2011, 633 f.*）。

171d 财团的利用对**管理人的决定**至关重要。管理人的声明要公开公告（第35条第3款）。但是，当债权人委员会（其他情况下债权人会议）因管理人声明损害其利益而申请该声明无效时（第35条第2款第3句），法官要作出无效解释。

3. 企业破产时的解除

172 对于企业破产时的解除颇具争议。因为关于如普通合伙、有限合伙、有限公司和股份公司的财产破产程序启动同时会造成所谓的企业的解散（Auflösung）（→边码 *139*）。一般随着解散，“清算人”（Liquidator）进行商法上的清算（Liquidation）：企业的清算（资产变价、债务清偿）和必要时——不存在还有其他财产的依据——对于有限公司和股份公司来说要注销登记（Löschung im Register）（参见《家庭事务和非诉事务程序法》第394条）。但如果解散基于破产启动，则要优先适用破产程序（如《商法典》第145条第1款）。但是其他的程序关系并不清晰。

173 *根据传统观点，破产程序应该遵循清算程序，由此还可以变价已解除的财物。赞同者还认为，破产程序首先应使债权人得到最优清偿，因此要强制减轻财团从无价值财物中承受的负担，因为无价值财产的变价可能会产生费用。与此相反，清算有利于股东的利益。两种功能不应混同（Henckel ZIP 1991, 133 ff.）。其还强调，第32条第3款、第85条第2款——新的解除权利的具体表述——不仅仅规定了适用于自然人破产的情形。*

174 *根据其他观点，也许立法者也基于该观点，新的破产程序完全保留清算并避免两个程序无意义的并存，即也服务于企业的完全清算。因此，破产财团也是清算财团，破产管理人也是义务清算人（参见第199条第2句；《破产法政府草案的说明》，第109页；K. Schmidt KTS 1988, 8 ff.）。因而，在破产程序中必须穷尽变价财团，这并没有给解除个别财产留下空间。*

175 然而，立法者的表述并不明确（参见前版→边码 *175*）。因此应遵照破产法的文义（第32条第3款、第80条、第85条第2款）。并且**实践中**也赞同**宽泛的解除权**（Freigaberecht）（*BGH NJW 2005, 2016 m. w. N.*）。对此持赞同的观点认为，第197条第1款第2句第3项明确规定债权人可以决定不可变价的财产及其解除（同样还是在程序结束前），因而必须承受可能发生的清算。

第五节　附注：破产管理人和财团的关系

与破产管理人在职务法上地位已清晰相比，如何处理破产管理人的外部关系的争论由来已久：与财团、债务人、债权人和诉讼进行中的法官之间的关系。现在已经承认，相关的具体问题不能通过演绎推理（Deduktion）的思维模式来判定。但是，理论支持很有帮助（参见 *Stürner ZZP 94 [1981], 286 ff.*; *K. Schmidt KTS 1988, 9, 11*; *krit. Kluth NZI 2000, 351 ff.*）。重点有以下几种解释： 176

代表债权人理论（Gläubigervertretungstheorie）（如今不再代表）认为管理人是债权人共同体的代表人或者代表机构。连结债权人共同体，使破产程序以维护债权人的利益进行，并且通过其代表机构对程序产生重要影响。该理论不够完善，因为其忽视了管理人行为首先在法律上涉及债务人及其财产，并且债权人并不是彼此共同连结。 177

代表债务人理论（Schuldnervertretungstheorie）认为管理人是债务人的代表。代表权限基于法律规定，但同时其效力局限于财团（参见 *Lent ZZP 62 [1941], 129 ff.*）。该理论是有疑问的，因为代表包括强制代表，典型的是维护被代表人的利益，而破产法和破产管理人必须为各种利益承担责任。 178

新的代表理论（neue Vertretertheorie）修正了下述从法人角度出发的想法：在社团破产中（Verbandsinsolvenz）——假定财团和社团财产是一样的（→边码 174）——破产管理人是社团的代表机构，即赋予其“法定代表人的地位”[《民法典》第 26 条第 1 款第 2 句后半句；具体参见 *K. Schmidt KTS 1984, 362 ff.*（*372ff.*）]。当然如果财团因解除而减少，则企业财产当然不能由财团所涵盖（→边码 175）。

该代表理论没有进一步解释，为什么管理人可以为财团设立法律行为之债。管理人的解除表明（给债务人造成负担的）代表权的终结。在诉讼中，被代表的债务人属于当事人。但类推适用《民事诉讼法》第 53 条债务人不具有诉讼行为能力（prozessunfähig）（争议参见 *Weber KTS 1955, 104*）。然而，管理人要“作为当事人”参加庭审（类推《民事诉讼法》第 455 条第 1 款、第 53 条），而债务人可以作为证人。

机构理论（Organtheorie）和“新的代表理论”共同之处在于，认为管理人具有机构属性。但较为重要的是——不表明机构的名称——财团应该自行代表，因为财团被认为是法律主体［*Pawlowski JuS 1990, 378*（*380*）］。 179

人们也可以认为是“财团—代表理论”（Masse-vertretungstheorie）。通过该理论，事实上完全局限于财团的管理人行为所产生的效力获得了有力的依据（参见 *Stürner ZZP 94 [1981], 288 ff.*）。反对该理论的人认为，根据德国法可以被代表的只是法律主体，而不包括标的物。

机构理论要把财团取得看作通过（代表的）法律主体“财团”的物权取得（参见 *Erdmann KTS 1967, 111*；不同于 *Stürner ZZP 94 [1981], 291 ff.*）。相反，解除要求由“财团”转移给债务人——这引起新问题产生，是否先前不属于债务人的物可以被善意取得，“财团”有权享有因破产撤销的权利。在诉讼中“财团”属于当事人。管理人或许作为当事人参与庭审；债务人明确作为证人。根据《民事诉讼法》第 383 条第 1 项到第 3 项债务人的亲属不可享有拒绝作证的权利（争议：参见 *Stürner ZZP 94 [1981], 296 f.*）。

180 **职务理论**（Amtstheorie）（**主流观点**）仅限于确认，破产管理人根据法律赋予的职务（仅参见第 56 条第 2 款第 2 句），以自己的名义行为并产生法律规定后果，即赞成和反对财团并且相应地也是赞成和反对债务人（参见 *RGZ 29, 29*; *BGHZ 88, 334*; *Henckel ZIP 1991, 134*）。法律规定也对该理论提供了支持:《民事诉讼法》第 116 条第 1 句第 1 项。

该理论也使得管理人的行为产生支持或反对财团的效力。对此人们认为部分是对债务人的义务（*BGHZ 49, 13*），部分是对管理人的义务，即管理人（从财团中）履行义务，但程序结束后该义务转移给先前的破产者（*Jaeger/Henckel KO § 6 Rn. 32 f.*：“与财产有关的行为”）。随着处分限制的取消发生解除。管理人或者基于原来的职权享有撤销权，或者管理人行使债务人的撤销权（参见第 313 条第 2 款第 1 句）。管理人是诉讼中的当事人（依职权）并且以法定的诉讼担当（Prozessstandschaft）作出行为；债务人始终作为证人。

就语言习惯而言：“财团”实际上仅仅是债务人财产可扣押的部分由管理人管理。但有时将财团人格化了：例如人们会说“财团的”权利，对“财团的”请求权或者向“财团”履行。这是不确切的，因为根据主流观点，财团并不是法律主体。因此，这意味着很大程度仅指债务人（财团相关的）权利及债务人的义务，但该义务要由管理人的财团（按比例或——确切地说作为财团债务）来履行等。

第十六章　无权及交易保护

参考文献：*Eickmann*, Konkurseröffnung und Grundbuch, Rpfleger 1972, 77 ff.; *Foerste*, Grenzen der Durchsetzung von Verfügungbeschränkung und Erwerbsverbot im Grundstücksrecht, 1986; *Gehardt*, Verfügungsbeschränkungen in der Eröffnungsphase und nach Verfahrenseröffnung, in: KS, 2. Aufl. 2000, 193 ff.; Gottwald InsR-HdB/*Eickmann* 544 ff.; *Meier*, Gutgläubiger Erwerb unter dem Einfluss des Insolvenzrechts, ZInsO 2016, 1393 ff.; *Oepen/Rettmann*, Das Schicksal von Grundstücksübereignungen in einem Konkurs-bzw. Insolvenzverfahren über das Vermögen des Veräußerers, KTS 1995, 609 ff.

第一节　处分权的限制和善意取得

随着破产程序的启动，债务人丧失了对财团的处分权（→边码 *155*），因此成为"无处分权人"（Nichtberechtigter）。但是，根据物权法的基本原则，权利取得到取得结束期间所有的前提必须持续存在。然而，如果对债务人的财产启动了破产程序，则每项从债务人处的取得在完成之前必然会落空。但该体系将由破产法所覆盖，并且破产法的规定优先适用。破产法的规定区分，从财团中的取得是基于破产程序启动后所为的处分行为（第 81 条）还是基于其他的方式而发生（第 91 条）。 181

一、无效的处分行为

债务人不能通过破产程序启动后的行为，处分财团财产（第 81 条第 1 款第 1 句）。 182

虽然规定仅表明，债务人必须已经"处分"。但根据第 91 条第 1 款此处是指处分行为，不是指成功得以处分。第 91 条第 1 款约束"取得"行为并且明确与"处分"相区分，但取得可能"源于"处分。

处分行为首先是**意思表示**，例如《民法典》第 929 条转让的要约或承诺，《民法典》第 925 条不动产出让的要约和承诺，《民法典》第 398 条债权让与或设立不动产抵押（Grundschuldbestellung），第三人的交易授权或第三人对债务人权利的处分进行追认。此外，也包括与处分有关的**事实行为**（Realakte），例如《民法典》第 929 条第 1 句中的依先前合意而交付货车，转让抵押证券权（Briefhypothek）中证券的交付（《民法典》第 1154 条），取得者申请在土地登记簿中进行登记（《土地登记簿法》第 13 条）和贷款转账及产生的法律后果，即依《民法典》第 488 条第 1 款第 2 句的请求权，必然也使得之前设立的抵押成立。

谁主张处分行为无效，就必须**证明**，在破产程序启动后才发生处分行为：通常由破产管理人进行举证。但如果确认或经证明，债务人正好在程序启动的同一天进行了处分，则推测债务人是在启动后进行的处分（第 81 条第 3 款第 1 句）；相反，由取得人承担证明责任。

183 另外，处分**"未来的"工资和薪酬债权**无效（第 81 条第 2 款第 1 句）。同样适用于替代工资的后续性收入（如失业金）。在此是指破产程序之后到期的请求权。因此，该工资请求权不再纳入财团，但为使余债免除成为可能，仍然会锁定该请求权（参见第 81 条第 2 款第 2 句、第 287 条第 2 款第 1 句；→*边码 165*）。

184 很大程度上排除**善意取得**：《民法典》第 932 条保护的仅是对所有权的善意取得，而不是对所有权人有处分权期待的保护。转让权（Zessionsrecht）（《民法典》第 406 条及以下）并不承认善意，因债权的取得人绝不相信权利外观（Rechtsschein）。但对不动产权利的保护作了规定，例如对取得所有权人、取得土地质权人或作为抵押权人向债务人履行（《民法典》第 892 条第 1 款第 2 句和第 893 条；《破产法》第 81 条第 1 款第 2 句）。为了有利于取得人，当取得人在土地登记簿上申请登记时为善意即可以得到保护（《民法典》第 892 条第 2 款）。通常，该保护因外观权利遭到损害而流产，比如因破产法官及破产管理人指明，存在标注破产的登记（第 32 条）。

185 在此动作迅速是有利的：如果破产程序于 2 月 1 日启动，但债务人依然在 2 月 2 日为一位不知情的债权人设立了抵押担保，其是否可以取得该抵押权取决于债权人是否于破产标记登记申请前申请了抵押登记。因为多个申请时按**顺位原则**（Reihenfolgeprinzip）（根据送达到土地登记处的时间）

来决定（《土地登记簿法》第 17 条）。

（1）如果破产管理人较快，那么权利外观在取得抵押权前遭到破坏。对此即使善意也于事无补，而是有必要查阅所谓土地卷宗（Grundakten）上是否先前有登记申请。如果土地登记簿中标注了破产，取得人——善意与否——根本无须再登记［“登记簿阻碍”（Grundbuchsperre）］，即因标注破产而不再适用土地登记簿。

（2）如果取得人较快完成登记。那么之后的标注不再对该登记产生破坏，也许之后可以提起破产撤销（第 147 条）。但是，不动产登记处——违反《土地登记簿法》第 17 条——“为了财团的利益”首先登记了破产标注，会使取得人受到损害。对职务违反由联邦承担责任（《基本法》第 34 条；《民法典》第 839 条）。

有些土地登记处工作人员坚持，破产程序启动始终会引起“**登记簿阻碍**”，因为处分限制还允许债务人同意实行法律变更（《土地登记簿法》第 19 条）。因此，取得人善意并不能使其受益，因为土地登记处知道破产后，不再将取得人登记入册（持同意观点参见 *BayObLGZ 1994, 71*）。但实践中的做法是违法的，如果程序法已遵循实体法上的规定（处分限制），则因善意取得而撤回破产标注也必须得到遵守，即不得阻止取得，因为土地登记处仅仅是提供服务（*Lenenbach NJW 1999, 923 ff.*；*Foerste [vor Rn. 181] 100 ff.*）。 186

通常预取得人（Erwerbswillige）已经履行了**对待给付**义务。但因第 81 条第 1 款而无法取得，因此预取得人至少希望返还对待给付。但只有在财团因对待给付而获利时，预取得人才可对财团享有返还请求权（第 81 条第 1 款第 3 句），即第 55 条第 1 款第 3 项意义上的不当得利。对待给付必须完全落到财团中，即在管理人手中（而不是在债务人处）。对待给付的价值必须使财团得利（其他丧失得利的情形参见《民法典》第 818 条第 3 款）。只有在破产程序启动后发生对待给付时，才会产生财团的不当得利（→边码 83）。 187

因此，破产程序启动前对债务人的给付，作为破产债权请求权会面临“丧失”并且也不可以请求返还向债务人（不计后果的）提前履行（→边码 207）。之后债务人违法（第 87 条）尝试对该破产债权全部清偿，是无效的（第 81 条第 1 款），并不能改变上述情形。

二、无效的权利取得

188 非依据第 81 条而于财团标的物上的权利取得，可以根据第 91 条第 1 款无效。取得在破产程序启动后完成即已构成，这适用于依**强制执行**而取得：根据第 89 条第 1 款破产债权人不可以执行财团财产，而第 91 条第 1 款阻止**新债权人的执行**，例如取得扣押质权（→边码 *163*），而且管理人还可以强制其停止执行（→边码 *167*）。

部分**法定所有权取得**也被排除，如时效取得（Ersitzung）（《民法典》第 937 条）和孳息取得（Fruchterwerb）（《民法典》第 955 条及以下）。相反，可以通过结合（Verbindung）、混同（Vermischung）、加工（Verarbeitung）基于财团的费用而取得，因为《民法典》第 946 条及以下不可更改，因该条款属于固有规定并且其必须考虑经济上的实际困难。

189 首先，第 91 条包括**扩展的处分**，即在破产程序启动前发生，并且之后没有债务人的协助而结束的处分。例如，如果约定了物的转让（《民法典》第 929 条）并且债务人已运送该物，但在破产程序启动后才到达取得人。典型的情况是，土地交易时通常会发生迟延。因为从物权合意（《民法典》第 873 条）及让与行为（Auflassung）（《民法典》第 925 条）、债务人履行登记（《土地登记簿法》第 19 条）和登记申请（由债务人或取得人，《土地登记簿法》第 13 条）到完成登记通常需要花费较长时间。如果在该期限内启动破产申请，则因第 91 条第 1 款的规定而无法取得。

190 因此，如果仅涉及土地交易，也设法对**取得人**进行一定程度的**保护**（第 91 条第 2 款）：如第 81 条规定的情形将有助于善意取得人（→边码 *184*）。提出申请的时间点对善意的判断起到决定作用（《民法典》第 892 条第 2 款）。因此，如果取得人不能快速登记前已得知破产程序启动时，不会受到损害。另外，根据《民法典》第 878 条取得人享有确保取得的承诺（gesicherte Erwerbsaussicht），从而使其进一步得到保护。为此要求，物权合意对债务人产生约束力（对此参见《民法典》第 873 条第 2 款）。另外，必须已提出登记申请，对此处分人的申请即已足够（主流观点，参见 *Oepen/Rettmann KTS 1995, 615 ff.*）。

练习和巩固

1. 问题：为什么只有第 91 条提及适用《民法典》第 878 条，而第 81

条没有提及？

因为适用《民法典》第 878 条的前提是在债务人处分之后并且提出变更申请后存在处分权的限制（发生破产程序启动），而第 81 条属于相反的情形，因此不适用《民法典》第 878 条。

2. 问题： 为了确保 G 的请求权，债务人向 G 让与了下述债权：a）对其客户 A—C 的未来债权。b）因 D 对 S 的债权得以清偿而产生的对 D 的返还担保财产的请求权。c）在破产程序结束后才到期的工资债权。虽然之后启动了破产，该债权让与有效吗？

a）构成《民法典》第 389 条，因该债权显然至少是可以确定的。债权让与也不会因《破产法》第 81 条而无效（参见 *BGH ZInsO 2009, 2337 f.*），但也许会因《破产法》第 91 条第 1 款第 1 句而无效，因如果破产程序启动后让与成立，这时才取得让与的权利。

b）当请求权不仅已“到期”（延期），而且在附延缓条件（aufschiebender Bedienung）下产生，则生效：请求权已经脱离财团并且随着条件的成就而不再阻止取得（类推《民法典》第 161 条第 1 款第 2 句）（*BGH NJW 1977, 247; Häsemeyer InsR Rn. 10.24*）。

c）似乎有效，因为第 81 条第 2 款仅包括破产程序启动之后的转让。但第 91 条第 1 款也对界限进行了规定（*→边码 263a*；对于租金的利息收益请求权参见第 110 条）。

3. 问题： 破产程序启动前，债务人在所有权保留的情况下取得该物，但在破产程序启动后才支付最后一笔价金。是否可取得物的所有权？

因发生疑义时，物权转让在附延缓条件下产生（《民法典》第 449 条第 1 款），只有在破产程序启动后购买人才可以取得。但是并不违反第 91 条第 1 款的规定。因为破产管理人不再对物进行处分（《民法典》第 161 条第 1 款第 2 句），因破产管理人之后受买卖合同的拘束（《破产法》第 107 条第 1 款）。因此，没有理由再将该物纳入财团之中。

4. 问题： 破产程序启动前，S 对 G 设立了未来债权的抵押权，该抵押权在程序启动后才产生，该抵押权有效吗？

该抵押权首先是所有权人土地债务（Eigentümergrundschuld）（《民法典》第 1163 条第 1 款第 1 项和第 1177 条），并且只有在破产程序启动后随债权的产生而产生，因而无效（《破产法》第 91 条第 1 款）。不适用于动产质权（Faustpfandrecht）（参见《民法典》第 1209 条；*BGHZ 86, 346 f.*；有争议）。

案例 2: 在 1 月 2 日，S 和 G 为 G 设立证券抵押权（Briefhypothek）达成合意，1 月 5 日 S 申请并同意证券抵押权登记。1 月 13 日关于 S 的破产程序将启动。1 月 14 日 G 获悉破产程序启动。1 月 15 日抵押将登记在土地登记簿中，1 月 19 日——基于破产法官的要求——登记破产标注。在 S 从土地登记处获得证券抵押权后，在 1 月 20 日将其交给了 G。破产管理人要求 G 同意取消抵押权，是否合法?

参考答案: 根据《破产法》第 80 条第 1 款，管理人有权主张，S 对土地登记簿的更正（Grundbuchberechtigung）请求权（《民法典》第 894 条）。如果未产生抵押权，则登记在土地登记簿中是不正确的。需要满足《民法典》第 873 条、第 1113 条、第 1115 条及以下、第 1117 条第 1 款第 1 句规定的条件，特别是在 1 月 13 日丧失处分权前，S 与 G 产生合意，即还是有权人。但根据《破产法》第 81 条第 1 款第 1 句该处分无效，因为抵押证券交付作为最后的处分行为（《民法典》第 1117 条第 1 款第 1 句）发生在破产程序启动后。根据《民法典》第 892 条第 1 款第 2 句，《破产法》第 81 条第 1 款第 2 句在 1 月 20 日也不再可能善意取得，因为自 1 月 19 日土地登记簿上明显已存在破产扣押。因此更正请求权（Berichtigungsanspruch）成立。

补充案例: S 和 G 在 1 月 2 日还约定，应该让土地登记局交付抵押证券给 G。交付抵押证券发生在 1 月 20 日。

参考答案: 在此，该取得不因《破产法》第 81 条第 1 款第 2 句而无效，因为 G 在 1 月 20 日不再处分，所以根据《民法典》第 1117 条没有必要让 G 交出抵押证券。但是，取得在破产程序启动（1 月 15 日）后才结束。因此根据第 91 条第 1 款可能无效。该案件并不违反《民法典》第 878 条;《破产法》第 91 条第 2 款，因为似乎不存在《民法典》第 873 条第 2 款的情形。但可考虑是否属于善意取得（《民法典》第 892 条第 1 款第 2 句;《破产法》第 81 条第 1 款第 2 句）: 自 1 月 14 日起恶意并不产生影响，因为根据《民法典》第 892 条第 2 款起决定作用的是在提出登记申请时其并不知情。1 月 19 日权利外观的破坏也不会产生损害，因为在 1 月 15 日已经完成取得，即已经生效。因此，该案中不享有要求更正的请求权。

第二节　对债务人的履行

191 如果债务人有自己的债务人（即债务第三人），则债务第三人在破产程序启动后对债务人履行时，该履行无效。虽然债务人还是债权的享有人。而且该债权的取得可能也不构成第 81 条第 1 款第 1 句中的“处分”。但是因缺乏管理权限（→边码 *158*）债务人也不可以取得该债权，因此债务第三人还必须向破产管理人支付。

背景: 原则上债务第三人（D）不可以要求债务人返还合同已履行部分。但是根据《民法典》第 812 条第 1 款第 1 句第 1 种情形或第 812 条第

1 款第 2 句第 2 种情形，该返还请求权成立，因为该履行不产生清偿效力。该请求权也不是破产请求权，因为该请求权在程序启动后才产生（→边码 59 及以下）。但是在程序期间该请求权不可以被执行：向债务人已经履行的部分或者属于财团中新取得财产（第 35 条第 1 款第 2 种情形），新债权人也不允许执行财团财产（→边码 163）。或者 D 执行自由财产（参见 *Uhlenbruck/Mock InsO § 82 Rn. 22*；→边码 164），但之后会受到民事诉讼法扣押保护的约束。破产程序终结后可能取消该限制。但是债务人可以提出抗辩，已经履行部分现已归其所有——除非，因为管理人强制 D 向财团履行，债务人的请求权事先已消灭（《民法典》第 362 条）（见下文）。

实践中，管理人总是试图让债务人收取已履行部分。如成功，则 D 免除该债务。

在两种情形下**债务第三人**应得到**保护**：如果债务第三人向债务人在不知道程序启动的情况下进行了给付，则可以免责（第 82 条第 1 句）。同时规定了举证责任：为了免除责任，给付人必须就自己不知情进行举证。这可能十分困难。如果证明根据第 30 条第 2 款在递交债务第三人启动裁定前，已经进行了给付并不足够。但根据第 82 条第 2 句在程序启动公开公告（→边码 43）前给付的，推定为债务第三人不知情：之后，管理人应就不知情提出反驳（举证责任倒置）。对债务人的给付事后被纳入财团时也可以免除债务，即当管理人从债务人处取得或向债务人收取后（如涉及新取得时，管理人对此有收取的义务；第 35 条第 1 款第 2 种情形）。 192

虽然在知道破产前，已经安排履行，但完成履行可能还会受到阻碍时，知情会遭到破坏（对于银行转账：参见 *Obermüller ZInsO 2010, 18 ff.*）。对于**法人知情**而言，如果其机构的成员已知情即已足够。上述规则同样适用于，由于机构错误，没有设法获得信息及交换信息的情形。然后，知情将归责于过于随意的员工，或许是跨支行的情形下（例如在银行中）。不考虑整个经济生活的发展以及客户破产的情况时，也会产生损害（参见 *BGH NZI 2006, 176 f.*; *Bork DB 2012, 33 ff.*）。

第十七章　破产债权人的抵销

参考文献：*Bork*, Aufrechnung und Insolvenzanfechtung, FS Ischikawa, 2001, 31 ff.; Gottwald InsR–HdB/*Adolphsen* 896 ff.; *Höhn*/*Kaufmann*, Die Aufrechnung in der Insolvenz, JuS 2003, 751 ff.; *Kayser*, Wirksame und unwirksame Aufrechnungen und Verrechnungen in der Insolvenz, WM 2008, 1477 ff.; 1525 ff.; *Obermüller*, Aufrechnungsmöglichkeit als Kreditsicherheit, ZInsO 2009, 689 ff.; *Schwahn*, Konzernverrechnungsklauseln in der Insolvenz, NJW 2005, 473 ff.

第一节　导　论

193　破产债权人对债务人负债的情形并不少见。如果相互享有的请求权属于同种类（如金钱债权），则成立《民法典》第 387 条及以下中规定的抵销。但是对于抵销带来的利益可能有所不同。尽管破产程序启动，债务人的请求权依然存续并且对管理人来说完全可以被执行。相反破产债权人原则上受限于很小的份额。因此对**破产管理人**来说：只有当抵销符合财团利益时，破产管理人才可以抵销（如针对财团请求权）。相反，比起期待获得破产份额，**破产债权人**通过抵销，即对其债权以票面价值进行估值，可以更好地得到清偿，即所负担的债务人债权达到的数额范围内抵销（《民法典》第 389 条）。对于债权人来说，抵销情形下是幸运的，以其竞争者来看当然属于利好：这违反了债权人平等对待原则。

194　对此，破产抵销并不是理所当然的。破产抵销属于一种私人强制执行并且同时属于对债务人的（简易）履行。两者与破产目的都不吻合并且因破产扣押而变得困难（参见 *Haesemeyer InsR Rn. 19.02 f.*）。但是赞成破产抵销的认为，可以将抵销与别除权进行对比［*Boetticher FS Schima 1969, 95 ff.*（*100*）］并且可以取得优先权（参见第 170 条第 1 款第 1 句）。而且，在所有查封 / 扣押的情形下同样可以进行抵销。在债权让与后也可以进行抵销，即在更换了债权相对人时（《民法典》第406条；机构理论的观点参见→边码*179*），而破产的债权人只是丧失管理权限。

195 **破产法**对该利益冲突承担责任并且仅允许破产债权人可以进行有限的抵销：如果在程序启动时已成立抵销情形，则债权人在程序进行中应该还可以抵销（现在通过对管理人进行声明）。如果抵销情形在程序进行中才成立，当债权人之前有希望进行抵销时，无论如何债权人将得以保护。另外债权人必须完全清偿债务人的债权，但其自身满足于一定的份额。

第二节　破产程序启动时的抵销事实

196 如果在破产程序启动时破产债权人已有权进行抵销，则破产债权人可以继续抵销（第94条）。有权与否可以基于**约定**。然后不取决于是否法律允许抵销。大多数情况下抵销权源于**法律**：《民法典》第387条及以下。适用该条款的前提是：

- 相互性，意味着两人互相享有请求权（《民法典》第387条）：破产债务人的“主请求权”（Hauptanspruch）和有抵销意愿的债权人的“对待请求权”（Gegenanspruch）（破产债权）；
- 根据标的物，双方请求权属于同种类（《民法典》第387条；如金钱、同种类的物）；
- 抵销权人想被清偿的破产债权已到期并且其必须可以主张该破产债权（《民法典》第387条最后半句和第271条）；
- 主请求权可以基于抵销人的部分履行，即通过牺牲其破产债权，而得以满足（《民法典》第387条最后半句和第271条）。

此外，不允许存在抵销阻碍（Aufrechnungshindernisse）的情形（《民法典》第390条及以下）。

197 当取得的**抵销事实**（Aufrechnungslage）**可撤销**时（第96条第1款第3项），即通过受第129条及以下条款中破产撤销所约束的法律上的行为而取得抵销事实时，可排除抵销。在该情形下，破产债权人必须退回可撤销的所得（如破产债权）。但这可能造成延期。因此第96条第1款第3项预先拒绝了程序启动后抵销的可能性。

例如：G1欠S 20,000欧元。因为G1知道S处于支付不能，而G2正好对S享有20,000欧元的债权，G1便从G2处购买了10,000欧元的债权（《民法典》第 433 条、第 453 条)，并且由 G2 让与该债权(《民法典》第 398 条)。6 周以后破产申请被提出。在关于 S 的程序启动后，G1 提出抵销。

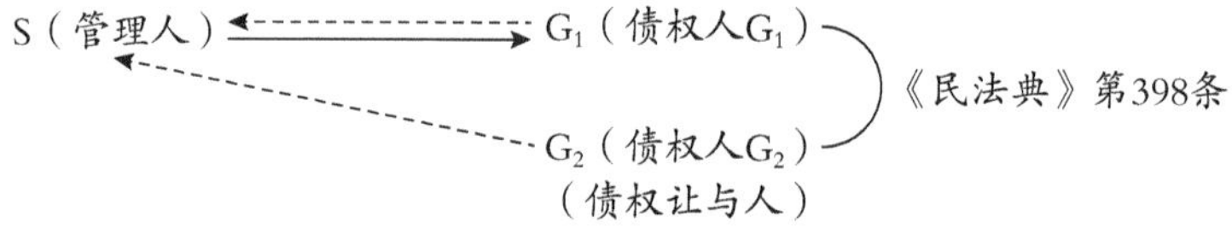

在此，两个债权人想以财团支出，做一笔交易：由于 S 破产，G1 想根据第 94 条使其债务“减半”。G2 可能在破产程序中仅获得 4% 的份额并且在转让 50% 的债权时情况可能对其更有利。G2 向 G1 转让债权使对 G2 清偿成为可能，而根据第 130 条第 1 款第 1 句第 1 项，该清偿可以被撤销（→边码 *304*）并且阻止了相互抵销（第 96 条第 1 款第 3 项）。

198 如果破产债权人在破产程序启动前已经利用了已取得的可撤销的抵销事实，并且当时已经抵销（与债务人 S)，则似乎不受第 94 条及以下的约束。因为程序启动时抵销事实已不复存在。根据第 96 条第 1 款第 3 项所规定的目的，债权人应该不可以基于之前可撤销的抵销事实而取得任何收益。并且程序启动后，之前的意思表示将因此而无效（*BGHZ 169*，*161 ff.*）。

第三节　之后的抵销事实

199 如果程序启动时没有完全满足抵销的前提，则破产债权人仅可以在第 95 条及以下允许的范围内抵销。之后破产债权人也可以得到保护，当破产债权人在程序启动时至少**有希望抵销**时：不应该阻止该抵销。第 95 条第 1 款第 1 句认为，破产程序启动时“将要抵销的债权”或其中之一“还附有延缓条件或还没有到期或债权还没有以同种类给付为内容”，但之后如满足抵销前提时，“才”（但一直）可以进行抵销。

在此存在立法错误：不必要求两个债权都“到期”。因为根据第 94 条主债权到期即已足够（→边码 *196*)，并且第 95 条还应该扩展而不是限制抵销的机会。

通过第 95 条第 1 款第 1 项，可抵销的情形在很大程度上得到了扩展，例如破产债权人 G 也可以进行抵销，如果：

- 程序启动后，破产债务人 S 的主债权才被履行。

例如：返还付息的贷款请求权，《民法典》第 488 条第 3 款第 1 句。

- 破产债权人对 S 负有金钱债务，但因债务人 S 的债务向债权人 H 进行了担保并且程序启动后清偿了 H，因而满足了对 S 的追偿请求的条件（→边码 *64*）。
- 并且如果破产债权人负有金钱债务但其首先仅有货物请求权，该请求权只有当程序启动后经过设置的交付期限（《民法典》第 281 条第 1 款第 1 句），才可以转换为金钱请求权（当然令人怀疑，因为抵销的希望是非常渺茫的；*Jaeger/Windel InsO § 95 Rn. 37*）。

另外，可抵销的状态被推迟至所有民法上的阻碍因素消除之后。破产法上简化的规定如第 41 条和第 45 条不可被适用（第 95 条第 1 款第 2 句）。

说明：第 95 条中的情形要求破产程序启动时至少双方请求权已经成立。不适用于在程序启动后才取得请求权的情形。例外：债务人的债务人通过与管理人的合同取得财团请求权，该财团请求权原本就必须优先得以清偿（第 53 条；→边码 *193*）。

虽然满足抵销前提，但当（债务人的）**主债权被提前执行**时，即没有附条件并且在破产债权人可以抵销前已到期（第 95 条第 1 款第 3 句），抵销流产。之后债权人没有保证可以抵销的希望。最终债务人，之后的管理人可要求其立即履行并且因此可提前破坏抵销机会，无论如何理论上认为：于及时诉讼和执行时。这通常不阻止抵销（《民法典》第 387 条及以下），但或许在破产时可以阻止抵销。这将避免债权人在危机时及在破产程序中，仅为准备之后的抵销而不对债务人履行的情形（还对债务人的清算产生威胁）。 200

第四节　抵销的排除（第 96 条第 1 款）

某些情形下，第 96 条第 1 款明确排除适用抵销（参见→边码 *197*）。 201
比如，**不允许程序启动后才成立**（债务人的）**主债权**，从而适用抵销（第 96 条第 1 款第 1 项），毋庸置疑，该主债权可能基于破产管理人的交易而产生。当然该规定是多余的，因为在所陈述情形下将不允许抵销：既不适用第 94 条也不适用第 95 条第 1 款第 1 句（→边码 *196* 及以下）。

但是，为维护不动产租赁人的利益而打破抵销阻碍：如果债务人出租 202
了一项不动产并且在破产程序启动后享有租金请求权，则该请求权属于不可抵销的请求权（第 96 条第 1 款第 1 项）。但允许（需要保护的）承租人进行抵销，当然只可以针对程序启动时起 6 周内产生的租金请求权（进一步参见第 110 条第 1 款和第 3 款）。

203 相反，不允许破产债权人于**程序启动后从其他债权人处取得对待给付债权**（第 96 条第 1 款第 2 项）。该说明也是多余的，因为根据第 94 条及以下的规定，事后取得破产债权时，在任何情况下都不允许抵销（→边码 *199*）。但在第 96 条第 1 款第 2 项所提及的情形属于特别危险的情形。

例如：G1 欠债 S 20,000 欧元。而 G2 正好对 S 享有 20,000 欧元的债权。当对 S 的破产程序启动时，G1 从 G2 处购买了 10,000 欧元的债权并且完成债权让与。在此，两个债权人基于财团支出计划了该笔交易（参见→边码 *197* 的例子）。该案件将受到第 94 条及以下和第 96 条第 1 款第 2 项的约束。

204 如果债权人对“财团”承担债务，但其**对待给付请求应该由债务人的自由财产来履行**时，则不允许债权人进行抵销（第 96 条第 1 款第 4 项）。因此，债权人在破产程序启动后才取得请求权时，便属于该情形。之后该债权人不属于破产债权人而是新债权人（→边码 *60*）。对于该请求来说几乎不缺乏相对性，因为债权人作为法律主体面对的是破产债务人而不是财团（不同于机构理论；→边码 *179*；也可补充参见 *Jauernig/Berger ZwangsVollstrR/InsR* § *50* →边码 *16*）。如果谁不再是破产债权人时，也不应该从财团中得到清偿：既不可以通过强制执行（→边码 *163*）也不可以通过抵销来清偿。

练习和巩固

问题：虽然破产债务人的主债权是附解除条件的，并且该解除条件还未成就，破产债权人可以抵销吗？

延缓条件使抵销变得复杂化（第 95 条第 1 款第 1 项），但该规则不适用于附解除条件的情形，只要破产程序存续（第 42 条）。但是整体来看第 42 条涉及的是破产债权。如果人们对财团的请求权也类推适用该规则，首先可以进行抵销，但是如果破产程序结束后条件成就时，则取消抵销。然后重新产生破产债权。应预先作为附延缓条件在清单上申报该破产债权。

案例 3：B 欠 S 10,000 欧元。因 S 欠 G 15,000 欧元，B 对此债务向 G 进行了担保。当 S 未向 G 支付时，B 将作为担保人向 G 履行清偿。现在启动了关于 S 的破产程序。B 可以进行抵销吗？

参考答案：因 B 之清偿，G 对 S 的请求权转移给 B（《民法典》第 774 条第 1 款第 1 句），因此 B 可以根据第 94 条以该请求权进行抵销。其剩余请求权（5000 欧元）将被申报于清单中。

补充案例： 如果在 B 清偿的不久前破产程序启动，此时的情况如何？

参考答案： 对此，只有当 B 的债权在程序启动前至少已经成立时，才能根据第 95 条第 1 款第 1 句允许其抵销。尽管理由不一致，但事实上允许抵销已经得以承认（作为附延缓条件的追偿请求权参见→边码 *64*；其他观点参见 *Jaeger/ Windel InsO* § *95 Rn. 39*）。但是，实践中此类案件经常因第 95 条第 1 款第 3 句而使得抵销流产，即当主债权在担保请求权随着支付而不附条件之前，已经可以被执行时。

案例 4（*BGHZ 149, 326*）**：** S 卖给 K 一栋私人住宅；根据约定 K 不仅支付经公证的价款，而且需要支付 20,000 欧元的黑钱。K 可以在土地登记簿登记之前，关于 S 的破产程序启动。管理人（IV）起诉 K 返还住宅。管理人是否还可以要求 K 对自提起诉讼时起使用住宅进行补偿？ K 预先以返还价款请求权进行抵销。

参考答案： 公证的买卖合同因属于虚假行为（Scheingeschäft）而无效（《民法典》第 117 条第 1 款），意愿签订的合同（《民法典》第 117 条第 2 款）形式上有缺陷（《民法典》第 125 条和第 311b 条第 1 款）并且该缺陷因未改写而不能被弥补。因此，S 享有房屋返还请求权，并且自诉讼争议时起享有使用补偿请求权（《民法典》第 987 条，并且结合《民法典》第 292 条、第 818 条第 4 款）。K 的对待给付请求权属于破产债权（源于《民法典》第 812 条第 1 款第 1 句），因为该请求权已经随着价款的支付而产生。但是抵销流产，因为 IV 自诉讼起才主张使用补偿，即在破产启动后才产生该请求权（→边码 *201*）。

第五部分

效力待定的法律关系的处理

概　述

破产程序启动影响到各个方面的法律关系，其中大多数为债法上的法律关系；但或许债务人正在对该法律关系进行诉讼。对债务人未解决的法律关系进行清算属于破产程序的**核心问题**。对实体法上的法律关系将进行截然不同的处理：一些法律关系将消灭（如有必要由债务人委托和授权）或者因不能履行只能保证承担损害赔偿责任［定期交易和金融期货交易（Fix-und Finanztermingeschäfte）］，其他的法律关系将保持不变（例如与破产雇员的劳动合同；债务人的土地出租），另外一些法律关系可提前终止（例如与破产的雇主签订的劳动合同）。个别法律关系被详细加以规定，特别是在第 104 条至第 118 条中。相反，关于双务合同的普遍适用规则是空白的，而双务合同又特别重要。破产管理人在很多方面，决定双务合同的执行。 205

第十八章 债务人的双务合同

参考文献：*Berger*, Immaterielle Wirtschaftsgüter in der Insolvenz, ZInsO 2013, 569 ff.; *ders.*, Lizenzen in der Insolvenz des Lizenzgebers, GRUR 2013, 321 ff.; *Bork*, Vorleistungen des Schuldners in der Insolvenz, FS Wellensiek, 2011, 201 ff.; *Gottwald*, Der unerkannte Baumangel in der Insolvenz, NZI 2005, 588 ff.; Gottwald InsR-HdB/*Huber* 653 ff.; *Häsemeyer*, Gegenseitige Verträge im Spannungsfeld zwischen Privatautonomie und Insolvenzrecht, FS 50 Jahre Bundesgerichtshof, 2000, Bd. 3, 725 ff.; *Marotzke*, Gegenseitige Verträge im neuen Insolvenzrecht, 3. Aufl., 2001; *Marwedel*, Die Suspensivtheorie zu § 103 InsO–dogmatische Brüche im Richterrecht, ZInsO 2011, 937 ff.; *Tintelnot*, Zur Aufrechnung mit einer Nichterfüllungsforderung nach § 103 II 1 InsO, KTS 2004, 339 ff.; *v. Wilmowsky*, Insolvenzvertragsrecht: Teilleistung des Schuldners vor dem Insolvenzverfahren, KTS 2012, 285 ff.; *ders.*, Vermieter(Verpächter, Lizenzgeber)in Insolvenz, ZInsO 2011, 1473 ff.

第一节 导论

206 债务人的双务合同受一些特别规定的约束（第 104 条及以下）。但重要的是以下三项基本规则：

1. 如果合同被**双方完全履行**，则不再存在请求权（《民法典》第 362 条第 1 款）。之后的程序启动并不改变该规则。

207 2. 如果只有**一方已完全履行**（提前履行），也没有问题。如果破产债权人已提前履行，事实上其必须在破产程序中追索该请求权（第 87 条），对此其只能取得部分份额。破产债权人也不能取回该提前履行。该提前履行留存在财团中（参见第 105 条第 2 句）。口诀：谁提前履行，则要自行承担履行的风险。

例如：程序启动前使债务人取得货物的占有权和所有权的卖方，只能取得基于购买价款的份额。

程序启动前，向债务人支付了全部购买价款的买方，取得基于货物价值的份额，根据《民法典》第 433 条第 1 款第 1 句，该货物是要发送给买方的货物（第 45 条）。

相反，如果债务人已提前履行，则破产管理人可以（根据第 80 条第 1 款）要求相对人履行对待给付。如果提前履行是可撤销的（第 129 条及以下），则管理人也可以选择撤销；当撤销像大多数情况一样对财团是较为有利的，则撤销也是必需的。

3. 问题是，在破产程序启动前各方**都没有完全履行**时，即债务人和相对人都没有完成全部履行。 208

全部履行的要求很严格。例如瑕疵履行并未满足该要求。根据判例，当购买物还未交付给买方，买方就只是负有收取购买物的义务时，也不算买方已经完成履行（BGHZ 58, 248 f.）。该规则过于严苛（参见 Kübler/Prütting/Bork/Tintelnot InsO § 103 Rn. 179）。

该合同需要特别规则，因为双方的（剩余）请求权是相互联结的：破产的债务人有要求（继续）履行的请求权，该请求权必须由管理人主张。合同相对人保留（剩余）对待给付请求权；当然该请求权在程序中属于破产债权。如果想分别处理该请求权，则管理人可以要求履行，同时相对人只能限制于破产份额。显然鉴于关系上的牵连性（Synallagma），平等对待双方请求权的责任归于立法者（《破产清算法草案的动议》第 65 页及以下；参见《民法典》第 320 条和第 322 条）。如果债务人的请求权如同破产债权一样减少时，则可以设法做到同等对待。但之后在破产程序启动时所有未得以履行的合同可能会丧失其效力。并且整体上该法律后果将对财团造成损害，因为保留某些合同对财团来说是有利的，或许是因为其可以带来收益，或许因为该履行对于破产公司的继续经营是有必要的。因而之后应坚持保留该履行。

因此，法律规定了灵活的解决办法：

- 或者双务合同双方都不履行。之后合同相对方（也）不再取得其应所得，但无论如何享有以损害赔偿为内容的破产债权。
- 或者合同将由双方履行，但之后结果是，因合同相对方必须完全履行，所以也取得完全对待给付的请求权，即取得财团请求权。只有当该请求权不能被履行时（出现事故→边码 397 及以下），必要时破产管理人为此承担个人责任（第 61 条）。

允许破产管理人决定合同是否履行（第 103 条），即根据是否对财团有利并且不必考虑合同相对方。

209 第 103 条有**三项作用**：

（1）该条通过明确，如果不能保证债权人（从财团中）取得对待给付请求权时，债权人也不必向管理人继续履行。也许从《民法典》第 320 条的规定便可以得出该规则。因此，第 103 条仅明确，在破产法中也将考虑对未履行合同的抗辩。

（2）选择权进一步给予了强化财团的机会。

（3）同时，第 103 条允许管理人不遵循债权人平等对待原则：允许管理人对某个破产债权提升至财团债务并且优先被清偿。至少，是否允许根据一般规则从财团中得以履行是不确定的，即通过摆脱抗辩而为附带有抗辩权的债务人的请求权负责是否属于适当管理（第 80 条第 1 款）。

第二节　双务合同下的选择权

一、选择权的基本问题

210 如果管理人拒绝履行合同，则合同相对方可以“作为破产债权人主张因没有履行而产生的债权”（第 103 条第 2 款第 1 句）。相反，如果管理人要求履行合同，则必须代替债务人向合同相对方履行（第 103 条第 1 款），并且该债务为财团债务（第 55 条第 1 款第 2 项）。第一眼看上去，该规则效力明确并且已经足够解决问题，但实际上引起很多疑问。对“效力待定”的双务合同的处理属于破产法上最难的问题。下面只简单论述一下该问题的一些基本原则。

1. 先前的主流观点

211 对管理人的选择权作出了不同的解释。首先有疑问的是**三个核心问题**：

（1）管理人选择履行时包括所有未履行的请求权？实际上根据之前的主流观点，管理人仅可以整体选择是否接受合同。在做出相应的选择时，管理人必须清偿合同相对方的所有请求权（参见 *Jaeger/Henckel KO §17 Rn. 84*）。

（2）相反拒绝履行会使所有还未履行的请求权消灭或者至少确定了该请求权的失败？该“消灭理论”之前被广泛承认，也适用于一方已经部分履行的情形［参见 *BGH NJW 1987, 1702（1703）*］。对此，合同相对方无论如何可以因未履行而要求损害赔偿，债务人无论如何可以要求补偿其代价较高的提前履行。

例如： S 从 G 处购买了价值为 10,000 欧元的货物并且以分期付款的方式支付了第一笔款项 1500 欧元；G 在该交易中获利 2000 欧元。S 将破产——根据传统观点，G 享有请求权并且可以要求 S 损害赔偿，即 500 欧元。

（3）尽管破产程序启动提前发生，选择履行时还会保留旧的履行请求权吗？之后例如，合同相对方的请求权不会丧失之前的法律基础（并且"仅"优先被清偿）。先前多数对此表示支持，认为请求权不能仅因程序启动而被损害（参见 *MüKoInsO/Kreft/Huber §103 Rn. 9*；*Kübler/Prütting/Bork/Tintelnot InsO §103 Rn. 266*；*Bork FS Zeuner, 1994, 302 ff.*）。

所有上述都会产生重要后果。首先**选择履行有风险**： 212

- 选择履行时，使债权人取得对破产程序前已履行部分的财团请求权。换种说法：**对（承担风险的）债权人的预先履行的补偿**，应该是让其成为财团债务。
- 选择履行时，如原来的请求权继续存续，也适用于让与情形，例如程序启动前，破产债务人对债权人购买价款的请求权转让给 Z 时，该**让与保持有效**（参见 *BGHZ 106, 241 ff.*）。但选择履行并不利于财团，甚至会损害财团：其强迫管理人优先清偿合同相对方，但合同相对方的对待给付并没有到达财团而是由 Z 取得。 213
- 选择履行时，应该取得债务人旧的请求权时，则产生了第 94 条及以下的债权：如果**合同相对方**享有任何破产债权时，则可以针对该债权进行**抵销**。在此选择履行对财团的帮助也很少：管理人必须优先清偿其合同相对方，但对此并不能获得现金，因为财团通过抵销丧失了支付请求权。对于合同相对人来说选择履行也是一种幸运的偶然，因此管理人致力于拒绝履行——当管理人及时认识到抵销的"风险"时。 214

2. 联邦最高法院判例的变化

但现在管理人的选择权被极大地强化了，至少在实践中如此。如今联邦最高法院想确认，管理人选择履行要有利于财团，并且对其他人来说不属于"不应得的礼物"（*BGHZ 135, 27 f.*）。因此其试图避免→*边码 212—214* 中所述的不利情形。分为以下两个部分： 215

- 首先，联邦最高法院认为，选择履行时，受选择权约束的**请求权将**

重新恢复，即“成为原来的财团债务”（*BGHZ 150, 359*）。

同时其放弃了原来的“消灭理论”：随着破产程序的启动，合同请求权应该只是丧失其可执行性，因为其违反《民法典》第 320 条的抗辩权。但是，如果管理人选择履行，则请求权（由于第 55 条的规定）会取得新的权利属性（Rechtsqualität）（因此称之为“**属性转变理论**”）。

216 • 其次，联邦最高法院限制该选择权。其将双务合同的债权分为“等价的”请求权和其他请求权。“等价的”请求权属于那些对程序启动前的提前履行给予补偿的请求权：提前履行的人将“受益于”该补偿。对此，其（经济上）的请求权也不再因未履行合同的抗辩权而承受负担。因此，**对价请求权应排除选择权**。这造成对合同的分割（*BGHZ 129, 342*；也可参见 *Jaeger/Henckel KO § 17 Rn. 71 ff., 84*）。

217 **分割的合法性**不是根据第 103 条，但可能源于第 105 条第 1 句的规定。如果应负履行可分并且破产启动前，破产债务人的合同相对方已部分履行时，则根据第 105 条其请求权被分割：如果还可以对先前（“等价的”）履行提出补偿请求时，只可以作为破产债权人。如果因尚未完成履行，管理人要求履行时，债权人因相关对待给付而成为财团债权人（第 55 条第 1 款第 2 项、第 105 条第 1 句后半句）。正如第 105 条所规定，合同相对人提前履行时产生分割。但是，根据联邦最高法院的观点，在债务人提前履行时，该分割也是必要的（法官造法）。

218 但是，分割是以第 105 条中规定的**应付履行的可分割性**为前提。然而，许多履行都是可分割的。根据主流观点，已完成的部分履行可确认并且可估价即已足够（*BGHZ 147, 33*），例如发送多个货物、履行建筑工程（*BGHZ 150, 358 f.*）、使用租赁和用益租赁合同以及电、水、气供应合同。购买或承揽的瑕疵履行属于部分履行（参见《民法典》第 433 条第 1 款第 2 句）。

219 因此，联邦最高法院对选择权的**核心问题**也做出了不同于以往主流观点的回应（进一步参见 *MüKoInsO/Kreft/Huber §103 Rn. 11 ff.*）。

（1）**选择权**仅应包括未履行的补偿请求。这意味着在选择履行时：由合同相对方享有请求权，并且该请求权在程序启动前已属于“对价”请求权时，尽管存在选择履行，其也不属于财团债权，而属于破产债权（参见第 105 条第 1 句）。换句话说：程序启动前的提前履行基于合同相对方承担风险而产生并且在选择履行时（超过份额给付）不被鼓励。

220 （2）相反，在拒绝合同履行时，不完全排除满足履行：对可能的提前履行还应给予对待给付。如果合同相对方部分提前履行，则可以作为破产债权，主张相应的补偿（参见第 105 条第 1 句；*BGHZ 135, 27*），必要时还享有因不能履行而产生的损害赔偿请求权（第 103 条第 2 款第 1 句）。如果债务人已部分提前履行，则应该有权请求相应的补偿（*BGHZ 129, 340*）。

（3）由于选择履行而继续存在的非对价请求权应该在一定程度上成 221
为**新的请求权**。这在两个方面保护着财团：

- 如果债务人享有继续的请求权，则该请求权不会通过让与而从财团流失（相反参见→*边码 213*）：如果债务人在程序启动前已经将货物卖给了 G 并且因担保将价款请求权让与债权人 Z，则 Z 应该随着程序启动而丧失该请求权。对此之后的选择履行也不能改变，因为程序启动后不再能取得“新的”权利（第 91 条第 1 款；参见 *BGHZ 106, 242 ff.*）。
- 通过选择履行而使财团扩大的请求权，也不会通过抵销而失效（相 222
反参见→*边码 214*）：如果债务人在程序启动前已经将货物卖给了 G，并且取得支付请求权，相反 G 不能以反请求权（破产债权）进行抵销。因为债务人的请求权通过选择履行而应成为“新的”请求权，因此该新的请求权不能被抵销（第 96 条第 1 款第 1 项；参见 *BGHZ 116, 158 f.*）。

但重要的是，**对价请求权保持特权化**，即（债务人或合同相对人）在 223
程序启动前已属于对价请求权。这是指：

- 对由于债权人的提前履行而成为对价请求权的**让与**，还应该有利于受让人。
- 合同相对人既可以（以破产债权；*BGHZ 129, 336*）抵销对价请求权，也可以以对价请求权（对旧的财团债权）抵销。

该判决是有争议的。虽然保护了财团免于让与和抵销，但该努力是以 224
变价为基础，而变价几乎不能从破产法中推断出来（*Bork FS Zeuner, 1994, 302 ff.*；*v. Wilmowsky ZIP 2012, 401 ff.*；反对观点参见 *Kreft ZIP 1997, 865 ff.*），最终取决于法官造法（Rechtsfortbildung）——对其他参与人造成不利（也可以参见 *Henckel JZ 1998, 157*；*Kübler/Prütting/Bork/Tintelnot InsO § 103 Rn. 281 ff.*）。但下述是以联邦最高法院的判例为内容，该判例现在发生并更多地被接受。

二、拒绝履行

225 如果管理人对合同（继续）履行不感兴趣，则通常会拒绝继续履行。这出于明确化但并不必要。当管理人没有明确表示拒绝时，也不会发生履行。

《破产清算法草案的动议》中称“不履行属于清算启动的直接结果”（第67页）。《破产法》不愿偏离该规定。因此令人疑惑的是，第103条第2款第1句似乎要求拒绝履行。

但是履行的“流产”不一定影响合同相对方请求（继续）履行。而是依据情形有所区分。

1. 仍未完全履行合同

226 如果双方都还未（仅部分）履行合同时，尽管存在第38条的规定，合同相对方的履行请求权不属于破产债权。因为合同相对方要面对债务人的对待给付请求权，并且两项请求权应在破产程序中相互联结（→边码*208*）。债务人保留未履行合同的抗辩权（《民法典》第320条）。因此，如果合同相对方可以无限制地申报其请求权并且基于该请求权而取得全部份额时，将是不公正的。合同相对方仅可因未被履行而主张破产债权，即仅可以要求**损害赔偿**（第103条第2款第1项）。

例如：G从S那里以24,000欧元购买了一辆价值30,000欧元的货车。因对S的破产程序被启动，所以双方均未履行。管理人对该合同不感兴趣，则G可以以至少6000欧元的损害赔偿请求权申报在债权清单中。

该赔偿请求权产生于《民法典》第280条第1款和第3款、第281条、第283条中，还是《破产法》第103条第2款特别对其给予规定，存在争议但也不是最重要的。该损害赔偿请求权也包括结果损害，根据主流观点当然只是在破产程序启动时已经产生的结果损害，例如不包括之后（在后续交易中）产生的收益（*Uhlenbruck/Wegener InsO § 103 Rn. 167*）。

2. 合同相对方的部分履行

227 通常破产程序启动前，合同相对方已向债务人进行部分预先履行。该预先履行将绝不可能被返还（第105条第2句）。另一方面，合同相对方的请求权基于每个对待给付而言是“等价的”，将不会因为后续不再交换履行而受到影响（→边码*215*及以下）。因此，可以**作为破产债权主张履行请求权**（参见第105条第1句）。排除其他损害赔偿请求权。

例如：G从S处以每台2000欧元的价格购买了12台计算机，每台计算机价值 2200 欧元。并且在破产程序启动前向 S 支付了第一笔款项 8000 欧元。G 可以以每台计算机 2500 欧元的价格继续出售。在此 G 可以申报其履行请求权（额度根据第 45 条），如果该请求权符合提前履行，即 4×2200 欧元 =8800 欧元。如果计算机没有送达给 G，则 G 还可以要求 12×200 欧元 =2400 欧元的损害赔偿（第 103 条第 2 款第 1 句）。G 是否可以主张从转售中获得的收益，即另外的 12×300 欧元 =3600 欧元，是有争议的（→边码 *226*）。

还没有被解释的是，该规则是否也适用于不可分物的合同。

例如：G 从 S 处以 24,000 欧元购买了一辆价值 30,000 欧元的货车，并且在破产程序启动前以分期付款的方式支付了第一笔款项 8000 欧元。

无论如何适用于不可分物的合同也是合乎逻辑的（也可参见 *MüKoInsO/Kreft/Huber § 105 Rn. 28 f.*）。

3. 债务人的部分履行

如果只有债务人已完成部分提前履行，则应产生**对财团**进行“等价的”**对待给付请求权**。对此，管理人必须要求合同相对方履行（*BGHZ 129, 339 f.*; *MüKoInsO/Kreft/Huber § 103 Rn. 4*，有争议）。 228

例如：S 从 G 处以单价 2000 欧元购买了 12 台计算机，每台计算机的价值为 1800 欧元。在破产前，支付了第一笔款项 8000 欧元。管理人可以向 G 请求给付 4 台计算机。如果管理人还要求给付更多的计算机，则 G 可以因未履行合同而提出抗辩权（《民法典》第 320 条）。只有管理人选择履行合同时，例如因管理人一定需要所有的计算机时，才不可以抗辩。

允许限制管理人的该项请求权。根据司法判例，无论如何管理人不可要求返还由债务人做出的提前履行（参见 *BGHZ 196, 163*），除非根据合同目的，管理人对对待给付完全不再感兴趣。 229

相反，**合同相对方享有损害赔偿请求权**（第 103 条第 2 款第 1 句；→边码 *226*）。因该请求权相对方有留置权（Zurückbehaltungsrecht）（《民法典》第 273 条）。相同种类的请求权要进行相互抵销（进一步参见 *MüKoInsO/Kreft/Huber § 103 Rn. 35*）。 230

例如：在上个案例中，由于未履行 G 要承担 8×200 欧元 =1600 欧元的损害。管理人必须在送达 4 台计算机的同时给付该损害赔偿数额。但是需要注意的是，同时必须将财团请求权限制在（4×1800 欧元）-1600 欧元 =5600 欧元的价额补偿内。

4. 程序终结后的履行请求权

231 随着破产程序的启动，双方的请求权并不会消失（BGHZ 150, 359；有争议），仅终结请求权的可执行性。因此，请求权可能比破产程序存续更久——在没有选择履行时。随后，合同相对方享有剩余债权（Nachforderungsrecht）（第 201 条第 1 款）。如果合同相对方向债务人履行了对待给付时，其可以**强制债务人履行**（《民法典》第 320 条、第 322 条）。但这不适用于之后出现余债免除情形时。

232 另外，履行请求权可能**在破产程序中消灭**。比如当出现给付不能时（《民法典》第 275 条），债务人将免责。

例如：向 G 出售货物但从未给付，被管理人另行变价。

根据主流观点，当合同相对方在破产程序中已经要求损害赔偿时，补充履行请求权也会消灭（→边码 *226*）。这应使履行请求权持续消灭。

因此，合同相对方必须先期决定：如果其至少想取得份额给付，则可以在程序中要求损害赔偿（并且如果未果，其之后还可以向债务人要求补充履行，参见第 201 条第 1 款）。相反如果其还想在之后取得执行其履行请求权这一不明朗的前景时，则不允许其参与破产程序（参见 *MüKoInsO/Kreft/Huber* § *103 Rn. 18, 22*；*Bork FS Zeuner, 1994, 307 ff.*）。随之，其会丧失份额请求，同时也丧失请求权得以简单确认的机会（第 201 条第 2 款）。这是令人怀疑的。

三、管理人的履行请求

1. 仍未完全履行的合同

233 管理人要求履行双方都没有（也包括仅仅部分履行）履行的合同时，合同相对方的履行请求权将全部属于**财团债务**（第 103 条第 1 款结合第 55 条第 1 款第 2 项）。相反，必须向破产管理人履行对待给付，必要时采取同时履行的方式（Zug um Zug）满足财团请求权（《民法典》第 320 条、第 322 条）。

2. 合同相对方的部分履行

234 如果合同相对方已向债务人完成部分履行，尽管存在履行选择，合同相对方的补偿给付请求权也只是**破产债权**［参见 *BGHZ 135, 25*（*27*）；→边码 *219*］。提前履行不予返还（第 105 条第 2 句）。

如果合同相对方没有提前履行，即仍必须向管理人履行时，其补偿请求权属于**财团债务**（第103条结合第55条第1款第2项），并且以同时履行的方式完成履行（《民法典》第320条、第322条）。

3. 债务人的部分履行

如果债务人已提前部分履行，则**对履行部分**，管理人向合同相对方保留**对待给付请求权**——根据联邦最高法院这不取决于选择履行（→边码*219*）。针对该请求权，合同相对方可以以破产债权进行抵销（根据第94条及以下的规定；*Kayser WM 2008，1529*）。 235

管理人还享有——由于选择履行——**对剩余补偿的“新的”请求权**。相反，合同相对方对应得的剩余履行享有财团请求权，该请求权必须以同时履行的方式（对自己向财团的履行而言）被履行。

加深：在混合情形下，相应地适用上文的规则。如果在程序启动前双方已完成部分对价给付，则选择权限于还未履行部分的债权（→边码*219*）。该请求权属于未履行的（→边码*226*）或要被履行的请求权（→边码*233*）。如果一方比另一方多履行，则多履行部分如同提前履行一样得以对待。 236

所提及的基本原则也适用于**瑕疵履行**：如果破产的企业主U建的房子有瑕疵，并且业主B在程序启动前已支付部分款项，则B在被清偿范围内的补充履行（Nacherfüllung）请求权只是破产债权。另外，如果破产管理人想要合同被履行，则该补充履行权属于财团债务（相应地参见→边码*227*、边码*234*；有争议）。 237

隐藏的瑕疵还会造成其他——实践中还未解决的——问题：如果业主B开始只支付了部分工程款（Werklohn），但是U还是完成了工程建设，当B认为该工程无瑕疵时，破产管理人将要求支付并且取得剩余款项。因B并不立刻享有担保扣留（Sicherheitseinbehalt）的权利。如果之后还显示出有瑕疵，则B至少享有破产债权（*MüKoInsO/Kreft/Huber § 103 Rn. 146b*）；但破产债权的额度可能并不足够。根据其他观点，管理人的支付要求同时也是第103条第1款意义上的履行请求（*Marotzke ZInsO 2017，1760*）；反之则几乎不可能，因B错误认为U已经履行其义务时，意思表示接受者B根本没有管理人的选择权（及其行使）的依据。之后B的最终支付完成使得财团一直不当获利时（*Marotzke ZInsO 2017，1768*），则要对B进行补偿（第55条第1款第3项）。之后，管理人必须再次提出支付要求。这只有依据第103条第1款才可成功进行，即只有在以财团财产来消除瑕疵履行时（进

一步参见 *Kreft FS Kirchhof*, 2003, 285）。

四、破产管理人的决定

238 管理人的决定必须**依据合同是否有利**于财团而做出。例如，如果债务人以 20,000 欧元购入了一台机器，但该机器的价值在此期间涨到了 25,000 欧元，则可以选择支付未付的价款，即坚持履行合同。相反，如果管理人想完全停止用机器来生产时，则不再需要购买该机器，除非可以将该机器转让而盈利。但重要的还有，哪些给付还会使得财团承受负担，及债务人已经付了多少钱（或者相反：还有什么可能流进财团）。

选择的**时间点**对管理人来说是完全自由的。只有当异议人对此提出要求时，其必须“不迟延地”（没有过错的迟延，《民法典》第 121 条）声明是否还要求履行（第 103 条第 2 款第 2 句）。没有及时声明则不存在请求履行。

问题：第 105 条规定的目的是什么？该规定毫无问题吗？

第 105 条应允许管理人利用由债务人协商的那些通常为有利条件下的合同，使破产的企业很快继续经营及重整，而不必同时以财团请求权来清偿旧的债务。特别重要的是，面对公用事业企业（Versorgungsunternehmen）时，该类企业多数占据垄断地位。

当强制合同相对方以完全交换履行为基础设立合同时，第 105 条的规定是有问题的。

表 18–1　概览：破产管理人的选择权（最高法院的判例）

双务合同	选择权	法律基础以及拒绝履行的后果	选择履行的后果
由合同相对人（P）完全履行	没有	P 对对待给付享有破产请求权	
由债务人（S）完全履行	没有	管理人对对待给付享有请求权（可诉讼）	
没有人履行	有	P 对损害赔偿享有破产请求权	管理人和 P（财团请求权）都享有履行请求；可诉讼，以同时履行的方式

续表

双务合同	选择权	法律基础以及拒绝履行的后果	选择履行的后果
P 仅仅履行了 1/3	仅仅对剩下的 2/3	P 对 1/3 的对待给付享有破产请求权；对剩余部分享有损害赔偿破产请求权	P 对 1/3 的对待给付享有破产请求权；对剩余 2/3 部分享有财团请求权
S 仅仅履行了 1/3	仅仅对剩下的 2/3	管理人对 1/3 的对待给付享有请求权（可诉讼）；P 享有损害赔偿破产请求权	管理人享有全部对待给付请求权；P 对剩余 2/3 部分享有财团请求权
P 和 S 都履行了 1/3	仅仅对剩下的 2/3	P 对剩余部分享有损害赔偿破产请求权	管理人和 P（财团请求权）对剩余 2/3 部分享有履行请求权；可诉讼，以同时履行的方式

第三节　选择权的限制

一、所有权保留下的购买

参考文献：*M. Huber*, Der praktische Fall–Zivilrechtsklausur: Der verfallene Kaufpreisanspruch, JuS 2000, 482 ff.; *Windel*, Der insolvenzrechtliche Gleichbehandlungsgrundsatz und seine Auswirkungen auf die Abwicklung schwebender Austauschverträge, JURA 2002, 230 ff.

1. 所有权保留下买方的破产

对所有权保留下的买卖合同在适用上具有特殊性。但在所有权保留下 239
买方破产时，管理人保留**选择权**（第 107 条第 2 款）。在购买价款被支付前，根据第 103 条第 1 款，双方最终都还没有完全履行合同；因为也还未完成转让。管理人允许选择：

- 如果选择不接受合同，则债务人不再享有占有权（Besitzrecht）：卖方可以取回（《民法典》第 985 条；《破产法》第 47 条）。相反，管理人可以要求返还到目前为止已经支付的分期购买价款。卖方还享有对损害赔偿的破产债权（第 103 条第 2 款第 1 句）。

卖方可能会申报该损害赔偿的破产债权（→边码 *406*）。但其可能更愿意用该债权**抵销**财团的返还支付请求权。如果可能的话，那么管理人最好在履行拒绝前解释，是否目前为止向卖方的支付肯定高于所推测的未履行时的损害。但问题是，卖方究竟可不可以抵销。依据第 95 条第 1 款第 3 句不可以抵销，因为返还支付请求权将随着破产程序的启动而到期，而损害赔偿请求权或许其（后期）主张时才到期（参见 *HK-InsO/Schmidt § 95 Rn. 25, 30*；其他观点参见 *Tintelnot KTS 2004, 345 ff.*）。

- 如果管理人选择履行，则其必须以财团债务来补充支付剩余的分期购买款。如果没有支付分期款，则卖方可以解除合同（《民法典》第 323 条、第 449 条第 2 款：在指定期限未果后）并且在此种情形下也可以取回。

240 管理人有时间做出**决定**：如果卖方要求管理人做出表示，则与第 103 条第 2 款第 2 句相反，不必立即表示，而是**在报告期日后**毫不迟延地进行表示（第 107 条第 2 款）。因为那时债权人对公司的暂时继续营业做出决议，并且可能需要所购买之物，因此鉴于面临取回的威胁，不应强迫管理人提前（并且可能是错误地）做出决定。

但卖方可能事先解除合同，因为其已经有权对买方进行解除合同，例如已经经过支付期限（《民法典》第 323 条第 1 款、第 449 条第 2 款）。但是根据主流观点，破产程序一旦启动便不存在该解除权，否则第 107 条第 2 款规定的目的便将遭到破坏（*MüKoInsO/Ganter § 47 Rn. 66*）。

2. 所有权保留下卖方的破产

241 如果所有权保留下的卖方发生破产，并且破产发生在卖方取得最后一笔购买价款前，则该合同同样属于双方都没有履行完毕的合同。因此，如果管理人根据第 103 条享有选择权，但管理人可能不接受该合同并且因此买方的期待权受损。立法者认为是不合理的：买方应该可以要求履行合同（第 107 条第 1 款）。结果是不存在第 103 条中的选择权。当买方支付了剩余款项时，买方因此取得所有权（尽管有第 91 条第 1 款的规定；参见《民法典》第 161 条第 1 款第 2 句）。买方的期待权属于不受破产法影响的权利（insolvenzfest）。如果买方不支付，则卖方的管理人可以根据《民法典》第 323 条解除合同并且要求返还该物（《民法典》第 449 条第 2 款、第 985

条）——紧急情况下可以取回，如果买方现在也发生破产。

二、贷款合同、定期交易和金融期货交易

参考文献：*v. Wilmowsky*, Termingeschäfte und Insolvenz: Die gesetzliche Regelung–Plädoyer für ein neues Verständnis des §104 InsO, WM 2002, 2264 ff.

当债务人同意并且保证贷款时，**不存在**对贷款合同的**选择权**（第108条第2款已经明确规定）。因此，银行破产时，借款的客户不必担心，破产管理人让合同流产并且提前要求返还贷款，从而强迫客户债务重整并且可能造成极度困难。 242

问题：如果债务人属于借款人，债务人的破产管理人是否享有选择权？这并不违反第108条第2款的规定。但在确定贷款日期后便不可适用第103条第1款，因为至少银行已全部履行。在确定贷款日期前始终享有选择权，而不取决于是否债务人应赞同或得到该项贷款（也可参见《民法典》第490条）。

如果对货物的请求权在破产启动之后才到期，没有选择权时，《民法典》第323条第2款第2项；《商法典》第376条中的未付款的定期交易和金融期货交易（如黄金、证券、期权交易）也将被清算（第104条）。根据立法者的观点，该类交易不承受第103条是否将被履行的不确定性。而且选择权可能会引诱管理人进行投机活动。因此，因不能履行仅可以要求损害赔偿（意指：损害赔偿代替履行）。对此，重要的是程序启动后合同价格和市场/证券价格之间可能的差额。如果抵销使合同相对方产生请求权，该请求权属于破产债权（第103条第2款第1句、第104条第5款）。该清算可以（在一定范围内）被合同约定更改，例如提出破产申请或客户无支付能力的时间可以被推前，或许也可扩展至在破产程序启动前已需交付货物的交易（进一步参见第4款）。

三、预告登记担保下的请求权

选择权也可能威胁到已经预告登记而取得担保的请求权（《民法典》第883条）。因为预告登记可能源于双方都还未履行的双务合同。但预告登记所担保的请求权无论如何必须从财团中得到清偿（第106条第1款第1句）。背景：预告登记的权利取得根据民法而确定，如果在破产情形下不 243

能享有该权利时，预告登记的希望将会打折扣（参见《民法典》第883条第2款第2句）。因此，**不存在选择权**（《破产法政府草案的说明》第146页）：预告登记的请求权属于“不受破产法影响的请求权”，可强制履行该请求权（类似于取回情形）。

加深：预告登记和房地产开发合同

244 如果债权人还有其他未（完全）得到履行的债权，该预告登记的请求权也可被强制履行（第106条第1款第2句）；大部分情形是关于土地的案件，其中涉及选择权。

例如：房地产开发商有义务出售地产并且建设独立所有权住宅或者区分所有权的住宅（Eigentumswohnung）。客户通常提前——通过转让预告登记（Auflassungsvormerkung）担保——支付给信托人，但允许开发商处分该款项（相应地继续建设房屋）。原则上该合同是统一的，但随着破产程序的启动将划分买卖合同和承揽合同（主流观点）。根据第103条和第105条，承揽合同部分受选择权的约束，但这不应影响受担保保护的买卖合同下的请求权（第106条第1款第2句；*BGHZ 96, 281*）。

这引起的问题如下：

（1）一般在土地开发合同中并不能获悉购买价款（对土地来说）。因此，首先必须确定购买价款，例如在补充的合同说明中。

（2）拒绝开发也会使预先登记保护遭到破坏。对此，需要考虑对选择权做出限制（*Jauernig/Berger ZwangsVollstrR/InsR § 49 Rn. 40*）。

（3）但是某些情况下，当土地上将不再修建建筑物时，买方对取得土地也不再感兴趣。然后买方应该和管理人协商退回（*Rückabwicklung*）事宜。当然，买方可以向其施加压力，因为买方享有预告登记并且预告登记会使得土地折价。因此与第106条第1款相反，部分允许管理人不同意接受整个合同（第103条第2款第1句）。然后，买方必须返还债务人的提前履行（→边码229），即注销预告登记，当然因不能履行必须对损害赔偿进行同时履行（→边码230），至少要对其首付款进行补偿（参见*Windel JURA 2002, 235; Häsemeyer NJW 1977, 739*）。

四、租赁和土地出租合同

参考文献：*Tetzlaff*, Rechte des Vermieters in der Insolvenz des Mieters, NZI

2006, 87 ff.; *v. Wilmowsky*, Der Mieter in Insolvenz; Zur Kündigungssperre des § 112 InsO, ZInsO 2004, 882 ff.; *ders.*, Der Mieter eines beweglichen Gegenstands in Insolvenz, ZInsO 2007, 731 ff. —Zur rechtspolitischen Diskussion über das Schicksal der Lizenzverträge *s. Berger*, Lizenzen in der Insolvenz des Lizenzgebers, GRUR 2013, 321 ff.

1. 动产

第 108 条及以下几乎没有提及动产（如机动车）的使用租赁和用益租赁合同；对于终止参见第 112 条。因此，原则上受第 103 条的约束，即受关于出租人或承租人的破产程序中所任命的管理人的**选择权**的约束。但此类继续性债务关系中的履行毫无疑问是可分的。因此适用第 105 条第 1 句：如果管理人要求履行，则相对人基于在程序启动前所成立的请求权，仅取得部分份额。上述规则也适用于租赁合同。 245

但如果债务人是动产的使用出租人或用益出租人，而该动产由第三人出资并且因担保而转让于第三人时，**不存在选择权**（第 108 条第 1 款第 2 句；进一步参见 *Klinck, KTS 2007, 37 ff.*）。在此首先涉及**融资租赁**（Finanzierungsleasing）：当提供融资的银行让债务人（出租人）定期让与其租赁关系中的请求权时，有兴趣继续该融资租赁关系。否则让与担保将会因此而失效，如果管理人选择履行时（→边码 222）。立法者满足了该行业的利益，尽管银行一直取得所有权担保——属于对平等对待要求的破坏。这对承租人也有利：出租物不会从承租人那里收回，如果承租人继续支付分期款项（此外现在要向破产管理人支付，第 166 条第 2 款）。 246

2. 不动产

当然，在出租人破产时，只有当出租人已交付了该租赁物时（*BGH NJW 2007, 3715 ff.*），不动产使用租赁和用益租赁才会存续（第 108 条第 1 款第 1 句）。在此**不存在选择权**。相对方在破产程序启动前产生的请求权属于破产债权（第 108 条第 3 款），破产程序启动后的请求权属于财团债务（第 55 条第 1 款第 2 项第 2 种情形）。如果债务人是出租人等，则债务人对后续的租金利息的请求权纳入财团（新取得）。如果该请求权在程序启动前被让与、被质押或被扣押时，也同样如此（第 91 条第 1 款；→边码 190，问题 2a）；第 110 条第 1 款、第 2 款对此规定略有改变（*BGH NJW 2013, 2432*）。对该请求权的抵销也是受限的（第 110 条第 3 款）。 247

248 **承租人破产时**的合同关系**可以被提前终止**，尤其是对管理人来说：

- 如果债务人还未取得该不动产时，管理人如同出租人一样享有解除权（第 109 条第 2 款）。
- 管理人还有权终止而不用考虑约定的合同存续期限（第 109 条第 1 款第 1 句）；该终止期限最长为 3 个月。只要租赁关系终结，出租人就可以取回（第 47 条）。

对于由债务人**所租赁的房屋**，适用上的特殊性在于：此外，通过终止租赁关系还会使租赁押金归入财团。但通常代价是造成债务人没有住处。另一方面，管理人必须能够避免，由于高额的租金（或许是豪华住宅）产生后续的财团债务（第 55 条第 1 款第 2 项），该财团债务损害了破产债权人的利益。第 109 条第 1 款第 2 句规定了折中方法：不允许管理人终止合同，但可以表明，经过法定终止期限后将到期的租金请求权“不可以在破产程序中被主张”。

结果：经过该期限前，将在程序中到期的租金请求权属于财团债务。随后，租赁关系待债务人处置（《破产法改革法政府草案》的说明，第 27 页）。并且之后的租金请求权也只可以对债务人主张。债务人之后可以以其免于扣押的财产或用住房金（Wohngeld）支付，但也可以（通常会）终止。如果出租人等因租赁关系提前终结而受到损害，则仅产生破产债权（第 109 条第 1 款第 3 句、第 2 款第 2 句）。

249 相反，出租人可以根据一般规则终止合同。特别终止反而变得困难：一旦提起破产申请，先前承租人支付迟延将不再构成终止理由（《民法典》第 543 条第 2 款第 3 项不可适用），同样财产关系的恶化也不再构成终止理由（第 112 条）。但也不允许所致力的保护通过“解除规则”（Lösungsklauseln）（→边码 265）而遭到破坏。因第 112 条的规定，管理人可以暂时继续使用该租赁物。

当然，如果债务人在程序启动后过错保留该租赁时，则很可能产生特别终止权（《民法典》第 543 条第 2 款第 3 项）。

例如：根据第 109 条第 1 款第 2 句管理人表示产生效力后，债务人可以不支付租金——在破产申请前表示终止的，该终止表示继续有效。

第四节　雇佣关系和劳动关系

参考文献：Gottwald InsR–HdB/*Bertram* 2103 ff.; *Ries/Berscheid*, Ansprüche auf Entgeltzahlung ohne Arbeitsleistung nach angezeigter Masseunzulänglichkeit, ZInsO 2008, 1161 ff., 1233 ff.

一、雇主破产

1. 雇主破产时的工资请求权

程序启动前的工资请求权属于破产债权（第 108 条第 3 款）。但有两个特别之处需要注意： 250

（1）“强势”临时管理人请求提供劳动力时，产生的工资请求权属于财团债权（*→边码 99 及以下*）。

（2）对劳动关系持续的最后 3 个月内的其他欠款（Rückstände）由联邦劳工局为劳动支付净工资数额的破产金，另外当程序由于财团不足而无法启动时，也是如此（*→边码 101 及以下*）。由破产金清偿的请求权依法将转移给联邦劳动局，但之后始终属于破产债权（第 55 条第 3 款第 1 句；*→边码 102*）。

程序启动后的工资请求权属于财团债权（第 55 条第 1 款第 2 项第 2 种情形）。

工时账户（Arbeitszeitkonten）的结算数额（Wertguthaben）的分类和确保，参见 *Baldringer ZInsO 2006, 690 ff.*。

2. 合同终止

参考文献：*Bertram*, Die Kündigung durch den Insolvenzverwalter, NZI 2001, 625 ff.; KS-InsO/*Düwell*, Änderung-und Beendigungskündigung nach der InsO, 1193 ff.

在程序启动后，雇佣关系和劳动关系还继续存在（第 108 条第 1 款第 1 句）。管理人**不享有**第 103 条中的**选择权**。但是，其可以终止合同或对合同废除（Aufhebungsverträge）产生影响。 251

当然——对于双方——**终止期限会缩短**。终止期限最长为 3 个月，而不取决于是否法律上、行业集体合同（Tarifvertrag）或单个合同上规定了较长期限（第 113 条第 1 句、第 2 句）。

但是，管理人过早地终止会损害劳动合同：雇员有损害赔偿请求权——但仅仅属于破产债权（第 113 条第 3 句）。立法者一直寻求，通过其他方式弥补工作职位的丧失。因此源于社会计划的请求权将类似于财团债权（*→边码 259*），这属于依据情形给予雇员顺位优先（*Häsemeyer InsR Rn. 23.16*）。

252 但对雇员的特别解雇保护（Kündigungsschutz）不受影响（例如《母亲保护法》第9条;《社会法典九》第85条及以下）。重要的是，管理人的终止在**社会性方面也必须是公正的**。前提是具有紧急经营的理由，通常也需要社会性考虑（soziale Auswahl）(《解雇保护法》第1条）。但是确定——多数情况下是有问题的——是否终止符合《解雇保护法》第1条的规定将基于两个方面得以减轻:“经营变更”前所谓的利益补偿和通过劳动法院的裁定程序中（→边码255及以下）。

3. 利益补偿（《企业组织法》第112条）

参考文献：*Friese*, Das kollektive Kündigungsschutzverfahren nach §126 InsO, ZInsO 2001, 350 ff.; s. auch Lit. vor Rn. 250.

253 破产程序启动后，公司通常强制进行所谓的经营变更（Betriebsveränderungen）。一般当企业超过20个员工时，会使其变得困难。根据《企业组织法》第111条第1句、第112条，计划限制、停止、转移经营或主营业务的雇主，必须争取利益补偿：必要时，**三级程序**（dreistufiges Verfahren）必须解释，经营变更是可变更的。首先企业主和企业委员会单独处理。之后双方都可以请求联邦劳动局的董事会（或其受托人）调解并最终诉求调停机构（Einigungsstelle）(《企业组织法》第112条第2款）。如果雇主实行经营变更而没有进行利益补偿，则解雇的员工可以强制要求补偿（《企业组织法》第113条第3款）。

254 该原则也适用于破产，但在此**该程序将会加速**：联邦劳动局仅仅基于共同请求而调解（第121条）。而且调停机构也不起作用。之后，破产管理在3周内没有和企业委员会达成一致时，便可向劳动法院申请同意经营变更（第122条）。

如果在考虑到雇员的社会利益下，企业的经济状况需要偏离《企业组织法》第112条第2款规定的程序时，则可以许可经营变更。这样的裁判可能非常困难，尤其是应该很快做出该裁判时（进一步参见 *Heinze NZA 1999, 62; Berscheid ZInsO 1999, 52 ff.*）。

当然，同意仅有有限的效力：保护管理人及财团免遭由于解雇雇员违反《企业组织法》第112条而提起赔偿之诉（第122条第1款第2句）。

255 雇员可以不断争取解雇保护（→边码252）。与此相关的不确定性将对破产程序造成负担。因此该**解雇保护将受到限制**：

- 在根据→边码252程序成功时——附有名录的应该解雇的雇员得到利益补偿——将根据第125条推测，由于紧急的营业需要而必须解除员工。并且仅允许进行一定程度的审查解除雇员的社会性选择（在企业工作时间的长短、年龄、抚养义务），对此仅审查重大错误。当维持或建立了恰当的人员结构（Personalstruktur）时，应该接受该社会性选择（参见 *Lakies RdA 1997, 150*；*Schrader NZA 1997, 74*）。

- 如果没有进行利益补偿，则破产管理人可以让劳动法院确认，解雇是出于紧急的营业需要并且也符合社会选择的公正性（第 126 条第 1 款）。在此，对社会选择的审查也是受限的。 256

这并不阻止雇员提起解雇保护之诉。但在此裁判法院要受到第 126 条具有法律效力的确认的约束（第 127 条第 1 款）。如果雇员在第 126 条中的程序结束之前提起诉讼，则要搁置对解雇保护之诉的处理。

4. 源于社会计划的请求权

参考文献：KS–InsO/*Ries*/*Zobel*, Der Sozialplan in der Insolvenz, 1140 ff.

以计划营业变更为限（→边码 253），营业变更可能经过利益补偿而可被变更。否则社会计划可以**补偿**或减少（不可避免的）营业变更下造成的**经济损害**（《企业组织法》第 112 条第 1 款第 2 句及以下条款；《破产法》第 123 条第 1 句）。不同于利益补偿，社会计划是强制性的（例外：《企业组织法》第 112a 条）。 257

例如：社会计划可以规定工资补偿、离职补偿金、债务转换、贷款的补贴并且使针对破产管理人的直接请求权合法——如同企业约定（《企业组织法》第 112 条第 1 款第 3 句）。

如果**破产程序启动后**制订了社会计划，则程序还受《企业组织法》第 112 条、《破产法》第 121 条的约束（→边码 254）：管理人在必要时取得债权人的同意，与企业委员会达成合意（《破产法》第 160 条），或者由调停机构（《企业组织法》第 112 条第 4 款）而不是由劳动法院（第 122 条不可适用）决定。但该类的社会计划仅允许包括解雇员工两个半月的工资总额。 258

根据第 123 条第 2 款第 1 句，社会计划请求权（Sozialplanansprüche）属于财团债务。但其受到特别限制：清偿该请求权的数额不允许超过财团财产的 1/3，该财团是指在无破产计划时向破产债权人分配的财产（不同于破产计划的情形）。如果分配人数越多，单个债权要相应减少。 259

为了有效遵守该规则，管理人将首先清偿所有其他的财团请求权。也要拒绝雇员的强制执行（第 123 条第 3 款第 2 句；超越第 90 条的规定）。

清偿案例：在清偿完其他财团债务后，财团还剩 30,000 欧元。社会计划规定了给付 12,500 欧元，对劳工 A 而言要给付 4000 欧元。管理人必须支付 A 多少钱?

根据第 123 条第 2 款第 2 句，[①] 只允许分配净财团的 1/3(10,000 欧元)，即比社会计划的给付规定少 1/5。社会计划给付必须减少此部分份额，随之单个请求权也将减少（第 123 条第 2 款第 3 句）。因此，A 获得 3200 欧元。

260 如果**在破产程序启动前**已经制作了社会计划（根据《企业组织法》第 112 条），则其中书面确认的请求权属于破产债权（例外："强势"临时破产管理人的参与下，第 55 条第 2 款第 1 句）。但是，该计划可以被破产管理人和企业委员会**撤回**，除非"启动申请前的 3 个月前"已制作了该社会计划（第 124 条第 1 款）。"为濒临破产制订的"新计划可以适应程序启动后的（不利）情形（→边码 258），由此执行新的社会计划。已在旧的计划中被考虑的雇员也可以被新计划考虑在内（第 124 条第 2 款）。

如果根据旧的计划雇员已取得该给付，则该给付不予以返还，而是在制订新计划时予以扣除（第 124 条第 3 款）。

5. 确保企业养老保险金

261 退休人员的养老保险金历来最大部分来自法定退休保险——实际上不是来自"保险"，而是来自费用分摊程序（Umlageverfahren），在该程序中通过使雇员和雇主每月的社会保险费，还有税金同时再被支付出去的方式。因此除了私人保险（Privatvorsorge）外，重要的还有"第二支柱"，即由许多企业尤其是较大型企业同意的企业养老保险金。

通过其受益的雇员可以——根据其工作年限——取得不可丧失的期待并且最终取得养老保险请求权。但随着劳动关系的成立便产生该请求权。因此，当雇主破产时，该请求权只是破产债权（第 38 条）。很明显该结果通常是沉重的。因此自 1974 年起，立法者便致力于破产保护：**养老金保障委员会**（Pensionssierchungsverein）（PSV）还始终保留该期待或履行保险请求权（Versorgungsansprüche）(《改善企业退休给付法》第 7 条)。为了平衡，该委员会取得受益人对破产的雇主的权利 (《改善企业退休给付法》第 9 条第 2 款)。

养老金保障委员会的资金来自所有具有破产资格的雇主的义务性缴费（→边码 29），该雇主提供企业养老保险金。因破产而中断时，将由其他企业（或许是竞争者）共同承担。这可能是很重的费用负担，尤其是在

---

① 译者注：原文依据为第 124 条第 1 款第 2 句，此处为编辑错误。

经济不景气时：2009 年的损害规模造成大约 43 亿欧元的经济危机；保险费率（Beitragssatz）从票面价值 14.2‰，之后以极高额度延续了很多年。当然，前些年降低了不少。

二、雇员破产

262 雇佣关系在程序启动后继续存续（第 108 条第 1 款第 1 句）。在雇员破产时，管理人同样**没有**第 103 条意义上的**选择权**。管理人甚至完全不可以解除债务人的劳动关系。相反，应该在和财团有关的其他雇佣义务上（如私立学校破产时）给予选择权；对此，第 108 条第 1 款第 1 句应该在合目的性上加以限制。

263 **债务人的收入**，特别是工资（Lohn）、薪金（Gehalt）及报酬（Entgelt）请求权很大程度上要**受到约束**。[①] 如果属于可扣押财产，则程序期间工作得到的报酬将纳入财团（新取得；→*边码 147 及以下*）。另一方面，立法者想要阻止在破产程序启动后产生的报酬请求权提前被处分。如果债务人请求余债免除时，该报酬请求权同样由破产债权人保留（→*边码 536*）。因此禁止干预收入：

263a （1）**在程序启动前**，不可以取得对未来收入的权利：立法者认为，让与的未来请求权在成立后不立即归受让人而归让与人所有［过手取得（Durchgangserwerb）］；在此期间让与人破产时，第 91 条第 1 款便会阻止从财团中取得（*BT-Drs.17/11268, 23; BGH NZI 2010, 682 Rn.9*）。

263b （2）**程序期间**不可以处分（让与、质押；第 81 条）及执行收入，并且在程序结束后也同样适用（→*边码 165*、*边码 183*）。

表 18–2　概览：破产管理人在特别情形下的选择权

破　产	选择权	合同相对方的权利
所有权保留下买方的破产	有（第 107 条第 2 款）	第 103 条；在拒绝履行时卖方可以取回
所有权保留下卖方的破产	没有（第 107 条第 1 款）	买方可以强制向其转让，但当买方不能够支付时必须将所有权返还于管理人（《民法典》第 985 条）

---

① 译者注："Lohn" 一般指小时工或计件工等临时工工资；"Gehalt" 一般指从事脑力劳动的人员每月所得固定薪金；"Entgelt" 一般指签订劳动合同而所得的报酬。

续表

破　产	选择权	合同相对方的权利
定期 / 金融期货交易下的破产	没有（第 104 条）	仅享有损害赔偿请求权，对合同相对方来说属于破产债权（第 104 条第 3 款第 3 句）
预先登记担保下享有请求权的债务人的破产	没有（第 106 条）	对履行享有财团请求权
动产使用租赁 / 用益租赁关系中的破产	有，对未来的请求权（第 103 条、第 105 条第 1 句）	在选择履行时为财团请求权（第 55 条第 1 款第 2 项），此外享有破产债权
不动产使用出租人 / 不动产用益出租人的破产	没有（第 108 条第 1 款第 1 句）	旧的报酬请求权属于破产债权，自破产程序启动后的报酬请求权属于财团请求权（第 55 条第 1 款第 2 项）
不动产使用承租人 / 不动产用益承租人的破产	没有（第 108 条第 1 款第 1 句）	自程序启动时起为财团请求权（第 55 条第 1 款第 2 项）；终止对出租人来说变得困难（第 112 条），对管理人来说变得容易（第 109 条第 1 款第 1 句）；根据情形双方享有解除权（第 109 条第 2 款）
雇主破产	没有（第 108 条第 1 款第 1 句）	旧的工资和社会计划请求权仅仅是破产债权（但在 3 个月期限内享有破产金），自破产程序启动时为财团债务（第 55 条第 1 款第 2 项及第 123 条第 2 款第 1 句）；解除合同对双方来说都变得容易（第 113 条）
雇员破产	没有（第 108 条第 1 款第 1 句）	劳动履行请求权继续存在，因为与财团无关

第五节　对合同自由的限制

参考文献：*Berger*, Insolvenzbezogene Lösungsklauseln: Welcher Gestaltungsspielraum verbleibt nach BGHZ 195, 348?, ZInsO 2016, 2111 ff.; *Foerste*, Lösungsklauseln bei Insolvenz im Lichte der BGH–Entscheidung v. 15. 11. 2012, ZInsO 2015, 601 ff.; *Jacoby*,

Lösungsklauseln in der Insolvenz, ZIP 2014, 649 ff.

关于效力待定的法律关系的规则大部分为**强制法**。因为第 119 条规定，预先排除或限制第 103 条至第 118 条适用的约定（在债务人和合同相对方之间）无效。因而，尤其应该保护破产管理人的选择权，也就是财团利益。 264

例如：破产情形下，下列约定是不合法的：

——使管理人的选择权取决于，之前与合同相对人进行的协商或协商失败；

——违反第 103 条第 2 款第 3 句，把管理人的沉默解释为要求履行；

——违反第 105 条，使给付的可分割性变得困难；

——规定返还合同相对方的提前履行。

相反，所谓的解除规则的合法性是有争议的。一旦破产程序启动或仅出现支付不能或提出破产申请时，或者如果给予债务人的合同相对人事后单方解除合同的权利时，**依赖于破产的解除规则**就会使合同终结。这会对破产管理人的选择权造成损害。 265

《破产法政府草案的说明》第 137 条第 2 款认为解除规则是不合法的。但联邦议院的法律委员会并不赞成该观点。德国联邦议院也许接受了该评断。这也支持了有限适用第 119 条（*Jaeger/Jacoby InsO § 119 Rn. 24 ff.*; *Foerste ZInsO 2015, 601-605*）。但根据主流观点，不应该进行该主观历史解释（*HK-InsO/Marotzke § 119 Rn. 4*; *Prütting FS Gerhardt, 2004, 761 ff.*）。

司法判例认为，如果继续交付的合同中包含解除规则，该规则无论如何是无效的，但其他条款仍然有效（*Gehrlein NZI 2015, 106 f.*）。因此，该规则在启动的破产程序中不再产生损害，但之前就不应该——临时破产管理时——予以考虑（*BGH NJW 2013, 1159 Rn. 13 ff.*; *anders BGH NJW 2016, 1945 ff.*。对于重要的终止权参见《建筑工程发包法》B 部分第 8 条第 2 款第 1 项第 2 种情形）。

相反，**不依赖于破产的规则**毫无疑问得以适用（*Gehrlein NZI 2015, 106 f.*）。该规则可能与债务人的迟延（必要时结合补充期限的经过）相关，但也可能与财产状况的早期恶化或恶化的证明相关（例如特定的营业中断、第三人的强制执行）。当然，严格的德国《一般商业条款法》仅在某范围内允许上述情形（*Foerste ZInsO 2015, 608 m. N.*）。 265a

第十九章　委托、事务处理、授权

参考文献：*Marotzke*, Der Einfluß des Insolvenzverfahrens auf Auftrags-und Geschäftsbesorgungsverhältnisse, FS Henckel, 1995, 579 ff.; *Obermüller*, Überweisungsverkehr bei Insolvenz unter Berücksichtigung des neuen Rechts der Zahlungsdienste, ZInsO 2010, 8 ff.; *Schilken*, Die Vollmacht in der Insolvenz, KTS 2007, 1 ff.

266 如果债务人作出的委托与财团相关，则该**委托**将随着程序启动而消灭（第 155 条），除非已完成委托事项。因此**不存在选择权**。

但在下面两种情形中，委托继续存在：一是紧急情况下，委托继续存在直到管理人可以采取其他救济措施为止；为了平衡，受托人取得财团请求权（第 115 条第 2 款）。二是如果受托人对程序启动不知情并且没有过错，该委托仍继续存在。因此，受托人还可以取得费用偿还请求权（《民法典》第 670 条），当然仅作为破产债权（第 115 条第 3 款第 2 句）。

267 如果债务人对他人应负有**事务处理**义务，则由与（律师、税务咨询师、房屋管理人等；《民法典》第 675 条第 1 款）缔结的双务合同而产生。管理人仍**没有选择权**。确切地说，该合同发生消灭（第 115 条第 1 款、第 116 条第 1 句）。只有进行紧急事务处理时或事务执行人善意情况下，该事务处理合同继续存在。然后才保证享有对费用偿还和工资的财团请求权或破产请求权（第 116 条第 1 句和第 2 句、第 115 条第 2 款第 3 句）。

268 以授权涉及财团财产为限，因程序启动由债务人给予的**授权**也随之消灭（第 117 条第 1 款，例如经理权、诉讼代理权）。另外可以得出，债务人作为授权人已丧失法律权限，参见《民法典》第 168 条第 1 句；《破产法》第 115 条第 1 款。但如果授权处理紧急事务时，该授权继续存在（第 117 条第 2 款）。相反，如果被授权人对程序启动并不知情并且无过错而处理事务时，程序启动并不能代替授权。在此，《民法典》第 168 条第 1 句；《破产法》第 115 条第 3 款第 1 句不可适用。因根据第 117 条第 3 款，保护善意债权人免于承担《民法典》第 179 条中的责任（因无代理权而必须承担责任）。

并且第 115 条及以下属于强制法（进一步参见→边码 *264* 及以下）。

加深：银行转账和破产

第 115 条及以下也涉及银行转账。对此要区分**转账账户合同**（Girovertrag）（《民法典》第 675f 条第 2 款中的延展付款服务框架合同）和单个转账（《民法典》第 675f 条第 3 款第 2 句中的付款委托）。转账账户合同属于事务处理合同（《民法典》第 675c 条第 1 款）。因此，根据第 115 条的规定，随着破产程序的启动该合同消灭（第 116 条第 1 句；→边码 *267*）。并且交互计算关系（Kontokorrentverhältnis）（《商法典》第 355 条）也随之终止。**转账**作为单方指示是（自 2009 年起）在转账账户关系范围内进行，即作为所谓的支付委托。对于履行和得利补偿重要的是：转账人向转账收款人履行，银行通过向收款人转账完成对转账人的履行。 269

如果银行为债务人的账单进行转账，则委托的时间点非常重要：如果**转账委托在破产前**生效，因委托及时到达银行（《民法典》第 675n 条第 1 款第 1 句）并且没有违反临时管理（第 24 条第 1 款）（→边码 *98*、边码 *103a*），则该委托不会因随后的程序启动而受到影响（第 116 条第 3 句）。管理人没有选择权（当然享有处分权的临时管理人可能还可以撤回：《民法典》第 675p 条第 4 款）。如果账户显示还有存款，即还有余额时，银行无论如何得以保护：必要时，转账已被认为是以给付代替履行；当然从银行方面来看，转账是向债务人履行，只有银行可证明对破产启动不知情时（第 82 条第 1 句），转账才有效（因第 80 条第 1 款第 1 种情形）。此外，根据《民法典》第 670 条、第 675c 条第 1 款银行享有费用补偿请求权，甚至该请求权为财团债权（第 116 条第 3 句后半句）。因此该请求权可以与债务人的支付请求权相抵销（第 94 条仅限制破产债权人）。如果账户余额——典型的是在危机期间——为负（处于负债状态时），则银行始终必须被优先清偿（第 53 条）。如果还不确定现金是否足够，则最好应该拒绝转账委托（对此参见《民法典》第 675o 条第 1 款、第 2 款）。 270

如果**破产程序启动后才给予转账委托**，则该委托无效，因为债务人没有管理权（第 80 条第 1 款第 1 种情形）；第 116 条第 3 句改变不了该规定，因为只有旧的委托才可以“继续”存在（*BT-Drs. 14/1931, 2 f.*）。但银行还 271

可以得到保护。

如果账户显示还有**余额**，则银行还是以给付代替履行而免除债务，如果其还不知道破产程序启动时（第 82 条第 1 句；参见 *BGH NZI 2014，157*）。另外，银行有机会以其对待给付请求权进行抵销。这似乎不是根据《民法典》第 670 条、第 675c 条第 1 款，因为据此委托可能无效。但银行在不知情的情况下仍然享有费用补偿请求权，该请求权也只是破产债权。这依据第 115 条第 3 款、第 116 条第 1 句。此外，当然人们不应该依据已排除“继续”适用的事后的转账委托，而应该依据该转账委托的基础，即银行相信其所成立的转账账户合同。根据第 94 条、第 95 条第 1 款第 1 句抵销也是合法的。但是，如果银行知道破产程序已经启动（参见→边码 *192*）并且还进行转账，因为相关业务员轻信或过失而不知情，则银行甚至不能作为破产债权人。

如果账户**余额为负**，则银行可以在清单上申报可能发生的请求权。

根据主流观点，银行一直保留**对转账收款人的直索请求权**：转账人对转账收款人财产之增加不再负责，因为转账人的委托随着破产程序的启动而消失（《民法典》第 812 条第 1 款第 1 句第 2 种情形；参见 *BGH NZI 2014，156 Rn. 17*）。

第二十章　中止的诉讼程序

参考文献：*Damerius*, Das Schicksal schwebender Verfahren des Insolvenzschuldners, 2007; *Froehner*, Die Qualifikation der Kosten nach der Aufnahme eines Zilvilrechtsstreits im Insolvenzverfahren, NZI 2016, 425 ff.; Gottwald InsR-HdB/*Eckardt* 570 ff.; *Henckel* FS Schumann, 2001, 211 ff.

第一节　中　断

破产管理人应该监督财团。因此，其必须能够影响程序启动时和财团有关的未决诉讼。一般来说都和财团相关（也适用于增益平衡之诉，相关信息请求之诉不适用：*OLG Naumburg NJW-RR 2002, 1704 f.*；同样不适用于名誉保护案件、家庭事务、免于扣押的财产）。当破产程序启动时，因此与财团相关的诉讼将依法而中断（《民事诉讼法》第 240 条第 1 句）。同样适用于任命"强势"临时管理人时（《民事诉讼法》第 240 条第 2 句）。 272

在诉讼中断期间一方当事人仍然进行的诉讼行为，对另一方当事人不发生效力（《民事诉讼法》第 249 条第 2 款）。重要的诉讼期间停止进行（《民事诉讼法》第 249 条第 1 款）。管理人可以安静地思考，如何应对针对债务人提起的诉讼（尽管存在《民事诉讼法》第 275 条第 1 款第 1 句、第 296 条第 1 款）是否应该对债务人不利并且在程序启动前 3 周已经给予送交的判决进行控诉（尽管存在《民事诉讼法》第 517 条）。

第二节　中断的终结

一、承继诉讼

通常，中断随着承继诉讼而终结（《民事诉讼法》第 240 条第 1 句）， 273

即通过递交相应书状（《民事诉讼法》第 250 条）。对此应进行以下区分。

1. 积极诉讼

在积极诉讼中，债务人多数作为原告请求权利。

债务人也可以作为被告。另一方可能提起“消极确认之诉”（《民事诉讼法》第 256 条），比如确认，提出损害赔偿请求权的（破产的）被告根本不享有该请求权。如果提起执行异议之诉（《民事诉讼法》第 767 条），则源于履行判决的强制执行应该认为是不合法的，若该执行强制（破产的）被告坚持取得执行名义的请求权。

破产程序启动后，该诉讼涉及财团的权利。因此人们也称之为“财团分配之争议”。可以首先由管理人单独承受该诉讼（第 85 条第 1 款第 1 句）。只有当管理人认为因诉讼及事后执行有前景而有意义时，才可以接受诉讼。然后，管理人才“根据职务以当事人身份”进行诉讼，即为债务人承担法定的诉讼担当（Prozessstandschaft）（第 80 条第 1 款；→边码 *180*）。如果管理人决定迟延，则产生推定承继（Aufnahmefiktion）的危险，也可能发生缺席判决（Versäumnisurteil）（《民事诉讼法》第 239 条第 2 款至第 4 款；《破产法》第 85 条第 1 款第 2 句）。

274 拒绝承继时，为确保财团管理人放弃诉讼争议之物及债权。这属于免于扣押的财产（→边码 *170*）。因此，此时债务人可以承受诉讼（第 85 条第 2 款）。另一方当事人享有相同的权利；如果另一方当事人承受诉讼，则尽管免于扣押但还可以一直“仅”对债务人提起诉讼。

另外完全不同的情况是在**管理人诉讼中免于扣押**。

在此，管理人（基于第 80 条第 1 款）丧失实施诉讼的权限。根据多数人观点，管理人仍然继续实施诉讼，但此时作为诉讼担当人类推适用《民事诉讼法》第 265 条第 2 款（*BGH FamRZ 1990, 284*; *Jaeger/Henckel KO § 6 Rn. 116 ff.*; 不同观点参见 *BGHZ 46, 250ff.*: 与债务人的诉讼中断和诉讼继续）。

例如：管理人接受关于返还货车的诉讼，但之后免于扣押该货车。

2. 消极诉讼

275 “债务人”的消极诉讼针对债务人的财产；一般债务人将被诉讼。在此区分如下：

- 部分是对债务人主张**优先请求权**，即程序启动后使其有权取回（例如《民法典》第 985 条）或别除（例如《民法典》第 1147 条）或使其请求权变为财团债务（例如自破产程序启动时起的劳动工资，第

55条第1款第2项)。管理人可以承继该类诉讼。但债权人有相同的权利(第86条第1款),结果是如果管理人拒绝承继诉讼,则之后自己将被拖入诉讼中。

在承受诉讼后,财团会受到巨大的**费用负担**的威胁。因**胜诉**时,由被告承担诉讼费用(《民事诉讼法》第91条)并且根据主流观点这些都属于财团债务(第55条第1款第1项;→边码*80*)。但是立即承认有利于管理人:即使原告胜诉(《民事诉讼法》第307条第1句),原告仍要承担费用(《民事诉讼法》第93条),如果债务人也被相应地保护时(因为债务人没有挑起诉讼并且在诉讼中断前还可以"立即"承认诉讼请求)。相反,债务人不能够再根据《民事诉讼法》第93条采取行动时,则管理人也会对此表示拒绝:因此,尽管存在立即承认,原告还可以要求费用补偿(《民事诉讼法》第91条),但根据第86条第2款仅作为破产债权人。 276

- 通常,起诉追索的请求权仅属于**破产债权**("债务财团—争议")。尽管存在效力待定的诉讼争议,应该优先在法庭外确认该债权(出于时间和费用的原因)。因此只有当管理人或债权在审查期日对债权提出异议时,才有必要承受该类诉讼(→边码412及以下)。 277

二、破产程序的终结

没有承继诉讼,则诉讼中断随着破产程序的终结而终结(《民事诉讼法》第240条第1句),即随着终结裁定而终结(第9条第1款第3句、第200条)。 278

较为重要的是,将如何处理在破产程序中承受的诉讼。如果破产程序的终结早于该诉讼,管理人可以继续诉讼吗?

原则上这是不可能的。随着破产程序的终结,管理人的诉讼实施权限便随之终结。不可类推适用《民事诉讼法》第265条而保留该权限,因管理人职务终结时,必须被免责。因此,会发生变更当事人(*BGH NZI 2015, 756 Rn. 7*)。如果诉讼也被中断(有争议;但参见《民事诉讼法》第246条),必须由债务人承受诉讼(类推适用《民事诉讼法》第239条、第250条)。

但是,如果诉讼针对追加分配所保留(第203条)的财产,则诉讼实施权还继续存续[*Uhlenbruck ZIP 1993, 241(245f.)*]。对撤销之诉,实践中对此也给予了承认(*BGHZ 83, 103*)。

第六部分

破产财团的增加和清算

概　论

破产管理人任职后在债务人处发现的财团财产，原则上还不属于用于 279
清偿破产债权人的“分配财团”。大多数情况下允许财团财产增加，但相反也允许其清理。当债务人享有首先必须被执行的请求权或权利时，财团增加具有必要性。通常在破产程序启动前不久（处于“危机”中）对债权人不利；债权人要通过破产撤销产生溯及既往的效力。如果特定的标的物不属于债务人的责任财产（取回）并且第三人优先于破产债权人而得以清偿时，即为了别除权人和财团债权人，发生清理。

第二十一章 债权的收回

参考文献：*Bork*, Verfolgungspflichten–Muss der Insolvenzverwalter alle Forderungen einziehen?, ZIP 2005, 1120 ff.; *Freitag/Korch*, § 93 InsO auf dem Prüfstand–Vom eingeschränkten Nutzen der Konzentration der Gesellschafterhaftung in der Hand des Gesellschaftsinsolvenzverwalters, KTS 2017, 137 ff.; *Pape*, Haftungsrechtliche Folgen der Nichtinanspruchnahme von Gesellschaftsorganen und Geschäftsführern, ZInsO 2007, 1080 ff.; *Sander*, Einwendungen gegen die persönliche Haftung der Gesellschafter in der Gesellschaftsinsolvenz, ZInsO 2012, 1285 ff.; *Uhlenbruck*, Durchgreifende Auskunfts–und Mitwirkungspflichten im Rahmen der Haftungsrealisierung nach § 93 InsO, FS Kreft, 2004, 543 ff.

第一节 债务人的债权

280 大多数情况下，债务人也享有未被履行的请求权，例如请求支付工资及利息、因销售产生的请求权等。该“应收账款”可能针对未参与程序的第三人。但也有可能针对破产债权人；之后当然通常有被抵销的危险（→*边码 193 及以下*）。管理人因管理权限（第 80 条第 1 款）可收回所有这些债权。管理人也必须收回债权，只要不是收回没有意义（之后也许免于扣押）或者债权应该以其他方式被变价，例如通过转让（参见《民法典》第 433 条、第 453 条）。

第二节 破产债权人的债权

281 在一些案件中，甚至允许管理人主张不属于债务人而属于破产债权人的债权。

一、损害赔偿请求权

如果在程序启动前后因第三人减少财团财产，使债权人整体受到损害的，由管理人单独主张“**整体损害清偿**”（Gesamtschadensliquidation）（第92条第1句），即为了财团利益：虽然债权人保留单独请求权，但只要程序继续进行，便丧失主张的权利，同样丧失诉讼实施权。应该避免单个债权人对损害人尝试实施强制执行，这将会冲击破产程序的整体强制效力。此外，第92条将债权人的赔偿请求权在经济上纳入财团中（参见《破产法政府草案的说明》，第139页）；这降低了破产程序因财团不足（第26条）而流产的风险。实践中首先涉及以下两类案件。

- **逾期申请破产**：法人破产中，违反按时提出破产申请的义务并不少见［→*边码 91*；“拖延破产”（Insolvenzverschleppung）］。其结果是，公司将不必要地继续衰败，因此在及时提出申请时（例如在2月1日）有望获得一定份额的债权人在明显逾期提交申请时（例如在7月1日），显然相比之下获得更少。这种所谓的份额损害（Quotenschaden）由业务执行人及董事会承担赔偿责任（根据《民法典》第823条第2款结合《破产法》第15a条；*BGHZ 126, 190 ff.*）并且由管理人主张，因为在此债权人“共同”受到损害。 282

在2月1日后，还会出现债权人（新债权人），如果清偿再次恶化，则新的债权人虽然同样属于破产债权人并且同样会遭受份额损害。但如果新债权人不知道破产的情况下还给予债务人（没有提起破产申请）贷款时，其还将受到更大的损害。该**信赖损害**必须由拖延的业务执行人完全给予赔偿。根据判例，该请求权同样源于《民法典》第823条第2款，但作为单独请求权**不被第92条所包括**并且要在破产程序之外主张［并不扣除可能的清偿份额，*BGHZ 171, 46（54 f.）*］。其次，新债权人的份额损害撤回（*BGHZ 138, 214 ff.*；*Scholz/K. Schmidt InsO § 64 Rn. 175 ff.*）。 283

- **管理人责任**：因破产管理人而使财团减少同样也导致“共同损害”。因此根据第60条，仅可以在破产程序中主张有关赔偿请求权（例如 *BGH NZI 2016, 352*）。如果管理人被解雇，可以由新的管理人或者为此设立的特别管理人负责（第92条第2句；利益冲突）。 284

加深：因受损害的债权人的债权并不转移给破产管理人（更不会转移给债务人），管理人只是作为受托人主张该债权。部分例外只是针对未参与程序的债权人，即没有申报破产债权的债权人。另外，根据主流观点，每个债权人——作为权利所有人——有权将其债权让与第三人；在该情形下，第 92 条不再可以适用（参见 *KS-InsO/Bork 1026*）。后者是有疑问的，因为将会（仅）向受让人开放债权人竞赛。

二、股东的共同责任

285 在人合公司破产时，通常股东对债权人也负个人责任，例如民事合伙、普通合伙（《商法典》第 128 条）及有限合伙中的无限合伙人（《商法典》第 161 条第 2 款）。为实现破产法的目的，该请求权也会纳入财团（第 93 条；对于有限合伙人的责任参见《商法典》第 171 条第 2 款）。

例如： 关于普通合伙的财产的破产程序中，由管理人 V 保留实现，债权人对股东 A、B、C 的请求权（《商法典》第 128 条）。如果 A 也将破产并且 A 的（个人）财产将由管理人 W 管理，则允许 V 在 W 处（第 174 条第 1 款）申报债权（第 43 条；进一步参见 *Oepen ZInsO 2002, 166 f.*）。由 W 所支付的份额将纳入普通合伙的财团中并且被分配。B 和 C 可能保持有支付能力。

但同样仅包括由**所有债权人**享有的请求权。单个债权人对一个 / 所有股东的请求权不属于第 93 条约束的范围。若该请求权增加财团价值时，其确保个人安全的功能就会丧失（主流观点；*BGH BB 2002, 1665 f.*）。

例如： 普通合同必须向 G 返还贷款。股东 B 对该请求权给予了担保。如果对普通合伙启动了破产程序，则尽管存在第 93 条的规定 G 还可以向 B 主张其源于《民法典》第 765 条的请求权，也可以通过支付之诉（当然仅仅当没有对 B 启动程序时）——反对意见认为应类推适用第 93 条的规定（参见 *Bork, NZI 2002, 363 ff.*；对此回应参见 *Haas/Müller NZI 2002, 366 f.*）。

第三节　司法进程

286 如果第三债务人不自愿履行，则可能有必要进行诉讼。管理人依职务（→*边码 180*）作为当事人进行诉讼，例如“作为对 Y 有限公司财产的破产管理人”。如果债务人还有权起诉，也许债务人就已经起诉。之后该诉讼中断；管理人只需要选择承继诉讼（→*边码 273*）。如果债务人已经赢得诉讼，则管理人可以请求将执行名义更改为管理人自己（《民事诉讼法》第

727 条），即不再进行诉讼。

如果债权人起诉追索请求权，而该请求权属于管理人自破产程序启动时根据第 92 条及以下所主张的请求权时，该诉讼将中断（例如如果关于民事合伙的破产程序将要启动，对单个民事合伙的股东提起的程序将中断；*BGH NJW 2003, 590 f.*）。对于承继该诉讼参见 *Häsemeyer LMK 2003, 77 f.*。

必要时，管理人可以要求**诉讼费用援助**，即根据《民事诉讼法》第 287
116 条第 1 句第 1 项，当费用不能由所管理的财团负担时，并且也不能由对诉讼标的有经济利益关系的人处筹集时（详情参见 *Hees/Freitag NZI 2017, 377 ff.*）。经济上有利益关系的人是指成功结束诉讼争议时可以期待从财团中得到更好的清偿的破产债权人，必要时也包括别除权人和财团债权人。但仅在与所支付的费用相比，有更好得以清偿的极大可能性时，才可能发生分担费用（*BGH ZInsO 2012, 1941*；*OLG Dresden ZInsO 2004, 275 f.*：诉讼可以使份额增长到 10.3% 时），当然不考虑债权人“自愿承担”的情形（*BGH NZI 2013, 82 Rn. 10*）。

第二十二章　破产撤销

参考文献：*P. Fischer*, Gefahrenstellen für Kreditinstitute in der Insolvenz ihrer Kunden, ZInsO 2013, 1917 ff.; *Spiekermann*, Nochmals: Zur Anfechtung von Drittzahlungen, NZI 2014, 1030 ff.; Gottwald InsR-HdB/*Huber* 931 ff.; *Jacobi/Böhme*, Mittelbare Gläubigerbenachteiligung durch Drittzahlung bei Anweisung auf Schuld, NZI 2012, 865 ff.; *Kirstein*, Ermittlung von Insolvenzanfechtungsansprüchen, ZInsO 2014, 1522 ff.; *Kummer*, Die actio Pauliana im 21. Jahrhundert oder: Was blieb von D.42.8? FS Kreft, 2004, 393 ff.; *Wenner/Schuster*, Insolvenzanfechtung im Konzern, ZIP 2008, 1512 ff.; *Wollmann*, Straffreiheit gem. 371, 398a AO zum Nulltarif?, ZInsO 2011, 1521 ff.

第一节　基本思想

288 破产债权人的清偿首先因债务人财产的减少而受到威胁。尽管自程序启动时起债权人已经得以确保，因为如涉及财团财产，自程序启动时起每项从债务人处的权利取得自始无效（第 81 条、第 91 条）。但危险可能之前已经存在并且从两个方面来讲：

1. 当债务人赠与财产甚至暗自转移（例如转让给近亲属、朋友、代理人）或为了使其债权人两手空空而挥霍财产时，**所有债权人会遭到损害**。据此适用所谓的赠与撤销（Schenkungsanfechtung）及大量的故意损害撤销（Vorsatzanfechtung）（第 133 条及以下）。另外，两种撤销类型也可以使单独强制执行变得容易；因此在《撤销法》第 3 条及以下中也规定了该撤销（几乎使用相同文字）并且在罗马上已熟知［“撤销之诉”（actio pauliana）］。破产撤销的效力在于，对所转让、交付或放弃的标的享有返还请求权（第 143 条）。一般由管理人享有该请求权。破产撤销与《民法典》第 142 条的撤销没有关系；所撤销的行为既非无效也非不生效（→边码 325）。

以法律行为可撤销为限，如果对可撤销制造更加困难的情形时，（同

时）会**违反公序良俗**（《民法典》第 138 条）[*BGH ZIP 2002, 1155*（*1158*）]。

例如：面对债权人为了挽救其财产，债务人与第三人串通（*BGHZ 130, 331*）。尽管债务人的状况明显前景无望，但还给予债务人贷款，而该行为危害到债权人但却对贷款人带来好处（参见 *BGHZ 90, 399*）。

2. 特别是**威胁债权人平等对待**。该债权人在破产程序启动前已享有从财团中按份额清偿的“破产请求权”（→边码 12）。当某些债权人特权化后，该“破产请求权”会受到损害，可能是由于债务人（出于同情或被迫），或者由于其他方式。之后可适用“特别的破产撤销”（第 130 条至第 132 条）。这保护财团免受某些“危机时”而引起的减损，即出现支付不能（“实质破产”）后或其他使人疑虑的阶段时。该撤销有重大的意义。为应对无财团而破产的问题，自 1999 年起该类撤销明显变得严格。 289

比较重要的还有，自 2003/2006 年起单个债权人受益还将受到《法官法》的约束，该法使得严格的故意损害撤销对该类案件也卓有成效。联邦议院通过优化撤销时法律安定性的立法并于 2017 年 4 月 5 日生效，对此进行了广泛的接受。

第二节　一般前提

一、法律上的行为

程序启动前作出的损害破产债权人利益的法律上的行为可以被撤销（第 129 条第 1 款）。“法律上的行为”是指每个具有**法律效力的意思实现**（Willensbestätigung）。不作为也可构成（第 129 条第 2 款）。 290

例如：债务人放弃因迟延履行而为的催告。

该行为可以由债务人或其他人作出，如破产债权人。对此所有的行动包括：

- **法律行为**（Rechtsgeschäfte），即双方的（债务合同、转让、让与、债务免除合同等）及单方的法律行为（终止、错误撤销）。
- **准法律行为**（Rechtsgeschäftsähnliche Handlungen），如催告、设立日期（特别是对债务人造成不利时）。
- **诉讼行为**（Prozesshandlungen）。

例如：债务人 S 给予破产债权人 G 一项可执行证书（《民事诉讼法》

第 794 条第 1 款第 5 项)，被 G 起诉的 S 递眼色以表承认该诉讼请求(《民事诉讼法》第 307 条;《破产法》第 133 条第 1 款第 1 句)。S 任由请求权经过诉讼时效(《民法典》第 204 条第 1 款)或对不正确的判决不采取法律救济措施。

还包括执行行为(Vollstreckungsakte)(第 141 条): G 在 1 月 2 日请求对 S 的货车实施扣押，并将在 1 月 10 日提出破产申请。G 通过着手开始扣押而“行为”。因此可以被撤销(根据主流观点依据第 131 条第 1 款第 1 项)，当然，已成为追溯禁止的牺牲品(第 88 条第 1 款; →边码 *168*)。

- **事实行为**(Realakte)例如《民法典》第 946 条及以下、第 950 条意义上的加工。

例如: S 作为建筑承包商在其父母的土地上建立房屋的行为。

291 问题是**临时破产管理人**的行为。该行为可以发生在程序启动前。根据第 129 条第 1 款的文义，也包括临时破产管理人的行为，并且可由之后设立的破产管理人撤销，即使后设立的破产管理人为先前的临时管理人时，还可能需要修正临时管理人的不利的行为。然而将区分:

- 根据《破产法》(第 22 条第 1 款)，“强势”临时管理人(第 21 条第 2 款第 1 句第 2 项第 1 种情形)与破产管理人的法律地位相似: 其代替债务人为法律行为并且通常也可以设立财团债务(第 55 条第 2 款)。谁允许对此产生信任，也必须可以免于之后被撤销。有争议的是，是否这也适用于其他情形: 当临时管理人履行了破产债权或提供了担保。司法判决对此仅在下述情况下给予支持，当债权人相信该措施的法律存续性(Rechtsbeständigkeit)并且因而值得保护时，因为其既没有对破产管理人施加压力也没有使其出其不意(*BGHZ 200, 214f.*)。
- “弱势”临时管理人(第 21 条第 2 款第 1 句第 1 项)只有在授权下才可以为债务人行为(第 22 条第 2 款第 1 句)。当然在授权后同样可以设立财团债务(第 55 条第 2 款; →边码 *103*)。在此，一定程度上也保护交易相对人免遭事后撤销。
- 如果“半强势”临时管理人(第 21 条第 2 款第 1 句第 2 项第 2 种情形)已同意债权人的交易，则不因此而发生财团债务。然而不依赖于此，受益人可能已相信管理人的参与已成立，因而值得保护。

例如: 临时管理人 V 已同意履行一项合同，在该合同中关于 G 还必须完成的给付，债务人同意要对 G 的旧的请求权（即未来的破产债权）进行履行，则 S 相应的支付行为多数情况下免于撤销。如果 V 保留撤销权或开始抵抗后屈服于债权人的可能的权力（参见 *BGH ZInsO 2013, 551 Rn. 16 ff.*；进一步参见 *Spliedt ZInsO 2007, 405 ff.*）。

二、程序启动前的法律上的行为

可撤销的仅仅是破产程序启动前所为的行为。因为之后的损失（现在是财团损失）将受到第 81 条、第 91 条的约束。但要注意的是，根据第 140 条第 1 款，当产生**法律效力**时，才认为“作出”了法律上的行为。含多个举动的法律上的行为（mehraktige Rechtshandlungen）中取决于最后的分行为（Teilakt）。这一方面使财团保护不够完善，另一方面又会过度。应在以下两方面加以更改。 292

- 对附条件或附期限的法律上的行为，对条件的成就和期限的到达不予考虑（第 140 条第 3 款）：而应取决于附条件的行为产生的时间点。

重要的例子：所有权保留下 S 进行转让，当买方数月后才支付最后一笔款项时，交换意思表示便起着决定作用（第 140 条第 3 款）；这时撤销转让变得非常困难，因为多数情况下撤销仅包括过去不久前的法律上的行为。

赞成者认为，当为确保未来债权而实施质押时，质押现存标的物（债权、动产）也被视为“作出”法律上的行为（进一步参见 *BGHZ 170, 201 ff.*：出租人的质权）。

反对者认为，多久可以支配未来债权（根据《民事诉讼法》第 829 条通过提前让与、质押或扣押）取决于其事后产生时的时间点（第 140 条第 1 款；*BGH NZI 2008, 564*）。

- 程序启动后才结束的财团中土地的善意取得，尽管存在扣押仍生效：即根据第 81 条第 1 款第 2 句（破产程序启动后的处分），或根据第 91 条第 2 款（破产程序启动前的处分）。但现在为了债权人的利益，至少应该审查该取得是否在可撤销的情况下发生。这似乎是不合法的，因为与第 129 条、第 140 条第 1 款相反，该取得在程序启动后才产生。因此，第 147 条相应地扩大了可撤销性，但仅在善意取得时。

根据《民法典》第 878 条在破产程序中也要保证取得人的利益（第 91 条第 2 款；→边码 *190*）。但至少应该还可以对该取得进行撤销，当然仅在土地簿登记申请前的取得阶段，因为自登记申请后《民法典》第 878 条也 293

关闭了取得危险（Erwerbsrisiken）。为了可以撤销，因而土地取得不因发生“效力”时才“作出”（不同于第 140 条第 1 款），而是依《民法典》第 878 条中所规定的时间点。这本应该在第 140 条第 2 款中被明确，但却没有清楚地进行解释。

加深：在物权合意对债务人产生约束（《民法典》第 873 条第 2 款）并且已在土地登记处申请登记后，产生《民法典》第 878 条取得人的保护时，第 140 条第 2 款第 1 句强调，是否“另一方”——取得人——已提出申请。因此，第 140 条第 2 款第 1 句仅在取得人——申请时才介入并且该取得是可撤销的，当债务人——申请不属于第 140 条第 1 款，即不可撤销时。这种区分很奇怪。根据主流观点，这属于需要更正的立法错误（参见 *Jauernig/Berger ZwangsVollstrR/InsR § 51 Rn. 27*）。

持反对意见者认为该区别是有意为之：《政府草案》认为仅在取得人申请时，撤销才有必要并且仅想要保护取得人的期待权，相反债务人申请时并不威胁到可撤销性，因为管理人可以撤回申请（《土地登记簿法》第 31 条）并且必须撤回（*MüKoInsO/Kirchhof § 140 Rn. 39 m. w. N.*）。但《破产法政府草案的说明》（也）指出参考《破产法》第 91 条并结合《民法典》第 878 条（第 166 页及以下），之后便无所谓谁提出了申请。然后保护财团不依赖于债务人申请是否被及时地撤回：该申请也应该是可撤销的。

因此根据主流观点，要对第 140 条第 2 款第 1 句在合目的性上进行扩大解释：也包括债务人已申请法律变更登记时，如该类法律变更发生在破产程序启动前因而可以被撤销。

三、对债权人的不利

参考文献：*Bitter*, Die Insolvenzanfechtung im System des Zilvilrechts, KTS 2016, 455 ff.; *Gehrlein*, Zur Gläubigerbenachteiligung als Grundvoraussetzung der Insolvenzanfechtung, ZInsO 2017, 128 ff.; *Jacoby/Mikolajczak*, Gläubigerbenachteiligung bei Zahlung mittels Bank und sonstiger Dritter, ZIP 2010, 301 ff.

1. 不利的类型

294 仅仅是使破产债权人不利的行为可以被撤销。最重要的情形是**财团缩减**（Masseschmälerung）：可分配财产的减少。

不可扣押的财产不属于财团（→边码 *151* 及以下）。如果债务人想优先清偿某些债权人，而从免于扣押的财产中资助给债权人是不可撤销的（*BGH NZI 2014, 863*；有争议）。否则，只有当债务人把其财产聚集起来时对破产债权人来说才更有利。

另一方面，增加债务也属于不利情形，如债务人的借贷使新的银行债权减少了目前债权人（在破产启动情形下）的清偿机会。

一般不利必须仅是**间接的**：必须是法律上的行为以某种方式恶化了债权人的清偿机会，并且可能通过其他情形的加入而引起。然而，如果决定撤销时，确定了不利即已构成。相当的因果关系并不必要［*BGHZ 143, 246（253）*］。

例如：S 支付了现金并取得了货物，但之后丧失了该货物或丧失了货物的价值（*Gehrlein ZInsO 2017, 132 f.*）。

——当时 S 以合理的价格转让了该货物，而该货物的价值之后明显上升（例如由于稀缺），但现在不再可以为了财产而实现。

——如果 S 为了担保让与给银行其承揽报酬请求权，则其债权人将遭到不利，当其请求权现在也是等价时，因为 S 在投入劳动力下完成其作品，转让的请求权到期并且不可抗辩（*BGH NZI 2008, 540 f.*）。

——使用贷款会损害到债权人的利益，当债权人根本不能扣押 S 的支付请求权时（*BGH NJW 2009, 3362 ff.*）。

——破产持续中的与他人的担保交换不属于不利情形（很好的例子：*BGH NZI 2008, 539 f.*）。

直接不利使撤销更加正当化。但是仅在以下两种情形下才是必要的：对于“直接撤销”（Unmittelbarkeitanfechtung）（第 132 条第 1 款）和对亲近之人简化的“故意损害撤销”（第 133 条第 4 款）。直接不利的前提是，法律上的行为立即对清偿希望造成损害，即债务人的财产立即或在整个业务的经济范围内减少。 295

例如：S 转让给债权人 G 货物但没有对待给付义务。

——S 转让给 G 似乎完全承载负担的土地，但单个土地债务不再承受付款负担。

——S 转让给有限公司一项土地并且为此获得该有限公司的（很难变现的）股份（*BGHZ 128, 189*）。

——S 向 G 转让了机动车的所有权担保并且允许 G，以低于其价值转让该汽车（*BGH NJW 1997, 1063*）。S 以价值为 30,000 欧元的机器担保了 8000 欧元的贷款（*BGH WM 1964, 1166*）。

2. 现金交易

296 重要的是，现金交易在多数情况下都**不可撤销**。这种给付交换，通常不会——无论如何不会直接——给债权人造成不利：债务人以其给付获得对价给付，因此首先保证了债务人的财产值。首先债务人有机会，即使在危机时，以某种方式参与经济生活，即至少可以进行现金交易；因为，当债务人的经济问题被熟知时，对于其他业务（迟延清偿）债务人几乎不再能找到相对人，因为相对方在程序启动时必然考虑亏损，或者考虑可能的支付会被撤销。因此第 142 条第 1 款规定，债务人为获得“直接等价的对待给付”而所为的给付，原则上不可被撤销。

这不仅适用于等价给付的履行，而且适用于对待给付的担保（在取得货物后，为了保证购买价款之债 S 为卖方设立了质权）和完全出于经济上的原因（例如：在取得贷款后，S 为返还支付请求权设立土地债务——没有“对待给付”；*BGH NJW 1977, 718*）。该基础的给付允诺行为，要因行为（Kausalgeschäft）原本就不可被撤销（最常见的撤销事由第 132 条第 1 款——对此之后——要求存在直接不利，而在现金交易时正好不存在该直接不利）。

296a 当“根据交换给付的类型”并且考虑到交易习惯，交换给付在较短的时间内发生，则该交换给付构成直接给付（第 142 条第 2 款），不必为同时给付。但根据联邦最高法院在给付和对待给付之间原则上不超过 30 天（对于买卖合同参见 *BGH NZI 2007, 517 Rn. 51*）；根据《民法典》第 286 条第 3 款来确定（*BGHZ 167, 199 ff.*）。长期以来提前履行的一方（作为建筑承包商、律师等），应在结束工作前要求支付报酬，例如要求预付。对于劳动报酬相反，在 3 个月内支付即已足够（第 142 条第 3 款第 2 句、第 3 句），但对此每个工作月的开始应该起着决定作用（*BT-Drs. 18/7054, 14*）。

297 现金交易在以下两种情形下是可撤销的：

- 因故意损害撤销（第 133 条第 1 款至第 3 款），当然只有当债务人甚至实施了侵权行为并且受益人对此也知情时（进一步参见→边码 *323m*）。
- 根据主流观点，发生未规定的但是必要的前提错误时：如果发生提前履行时，必须对双方的履行进行约定。因此，对待给付也必须完全符合该约定，即所谓的一致支付（*BGHZ 123, 328 f.*；原因参见 *Huber ZInsO 2013, 1049*）。不一致的支付（→边码 *308*）始终可以被撤销。

例如：债务人取得贷款后，随即向银行设立了所有权担保，尽管已经约定了让与担保。

第三节　撤销事由

一、导　论

不是每项对债权人的不利都是可撤销的。必须存在撤销原因。据此有**两种类型**：普遍的撤销原因——故意损害撤销（第 133 条）、赠与撤销（第 134 条）——适用于整体和单独强制执行（《撤销法》第 3 条及以下）。仅在破产程序中涉及——首先在下文陈述——特殊的构成要件（第 130 条至第 132 条、第 135 条及以下）。撤销原因本身根据客观联结（尤其是所包括的期间 =“怀疑期间”）主观特征（例如是否对支付不能知情）并且根据举证责任进行区分。参见概览→边码 328。 298

谁提出撤销，原则上有义务**证明**存在撤销的前提，即破产管理人。然而对于破产管理人证明可能非常困难，因为参与人通常为维护自身利益会保持沉默，而债务人的资料又很少有帮助，特别是当处于危机中的债务人资料不甚清晰时。因此，通常法律减轻举证责任或者甚至举证责任倒置。 299

对于**与债务人亲近之人**（第 138 条），撤销及举证通常会相对简单。 300

- 同债务人关系密切的人（第 138 条第 1 款）是指其配偶、亲属和家庭生活共同体成员（同居伴侣，不包括居住共同体）。同样，当然只有在公司任职才构成与债务人具有相应的“雇佣合同关系”。

因而，“亲近之人”例如可以了解到债务人经济情况的同事（全权代理人、高级职员），但不包括律师、税务咨询师和审计师，也不包括开户行、供货人或客户。该区分是政策上有意为之（法律委员会，第 173 页及以下）并且由此而受到约束。

当债务人（或其配偶等）是董事、业务执行人、监事会成员、负个人责任的股东或享有 25% 以上股份的股东时，该法人或人合公司也属于与债务人“亲近”（第 138 条第 1 款第 4 项）。与债务人等存在相应的“雇佣合同关系”也属于此，同样包括公司法上的关系，当允许其了解债务人的经济状况时，例如股东和依赖其的公司共同达成的 28% 的股本份额，也属于“亲近”。

第 138 条第 1 款第 4 项并不清晰并且属于立法错误（参见 *Bork ZIP 2008, 1042*; *Jaeger/Henckel InsO § 138 Rn. 15 ff.*）。

- 法人或人合公司的破产（第 138 条第 2 款）适用相关规则：与债务

人“亲近之人”包括：董事会成员、业务执行人、监事会成员、负个人责任的股东以及超过 25% 股份的股东等。

此外，还包括个人亲属（第 138 条第 1 款）。而且类似于债务人的机构或有资质的股东，与债务人存在雇佣合同上的联系而有机会了解其经济情况的人也属于亲近之人（第 138 条第 2 款第 2 项）。在此，司法判决认为，虽只是外部关系，但也可能被包括，例如税务咨询师（*BGH ZInsO 2012, 2335 Rn. 10 ff.*）。

二、同等撤销（第 130 条）

参考文献：*Bork*, Wissenszurechnung im Insolvenz（anfechtungs）recht, DB 2012, 33 ff.; *Geißler*, Die Zahlungsunfähigkeit und die diesbezügliche Kenntnis des Leistungsempfängers innerhalb der Deckungsanfechtung des §130 InsO, ZInsO 2017, 297 ff.; *Kirchhof*, Die Anfechtung „ermöglichender" Deckungshandlungen nach §§ 130, 131 InsO, FS Uhlenbruck, 2000, 269 ff.

301　向破产债权人给予担保或清偿，或者使此种担保或清偿成为可能时，便涉及同等清偿撤销，即“同等撤销”（Kongruenzanfechtung）（第 130 条）。如果可被撤销的行为仅仅是为清偿做准备，则发生“使清偿等变得可能”。

同等撤销的**概念**事实上意指，债权人享有担保及清偿请求权：该请求权和其效果是“同等的”。但这并不准确，因为第 130 条也必然包括“不同等的”清偿。因此，更准确的说法是“清偿撤销”。但是，自多数情况故意损害撤销的广泛适用下，清偿撤销的实践意义严重回落。

同等担保的**例子**：S 完成对 G 的 3000 欧元的请求权支付履行。因银行之前所提供的贷款，S 已同意给予银行土地债务并且之后，事实上在危机时对银行设立了土地债务。为了担保贷款债务，S 向其银行让与了其对 D 的债权，但却被授权保留收取该债权的权利，S 向其银行转交了所收取的现金：存在贷款债务的同等支付；银行采取不受撤销影响的措施时，可能会自行向 D 收取，即在撤回收取授权后（*BGH NZI 2006, 403 f.*）。

当债务人承认诉讼债权并协助债权人取得执行名义或协助执行时，便使得清偿“可能”。较为常见的是，因债权人在危急时期设法取得了主债权或反债权，从而取得**抵销事实**（→边码 *196* 及以下）。是否为同等还是非同等的行为，从立法中无法推断出来。司法判例认为有疑问时，按非同等处理，即只有当撤销权限产生于参与人之间的——明显特别的——“法律关系”时，才存在同等（*BGH NZI 2006，346*）。根据中间观点必须区分，谁首先负有义务：抵销权人（然后为同等）还是破产的债务人（然后为非同等）。但是，一般赞成同等的更多，即支持根据第 130 条为可撤销（*Jaeger/Windel InsO § 96 Rn. 59*）。

债务人的该“同等”行为只是看起来无害。当在出现支付不能后发生该行为时，损害了所有其他债权人的“破产请求权”（*→边码 12*）。另一方面应允许债权人在一定时期后相信取得成立（之前立法者的观点，参见*→边码 323i*）。因此，只有当债权人已证明其没有再请求特别利益时，债务人的行为才可被撤销。第 130 条第 1 款第 1 句区分了两种情形：

- 第 1 项的前提是，**在破产申请前的最后 3 个月内**作出法律上的行为， 302
  债务人在该时间内发生支付不能（*→边码 109 及以下*）并且债权人已知道发生支付不能时。

如果破产管理人可以举证如下，即可证明在撤销程序中支付不能：在关键时刻存在到期债务，截至程序启动时债务人至少可以不再清偿该债务的 10%。不适用于，如果当时具体情况允许认为，债务人将可以及时清偿未付款（*BGH NZI 2007，38*）。

- 第 2 项的前提是，**在启动申请后**发生法律上的行为并且债权人已知 303
  道启动申请或者知道支付不能。虽然破产申请不强制等同于支付不能。但破产申请一定是一种警示，因而应当作破产。如果之后才出现支付不能（因此申请提前了）或提出申请不是因为支付不能，而是因为资不抵债时，也构成知情（*HK-InsO/Thole § 130 Rn. 28*）。

但问题是，债务人提出申请并且基于濒临破产（第 18 条）时。濒临破产与“实质”破产没有足够的关联，因此认识到濒临破产时也不足以构成。因此要对第 130 条第 2 项——合目的——作限缩解释（*Gerhardt FS Brandner，1996，617*；有争议）。

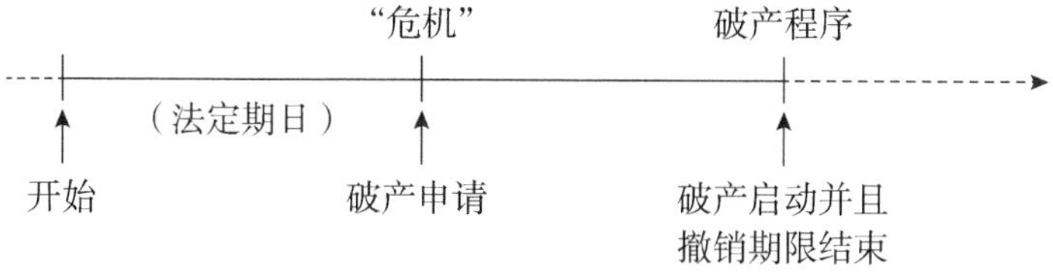

图 22-1　撤销期间（怀疑期）

304 当债权人知道发生支付不能等事实并且从中得出合理结论时，便构成**债权人知情**。但根据第 130 条第 2 款知道迫使造成支付不能或启动申请的情形也构成知情。

例如：对于支付不能的情形：未遵守支付允诺；必要时还包括尽管存在强制执行的威胁但仅部分支付或在破产申请威胁下或申请提出后才履行支付（*BGHZ 149，190*）；较长时间不缴纳社会保险费（*OLG Celle ZInsO 2002，980*：因《刑法典》第 266a 条）；对于工资受领人（涉及雇主无支付能力）有保留参见 *BAG ZInsO 2012，275 ff.*；对于启动申请的情形：其他债权人可信的通知，"明天要去提出破产申请"，没有受益者证实是否会真正发生时。

对于亲近之人甚至可以推定知情（第 130 条第 3 款）。对此，管理人仅须证明客观的撤销前提。

问题：破产程序启动前一周 S 从 G 处取得半成品，而 G 已知道 S 支付不能，S 向 G 转账以支付该半成品的价款，管理人是否可以根据第 130 条撤销转账?

不可以，因为 S 的行为明显属于第 142 条中的现金交易（→边码 *296*）。现金交易特别排除同等撤销。同等撤销也绝不以现金流通为前提。

案例 5（加深）：因 S 不再可以支付，债权人 G1 于 7 月对 S 的财产提出启动破产申请。但 S 在 9 月时还清偿了 G1 的债权。因此 G1 宣布"完结"其启动申请。G2 在 11 月提出了破产申请并导致破产程序启动。管理人可以撤销向 G1 的支付行为吗?

参考答案：可根据第 130 条第 1 款第 1 句第 2 项撤销吗？为清偿 G1 而为的给付发生在启动申请后。G1 自己提出破产申请并不重要。从第 139 条第 2 款第 1 句也可以得出，如果提出了两个破产申请时，之前的申请对第 130 条第 1 款第 1 句第 2 项已具有决定作用（*BGHZ 149，180 f.*）。另一方面，该规则以可能导致启动的申请为前提：之前撤回、撤销或宣布停止的申请不足以构成（*Wazlawik NZI 2009，368 ff.*）。

可根据第 130 条第 1 款第 1 句第 1 项而撤销吗？S 在申请前的 3 个月内对 G1 进行了支付。在 S 出现支付不能后，也进行了支付；另外，S 之后的支付不再可以改变其支付不能的境况（→边码 *110*）。问题是，管理人是否可以证明，G1 在向其支付时知道支付不能。因为允许 G1 主张，从 S 还可能提供支付的情况得出，S 可能已恢复支付能力。但这是不够的：谁作为债权人和申请人在申请后还可以从债务人处取得现金，知道这通常是因为避免破产程序而发生，并且剩下的债权人也绝不可能取得同样的清偿。其还知道，S 的支付不能绝不可能完全恢复（*BGHZ 149，189 f.*）。

三、非同等的撤销（Inkongruenzanfechtung）（第 131 条）

参考文献：*Berger*, Insolvenzanfechtung der Nachbesicherung von Krediten, ZIP 2010, 2078 ff.; *Berbuer*, Inkongruenz durch Drohung des Gläubigers nicht nur bei Drohung mit Zwangsvollstreckung oder Insolvenzantrag?, NZI 2016, 717 ff.; *Jacoby*, Globalzession gerettet–Handlungsbedarf bleibt, ZIP 2008, 385 ff.

如果向破产债权人提供担保或清偿或使之成为可能，而破产债权人不必请求担保或清偿时，撤销得以简化（第 131 条）。因为与破产债权“非同等”的好处**令人可疑**并且可能表明，债权人已知道债务人处于“危机中”。 305

如果债务人明知支付不能，而通过不同等的偿付故意或有意使某个债权人优于其他债权人受益时，甚至要**受到处罚**。但还必须出现停止支付，启动破产程序或由于财团不足而驳回申请（《刑法典》第 283c 条第 1 款、第 3 款）。

1. 不同等

不同等的原因在于，债权人根本“**无须请求**”支付。例如当债权超过诉讼时效（《民法典》第 214 条）或合同形式无效时（合同可能通过履行而变得有效：例如根据《民法典》第 766 条第 3 句）。而且，根据第 129 条及以下撤销了负担行为（Verpflichtungsgeschäfte），最终不允许发生清偿。 306

例如：租赁合同中，债务人负担不合理的高额租金时，该租赁合同可以被撤销（第 132 条第 1 款第 1 项）。如果管理人之后撤销了该合同，则该合同也不能成为危机中支付租金的基础。

对担保的请求权并不因债务人负有履行责任而产生。两者应作出严格区分。因此，必须对债权人单独同意给予担保或债权人依法享有担保。对此，当在给予担保（不久）前（→*边码 292*）同意承担担保义务，似乎已构成。但一般“在最后时刻”发生的该义务不予以考虑，因为根据第 131 条其也应该被撤销（*MüKoInsO/Kirchhof* § *131 Rn. 10*）并且必要时可根据第 132 条撤销。因此可以看作经验法则（Faustregel）：如果在每个撤销期间开始时没有产生担保请求权，担保便是不同等的。此外根据主流观点，该请求权必须被具体化：为其设立的有因行为应明确或者至少可辨认担保标的。

在**银行的质权一般交易条款**中不存在该请求权，因为客户所有请求权整体受其约束：不同等担保（*BGH NJW 2002, 1722 f.*）。

但**循环的概括转让**（→边码 371）还应属于同等清偿撤销，尽管目前担保合同所含债权大部分还未被具体化，但大多无法预见哪些债权将代替原来通过履行而消灭的请求权（*BGH NJW 2008, 430 ff.*; *Piekenbrock WM 2007, 141 ff.*）。但第 130 条损害到银行：只有银行在得知支付不能时，便不再取得不受撤销影响的新债权。因此银行将快速撤回给予债务人收取（仍不可撤销而取得的）客户债权的授权，并且必要时终止还未被完全担保的贷款。提前转让下延期所有权保留同样应该是同等的（*BGH NZI 2011, 368 f.*）。

307 根据主流观点，**强制执行**（对此参见第 141 条）仅可使他人获得非同等清偿。持赞成观点的人认为，债权人仅基于扣押质权可以取得执行收益，但是债权人显然同样“不必请求”该项质权（作为担保，参见第 50 条第 1 款）。现金扣押时是有疑问的。因为根据《民事诉讼法》第 815 条第 3 款取走现金被视为债务人的“支付行为”；这似乎表明也允许同等清偿。但联邦最高法院强调，立法者对债权人的（整体）执行行为明确评价为不同等；通过“国家强制措施”进行清偿可能有失体统（*BGH JZ 1998, 307 ff. m. Anm. Münzberg*）。如果债务人为避免开始的强制执行或有强制执行危险而给予支付时，甚至也可以适用上述规则。

所有这些很难有说服力。先前的《破产清算法》追求其他的目的；《破产法》对此也没有回避（参见 *Foerste FS Musielak, 2004, 152 ff.*；有争议参见 *Hoffmann, Prioritätsgrundsatz und Gläubigergleichbehandlung, 2016, 123 ff.*）。相反在撤销法改革中，人们甚至明确考虑，通过强制执行而取得清偿不属于不同等的清偿（*BT-Drs. 18/7054, 16 f.*）。为了允许享有特权的财政局和社会保险机构自行执行，而不是让某债权人面对其他债权人时受益（*BT-Drs. 18/11199, 11*），法律委员会拒绝上述说法。但目前为止的法律也没有被改变。

308 通常“**不必要请求同种类**”清偿：例如债权人获得客户支票而非现金，债务人对其供应商（间接给付）或对货物的债权（给付代替履行，《民法典》第 364 条）。相反，毋庸置疑，交易中常见的是，债务人以转账代替现金给付或交付自己的支票。如果“只是”保证担保转让而不包括微小的改变（例如所有权担保代替质权，抵押权代替土地债务），则担保让与也可撤销。

309 “**不必要及时请求清偿**”指的是附延缓条件或没有到期（例如延期）的请求权的履行。同样适用依赖于特定情形还未出现的担保承诺下的担保。

2. 撤销期间

第 131 条第 1 款区分了 3 个时间阶段的不同债权： 310

- 第 1 项包括**在启动申请前的最后 1 个月或启动申请后**所为的法律上的行为。在此不取决于是否支付不能或撤销相对人是否知道。由于所获清偿的不同等所以满足下列条件即已足够，当损害行为发生后不久“必须”已成功提出破产申请（→边码 *306*），或者当行为发生前已提出破产申请时。

问题：通过破产债权人所实行的强制执行是否受第 131 条第 1 款第 1 项的约束？

根据主流观点，第 131 条、第 141 条也适用于此（→边码 *307*）。但第 131 条第 1 款第 1 项的期间与第 88 条第 1 款中的追溯禁止一致。该条虽然仅包括债权人的担保（→边码 *169*），但依法产生不必再主张可撤销的效力。当然重要的是，当 3 年的撤销期间（第 146 条第 1 款）——没有起诉（→边码 *338*）——经过时。

- 第 2 项包括**启动申请前的第 2 个或第 3 个月内**的法律上的行为，如果债务人在行为时已发生支付不能。在该早期的时间阶段内，不同等虽然不应代替支付不能，但债权人是否知道破产则无关紧要——“因不同等的取得具有重大嫌疑”（《破产法政府草案的说明》，第 159 页）。 311

问题：如果 3 月 1 日通过扣押使清偿成为可能，在 4 月 5 日结束清偿并且 7 月 1 日提起了破产申请，则通过强制执行而得到清偿是否可被撤销？

不可以（*Uhlenbruck/Ede/Hirte InsO § 131 Rn. 62*）。在财团于第 131 条第 1 款第 2 项的期间前已因扣押质权（别除权）承受负担后，即取得扣押质权不可被撤销后，从扣押物中清偿对债权人不再造成不利（第 129 条）。

- 第 3 项适用于**启动申请前的第 2 个月或第 3 个月内**的法律上的行为，当债权人在行为时知道，该行为对其他债权人不利时，即其他债权人清偿的希望发生恶化。相反意味着：尽管相对较早期间实行行为，但当不同等和故意造成的不利同时出现时，甚至不需要出现支付不能（“实质”破产）。 312

对不利是否知情或许很难证明，但第 131 条第 2 款的双重减轻举证有助于管理人：在此，对相关“情形”知情已足够（第 131 条第 2 款第 1 句；→边码 *304*）。并且与行为时的亲近之人所为，甚至可以推定该亲近之人知情

（第 131 条第 2 款第 2 句）。

案例 6（巩固和加深）：因 8000 欧元的购买价款请求权，G 取得对 S 的执行通知书（Vollstreckungsbescheid）。基于 G 的申请，执行法院扣押了 S 对其雇主 DS 的工资请求权并向 G 给予转账。于是，DS 每月向 G 支付工资扣押部分 305.34 欧元。6 个月后，破产申请随之而来，不久后基于该申请对 S 财产启动了破产。法律状况？

参考答案：工资扣押（根据《民事诉讼法》第 829 条第 3 款于送达时生效）也包括 S 于下个月才取得的工资请求权（《民事诉讼法》第 832 条）；对继续性的请求权的扣押，只有当其产生时才生效（→边码 *292*）。因此，对先前的工资请求权的扣押是生效的并且几乎不可被撤销。相反，于破产申请前的第 1 个月内和破产申请后至破产程序启动前生效的扣押，根据《破产法》第 88 条无效，除非因转付（《民事诉讼法》第 835 条）和 DS 定期支付，扣押已导致对 G 的清偿（→边码 *169*）。当然要受到破产撤销的约束，必要时甚至在进一步范围内：根据第 131 条、第 140 条第 1 款、第 143 条第 1 款最早在破产申请前的 3 个月内到申请后破产程序启动时（→边码 292、边码 309）。破产程序启动后 G 的每项执行措施都是无效的（第 89 条第 1 款）。虽然破产前执行扣押，但有争议的扣押也可以产生部分效力，当事后产生工资债权时。就此第 91 条第 1 款也阻止，G 还取得对财团的质权（*Jaeger/Windel InsO § 91 Rn. 67*）。结果是，破产管理人可以要求 G 返还某些取得的支付。

附注：往来账户结算的撤销（Kontokorrentverrechnungen）

参考文献：*Bork*, Kontokorrentverrechnung und Bargeschäft, FS Kirchhof, 2003, 57 ff.

313 实践中非常重要的是返还到"借方"账户的可撤销性。在债务人和开户行的转账账户关系中，往来账户协议包括每一项返款（Gutschriften）和预付（Lastschriften），因此该协议可以被结算并且余额可以被确认。余额随着定期结算而产生（《商法典》第 355 条）。随着破产程序的启动，往来账户协议消灭，因此不再允许结算（参见→边码 *269* 及以下）。破产程序启动前，结算可以对其他债权人造成不利。因为允许银行因其对债务人的请求权而提前被清偿。如果该账户余额为负，则银行享有继续性清偿的请求权，当对于债务人来说（例如通过向债务人转账）存在返款请求时（《民法典》第 675t 条第 1 款），该返款与往来账户相关联并且在下次结算时减少债务余额。但是，当银行作为后期的破产债权人通过可撤销的法律上的行为而取得结算时（第 96 条第 1 款第 3 项；→边码 *197*），在危机中进行结算（如同抵销一样）是不允许的。这首先取决于，是否结算导致了同等还是非同等的清偿，根据主流观点即取决于，当债务人取得返款请求权时，是否银行享有余额为负时的余额返还到期请求权。如果银行因透支贷款（《民法典》第505条），终止贷款或附有结束期限的贷款而享有请求权时，无论如何该清偿属于同等清偿。

通常客户受**贷款限额的限制**，在该限额范围内，客户根据其意愿可以支配已返款的金额。例如：贷款限额为500,000欧元；在危机开始时（3月5日），债务人请求借款380,000欧元并且债务人于提交破产申请时（4月4日）的借款降至240,000欧元；在同一月度内发生的记入贷方数额为400,000欧元并且记入借方数额为260,000欧元。出发点：只要未终止贷款限额，要求返还债务余额属于未到期请求权（主流观点）。从而支持非同等的清偿。但联邦法院的司法判例仍然进行了如下区分：

（1）**这些结算**原则上应该给予同等的清偿，因为这基于银行和债务人的约定并且服务于不设置贷款限额（*BGHZ 150, 126 ff.*）。原则上结算甚至应该完全排除撤销，即可以作为“现金交易”（第142条；→边码*296*）：每次的返款和重新提供贷款（通过要求贷款限额）属于给付和对待给付的关系。使债务人在危机期间的某些法律行为成为可能的目的，可以支持现金交易的观点。相反如果存在撤销的危险，银行会立即终止所限制的贷款范围（*BGHZ 150, 130 ff.*；进一步参见*Kirchhof ZInsO 2003, 154 f.*）。正确的是不认为是现金交易（作为交换合同）。但是反对撤销的人认为，只要在返还债务余额时流入银行后再次由债务人支配时，银行最终便没有受益（参见*Heublein ZIP 2000, 171 f.*; *Bork ZBB 2001, 275 f.*）。

（2）以危机期间**债务余额被返回**为限，不予适用，因为结算的收入大于支出（比如案例：到4月4日债务减少了140,000欧元）。在此范围内债权人受到不利，尤其是通过不同等的清偿，因为银行不享有返回余额的请求权并且就此银行不再让债务人支配入账［*BGHZ NZI 2002, 311 (312f.)*；对于结算期间参见*BGH NZI 2011, 675 f.*］。

只有140,000欧元的结算可被撤销，但对此根据第131条第1款第1项。

四、直接撤销（第132条第1款）

债务人的法律行为可根据第132条第1款被撤销。当然，这不适用于 314

引起对债权人担保或清偿的行为：第 132 条第 1 款——但从字面上隐藏了该信息——与第 130 条及以下相比仅属于堵截构成要件（Auffangstatbestand）（《破产法政府草案的说明》，第 159 页）。如果在启动申请前的**最后 3 个月内**或启动申请后作出该行为，并且作出该行为时对方当事人知道债务人支付不能或破产申请时，其他的法律行为可以被撤销。在此也会减轻管理人对知情的证明责任（第 132 条第 3 款）。

学习提示：第 132 条第 1 款一直符合同等撤销。

但该法律行为必须直接对债权人造成不利（→边码 *295*）。

例如：S 豁免一项债务，接受一项费用过高的贷款，过于便宜地出租，较长期地（免费）出借；S 承担一项担保（并且降低了到目前为止的债权人的清偿希望）；S 终止一项对其来说有利的贷款；S 因错误撤销一项对其有利的交易。

S 委托 P 建立工业设施；破产申请后，P 想在 S 除了支付相关的报酬外也向 P 清偿旧的债务下，才继续工作；通过答应从该项承揽中（仅）获得间接受益，S 对此表示同意。根据联邦法院，该受益与 S 的受害人间接相关，因此该约定对 S 的受害人直接造成不利（*BGHZ 154, 194 ff.*）。

复习巩固：S 于危机时期向 G 让与了他的货车，而 G 知道 S 已支付不能。该行为可以撤销吗？

这依据具体的情形而定：该让与似乎为法律行为并且（直接）财产流失要受到第 129 条、第 132 条第 1 款的约束。当然，如果是为了履行于危机前缔结的买卖合同时，则第 132 条第 1 款不可适用（参见上文）并且至少对 G 的清偿可以根据第 130 条或第 131 条而被撤销。如果购买不久后发生转让，则根据第 130 条作为合理的现金交易（→边码 *296*）无论如何不可被撤销，也不可因第 132 条第 1 款而被撤销。

五、债务人其他法律上的行为（第 132 条第 1 款、第 2 款）

315 第 132 条第 2 款将撤销延伸至债务人特定的“法律上的行为”。规定也只是堵截构成要件，即可由第 132 条第 1 款在担保和清偿时所代替（第 130 条及以下）。该规则并没有很清晰作出规定：其需要有别于第 132 条第 1 款中的法律行为（Rechtsgeschäft）以外的“其他”行为。实际上仅考虑到**诉讼行为和不作为**。

该行为必然产生一定的**后果**：

• 债务人丧失权利。

例如：债务人任由，所有权的取得时效通过占有人而中断，《民法典》第 941 条；根据《汇票法》第 44 条债务人忽视汇票拒付书并且因此没有取得相应的权利。

• 债务人不可以再主张某项权利。

例如：债务人不对一项不正确的判决提出法律救济措施，或者债务人任由债权人——根据《民法典》第 204 条第 1 款——停止诉讼时效。

• 取得对债务人和财团有关的请求权。

例如：债务人可以通过解除或因错误而撤销从而摆脱合同，但债务人不作为或不及时作为。

• 可以执行对债务人的财团有关的请求权。

例如：债务人不提起其有权享有的抗辩，例如诉讼时效抗辩。

这必须给债权人造成不利。一般甚至对债权人造成直接不利；但是——不同于对第 132 条第 1 款——这并不是必要的（《破产法政府草案的说明》，第 159 页；主流观点）。另外，第 132 条第 1 款还保留下列要求：如果债务人的行为发生在“**危机时**”并且“另一方”（受益者）当时满足第 132 条第 1 款中的**知情**要件时（→边码 *314*），债务人的行为才可被撤销。

六、资本维持时的撤销

1. 股东的清偿贷款请求权（第 135 条）

参考文献：*Krämer*, Die Rückzahlung covenantgestützter Kredite im Spiegel der Insolvenzanfechtung, 2015; *Marotzke*, Darlehen und sonstige Nutzungsüberlassungen im Spiegel des §39 Abs. 1 Nr. 5 InsO, JZ 2010, 592 ff.; *Thole*, Neues zur Doppelbesicherung und §135 Abs. 2 InsO, ZIP 2017, 1742 ff.

根据第 135 条撤销适用于法人破产。其补充了**资合公司法**。为维持股本而禁止将公司的必要财产支付给股东（《有限责任公司法》第 30 条第 1 款第 1 句；大多数情况下只是在对股东享有等价的对待给付请求权时有所不同）。股东的追加出资，只有非为弥补基本资本的亏损所必需，才允许返还给股东（《有限责任公司法》第 30 条第 2 款）。相反，如果仍对股东进行了支付，则必须返还给公司（《有限责任公司法》第 31 条第 1 款）。 316

因此，当公司陷入困境时，股东想回避追加出资。

317 股东更愿意提供贷款或其他资金支持。但公司仍发生破产的并不少见。之后**返还贷款请求权**实际属于破产债权：股东和所有其他债权人处于同等地位并且有权要求按份额清偿。但这通常并不合理。因为一方面导致公司尽管存在已知的危机还可以继续经营，另一方面股东并不想为此筹集必要的资金。因此根据第 39 条第 1 款第 5 项，股东的返还贷款请求权属于**后顺位**的，即在最后顺位被清偿；因此该请求权一般是无价值的。这不仅适用于资合公司，而且也适用于对公司债务最终不需要负个人责任的人合公司（进一步参见第 39 条第 4 款第 1 句）。

同贷款一样的债权也属于后顺位债权。

例如：（1）担保权人的追偿权：如果尽管存在危机有限公司还应取得贷款时，股东因此为返还请求权提供担保并且事后银行要求其提供担保时，股东可以要求有限公司给予补偿，例如根据《民法典》第 774 条第 1 款第 1 句。但是股东的破产请求权（→边码 *64*）将处于后顺位。

（2）使用补偿：股东可能已向有限公司使用出租或用益租赁价值高昂的货物。有限公司破产时，股东虽然可以取回货物，但对未付租金享有的债权应属于后顺位债权（进一步参见 *Marotzke ZInsO 2008，1281 ff.*）。

318 但是，后顺位通过下述情形会有**例外**：

- 重整特权，即公司（濒临）破产的时刻，为了获得重整而取得公司的股份（第 39 条第 4 款第 2 句）。
- 股东的小额参股特权，即以最多 10% 参与公司的责任资本并且不是公司的业务执行人（第 39 条第 5 款）。

319 另一方面，根据第 39 条第 1 款第 5 项股东后顺位应该符合公司债权人的**优先请求权**。如果有限公司获得贷款，股东担保偿还该贷款，则有限公司破产时虽然银行实际上有权选择，是否作为破产债权人请求债务人偿还，还是实现该担保，例如针对担保人或通过质权优先受偿（第 43 条、第 52 条）。但对此第 44a 条规定了例外情形：银行仅允许以担保变价后还未付的数额来申报对债务人的破产债权。这保护了资合公司的财团。

320 当然，所提及的规则和**破产撤销**没什么关系。只有资合公司丧失了财产时，才需要撤销。之后对**受益的股东**进行撤销：

（1）根据第 135 条第 1 款，如果第 39 条第 1 款第 5 项（→边码 *319*）

中的**股东返还贷款请求权**或相同债权**被清偿或被担保**（例如通过担保让与）时，可以被撤销，可能在启动申请后或先前期间内作出该法律行为。对于担保（10 年）来说很大程度上长于清偿的情形（1 年）。但这有其意义，因为担保可能不引人注目，因而对公司债权人产生特别大的威胁。

因股东于一年期间开始前可以对担保（第 1 项）进行变价，因而出现清偿（第 2 项），则较长的撤销期间同样应该被适用（*BGH ZInsO 2013, 1573 ff.*；有争议）。

（2）**股东作为担保人被免除债务时**，根据第 135 条第 2 款可以被撤销，即包括——参见第 135 条第 2 款——虽股东对请求权已提供担保或作为担保人承担责任，但资合公司在破产申请前的上一年清偿了外部贷款人（“第三人”）。首先应由股东承担责任（第 44a 条，→*边码 319*）。但这不属于上述撤销情形并且股东通过还贷——作为清偿被担保的请求权——甚至被免除责任，但现在必须向“财团”偿还公司的给付（免除的价值），即向破产管理人——当然仅以其设立的担保额为限（第 143 条第 3 款）。 321

2. 隐名合伙人的出资（第 136 条）

谁参股了隐名合伙（《商法典》第 230 条），如果对损失不承担共同责任（对此参见《商法典》第 231 条第 1 款），在营业所有人破产时可作为一般破产债权人要求返还出资（《商法典》第 236 条第 1 款）。相反，如出现对隐名合伙人**返还出资或豁免其承担损失的份额**，则可以被撤销，如果在危机时产生相关的约定，即启动破产申请前的最后一年内（第 136 条第 1 款）。 322

但是，第 136 条第 2 款规定了一项重要的例外，即当启动原因——“实质”破产——在约定之后才出现时。当然需要由隐名合伙人对此进行证明。

七、故意损害撤销（第 133 条）

参考文献：*Ede*, Die Vorsatzanfechtung gegenüber dem uneigennützigen Leistungsmittler, ZInsO 2012, 1541 ff.; *Lütcke*, Der Begriff der Rechtshandlung im Rahmen der Vorsatzanfechtung, NZI 2017, 701 ff.

1. 实践意义

之前主要涉及特别的破产撤销。现在回归到一般的撤销情形——故意和赠与撤销。可能通过单独强制执行法已知道该撤销（参见《撤销法》第 3 条及以下），但该撤销对破产程序也具有重大意义。在此故意损害撤销 323

（第 133 条）甚至成为**最重要的撤销事由**，即通过《法官法》后整整 10 年以来，因 2017 年 4 月 5 日第 133 条的新规定。该撤销包括债务人所为的故意对债权人产生不利的法律上的行为，并且当“另一方”（一般是受益方）在行为时知道债务人的故意时。这可能同时涉及不同的案情。

2. 传统的适用范围

323a 一直以来故意损害撤销针对容忍其**债权人的损失**下债务人的阴谋，例如针对向新的家庭成员、朋友或代理人转移财产。类似行为甚至要受到处罚（*Bankrott*,《刑法典》第 283 条）；参与人中没有特别需要保护的。因此撤销溯及时间特别长：自——如同其他大多数的撤销事实构成——“破产程序申请启动”时（进一步参见第 139 条）起 10 年内（第 133 条第 1 款）。但该期间延长至“申请后”，即至程序启动前。

323b 第 133 条的**主观要件**是故意给债权人造成不利——默视同意即构成——并且受益人对此知情。对该要件的证明通常会比较难，但将在不同程度上进行简化。

第 133 条第 1 款第 2 句通过推定使证明简化，即当受益人至少知道债务人即将支付不能（第 18 条第 2 款）并且知道债务人的行为损害债权人的利益时，便推定为受益人知道债务人具有造成不利的故意。但根据司法判例，在上述前提下还应该推定债务人具有造成不利的故意［*BGHZ 167, 190*（*195*）：对债务人不可以比对债权人适用更加严格的要求；有疑问］。

此外，证明表征便可以成功撤销（参见 *MüKoInsO/Kayser* § *133 Rn. 38a f.*）。

323c **对亲近之人**的故意损害撤销证明将被极大地简化（第 133 条第 4 款）：和亲近之人（→边码 *300*）订立的有偿合同可立即被撤销，如果该合同对债权人产生直接不利时。

例如：S 仅以 9000 欧元向其侄子转让了其所属的价值 12,000 欧元的货车，因此财团损失了 3000 欧元。

因为该交易非常令人怀疑。与此不同的是，当合同在破产申请的前 2 年订立时或当亲近之人并不知道债务人故意造成不利时。这并不当然阻止管理人，至少基于第 133 条第 1 款实行撤销。

问题：根据第 133 条第 4 款第 2 句谁必须证明该排除情形？——因该排除情形作为第 133 条第 4 款第 1 句的例外加以规定，所以必须减轻亲近之人的负担。原因在于该撤销的力度。这是必要的，例如合同被追溯。相应的疑虑带来的风险应由亲近之人承担。

3. 潜在破产债权的清偿

当债务人以后来的破产财团优先清偿了所选的债权人时，或许也适用故意损害撤销。上述“清偿撤销”（Deckungsanfechtung）即可涵盖该情形，即“同等撤销”或“非同等撤销”；但上述情形（自破产申请起）最多溯及既往3个月（第130条及以下；→边码*301*及以下）。就故意损害撤销也约束清偿而言，虽然不能追溯10年，但至少可以追溯4年（第133条第2款）。因此始终**比清偿撤销更加严格**；为了更加强化财团。 323d

当然，故意损害撤销的某些前提要求很高，或许也很难被证明。也允许破产管理人选择依据清偿撤销：**第130条及以下、第133条**的撤销事由可**累积适用**（仅当解释表明事实应被撤回时不予适用）。

清偿损害撤销的**客观**前提是，债务人提供了“担保或清偿”（第133条第2款、第3款）——显然使某个债权人在没有获得该好处时，事后破产程序启动时只能作为未被担保的破产债权人，并且因而只能期待取得传统上的破产比例（3%—5%）。该潜在的破产债权得以履行（《民法典》第362条及以下）或被一直担保；如果债务人设法创造抵销的最好机会从而至少使清偿或担保成为可能时也可以被撤销（参见→边码*301*）。每项该受益将给所有其他债权人造成不利，因为其减少了之后的财团财产，使其他债权人分配到的破产份额比应该分配到的份额少。 323e

该清偿必须始终基于债务人的行为。因此，**强制执行**只是因债权人的推动而发生时，**不足以构成**（主流观点）。应考虑的其他情况是，当债务人同样促使强制执行时：通过债务人的行为或具有相同效力的不作为，例如在取得强制执行名义时（*BGH NZI 2017, 926*；→边码*30*及以下）或通过向法院执行员签发支票。根据联邦最高法院甚至在没有法官的命令下容忍一项搜查也构成（*BGH NZI 2011, 250*）。当然，因为债务人一直继续进行商业经营并且同样继续以该银行账户发送账单时，在扣押账户（通常也包括未来的存款）之后，刺激债务人继续向该账户转账不构成（*BGH NZI 2017, 715 ff.*）。如果债务人只**是屈服于直接执行**的压力，则不构成故意行为。 323f

例如：债务人自行向法院执行员公布其支配的现有现金时，债务人只是有权选择支付还是容忍执行，*BGH NZI 2012, 658*。

如果债务人不再相信，在规定的时间内可以清偿所有债权人时，就存在债务人S对不利的相关**故意**，因此考虑破产并且在之后知道和放任，比如完全清偿债权人G将造成所有剩余债权人获得更少的清偿份额。特别是 323g

当S已经处于支付不能且肯定知道该情形时。如果S知道其濒临支付不能时，也可能构成故意（→*边码 323b*）。

一直以来毫无疑问，撤销适用于“**不同等清偿**”（→*边码 306 及以下*）。在该类案件中，债权人没有正确取得其应享有的物，而是例如不是所负债的现金而是客户支票或不是到期时的现金而是几个星期前的现金。诸如此类总是格外显眼。对于不利的故意和知情可以有更多的“证据标志”。

以**强制执行**归责于债务人为限（→*边码 323f*），则要问债权人是否已为恶意，因为这完全依赖国家的帮助。相反，反对观点认为，债务人迟延也属于不同于支付不能的其他原因。对此，有其他具体的事实佐证时，才可判断执行人员对此知情（*BGH NZI 2017, 718 ff.*）。

4. 同等清偿的特点

参考文献：*Krämer*, Die Rückzahlung covenantgestützter Kredite im Spiegel der Insolvenzanfechtung, 2015; *Maier*, Die neue Beweisvermutung des §133 III 2 InsO: unpräzise, unrealistisch und untauglich, ZInsO 2015, 2262 ff.; *Pape*, Anfechtungsfeste Leistungen im Rahmen eines ernsthaften Sanierungsversuchs des Schuldners, ZInsO 2017, 114 ff.; *Urlaub/Rebel*, Vermeidung von Anfechtungsrisiken..., ZInsO 2017, 1136 (1138 ff.).

323h 破产债权人也会因同等清偿而遭到不利，即当债务人尽管在支付不能的情况下仍准确地向某债权人进行其应享有的履行时，或者至少对其进行了部分清偿时。因为这也会不断减少债务人的财产（由于破产，债务人的财产不能再被增加），所以也降低了事后启动的破产程序中对剩余债权人的清偿。该情形非常重要，也经常发生。对此在第130条第1款第1项中——债权人之前已经知道支付不能时——也已经规定了同等撤销，当然仅在破产申请前的最后3个月发生给付时。比这还早的给付——尽管接收人为恶意——显然是被允许的。因此似乎不能完全被撤销。

事实上之前已有此观点。在《破产清算法》中，同等撤销便限制于短期（非常晚的）期间内——显然，为了保障危机中还可取得清偿的债权人一定的法律安定性。但是，《破产清算法》——如同《破产法》还规定了故意损害撤销，而故意损害撤销涉及的期间更长。如果人们在同等撤销之外还适用了故意损害撤销，则立法者对**同等撤销**进行明确界定的决定则要**被取消**。并且立法者对此很清楚：1877 年的《破产清算法草案的动议》已说明，债务人已知其破产还向急切的债权人清偿时，几乎不为“欺诈”行为；原则上在此也应该不予考虑故意损害撤销。《破产法》（1999 年）也没有对此进行修改。因此，司法判例——120 年来——仅在例外情况下允许同等清偿下的故意损害撤销：当这些行为“不正当”时。但自 2003 年起，联邦最高法院放弃了该判例，但也采取了谨慎的态度并且未给出合理事由（*BGHZ 167，195*；进一步参见 *Foerste ZInsO 2013，897 ff.*）：自此，第 133 条应补充同等撤销；因此同等清偿也可以被撤销，如果清偿发生在破产申请前 4 个月内（或者截止到 10 年内）——一个制度上的转变（参见 *Windel FS Kuebler，2015，820 ff.*）。这应该适用于因延期支付约定而流入的分期付款。鉴于债务人的危机，债权人所接受的延期支付约定（由此对造成不利的故意也知情——*BGH NJW 2015，1959*）。根据旧法第 142 条，不合理的情况下甚至现金交易也可被撤销（不同于此参见 *BGH NZI 2015，323*）。

这引起的不确定性导致某些不满；经济上要求政策上限制撤销产生的危险。但是该努力却遭到关键性的抵抗，尤其是破产管理人方面的，因为破产管理人的工作得益于自 2003 年起的法官法（也可以参考主要的文献，参见 *Bork ZIP 2014，1906*：“*Geschrei interessierter Kreise*”）。但是根据《破产法》和《撤销法》，颁布了《优化撤销时法律安定性立法》。该法改变了第 133 条、第 142 条并于 2017 年 4 月 5 日生效，但看起来只是细节上作了修改。关键是立法者很大程度上接受故意损害撤销向同等清偿的扩张——尽管联邦议院也许不承认，泄露了之前由其设立的对可撤销性的限制。这意味着：

如今，不再允许对已知道债务人支付不能的债权人履行：如同新规第 323i
133 条第 3 款中所明确规定，该履行原则上**包含在故意损害撤销中**，尤其当同等撤销（还）未对其约束时。就此第 133 条也有利于债权人平等对待。这当然比第 130 条第 1 款第 1 项要求多一点，因为根据第 133 条债务人现在也必须已知履行产生的不利后果，即支付不能；当然原则上应该如此，但债务人比债权人更了解自身的情形。由此根据第 130 条第 1 款第 1 项专门的同等撤销所承诺给受益的债权人的存续保护（Bestandschutz）将被阻止：现在很大程度上不再需要该撤销事由。

但根据新规**故意损害撤销的界限**在于： 323j

（1）这包括破产申请前的清偿行为，如所提及一般来说仅在破产申请前的**4 年**内（第 133 条第 2 款；更早的是：10 年）。

323k （2）以涉及同等清偿为限，还涉及参与人对出现支付不能的**主观要件**：只有当债务人知道其**已经支付不能**而不是濒临支付不能（根据司法判例目前已构成，→*边码 323b*）时，才可以证明因清偿而造成财产损失存在故意造成不利。第 133 条第 3 款第 2 句虽仅为推断受益人恶意而对此作出明确要求；但根据事实同时规定了债务人的故意，由此债务人资金损失前可自由决定，（还）想清偿哪些债权（*BT-Drs. 18/7054, 18*）。

债权人通过抗辩，可撤销的支付是为了**债务人重整**（例如重整咨询、重整投资等），可以排除双方知道故意造成不利进而知道支付不能的结论。因此在与债务人的约定中，人们只关心情况是否变好，也包括重新修复支付不能，并且因此最终不认为通过具体支付会造成对债权人的不利。但司法判例对认真的重整尝试的证明，成功前景的审查和启动的审查提出了严格的要求（*Pape ZInsO 2017, 114 ff.*）。

323l （3）也应该避免，由于债务人暂时的支付能力问题而以分期付款的方式履行，迎合债务人的债权人，而被视为恶意并且因而不得不担心该部分清偿被撤销。因此根据第 133 条第 3 款第 2 项在**分期付款合同**下受益人将被推断为不知情：在行为之时，即在每次获得支付时，其对债务人已经出现的支付不能并不知情。当债务人基于法定基础已对分期付款协议做好准备时，也应该对其进行保护，例如在执行尝试的范围内（《民事诉讼法》第 802b 条第 2 款；*Maier ZInsO 2017, 1705 ff.*）。当然破产管理人可以对推断进行反驳，例如通过证明债权人在每次接受支付时有足够的依据表明，其债务人（无论如何在此期间）已经处于第 17 条支付不能的状态（例如 *BGH ZInsO 2016, 628 ff.*）。

323m （4）如果清偿属于**现金交易**（→*边码 296 及以下*），则清偿与对待给付同时在很短的时间段内发生，清偿仍然可以被撤销，但只有当根据情形该清偿不公正并且受益人对此知情时（第 142 条结合第 133 条第 3 款）。不公正的原因不在于，随着清偿债权人的平等对待请求权受到损害，也不在于被怀疑的债权人通过这种方式被优先受偿；因为这使得撤销合法化。只因其他额外的情形才能判断不正当，例如以不正当手段阻止了向其他债权人清偿，因而向想要清偿的债权人的支付才得以成功。对此，人们可以联系到先前关于不公正判决的界限（参见 *Foerste NZI*

2006, 8 f.）。

区分：不应以同等清偿的可撤销性来混淆支付产生的赔偿责任，因虽出现资不抵债资合公司依然进行了该项支付，尽管这与一个正直商人的谨慎不再相符。对此，由公司的执行机构负责，例如业务执行人（《有限责任公司法》第64条第1句）——而不依赖于，禁止对债权人的支付可能会被撤销（*BGHZ 146, 278 f.*）。原因在于，企业的债权人因企业的责任限制而受到严重威胁（→边码 *91*）。 323n

5.“强迫清偿” 323o

强迫清偿，是指债权人（G）通过强制执行或破产申请威胁债务人进行清偿。如果支付发生在启动申请前3个月内，则根据联邦最高法院由第131条的非同等撤销所约束（→边码 *307*）。如果除此之外还可能构成故意损害撤销，则强迫清偿甚至可以包括申请前4年内（第133条第2款）。当然这取决于人们怎么使强迫清偿符合第133条规定的范围：如果强迫清偿也可以看作非同等清偿，则S向G支付即足够，尽管双方都清楚，S面临支付不能的威胁（→边码 *323b*）。相反，如果其满足同等清偿（为了避免国家执行措施，S一直“自愿”清偿），则S必须当时处于支付不能的状态并且G对该状态也知情；如果强迫清偿属于现金交易，其还必须是不正当的（→边码 *323m*），这绝对不存在，如果G只是用强制执行来威胁。还没有对该要求进行解释。

对于第133条旧有规定，联邦最高法院区分如下：仅以强制执行威胁时，应存在同等清偿，以破产申请威胁时，存在非同等清偿（*BGHZ 155, 82 ff.; 157, 253 ff.*）。

总之可以**避免故意损害撤销**，如果债务人开始没有支付，强制执行激化下接受支付或者在执行介入前才直接支付时。因两种情况几乎不可以被撤销（→边码 *323f*）。因此对债权人聪明的建议不应该是威胁债务人，而是“无情地”执行（*Jensen NZI 2011, 798 ff.*），但“仅可能先于破产申请前3个月”（因第131条）。当存在撤销风险时，替追索债权的债权人承担风险的律师有警示义务：委托人允许自行决定，是否愿意冒险，必须向破产管理人返还取得的现金并且之后支出无意义的费用（*BGH ZIP 2017, 1968*）。

八、赠与撤销（第134条）

参考文献：*Fiala*, Die Anfechtung unentgeltlicher Leistungen nach der Insolvenzordnung, ZInsO 2017, 1409 ff.; *Klinck*, Die Anfechtung unentgeltlicher Leistungen, ZIP 2017, 1589 ff.

324 债务人的无偿履行可立即被撤销。最终受赠人几乎不值得保护（参见《民法典》第 528 条、第 816 条第 1 款第 2 句、第 822 条）。例外情况是赠与价值较小［*BGHZ 209, 8（18）*：每个事由最多 200 欧元，每年最多 500 欧元］的日常节日礼物（第 134 条第 2 款；如生日或婚礼时等不经常发生的捐款）。如果赠与发生早于破产申请时起的最后 **4 年**前，则排除撤销。后者将由反对者来证明。如成功，则始终可以考虑适用故意损害撤销。

在**三方关系中**也可以适用第 134 条（*Huber ZInsO 2010, 977 ff.*）。

例如：G 对 D 享有请求权，D（a）处于支付不能的状态或（b）明天过生日。D 的女朋友 S 替 D 向 G 支付了该请求权。当之后 S（也）破产时，S 的财产管理人要求 G 返还现金。在该类案件中，如果债权人的财产没有损失而得以增加时，债权人才被“赠与”（参见 *BGHZ 174, 231*）。现在 G 丧失了对 D 的请求权（《民法典》第 362 条、第 267 条第 1 款）。如果 G 还可以（对 D）执行该请求权时，才存在损失。在案例（a）中，这是不可能的；G 在经济上并没有损失，因此 S 的支付对 G 来说确实属于好处：撤销介入。在案例（b）中 D 还可以自行进行支付。G 的请求权也是对价请求权，因此 S 的帮助导致相同金额的损失：不可撤销。

第四节　法律后果

参考文献：*Allgayer*, Rechtsfolgen und Wirkungen der Gläubigeranfechtung, 2000; *Eckardt*, Aspekte einer „Vorteilsanrechnung“ im Anfechtungsrecht, ZInsO 2004, 888 ff.; *ders.*, Anfechtung und Aussonderung–Zur Haftungspriorität des Insolvenzanfechtungsanspruchs im Verhältnis zu den Eigengläubigern des Anfechtungsgegners, KTS 2005, 15 ff.; *Kreft*, Der Rechtsweg für Insolvenzanfechtungsklagen, ZIP 2013, 241 ff.

一、返还请求

1. 法律本质

325 根据第 143 条第 1 款，通过可撤销的行为从债务人财产中所转让的、转移的或放弃的财产返还至破产财团。这听起来是一项简单的义务。然而破产撤销的后果一直以来是有争议的（进一步参见 *Haas/Müller ZIP 2003, 49 ff.*）。对此立法者不想进一步发表看法，尽管破产法上的返还义务被重新规定。

物权理论认为可撤销的处分无效或相对无效（对此参见《民法典》第135条及以下）。在《破产清算法》第29条中可以找到确凿的依据（"可能因对清算债权人无效……而被撤销"）。该观点被放弃（对其批判参见 *Henckel JuS 1985, 841*）。当然，需要考虑的是可撤销的交易相对无效，尤其在交易应对所有人生效时（*Marotzke KTS 1987, 22 ff.*）。

现在的观点认为撤销的交易还是有效的。对此主流观点遵循**债法理论** 326
[*BGHZ 101, 286（288）*]：随着破产程序的启动，对可撤销所取得的状态应产生债法上的返还请求权。

根据（广泛流传的）**责任说**撤销的效力介于"债法和物权法效力范 327
围内"[*Gerhardt; näher K. Schmidt JuS 1970, 548; G.Paulus AcP 155, 299 ff.（323 ff.）*]。该理论虽然承认，由债务人转让的物、让与的债权等自此由取得人所有，即客观上从债务人财产中分离。但该物仍然归为债务人的责任财产。因此其债权人应该可以继续对此干涉，尤其是在该物返还前。这可以强化破产撤销，如同在以下3个案例中所表明的：

（1）在危机期间，S向E转让了他的货车，该转让可以被撤销。E的 328
债权人G对该汽车实行了扣押。启动了对S的破产程序。

实际上E必须转移回该货车并且向破产管理人返还（第143条第1款第1句）。但可能违背高权的羁束，确切地说即违背G的扣押行为。但是，正如**债法理论**所强调，通过G的扣押行为也可被撤销。人们可以将G作为E的"法律继受者"对待，即类推适用第145条第2款第3项（*MüKoInsO/Kirchhof § 145 Rn. 21; K. Schmidt JZ 1987, 891 f.*）。因此，G必须返还其质权（第143条第1款第1句），即指示法院执行员，去除印章（"解除羁束"）。紧急情况下，管理人可以提出撤销之诉（→边码338）。由此G被判决解除扣押该货车。该诉讼要在G的住所地提起（《民事诉讼法》第12条及以下）。如果G准备拍卖该货车，则仅临时处分有助于管理人（《民事诉讼法》第935条、第938条）。

表 22-1 概览：撤销构成要件（简化）

名　称	与申请有关的期间	关键构成要件	“另一方”的主观前提
故意损害撤销 第 133 条第 1 款 ——通过清偿（第 133 条第 2 款） ——同等清偿（第 133 条第 3 款）	申请前 10 年或申请后 申请前 4 年或申请后 申请前 4 年或申请后	故意给债权人造成不利 故意给债权人造成不利 故意给债权人造成不利	对故意知情（或许可被推定） 对故意知情（或许可被推定） 对故意知情（很少可被推定）
第 133 条第 4 款	申请前 2 年或申请后	结合支付不能 直接故意给债权人造成不利	对故意知情 对故意知情（但可被推定）
赠与撤销（第 134 条）	申请前 4 年或申请后	无偿履行	
同等撤销 第 130 条第 1 款第 1 句第 1 项 第 130 条第 1 款第 1 句第 2 项	 申请前 3 个月或申请后	 支付不能时的清偿 启动申请后的清偿	 对支付不能 / 申请知情（对亲近之人可被推定知情）
非同等撤销 第 131 条第 1 款第 1 项 第 131 条第 1 款第 2 项 第 131 条第 1 款第 3 项	 申请前 1 个月或申请后 申请前 2—3 个月 申请前 2—3 个月	 非同等的清偿 支付不能时非同等的清偿 非同等的清偿	 对债权人造成不利知情（对亲近之人可被推定知情）
直接撤销 第 132 条第 1 款第 1 项 第 132 条第 1 款第 2 项	 申请前 3 个月 申请后	 支付不能时直接不利的法律行为 直接不利的法律行为	 对支付不能知情（对亲近之人可被推定知情） 对支付不能 / 申请知情（对亲近之人可被推定知情）
资本维持时的撤销 第 135 条第 1 款第 1 项 第 135 条第 1 款第 2 项	 申请前 10 年或申请后 申请前 1 年或申请后	 股东贷款而提供担保 因股东贷款而清偿时	

对于**责任法理论**来说起决定作用的是，因对E行为的可撤销性，货车不再属于S的“责任财产”。因此，不允许G取得货车。S的破产管理人应可以以第三人异议之诉（《民事诉讼法》第771条）责问G。第三人异议之诉中第三人可以主张，扣押物转让是违法的：管理人可以申请，对货车的强制执行不合法，因为为被告所扣押的汽车不属于执行债务人E而属于S的责任财产（进一步参见*K. Schmidt JZ 1990, 621 ff.*; *BGH NJW 1990, 992*）。享有属地管辖权的法院是，在其辖区内发生扣押的法院（《民事诉讼法》第771条第1款、第802条）。该法院也可以执行合理的临时保护措施（《民事诉讼法》第769条、第771条第3款）。

（2）G是S的债权人并且在危机时扣押了S的货车。现在将对S启 329
动破产程序。

为G而发生在汽车上的扣押质权可以被撤销，因此解除扣押的撤销之诉可能会成功。但是根据**责任法上的理论**，（也）可考虑第三人异议之诉。不同于→边码328中的案例，在此缺少《民事诉讼法》第771条中执行债权人、执行债务人和享有“较优”权利的第三人之间的三人关系。但该规则将部分类推适用于S（管理人）和G之间的关系（对于《破产清算法》参见*K. Schmidt JZ 1990, 623 ff.*; *BGH JZ 1990, 654 ff.*）。

（3）S在危机时向E转让了其货车，该转让可以被撤销。首先，对S 330
的财产将启动破产程序，然后对E的财产将启动破产程序。

根据**债法理论**，在对E的破产程序中，S的破产管理人将限制在债权清偿上申报返还请求权（依换算，第45条）。在对E的破产程序中，管理人仅取得份额清偿并且不享有取回权（第47条）（主流观点，参见*Häsemeyer InsR Rn. 21.16*）。相反，对**责任法理论**来说赞同取回权（*BGHZ 156, 358 ff.* 对此表示赞同）。

2. 内容

第143条第1款第1句中的“返还”指的是，财团必须恢复到不存在 331
被撤销的行为时的状态：

- 撤销转让之后，收货人必须返还该物（《民法典》第929条及第925条）。
- 撤销让与之后，必须返还让与债权（《民法典》第398条）。
- 如果对债务人的债权产生的原因被撤销，则债权人必须同意废除或放弃合同（根据《民事诉讼法》第894条可强制执行）。也不允许在破产清单上申报该债权（否则可根据第178条提出异议）。

如果债务人对可撤销的债务已履行，则发生该履行没有法律上的原因：所取得要返还给财团（*Jaeger/Henckel InsO § 129 Rn. 110*）。如果在动产上设定的质权被撤销，则持有人必须放弃该权利并返还质押物。

- 如果债权人取得了扣押质权，则必须放弃该扣押质权：通过解除。也向破产管理人部分开放第三人异议之诉（→边码 328 及以下）。
- 如果设立的土地债务被撤销，则取得人必须返还让与或在保留顺位的情形下放弃该土地债务。
- 如果债务人免除债务可撤销，则受益的第三债务人必须同意废除免除合同或及时（向财团）履行。

332 根据第 143 条第 1 款第 2 句，返还义务人（Rückgewährpflichtige）如同知道欠缺法律原因的得利债务人（Bereicherungsschuldner）一样承担责任。因此，首先要参照《民法典》第 818 条第 1 款，必须返还的是**所收取的用益及替代物**（例如担保履行、对侵害人的赔偿请求权）。金钱债务必须根据《民法典》第 286 条、第 291 条的规定计息（《破产法》第 143 条第 1 款第 3 句）。

对于返还不能则必须类推适用《民法典》第 818 条第 2 款赔偿价值损失。

例如：谁让他人让与自己债权而该让与可撤销，并且收取了该债权时，必须补偿所取得的债权的货币价值。

尽管存在《民法典》第 818 条第 3 款的规定，不再得利也不能免除责任。因为由于拟制知情存在**一般的赔偿义务**（根据《民法典》第 989 条、第 292 条第 1 款、第 818 条第 4 款、第 819 条第 1 款）。

仅对受赠人来说保留对不再得利的抗辩（第 143 条第 2 款第 1 句）。除非，受赠人必须知道，赠与对债权人存在不利（举证向管理人倒置）。保护的原因在于，不应强制已消费了该赠与物的善意人为履行赔偿而牺牲其其他的财产（《破产清算法草案的动议》，第 148 页）。合理的想法，但该想法应该适用于所有善意的情形吗？

承担损害赔偿责任的前提是存在过错。如果返还债务人根据一般原则发生迟延，则根据《民法典》第 287 条第 2 句才涉及偶发事件责任（参见《民法典》第 990 条第 2 款；其他论证参见 *Bork InsR, Rn. 226, Fn. 113*）。对过错未收取的用益也同样必须承担赔偿责任（《民法典》第 987 条、第 292 条第 1 款）。相反，某些情况下必须对义务人进行费用补偿（《民法典》第 994 条及以下、第 292 条第 1 款）。

3. 返还债权人（撤销权人）

在**常规程序**中，破产管理人是撤销权人（第 129 条）。破产管理人也可以主张返还请求权，当然仅依据其职权［参见 *BGHZ 83, 102（105）*；→边码 *180*］。返还请求权属于财团：虽然存在债权人的利益，但在债法上由债务人享有该请求权（有争议）。原则上随着破产程序的终结请求权消灭，因为该请求权只为破产程序而存在［*BGHZ 83, 102（106）*］。相应地适用于自行管理，即由事务管理人进行破产撤销时（第 280 条）。 333

4. 返还债务人（撤销相对人）

返还请求权的债务人原则上是通过可撤销的行为而有所取得的人，即“**受领人**”（参见第 143 条第 1 款第 2 句、第 144 条第 1 款）。这也适用间接捐赠（Zuwendungen）：如果之后债务人指示其受领人，必须向第三人而非债务人自己支付，但（明显）由债务人的财产对该受领人进行清偿时；仅该受领人属于撤销相对人（*BGHZ 142, 288*）。 334

权利继受人（Rechtsnachfolger）也可能承担责任。**共同权利继受人**立即承担责任（第 145 条第 1 款），如继承人和遗产买受人。这些人本来也必须对死者的所有债务承担责任（《民法典》第 1967 条、第 2382 条、第 2385 条）。相应地也适用于公司的合并和分立（《企业变更法》第 20 条第 1 款第 1 项、第 36 条、第 131 条第 1 款第 1 项）。 335

单个权利继受人是指仅从前权利人中可撤销地取得标的物的人。根据民法其不对前权利人的过错负责。因此，仅当符合第 145 条第 2 款中的广泛前提时，单个权利继受人才属于撤销相对人： 336

——第 1 项的前提是取得人在取得时知道，导致其前权利人的取得可被撤销的事由。

——第 2 项的前提是当取得人与债务人关系密切时（→边码 *300*），则无须其知道。但其可以通过证明其不知情而免除责任。

——第 3 项的前提是规定无偿取得标的物的人应立即承担责任。并且立法者认为受赠人不太具有保护的必要性（参见严格的赠与撤销，《破产法》第 134 条；进一步参见《民法典》第 816 条第 1 款第 2 句、第 822 条）。当然，丧失得利时可以免除责任（→边码 *332*）。

此外，权利继受不**一定以完全取得**为前提。部分取得也构成（例如共同所有权的取得），根据立法目的甚至取得承受负担的标的物（例如：S 转让给 E 一项土地，该转让可被撤销，S 为其儿子在该土地上设立了一项土 337

地债务）或取得新权利上的派生权利也构成（例如：如果债务人为M签发了一项可撤销的支票，并且将该支票金额记入其妻子的账户下，则M的妻子也属于撤销相对人，*BGH NJW 2002, 1342 f.*）。

练习：如果S向E转让了一枚钻石戒指，该转让可以被撤销，E把该枚戒指赠与其女朋友F，F在与E分手后将该枚戒指又转让给了K，并且F向K说明了这枚戒指是其受赠取得的，则谁是撤销相对人？

前权利人和权利继受人共同承担责任（《民法典》第421条中的共同债务人）。他们可以单独或者共同（作为简单的共同诉讼，《民事诉讼法》第61条）被起诉。因此，因妨害返还E承担损害赔偿责任（《民法典》第989条、第292条、第818条第4款、第819条；《破产法》第143条第1款第2句）。F也承担责任（《破产法》第145条第2款第3句），因为F没有第143条第2款第1句意义上的丧失得利，S因该戒指而取得对价。K仅需根据第145第2款第1项承担责任：但是，K知道F属于无偿取得并不构成该项条件，因为若可撤销K的取得，还要求其前权利人E的取得也可以被撤销（参见*Gottwald InsR-HdB/Huber § 51 Rn. 69*）。并且对此K明显并不知情。

5. 主张

338 随着程序启动依法产生返还请求权。然而，管理人的**撤销声明**才使得请求权可被执行，类似于“隐藏的”请求权（例如《民法典》第368条第1句；还可参见*BGH ZInsO 2008, 508 f.*；*„Willensäußerung“*）。

该请求权涉及每次都应被撤销的行为，例如对债务人不利的买卖合同或债务人的履行（清偿），但实践中通常涉及双方的交易（也可参见*MüKoInsO/Kayser § 129 Rn. 57 ff.*）。可推断的表示已足够，如要求返还可撤销的取得。

而且，当撤销相对人没有自愿返还或要面临经过诉讼时效的危险时，有必要提起**撤销之诉**：请求权自管理人知道产生可撤销的情形和产生请求权的事由时起3年内经过诉讼时效（《民法典》第195条、第199条；《破产法》第146条第1款）。对于时效中止参见《民法典》第203条及以下。被诉的财产返还给财团（进一步参见→边码331）及对财团承担价值赔偿（Wertersatz）等，必要时进行主要申请和辅助申请。

享有管辖权的依然是民事法院（《法院组织法》第13条；*BGH NJW 2011, 1365 f.*），并且根据一般规则管辖。但是，对于返还劳动报酬之诉应由劳动法院审理（*GmS-OGB NJW 2011, 1212 f.*；有争议）。

但也可以通过诉讼抗辩主张撤销（第 146 条第 2 款）。对此管理人取得一项针对取得财团财产的（真正的）**抗辩**。重要的是，当经过诉讼时效时，返还不能再被强制执行。但此外还有助于： 339

- 撤销相对人依所有权起诉要求返还，即要取回时；管理人可以抗辩，起诉人取得所有权的行为可以被撤销。
- 撤销相对人想基于质权而别除，并且起诉要求支付变价收益；管理人可以抗辩质权取得可撤销。
- 撤销相对人在债权清单上申报了一项履行请求权，并且试图通过确认之诉排除管理人的抗辩（第 179 条第 1 款）；管理人可以抗辩，设立所诉讼的债权行为可以被撤销。
- S 向 Z 让与其可对 D 的请求权，该让与可以被撤销。D 对此不知情。之后 D 向管理人履行了支付并免除债务（《民法典》第 407 条第 1 款）。Z 控告管理人，要求其返还取得（《民法典》第 816 条第 2 款），但 Z 必然遭到反驳，其取得所要求的请求权可以被撤销［*BGH WM 1970, 756*（*757*）］。
- 管理人根据《民法典》第 985 条诉求返还。但被告人认为其签订了长期租赁合同，而管理人认为该租赁合同可以被撤销（*Jaeger/Henckel InsO § 146 Rn. 73*，同时进行了区分）。

二、对撤销相对人的补偿

如果破产撤销可以增加财团财产，相反也应对撤销相对人的利益承担责任。因禁止财团因撤销而处于比没有可撤销的行为时更好的状况。第 144 条对此作出规定，但难以理解。细节上取决于，究竟什么可以被撤销。 340

1. 给付的撤销

如果给付可以被撤销，则多数涉及请求权的清偿，即由于同等或非同等的清偿而撤销（第 130 条及以下），但也可能涉及赠与撤销。

例如：对买卖合同的履行，返还贷款被撤销。在此，撤销相对人返还给付所取得标的物时，应该**恢复其债权**（第 144 条第 1 款）。

这是同等清偿。通过债务人的清偿虽然使该请求权首先得以消灭（《民法典》第 362 条）。但因撤销应优先适用破产法的原则：因该清偿给付纳入财团，所以也不再被看作已履行。只有债法上的交易成立时，债权人当然地回溯成为破产债权人：如果该交易同样被撤销，则没有什么可以“恢复”。因此，第 144 条第 1 款仅适用于当**有因行为被撤销**或无论如何将不被撤销时（*MüKoInsO/Kirchhof* § *144 Rn. 5a*；*Reischl InsR Rn. 604*；其他观点参见 *Hoffmann*，*Prioritätsgrundsatz und Gläubigergleichbehandlung*，*2016*，*362 ff.*）。

重要的是，为债权所设立的担保权也随着债权得以强化（抵押权、土地债务、担保等；细节上有争议）。

另一方面，债权人不可以收回已经履行的对待给付。因为如果根据第 144 条第 1 款债权人基于其主债权总是取得一定份额，则债权人不会还可以收回其对待给付。相反，该对待给付保留在财团中。债权人如同其他勇敢的先履行人一样：其限制在份额清偿（→边码 *207*）。对于第 144 条第 2 款第 1 句规定的对待给付的偿还，在此必然指的是其他的情形。

2. 有因行为的撤销

341 有因行为的撤销由第 144 条第 2 款第 1 句所规定（并且仅在该情形时，不同于不明确的文本）。为了记忆：因故意损害撤销及直接撤销而主张，例如因由债务人所承诺的价格过高，买卖合同对债权人造成（直接）不利。在此撤销相对人也必须返还从债务人那里所取得的给付（例如购买价款）（《民法典》第 812 条；→边码 *331*）。因**合同整体失效**时，财团也不再享有对待给付请求权（例如货物）。如果已履行对待给付时，有必要进行补偿。

342 如果对待给付在财团中“尚可区分”（→边码 *365*）或者“财团因之而得利时”（例如在等价物互换后），则将**偿还对待给付**。对待给付在破产程序启动时到达财团已构成得利，其后续也可能不复存在（*Jaeger/Henckel InsO* § *144 Rn. 27*；其他观点参见 *Hoffmann*，*Prioritätsgrundsatz und Gläubigergleichbehandlung*，*2016*，*363 f.*）。如果存在偿还请求权，则必须首先被清偿（第 55 条第 1 款第 3 项）。

343 否则对撤销相对人来说仅**限于份额清偿**（第 144 条第 2 款第 2 项）。立法者不想——在此也是——比起其他提前履行的破产债权人更好地对待撤销相对人并且认为，履行一般的赔偿义务时，破产撤销会丧失每项财产的价值（《破产清算法草案的动议》，第 149 页）。

> **案例 7（练习和加深）**：尽管 G 知道 S 支付不能，但于 4 月 1 日以明显过高的价格向 S 转让了一台机器。S 于 5 月 1 日向 G 转账付款。在 5 月 13 日将对 S 启动破产程序。并且程序得以启动。法律状况如何？
>
> **参考答案**：该买卖合同无论如何可以被撤销（第 132 条第 1 款第 1 项）。但对 G 生效的支付也可被撤销，因为排除现金交易的情形（缺乏同等价值的给付）。因撤

销事由的独立性（→边码 *338*）还产生第 130 条第 1 款第 1 句第 1 项支付的可撤销性，当买卖合同不可撤销时（因此一直属于同等清偿），相反如果买卖合同同样被撤销时，则产生第 131 条第 1 款第 1 项的撤销。

如果管理人撤销由债务人履行的支付，则 G 必须向财团返还购买价款（第 143 条第 1 款）。如果 G 返还了该款项，似乎因第 144 条第 1 款其购买价款请求权又得以恢复。但其实不然，当管理人也撤销了买卖合同时（→边码 *340*）。之后 G 不可以在清单上申报该购买价款请求权（→边码 *339*）：或者完全不给付货物，或者仅以所给付货物的价值申报请求权（参见 *Jaeger/Henckel InsO § 146 Rn. 72*）。另一方面，G 提出撤销买卖合同甚至更好：G 总是可以取得机会，收回向 S 运送的货物或从财团中得到价值补偿（第 144 条第 2 款第 1 句）。至少 G 肯定可以取得份额（第 45 条第 1 句、第 144 条第 2 款第 2 句）。

尽管如此，当管理人既对支付又对有因行为提出撤销时，容易使管理人处于不利的处境。但其实管理人的撤销应该增强财团。相反，如果管理人只是对支付而不对有因行为撤销时，很难看出管理人会使撤销相对人失去第 144 条第 2 款第 1 句的保护。我认为该规则整体看起来是有疑问的。可以设想选择其中一种撤销，例如只有当撤销相对人没有提前履行时，对撤销相对人的对待给付才必须被返还（*Jaeger/Henckel InsO*, *§ 144 Rn. 8*：就第 144 条第 2 款优于第 144 条第 1 款而言）。这符合众所周知的原则，谁提前履行，则要自行承担提前履行的风险。

第二十三章　取　回

参考文献：*Geißler*, Ausgewählte Rechtsprobleme der Ersatzaussonderung in der Praxis der Insolvenzverwaltung, ZInsO 2017, 2727 ff.; *Gottwald* InsR–HdB/*Adolphsen* 736 ff., 778 ff., 852 ff.; *Marotzke*, Die dinglichen Sicherheiten im neuen Insolvenzrecht, ZZP 109（1996）, 429 ff.

第一节　原　则

344 一方面"现有"财团必须被补充（*→边码 280 至边码 343*），另一方面又必须用以清偿。因为只有债务人的财物才属于作为责任财产的"应有"财团：破产程序启动时债务人享有的物和权利（第 35 条第 1 款）。因此其他人的财产（破产债权人或第三人的财产）既不可以被查封 / 扣押，也不可以被确认给予分配。确切地说，必须对**非责任财产进行保护**。对此，在单独强制执行中规定了第三人异议之诉（《民事诉讼法》第 771 条），在破产程序中规定了取回。第 47 条第 1 句对取回的规定如下：基于物权或人身权主张标的物不属于财团的人，（就此而言）不是破产债权人。允许其完整地主张该权利。

345 "根据破产程序之外适用的法律"产生**第三人权利的维护**（第 47 条第 2 句）（例如根据《民法典》第 985 条、第 1004 条机动车的所有权人）；根据《民法典》第 894 条，土地登记簿中错误登记给债务人的土地所有权人；根据《民事诉讼法》管理人错误主张的债权的债权人（例如根据《民事诉讼法》第 64 条、第 66 条、第 256 条）。但是程序启动时已在该物上存在损害时，取回不扩展至消除损害（重要的是旧污染时：*BGHZ 148, 255 ff.*）。无论如何暂时允许管理人使用可取回的标的物（例如第 107 条第 2 款）并且仅可对此请求补偿；谁将该财物让与第 39 条第 4 款中其参股的企业，必要时必须等待 1 年（第 135 条第 3 款、第 4 款）。

管理人审查取回要求。在特别重要的情形中，承认该取回要求需要债权人委员会及债权人会议的同意和债务人的告知（第160条及以下）。如果管理人拒绝取回，则必须采取对管理人起诉的方式。

通常优先权人甚至不知道，曾经所属的标的物是否还由债务人或管理人占有或者在此期间已经被转让或被加工。这就涉及破产管理人而不是债务人的**答复义务**（Auskunftspflicht），当然仅在合理的范围内（*BGH NJW 2000, 3779 f.*）。

如果某物**在债务人处**并且毫无争议，该物不属于财团时，无所谓取回。而是对债务人自己采取措施。尽管存在破产程序，债务人甚至可以被起诉，因为在此本来不涉及对财团的争议。

对管理人诉讼的普通受理法院将根据破产法院所在地（→边码36及以 346
下）来确定（《民事诉讼法》第19a条）。具有管辖权的是该所在地的区法院或者辖区内有破产法院的地方法院。还可以在特别受理法院进行诉讼（《民事诉讼法》第35条）。对于债务人已经被诉的情形参见→边码275。

第二节　取回权

一、物　权

如果某标的物不属于应有财团，则首先依据物权特别是**所有权**。可以 347
取回的情形，如向债务人出租、出借自己的物，或自己的物被债务人盗窃。当然必须证明对此物享有权利，特别是根据《民法典》第1006条第1款推定原则上属于债务人所有时。鉴于此，只要债务人还有权占有，便排除取回（《民法典》第986条），例如根据第109条、第112条截至租赁合同终止时。此外还要进行以下区分：

- **简单的所有权保留**有权取回。但只有当债务人不再享有占有权时 348
（《民法典》第986条），管理人才必须返还货物。因为买方可以根据《民法典》第433条第1款第1句要求，取得（并保留）对货物的占有，所以首先必须取消买卖合同。对此可能先前已对债务人提出解除（《民法典》第323条、第449条第2款；在分期付款中较为复杂：《民法典》第498条第1句、第506条）。另外当管理人不再坚持履行合同时，合同便丧失其效力（→边码239及以下；第103条第2

款第 3 句)。

随着买卖合同的废除，供货人的价款请求权也随之消灭。这显示出，所有权保留不能保证购买价款请求权，尤其是该购买价款请求权会超过货物本身的价值，在货物折旧后更加如此。返还权（Vindikationsrecht）只是补充了（债法上的）返还货物请求权，在出卖人解除后由其享有该请求权（《民法典》第 346 条第 1 款、第 323 条）：在返还请求权（在折算为现金后，《破产法》第 45 条）只是破产债权时（《破产法》第 38 条），取回致力于全部返还，即直接“确保”免遭破产后果。

349 • 为了保证请求权，债务人转让给债权人**所有权担保**：之后的破产债权。而且在此似乎可以适用第 47 条的规定，因为从物权法上来看，该财产不属于财团。然而第 51 条第 1 项涵盖了第 47 条的规定：被担保人（Sicherungsnehmer）应该仅可以别除。这有合理的理由。首先所有权担保仅具有未占有的质权的效力。

最终，在担保情形下不允许债权人保留其“所有权”：担保合同强制债权人，变价该物并且将多余的收益返还给债务人（对于质权参见《民法典》第 1247 条第 2 句）。担保转让如此受欢迎仅在于，债权人能够被担保，尽管物继续留给债务人（《民法典》第 930 条），并且可以由债务人使用而取得收益，从该收益中债权人应得以清偿。相反，质押物必须交付给债权人（《民法典》第 1205 条）。尽管如此，允许担保所有权人在单独强制执行中要求返还该物（《民事诉讼法》第 771 条；主流观点）并且也避免其他债权人干涉该物。但对此在破产程序中也不再具有合法的利益。

其次，重要土地的取回可能使公司继续经营或公司重整更加困难。而且，破产管理人多数可以对担保财产进行专业变价。如果人们一开始阻止所有权人进行干涉，这将得以简化。

350 • **延期所有权保留**使所有权并不随着对每件货物价款的支付而转移，而是当卖方继续的请求权被清偿时才发生转让（但不是第三人的请求权，《民法典》第 449 条第 3 款）。在此，卖方仅可依据合同未得以履行而取回，而该合同约定了继续保留的事由（如同简单的所有权保留：→边码 *348*）。如果该合同已经得以履行并且仅因其他债权现在还未主张所有权，卖方仅可以别除（如同所有权担保：→边码 *349*）。

立法中的其他地方明确表述了该区分：在《民事诉讼法》第 811 条第

2款中，即在因金钱债权而执行时。

- **加工条款下延期所有权保留**允许债务人：在付款之前，对他人的货物进行加工，这实际上属于财产损害。为了补偿，卖方取得加工物的所有权。然而，对此卖方不可再取回该物，而仅享有别除权（如同所有权担保的情形，→边码349）。这不取决于怎么在新物上设立所有权取得，对此几乎不存在争议。 351

根据司法判例，**卖方**取得对产品的所有权（根据《民法典》第950条）。因加工条款卖方将成为只是使用买方工厂的加工人（*BGHZ 20, 163 f.*）。基于此观点，卖方虽然也必须在价款支付的延缓条件下将新物转移给买方。但根据《破产法》的评价，这不允许同简单的所有权取得一样，因为新的（并且较高价值的）物从不属于卖方保留的财产；因此，无论如何对此可以适用别除权，该别除权一直可以确保购买价款债权（不同于→边码348）。

根据普遍的观点，**买方**首先是所有权人。因《民法典》第950条作为强制法维护的是经济上负责的加工人的利益。鉴于此观点，加工人条款表明，买方拒绝——在附解除条件下——为担保转让给卖方新的物（参见*Medicus/Petersen BuergerlR Rn. 515 ff.*）。这完全赞成适用第51条第1项：纯粹的别除。

- **预先让与条款下延期所有权保留**同样允许对他人的物进行加工（→边码351）。但大多数情况下允许债务人支付价款前转让货物，这实际上属于侵吞（Unterschlagung）。为了安全，买方对受领人的债权将让与卖方（此外根据《民法典》第399条第2种情形让与禁止对商业买卖不发生效力），需要卖方进行对该让与表示同意（《民法典》第185条第1款）。虽然所取得的债权似乎不再属于财团。但是卖方仍不可以取回（正如→边码351），而只可以别除（第51条第1项第2种情形；*BGHZ 72, 312*）。 352

首先依据在于，担保让与仅具有质权的效力（→边码349）：担保让与特别受欢迎，因为其——不同于出质（《民法典》第1280条）——不必通知债务人，即也可以秘密进行。因此，债权让与人避免，准备提供担保在不合适的时刻可以被解释为，其支付能力存在问题。 353

重要的是，当对其让与的债权受到破产管理人选择权（第103条）的约束时，每个受让人（Zessionar）都会受到威胁。 354

例如：延期所有权保留下，V将物转让给S，而S将未来的客户债权让与 V。之后 S 又将该物卖给了 K。但截止到对 S 启动破产程序前，合同双方都没有履行该合同。随着程序启动，由 S 对 K 让与的购买价款请求权将不可执行。如果管理人要求 K 履行（第 103 条第 1 款），该履行（根据司法判例）似乎属于“新的”履行，但对阻止别除来说却太晚了。当然，**实践中**通常情况会有所不同。因为贸易商（如 S）也喜欢在所有权保留下出卖货物，可能对其供货商甚至负有义务。之后第 107 条第 1 款（在卖方破产时）排除管理人的选择权。

355 • **信托财产权**（Treuhandeigentum）——在此可以理解为非自己盈利的受托人（“管理信托”）的权利——根本不存在担保。形式上受托人虽然享有财产，但委托保管给受托人的财产继续属于托管人的责任财产。如果托管人破产，则相反返还给其破产管理人，除非该受托人有留置权（Zurückbehaltungsrechte）（由于托管费用等）。

356 • 基于**受限的物权**一般仅有权进行别除。因为通常其涉及的是质权或土地质权，并且“仅”涉及其担保价值的实现（参见第 50 条）。但在某些情况下所有权人可以取回例如用益物权（Niessbrauch）（《民法典》第 1030 条），还包括管理人违法纳入请求的标的物上的质权：如果管理人取消抵押权，而该抵押权是为 H 在债务人的土地上所登记并且该抵押权实际上还继续存在，则 H 可以——在破产程序之外——请求对土地登记簿进行更正（《民法典》第 894 条）。

期待权随着全部购买价款支付而转向所有权前，所有权保留下买方的期待权一般不能使其有权取回。但期待权阻止，在卖方破产时管理人处分购买物（《民法典》第 161 条第 1 款；《破产法》第 107 条第 1 款第 1 句）。这多数情况下已足够保护买方。

357 • 同样**基于返还和占有保护**的物上请求权有权取回，例如基于对占有状态的保护请求权（《民法典》第 861 条）和向前占有人返还请求权（《民法典》第 1007 条）。因为必须对占有绝对保护的事实，为财产分配（Vermögenszuweisung）提供了（微弱的）依据。因此，在破产中也应该强调该保护。

例如：租赁人可以提出，位于财团中的物是债务人通过禁止的自力行为从其处取走的并且该物属于其出租人，即无论如何不属于债务人财团。由于租赁人的占有权，其也享有有权主张的合法利益（*MüKoZPO/K. Schmidt/Brinkmann § 771 Rn. 38*）。

二、债法上的请求权

根据第 47 条第 1 句也可以基于"人身权"而取回。这是指债法上的请求权。但必须证明，该标的物"不属于破产财团"。因此，**取得请求权**如买方让与购买物的请求权或让与债权请求权不足以构成，同样交付租赁物请求权或支付允诺的贷款请求权也很难构成。甚至也不能构成《民法典》第 812 条第 1 款第 1 句第 1 种情形的返还请求权；因为债务人没有法律基础而取得，并不改变取得之物到达债务人的责任财产中（因此才必须被返还）：该返还债权人不可以比买方更有利。 358

但基于**返还请求权**而有权取回，该返还请求权表明，所请求的物不属于债务人的责任财产（*BGHZ 148, 255 f.*）。因此出租人可以取回租赁物，融资租赁的出租人也可以取回融资租赁物，出借人可以取回出借物（《民法典》第 604 条）并且定作人可以取回其组件（例如交付给债务人修理的客车）。 359

第 47 条适用于，当出租人不是所有权人，而可能是从所有权人处租赁的租赁人时。原因在于，出租人——至少未来的——返还请求权（《民法典》第 546 条第 1 款）导致，其可以从作为所有权人的第三人处推导出他的权利，并且对于第三人权利，必要时必须证明该租赁物不属于财团（*Picker FS Jan Schröder, 2013, 523 ff.*）。但是该取回权限制于租赁物的返还。不包括搬迁及搬迁费用；对搬迁及搬迁费用出租人仅仅享有破产债权（*BGHZ 148, 255 ff.*）。

如果债务人作为自身营利的托管人接受了担保（所有权、债权，也包括租赁押金），则给付人可以取回，因为其至少享有债法上的返还请求权。当然只有当被担保的请求权被清偿后才可以不受限制地加以适用；直到清偿破产管理人才允许保留担保。 360

如果债务人是非营利的托管人（如财产管理人），则给付人可以随时取回：交付的货物，也包括委托的债权。 361

例如：谁为收取债款而向追债公司让与了客户债权，在关于受让人的财产破产时，可以要求管理人返还让与（*BGH NZI 2014, 650 Rn. 23*）。

但是信托财产必须是完全可以被辨认的财产。因此司法判例要求，信托财团直接从委托人的财产中交付于受托人（参见 *BGHZ 155, 231*）。如果信托财产特征还可以被证明，则其他的交付方式也可以构成（*Gernhuber JuS 1988, 360 ff.*）。

362 销售委托人也可以取回：在销售经纪人（Verkaufskommissionär）破产中的购买价款请求权（《商法典》第 384 条第 2 款、第 392 条第 2 款），在购买经纪人破产中转交的货物（类推适用《商法典》第 392 条第 2 款；*Häsemeyer InsR Rn. 11. 08*）。

第三节　代偿取回

参考文献：*Dieckmann*, Zur Reform des Ersatzaussonderungsrechts, FS Henckel, 1995, 95 ff.; *Ganter*, Der Surrogationsgedanke bei der Aus-und Absonderung, NZI 2008, 583 ff.

363 如果取回物被违法转让时，则所有权人通常享有**代偿请求权**：

- 如果债务人应承担责任，则应根据《民法典》第 823 条第 1 款（或者《民法典》第 989 条及以下），在生效处分时也可以根据《民法典》第 816 条第 1 款承担责任。

谁在破产程序启动前产生该责任，则请求权仅属于破产债权。如果请求权比破产程序更久（第 201 条第 1 款；尽管存在余债免除：第 302 条第 1 项）。相反，债务人在程序启动后才转让，则享有代偿权的新债权人无论如何不以破产债权人的身份参与该程序（第 38 条）。

- 如果破产管理人过错转让了第三人财产，则至少根据《破产法》第 60 条，或许也可以根据《民法典》第 816 条第 1 款承担责任。财团共同承担责任（第 55 条第 1 款第 1 项：财团债务）。

364 此外——不取决于侵害人的过错——有权人可以根据**代偿取回**（Ersatzaussonderung）取得代偿物，如果其财物被债务人在程序启动前或被破产管理人非法转让时：如果取得人还没有支付，则管理人必须让与受益请求权（第 48 条第 1 句）。如果已经完成支付，若对待给付可以在财团中被区分，管理人应返还对待给付（第 48 条第 2 句）。之后并不重要，对待给付怎么到达财团，比如是否由债务人在破产程序启动前所接受。

365 原则上**对待给付以现金的方式**存在。但如果现金支付与现金存款混合并且之后现金被提取，则现金支付不再可以被区分；《民法典》第 948 条第 1 款中的共有财产并不能改变该情况。因此，在转账时债务人账户记入的金额要保持可区分，只要债务人账户的存款（每日余额）显示至少有记入金额的额度时（*BGHZ 141，119 ff.*；其他观点参见 *Gerhardt KTS 1990，6 ff.*）。事实上随着下一笔应记账款已经可以进行区分，但无论如何随着下一笔定期结算（《商法典》第 355 条）而陷入疑问（进一步参见 *Krull ZInsO 2000，306 ff.*）。

如果第 48 条第 2 句不可适用，则通常对待给付的价值也处于财团之中。然后先前的有权人因财团**不当得利**一直享有**财团请求权**（第 55 条第 1 款第 3 项）。这阻止了债权人以第三人的费用而得以清偿。 366

法律政策上的疑惑在于债务人转让时的代偿取回。因程序启动前债务人的每项违法行为之后都仅给予债权人一项破产债权。为什么所有权人可以被特权化（参见 *Dieckmann FS Henckel，1995，101 ff.*）？ 367

问题：如果程序启动后债务人转让了第三人财产，也可以代偿取回吗？

第 48 条并没有包含此情形。但这应该是一项违反计划的空白，因债务人处分不属于财团的标的物时也不会因第 81 条、第 91 条而流产。此外，该请求权不属于出卖非财团标的物，并且流向债务人的对待给付会纳入财团（第 35 条第 1 款第 2 种情形）。在此赞成类推适用第 48 条（*MüKoInsO/Ganter § 48 Rn. 13*）。

案例 8：V 向 S 以 10,000 欧元的价款在所有权保留的情况下转让了一台机器，并且同时得到了 2500 欧元的首付款。之后 S 以 6000 欧元的价款向善意第三人 D 转让了该台机器，D 将该台机器安装在其工厂。D 向 S 支付了 2000 欧元并且——在关于 S 财产的破产程序启动后——又向管理人支付了 1000 欧元，管理人用该款项购买了一台电脑。管理人拒绝履行与 V 的合同（第 103 条第 2 款、第 107 条第 2 款）。V 享有请求权吗？

参考答案：

Ⅰ. 根据《民法典》第 985 条享有对 D 的返还机器请求权？

根据《民法典》第 929 条第 1 句，V 于 S 处没有丧失所有权；因为缺乏全部支付时，S 所有权取得的延缓条件（《民法典》第 449 条第 1 款）并没有出现。但 V 于 D 处丧失了所有权，因为 D 明显认为 S 为所有权人（《民法典》第 929 条第 1 句、第 932 条）。因此，根据《民法典》第 985 条 V 没有请求权。

Ⅱ. 根据《民法典》第 985 条和《破产法》第 47 条，享有对管理人的返还请求权？

不存在这样的请求权。因为现在 V 已经不享有所有权（见上文），管理人同样也没有占有机器，该机器并没有到达财团。

Ⅲ. 根据《破产法》第 48 条第 1 句请求债务人让与其对 D 的 3000 欧元的剩余请求权？

1. 如果V没有丧失对机器的所有权，则其可以根据《民法典》第985条和《破产法》第47条取回。在管理人放弃V对合同的履行后，根据《民法典》第986条、第433条第1款第1句，管理人的占有权消灭。

2. S在破产程序启动前转让了V所属的机器，并且属于非法转让，因为物权法上S只允许享有期待权，而不享有所有权。

3. 因与D的买卖合同，S还享有支付3000欧元的请求权。管理人（根据其处分权限，《破产法》第80条）必须向V让与该请求权。

Ⅳ. 根据《民法典》第985条和《破产法》第48条第2句，请求管理人返还D向S支付的2000欧元？

不存在该请求权。甚至不能看出，财团中存在这笔金额。V仅享有对S的请求权（→边码363）。

Ⅴ. 请求管理人返还D向其支付的1000欧元？

1. 根据《民法典》第985条和《破产法》第48条第2句排除现金的代偿取回，因为现在不再“存在于财产之中”。

2. 但是，V享有支付1000欧元的财团请求权，作为电脑得利之补偿，该电脑还在财团之中并且用现金购得，该现金应由V所得。

第二十四章 别 除

参考文献：*Bork*, Die Verbindung, Vermischung und Verarbeitung von Sicherungsgut durch den Insolvenzverwalter, FS H. F. Gaul, 1997, 71 ff.; *Eckardt*, Grundpfandrechte im Insolvenzverfahren, 12. Aufl., 2009; Gottwald InsR-HdB/*Adolphsen* 788 ff.; 877 ff.; *H. Huber*, Ist die Globalzession noch werthaltig?, ZInsO 2012, 1343 ff.; *Langer*, Die Mietkaution als Pfandrecht i. S. d. § 50 InsO, ZInsO 2012, 1093 ff.; *Obermüller*, Die Kreditklemme und der Niedergang der Kreditsicherheiten, NZI 2010, 201 ff.; *ders.*, Insolvenzfestigkeit revolvierender Kreditsicherheiten, ZInsO 2016, 491 ff.; *Schultze*, Die Verarbeitung fremden Eigentums nach Insolvenzantrag-Haftungsfalle Fortführung, ZIP 2016, 1198 ff.; *Suilmann*, Wohnungseigentümer insolvent-was nun?. ZWE 2010, 385 ff.; *Weitbrecht*, Die Doppeltreuhand-Grundstruktur, Insolvenzfestigkeit, Verwertung, NZI 2017, 553 ff.

第一节 基 础

谁享有不属于债务人责任财团的财产所有权，可以取回并且确保的不 368
仅是标的物的价值，也包括标的物本身：其可以变价标的物，也可以保留标的物（*→边码 344*）。相反，别除权仅允许从债务人责任财团中的特定标的物上**优先受偿**（第 170 条第 1 款第 2 句）。别除权人也不同于破产债权人（*→边码 86 及以下*），其享有特权但与取回权有两方面的不同：以清偿为目的，不总是让别除权人进行财产变价（某些情况下，管理人可以进行更为专业的变价）；并且超出别除权人请求权的收益有利于财团，即有利于所有破产债权人。因此，破产法上的别除权“并列”于单独强制执行中对优先清偿的诉讼（《民事诉讼法》第 805 条）。

第二节 别除权

369 别除权规定在第49条至第51条。但如果别除权的取得可撤销时（第129条及以下）或者——作为执行取得——甚至成为追溯禁止的牺牲品时，别除权流产（第88条；→边码 *168*）。

一、不动产上的别除权

根据第49条，在强制执行不动产时，谁可以从该标的物中受清偿的，将有权别除。不动产强制执行包括土地和地上权（Erbbaurechte）(《民事诉讼法》第864条第1款)，还包括《民法典》第1120条及以下属于抵押权责任所及的动产和债权（《民事诉讼法》第865条）。要求清偿的权利源于《住宅所有权法》中的物业费请求权（Hausgeldansprüche）(《强制拍卖与强制管理法》第10条第1款第2项），但首先土地质权的权利人有权请求（《强制拍卖与强制管理法》第10条第1款第4项）——其次——已取得查封/扣押的个人债权人也有权请求（《强制拍卖与强制管理法》第10条第1款第5项）。

例如：如果G1取得了支付判决书并且该判决书已到达G1，2月15日命令对S的土地执行强制拍卖（或强制管理），则G1在6月1日破产程序启动时优先于未被担保的破产债权人而被清偿（《强制拍卖与强制管理法》第10条第1款第5项结合第15条、第20条、第22条、第146条第1款）——尽管存在《破产法》第89条的规定。

如果得以清偿的权利是在破产申请前的3个月内取得，即在5月15日或之前提出破产申请时，得以清偿的权利当然可以根据第131条和第141条而**被撤销**（第139条第1款、第140条第1款）。如果于破产申请前的最后1个月内取得担保时，单独强制执行的担保将依然因**追溯禁止**无效（第88条、第139条第1款）。抵押权或土地债务（《强制拍卖与强制管理法》第10条第1款第4项）随着登记（《民事诉讼法》第867条）而被取得。对于其他债权人（《强制拍卖与强制管理法》第10条第1款第4项），查封/扣押的时间点（《强制拍卖与强制管理法》第22条）起决定作用。

二、动产上的别除权

370 典型的别除权由**质权**产生（第50条第1款）。这可以根据法律行为（例如物上的"动产质权"，《民法典》第1204条及以下；债权质押，《民法典》

第1279条及以下）或者依据法律（例如《民法典》第562条、第647条；《商法典》第397条）而产生。当然，依出租人质权而别除是受到限制的，例如受限于破产程序启动前的最后12个月内的请求权（第50条第2款）。扣押质权也允许别除——由于物上扣押（《民事诉讼法》第804条）或权利扣押（《民事诉讼法》第829条）——但也以追溯禁止为前提。

第51条的权利也允许别除，首先是**所有权担保**和**让与担保**（第1项）。随着向担保受让人转让，所有权或债权实际上从债务人财产（财团）中排除。然而，取得人不可以取回：由于该担保与质权的相似性而受限于别除（进一步参见→边码*349*、边码*353*）。只要管理人有义务对担保财产进行变价，便允许其取得第三人的财产或债权。 371

概括转让可能会引起问题（例如，为了担保贷款，向银行让与了所有对客户的现存债权和未来债权，该客户的姓名以字母F—K开头）。大多数涉及**循环概括转让**（revolvierende Globalzession）：银行授权债务人，继续收取让与的债权（《民法典》第185条第1款类推适用、第362条第2款）；对新客户产生的并且（作为未来的）一同被让与的债权代替了逐渐消灭的担保权。有疑问时，收款授权也适用于该类债权。但如果在债务人陷入迟延等情形下，该授权也可以被撤回（《民法典》第183条）。当别除权在破产程序启动后才产生（→边码*263a*）或之前已产生，但作为同等的或完全非同等的担保可以被撤销时（→边码*301*及以下），以此被保护的新债权并没有给银行别除权。

表24-1 概览：取回权和别除权

	委托人破产时受托人的权利，广义上包括（债权人、所有权保留下的卖方、被担保人、所有权担保人等）	**受托人破产时委托人的权利，广义上包括**（债务人、所有权保留下的买方、担保人等）
所有权保留时	买方破产时，当管理人拒绝履行或虽然选择履行，但没有支付时，可以取回（《破产法》第47条结合《民法典》第985条）	卖方破产时，一般依期待权还不能取回（《破产法》第47条结合《民法典》第985条），而只有当买方取得所有权时才可以取回

续表

（所有权）担保转让（Sicherungsübereignung），（债的）担保让与（Sicherungszession），延期所有权保留时	取回（根据第 50 条及以下）在对债务人的单独强制执行中：根据主流观点，对执行担保财产的债权人提出第三人异议之诉，《民事诉讼法》第 771 条	依返还请求权取回（第 47 条），当然一般在担保目的废除后
非盈利的托管（“管理型托管”）中	没有权利（甚至受托人必须交付破产管理人受托财产）	依返还请求权取回（第 47 条）

372 基于物上**留置权**也有权从该物中优先被清偿。对此，第 51 条第 2 项中规定了提升价值的花费（例如根据《民法典》第 1000 条因《民法典》第 994 条、第 996 条的赔偿请求权），在第 51 条第 3 项中规定了商法上的留置权（例如根据《商法典》第 369 条因双方商业购置而产生的到期请求权）。如果在此私法允许债权人从留置财产中受到清偿（参见《民法典》第 1003 条;《商法典》第 371 条），则《破产法》遵照执行。

三、补充：担保池（Sicherungspool）

参考文献：*Berner*, Sicherheitenpools der Liferanten und Banken im Insolvenzverfahren, 2006; Gottwald InsR–HdB/*Adolphsen* 887 ff.; *Gundlach/Frenzel/Schmidt*, Die Zulässigkeit des Sicherheiten–Poolvertrags nach der Insolvenzordnung, NZI 2003, 142 ff.; *Peters*, Pool–Verträge in der Unternehmenskrise, ZIP 2000, 2238 ff.

373 实践中，担保权人通常共同主张其优先权，尤其是别除权，必要时还包括取回权：他们通过“联合”的方式捆绑其优先权，例如以执行（或变价）各自取得的担保设立民事合伙；部分情况下，也仅授权管理人，主张其单独权利（*MüKoInsO/ Ganter §47 Rn.189 ff.*；也可参见 *Jaeger/Henckel InsO §47 Rn. 90 ff.*）。联合合同不可以改变对债务人或财团的单独担保权——程序启动后已完全不可以（第 91 条），任何情况下没有管理人的参与不可以改变。但消除举证困难的措施是有意义并且是合理的（参见 *OLG Karlsruhe DB 1978, 1636*）。但必须区分：

374 所谓**池协议**（Bassinvertrag）一开始不是为单个债权人，而是为企业或代表债权人利益的受托人而成立。该（三方）合同将在债权人、第三人和债务人之间订立。如果在程序启动前成立，则该合同是有效的，但必要时可以被撤销（第 130 条及以下）。

当债务人变价所交付的货物时，**保留所有权**的供货人已可以依法成为共有人的共同体（《民法典》第 947 条第 1 款、第 948 条第 1 款、第 950 条）。其权利可以由所有共有人共同主张（《民法典》第 744 条第 1 款、第 747 条第 2 句）或由一个共有人（《民法典》第 432 条、第 1011 条）主张。这可以方便取回，或许也可以主张损害赔偿请求权。 375

例如：管理人损害了一辆货车，债务人以零部件组装的该货车。当每个供货人的共有份额不能被确切地变价时，该共用体可以主张共同损害并且之后争取在内部关系上得到公平赔偿（参见 *BGH WM 1958, 899*）。

如果甚至不清楚哪些供货人属于共有人，则可以设立一名保佐人（《民法典》第 1913 条）。有疑问的情况是，债务人也是公有人时（参见 *MüKoInsO/Ganter* § *47 Rn. 198.*）。

当供货人不能（确切地）证明取得债权时，作为别除权，**延期所有权保留**在提前让与条款下（Vorausabtretungsklausel）会产生很多问题。 376

如果债务人向供货人让与了自己的购买价款请求权，例如"以与卖方在共有财产上的份额相符的金额"（参见 *BGH NJW 1975, 1227*），则与其他剩余供货人之间的估价可能会非常困难。必要时要别除之人还必须证明，其零部件被安装在相应的产品中，并且该零部件不是债务人从其他供货人处（之前、之后或同时）取得的相同的零部件。

如果所有被担保的供货人共同让与请求权时，例如让与给受托人时，可以避免上述困难（参见 *Riggert NZI 2000, 525 ff.*; *MüKoInsO/Ganter* § *47 Rn. 202 f.*）。因为受托人必然已取得所有的请求权。关于内部关系上的分配将由债权人合意。根据主流观点，该联合合意也不可以被撤销，因为该合意只是减轻了举证问题。

第三节　别除物的变价

参考文献：*Eickmann*, Grundstücke in der Insolvenz–Chance oder Risiko, in: Chr. Berger (Hrsg.), Dritter Leipziger Insolvenzrechtstag, 2002, 49 ff.; *Gundlach/Frenzel/Schmidt*, Die Verwertungsbefugnis aus §§ 166 ff. InsO, NZI 2001, 119 ff.; *Keller*, Die Voraussetzungen und der rechtliche Rahmen zur Durchführung einer sogenannten kalten Zwangsverwaltung, NZI 2013, 265 ff.; *Knees*, Die Bank als Grundpfandrechtsgläubiger in der Unternehmensinsolvenz, ZIP 2001, 1568 ff.; *Muth*, Die Zwangsversteigerung auf Antrag des Insolvenzverwalters, ZIP 1999, 945 ff.; *Tetzlaff*, Probleme bei der Verwertung von Grundpfandrechten und Grundstücken im Insolvenzverfahren, ZInsO 2004, 521 ff.; *Vallender*, Zwangsversteigerung und Zwangsverwaltung im Lichte des neuen Insolvenzrechts, RPfl. 1997, 353 ff.

一、土　地

1. 变价权人

377 在破产程序启动前已允许**债权人**进行强制拍卖和管理（《强制拍卖与强制管理法》第 15 条及以下、第 146 条及以下）。作为土地质权人（Grundpfandgläubiger）的债权人可优先执行（《强制拍卖与强制管理法》第 10 条第 1 款第 4 项、第 11 条第 1 款）。该优先权在程序启动后依然得以保留：允许别除权人推动或继续执行（第 49 条、第 80 条第 2 款第 2 句）。

谁想变价土地质权，需要取得默许**容忍强制执行的执行名义**（《民法典》第 1147 条、第 1192 条第 1 款；强制抵押的例外：《民事诉讼法》第 867 条第 3 款）。在破产程序启动前，有必要取得针对债务人为所有权人的执行名义（在设立"强势"临时管理人时：不同于此），破产程序启动后，有必要取得可针对管理人的执行名义。一般从一开始银行便享有可执行文书（《民事诉讼法》第 794 条第 1 款第 5 项、第 800 条）。对债务人的执行文书可以转变为对管理人执行（《民事诉讼法》第 727 条类推适用、第 797 条第 2 款；必要时管理人提出强制执行异议之诉：《民事诉讼法》第 767 条、第 797 条第 3 款至第 5 款）。

378 但管理人可以向执行法院申请暂时停止强制拍卖（《强制拍卖与强制管理法》第 30d 条第 1 款）。停止原因包括：

- 还要面临报告期日（报告期时可以决定，破产公司是否继续经营，对此或许正好需要该土地）。
- 在报告期后因企业继续经营或转让型重整（→边码 430）而需要该土地时。
- 将危及破产计划的执行。
- 否则会对财团合理变价造成严重困难。

但是，考虑到经济状况，对债权人来说，停止强制拍卖必须是可以预测的（《强制拍卖与强制管理法》第 30d 条第 1 款第 2 句）。大多数情况下要表示赞同。因为，停止通常伴随着条件，即应支付债权人在报告期后所担保请求权的持续的利息。而且，因使用而造成的价值减损必须给予补偿（《强制拍卖与强制管理法》第 30e 条；财团债务）。然而，可能给债权人造成机会损失，例如因现在存在出卖机会或者现在价格高昂。

临时管理人的停止申请参见《强制拍卖与强制管理法》第 30d 条第 4 款，对于停止强制管理参见《强制拍卖与强制管理法》第 153b 条。

管理人也可以对土地进行变价：根据第 165 条，管理人可根据《强制拍卖与强制管理法》的规定进行强制拍卖和强制管理。如果别除权人已开始执行，则管理人可以加入执行（《强制拍卖与强制管理法》第 27 条、第 172 条）。 379

但管理人还可以将该土地（不经拍卖）自由转让。管理人的管理和处分权限使其有权自由转让（第 80 条第 1 款）。但内部关系上，管理人必须征求债权人委员会的同意（进一步参见第 160 条第 1 款、第 2 款第 1 项）。债权人委员会中别除权人也可以被代表（第 67 条第 2 款）。别除权人可能会要求购买价格合理。

2. 实践中的问题

根据《强制拍卖与强制管理法》第 10 条及以下分配拍卖收益。如果管理人进行强制拍卖，则是为所有未被担保的债权人而拍卖，即以《强制拍卖与强制管理法》第 10 条第 1 款第 5 项中的顺位进行。对该债权人来说，所有的土地质权都属于优先权（《强制拍卖与强制管理法》第 10 条第 1 款第 4 项）。但基于该权利不是已被清偿。确切地说，其将以“**保留价**”而停止拍卖（《强制拍卖与强制管理法》第 44 条第 1 款、第 45 条第 1 款）。该权利依然存在，并且针对拍卖地产的新所有权人可以首先被执行（《强制拍卖与强制管理法》第 44 条第 1 款、第 52 条第 1 款第 1 句）。这会引起两个问题： 380

- 破产时通常会发现，债务人土地承担的负担使其价值耗尽。这造成“保留价”提高，而由此在拍卖期间也许几乎找不到报价人。
- 通过抵押权等被担保的破产债权人，只有当从土地中丧失清偿时（或放弃从地产中清偿时，第 52 条第 2 句），才可以主张破产债权。但如果其质权存续时，一般不可确认丧失执行。债权人作为抵押权人始终可以自行进行拍卖。但对此如果缺乏执行名义时，还需要执行名义（→边码 377）。

381 在此**减少保留价**是有利的并且有以下两种形式：

（1）根据**《强制拍卖与强制管理法》第174条**，被担保的债权人可以申请，（也可以）不同于规定而出售，即在确定“保留价”时仅考虑优先于其债权的权利。如果给出相应的报价，则可以消灭债权人的土地质权（《强制拍卖和强制管理法》第52条第1款第2句）。在收益允许的范围内，债权人将得以清偿（《强制拍卖与强制管理法》第52条第1款第2句、第91条第1款、第92条第1款）。否则至少确认其损失。但通常没有债权人根据《强制拍卖与强制管理法》第174条提出申请，其希望管理人之后完全不进行强制拍卖并且自行转让土地。

382 （2）**《强制拍卖与强制管理法》第174a条**应该对此作出弥补：管理人也可以不同于规定而申请出售，甚至可进一步降低“保留价”，因为仅须考虑《强制拍卖与强制管理法》第10条第1款第1项的权利。当然前提是，《强制拍卖与强制管理法》第10条第1款第1a项中的确认费用因（偶然）土地上存在负共同责任的动产而不断累积。

如果不同于规定的出售中标，则所有后顺位的权利消灭，《强制拍卖与强制管理法》中第10条第1款第4项的土地质权也消灭。每个土地质权人可通过修正《强制拍卖与强制管理法》第10条第1款第1a项中的请求权来避免（类推适用《民法典》第268条；*BT-Drs. 12/3803, 69 f.*）。

383 为了一开始就避免该问题，通常管理人更愿意**自由**（不经拍卖）**转让**（→边码379）。同时可以节省费用并且通常也可以更快得以清偿。在此不存在“保留价”，但有以下两种路径：

（1）因买方购买了附有所有负担的土地，别除权继续存在。虽收益相对较小，至少买方不必与别除权人分享，而是保留给财团。

（2）如果土地上没有设立负担，则土地更容易被出售。然后，如果别除权人已从购买价款中得到与其顺位相应的清偿时，别除权人必须声明已放弃其权利。顺位较差的土地质权人可能得不到清偿；当其反对放弃权利时，某种情形下必须从其手中“买下”该阻碍顺位（*Hörmann VIA 2014, 11 f.*）。

自由转让在实践中较为困难，如果已允许让债权人（→边码377）强制管理土地时。为了保留所有的机会，破产管理人通常与别除权人协商“**进行冷强制管理**”：破产管理人进行原本的事务，即自行管理土地（例如继续债务人的租赁关系），但向优先权人交付收益——扣减（约定的）“财团费用额度”作为费用补偿后。这有助于债权人，但对财团也是有利的，一般来说没有疑问（*BGH NZI 2016，825*）。

二、动 产

管理人允许变价其占有的动产（第 166 条第 1 款结合第 148 条第 1 款）。 384

应阻止单个债权人从债务人财产的结合物中分离担保物，由此便利公司继续经营或保留对财产整体（必要时可获利的）变价。通常，管理人比债权人有更好的途径接触到接收人的圈子。这是重要的，在较优的变价中不仅可以清偿别除权人，而且可以期待取得盈余，从而使财团，即未被担保的债权人受益。

债务人根据《民法典》第 930 条为担保所让与的物或者由延期所有权保留所涉及的物（→边码 351 及以下）首先受到管理人的干预。相反，别除权人将占有质押物。不同于未占有的质权（例如债务人在高保真音响上的出租人质权）。另外对第三人的间接占有已足够。

例如：债务人把该物交付修理。

此外，如果该物处于债务人支配下，允许管理人对法院执行人已扣押的物进行变价（《民事诉讼法》第 808 条第 2 款）。 385

由于该物处于“羁束”中，因此在变价前法院执行员必须废除物的羁束（参见《破产法政府草案的说明》，第 178 页），但会取消扣押质权。另一种方法是，管理人根据《民事诉讼法》第 825 条第 2 款，征求执行法院同意其自行变价（参见 *Bork FS H. F. Gaul，1997，80*）。但根据第 166 条第 1 款的目的，羁束解除：管理人必须可以立即变价（*Jauernig/Berger ZwangsVollstrR/InsR § 45 Rn. 21；Smid ZInsO 2001，441 ff.*）。

管理人“自由”变价，即自行裁量（但参见第 160 条）。管理人必须将转让情形通知别除权人，由此给别除权人指出更为有利的变价机会，并且必要时执行该更为有利的变价（第 168 条），根据要求也必须就物的状况给出答复并且允许检查该物（第 167 条第 1 款）。 386

别除权人（G）有兴趣取得其可以优先受偿的标的物，即所谓的**自我介入**。如果 G 的报价比其他的变价更为有利，管理人必须接受该报价（明确规定于：第 168 条第 3 款）。G 需支付财团所约定的价款，但可以以其对收益的请求权（第 170 条第 1 款第 2 句）进行抵销。如果 G 可以对该标的物（对管理人来说意想不到）继续出售而获利，则允许 G 取得获利（*BGH NZI 2006，33*）。如果 G 不能通过该（净）收益而受到清偿，则 G 的破产债权继续存续（第 52 条第 2 句）。就此也允许 G 请求其他担保，包括保证（*Foerste ZBB 2009, 297 f.*；不同观点参见 *BGH NZI 2006, 33*）。

允许管理人使用担保物——一直是第三人的物——如果发生价值损失，可以继续补偿（第 172 条；根据第 55 条第 1 款第 1 项属于财团债务）。如果不会造成担保减损或平衡，允许自行结合、混同和加工（例如→边码 *351*）。第 169 条保护免于迟延变价：最晚“从报告期日起”必须向债权人支付持续的利息，该利息分配基于所担保的请求权，除非即使及时变价也不可能发生清偿（和利息储备）。

387 如果不允许管理人进行变价，则**债权人**可以变价（第 173 条第 1 款）。债权人变价由其占有的物（例如占有质押，直接占有的所有权担保），以及管理人交付债权人变价的物（参见第 170 条第 2 款）。通常，债权人有权自由决定，如何变价并且何时变价。但必须注意民法上的限制（例如担保合同或《民法典》第 1228 条）并且以最好的方式进行变价。为了免于迟延，破产法官可以基于管理人的申请设置变价期限（第 173 条第 2 款）。这很重要，如当收益超过被担保的请求时。期限经过后允许管理人变价。

三、债　权

388 **管理人**有权通过收回（→边码 280、边码 286 及以下）或其他方式（例如出卖，《民法典》第 433 条、第 453 条第 1 款）变价债务人为担保请求而让与的债权（第 166 条第 2 款）。在其他案件中，债权人应该变价（第 173 条第 1 款），实践中也包括质押给债务人的债权或债务人质押的债权。

该分歧可能是意想不到的。另外，立法者想要由管理人收回让与的债权，因通常默示同意下发生让与，如果由第三受让人对第三债务人收回，则第三债务人可能会意想不到。在质押后该种情形便不必担心，因为这对第三债务人来说原本就知情：根据《民法典》第 1280 条、《民事诉讼法》第 829 条第 3 款（《破产法政府草案的说明》，第 178 页及以下）。但如果担保让与已公开或之后才被公开，则债权人不必变价吗（反对意见参见 *BGH NJW 2002, 3475 ff.*；也可参见 *Marotzke ZZP 109 [1996], 446 ff.*）？

第四节　有权人的费用分摊

389 破产法改革的中心问题是，为强化财团，被担保的债权人必须承担一定的减损。根据第 170 条第 1 款第 1 句，如果发生破产管理人变价，债权人应承担担保的确认和变价的费用。费用的衡量多数根据变价收益而确定，也包括增值税（Umsatzsteuer）。**确认费用**是指“标的物的事实确认”（担保物的调查和鉴定）和“标的物上的权利的确认”。确认费用始终占收益的 4%（第 171 条第 1 款；收益包括增值税）。但是，债权人或债务人变价时不产生确认费用（对于自行管理：参见第 282 条第 1 款第 2 句）。

在土地拍卖时，确认费用仅涉及承担共同责任的动产（《强制拍卖与强制管理法》第 10 条第 1 款第 1a 项）。而且必须从拍卖收益中首先清偿该费用。因此，并不是每个土地质权人都承担该费用，而仅仅是不（再）能由拍卖收益清偿的较差顺位的债权人。

另外，需要对**变价费用**进行估值（第 171 条第 2 款）并且总计占收益的 5%（包括增值税），相反，当费用明显低于或高于 5% 时（例如仅占该数额的一半或 2 倍时）按事实费用估算。包括可能产生的增值税。 390

例如：在 S 的工厂储存一件机器，G 对该机器享有担保所有权。管理人可以以 10,000 欧元的价格出售该机器。对此要预先支付 19% 的增值税，因此仅剩余 8403.36 欧元。但还要根据净收益总额计算（总共的）扣缴额，因此还包括 400 欧元的确认费用和 500 欧元的变价费用。G 最终仅取得 7503.36 欧元。

费用分摊应确保，不可以基于未被担保的债权人的费用而为被担保的债权人要求管理人付出劳动。因此，如果因管理人交付债权人（第 170 条第 2 款）或司法辅助人变价（强制拍卖时：参见《司法辅助人法》第 3 条第 1 项）而不发生管理人变价时，不产生分摊。对于自行管理，参见第 282 条第 1 款第 3 句。

表 24-2　概览：别除物的变价

	不动产	动　产	债　权
变价权人	别除权人，管理人	管理人有权变价其占有的物；另外别除权人有权变价	管理人对让与的债权，别除权人对质押的或被质押的债权有权变价
费用分摊	确认费用，必要时包括变价费用	确认费用和变价费用	确认费用和变价费用

391 由此可以预见，**别除权面临受限**。谁需要担保，因而会考虑到担保：其将要求较高额的担保。这也是合法的。立法者对此已表示认同（《破产法政府草案的说明》，第 89 页）。因此，联邦最高法院此期间接受了 110% 的支付总额包括增值税，实际上为债权额的 129% 的担保（*Großer Zivilsenat BGHZ 137, 228 f.*）。虽然，以此为导向的担保实践并不占用破产法上已分配给未被担保的债权人的资源。但和每项别除权相关联的财团的逐渐贬值，意味着给剩余债权人造成的危险基于该方式还会上升。但最终几乎不可避免的是，人们也要确保中等经济规模（→边码 3）在未来取得外部筹资。

第五节　代偿别除（Ersatzabsonderung）

参考文献：*Harder*, Ersatzabsonderunng und dingliche Surrogation, KTS 2001, 97 ff.

392 无权转让取回物时，取回权扩展至其代偿物（第 48 条；→边码 *364*）。对于别除权人，没有相应的规定（如同《破产清算法》）。但是，仍然必须承认代偿别除（如同对《破产清算法》的理解）类推适用第 48 条。立法者也对此给予了认同。立法者认为没有必要在法律中明确加以规定（参见 *Recchtsausschuss, S. 160*）。也就是说，如果**债务人**在程序启动前已无权处分别除物，并且由此妨碍了清偿的可能性，则别除权扩展至收益请求权或该收益本身，如果该收益还可以在财团中区分出来（→边码 *364* 及以下）。

例如：可以转让属于土地质权责任共同体（Haftungdverband）（《民法典》第 1120 条及以下、第 1192 条第 1 款）的土地附属物（如工厂的机器、酒店的家具）并且以土地质权人优先受偿为目的而转让（例如：*OLG Dresden ZInsO 2003, 472*）。通常仅允许债务人以“符合规定的商业流程”（不是在破产程序中）并且仅在对接收人的相应债权让与时，转让担保所有权（不允许，当让与流产时）。收回处分与收回债权时相同：如果 S 为了担保向 G 让与了其对 D 的债权，但之后 S 又有效收取了该债权（《民法典》第 407 条第 1 款），则 G 可以别除到达财团的现金（*BGH NZI 2010, 339*）。

以这种方式，某些债权将违背第 87 条的规定而受益。这可能违反体系。但该结果是所期望的，因此被接受（主流观点；不同观点参见 *Marotzke ZZP 109 [1996], 434 ff.*）。

因此也适用于当**破产管理人**无权处分时。但就破产管理人变价别除物而言，通常要被给予授权（仅参见第 166 条）。然后别除权延续在变价收益上，作为代偿（*参见 BGH NJW 2007, 1588 Rn. 19*）；此外，财团已根据第 170 条第 1 款第 2 句承担责任。

第六节 对别除权的争议

如果破产管理人拒绝承认别除权，则有必要进行诉讼：如果管理人有 393
权变价，则一般对管理人的确认判决如“作为破产管理人关于某人的财产……”已足够（《民事诉讼法》第 256 条）。对于受理法院依据《民事诉讼法》第 24 条（优先于《民事诉讼法》第 19a 条；*→边码 346*）。紧急情况下，必须依据第 170 条第 1 款第 2 句提起支付诉讼。

第二十五章　对财团债权人的清偿

参考文献：*Bley*, die Haftung des Gemeinschuldners für Masseansprüche, ZZP 62 (1941), 111 ff.; *Dinstühler*, Die Abwicklung massearmer Insolvenzverfahren nach der Insolvenzordnung, ZIP 1998, 1697 ff.; KS–InsO/*Kübler*, Die Behandlung massearmer Insolvenzverfahren nach der Insolvenzordnung, 573 ff.; *H. Roth*, Prozessuale Rechtsfolgen der „Insolvenz in der Insolvenz", FS H. F. Gaul, 1997, 573 ff.

第一节　原　则

394 总财团（Rohmasse）要减去应由财团债权人取得的金额。因为财团债务（→边码 75 及以下）必须被“优先清偿”（第 53 条）。对此，应由管理人负责，必要时根据财团标的物的变价。否则，可以对管理人提出履行之诉。

当然其仅作为“关于某人财产的破产管理人”而被诉（→边码 180、边码 346）。如果因特殊原因（参见 BGH NZI 2008, 39）其个人也被诉，则管理人的个人财产也可能被执行时，管理人没有附加诉讼，即以其个人名义应诉。然后存在两个被告（参见《民事诉讼法》第 59 条、第 61 条中的共同诉讼）。

如果有必要强制执行财团，则依据《民事诉讼法》的规则执行。对此适用**顺位原则**。这当然仅适用于管理人不想履行时——不适用于报告财团不足的情形（Masseunzulänglichkeit）（→边码 399）。

395 另外存在**执行限制**。对此，第 90 条规定了程序启动时起 6 个月的宽限期（Schonfrist）。应避免在命令管理人急需维持财团的期间内——或许为了创建最小规模的流动资金，或为了公司继续经营——重要的财团财产被收回。但这仅适用于“强加的”财团债务，即不受他人影响而产生的债务（第 90 条第 1 款：“非因破产管理人的法律上的行为”）。例如自破产程序启动时起，雇员的工资请求权和租金债权。

如果管理人自行设立财团债务，便知道存在执行风险，也就不需要宽限期。相反，如果紧急情况下可以对相应的财团债务收款时，法律行为使和破产管理人缔结交易简单化。

为此，第 90 条第 2 款规定了：**没有阻隔期限**（Sperrfrist）**可被执行**的财团债务有： 396

- 因破产管理人选择履行的双务合同所产生的债务（第 1 项），即在第 103 条限定的选择权的范围内。
- 因继续性债务关系产生的债务并在管理人可最早解除后的时间为限（第 2 项）。

例如：谁向债务人出租了一件办公室，便可以自程序启动时起主张财团债务（第 55 条第 1 款第 2 项、第 108 条第 1 款第 1 项）。但其仅可以因下列请求权进行立即执行，即管理人根据第 109 条第 1 款第 1 句可能解除的时刻后产生的请求权。但自管理人有意继续租赁关系时，便发生停止。

- 因继续性债务关系产生的债务，并自管理人请求对待给付时起（第 3 项）。

例如：管理人在 6 月 30 日才可以解雇雇员 N（之前不存在第 90 条第 2 款第 2 项的情形）。因此管理人自 5 月起还要求 N 履行劳动（而不是立即解雇 N）。由此，5 月 /6 月的工资债权不仅是财团债务（第 55 条第 1 款第 2 项、第 108 条第 1 款第 1 句），如果 N 即刻获得执行名义时，N 还可以立即执行（例如根据《民事诉讼法》第 794 条第 1 款第 4 项；《劳动法院法》第 62 条第 2 款）。

管理人在 6 月 30 日才可以解除与出租人 V 的合同。因此，管理人自 5 月起还在使用该租赁物（而不是立即“解除”与 V 的合同，即继续提供给管理人使用，交换该物等：参见 *BGHZ 154, 364 ff.*）。

但优于第 90 条第 2 款的规定，可以因每项非强制性规定的财团请求权而得以执行，例如由于管理人的侵权行为产生的请求权（→边码 79）。

第二节　不足情形

一、不足以支付程序费用

通常，债务人已陷于财产不能清偿财团债务的贫困状态。如果债务人 397

财产甚至不能支付程序费用（财团费用，Massekosten），即包括诉讼费用、垫付款、报酬，则程序启动便面临问题：当法官注意到财团不足时，会因财团不足而驳回破产申请，除非预先支付或延期支付程序费用（第 26 条；→*边码 121 及以下*）。相反如果财团不足之后才发生，则将**终止破产程序**，当然这只发生在既没有预付（Vorschuss）也不存在延期支付的情形下（第 207 条第 1 款、第 2 款）。

但财团中存在现金时，仍至少应按比例清偿程序费用（第 207 条第 3 款第 1 句）。首先要清偿预付款，之后支付报酬。重要的是，管理人不必再履行变价（第 207 条第 3 款第 2 句）。最后，管理人也得不到（完全的）报酬。但只要管理人还享有变价权，则还允许其变价（第 80 条），即截止到程序终止时。

二、不足以支付财团债务

398 如果虽然可以清偿财团费用（第 53 条），但不能支付到期的财团债务时（→*边码 78 及以下*），只发生财团“不足”（第 208 条第 1 款第 1 句）。同样适用于，当财团债务之后才到期，但财团预计已不能支付之后到期的债务时（第 208 条第 1 款第 2 句）。在两种情形中，破产程序继续进行（第 208 条第 3 款）。但管理人有义务**报告财团不足**的情况（第 208 条第 1 款第 1 句）。破产法官公开公告该报告（第 208 条第 2 款）。该报告很重要：一方面其决定了财团债务的顺位，因为现在的财团债权人会变得更加不利；另一方面管理人可以免除责任。如果管理人设立财团债务，但债务履行有疑问时，管理人有承担个人责任的危险（第 61 条）。但管理人的报告制止了旧的财团债务，并因此为设立新债务创造了自由空间。

当然，这并不保护管理人免受旧的财团债权人的追偿，而旧的财团债权人是受损害威胁的债权人。如果管理人过错引起债权人早期对过错行为的期待，则管理人要根据第 61 条承担责任（→边码 55）。

399 因财团不足时，不再依据顺位原则**清偿**财团债权人（与→*边码 394* 相反）。根据报告确切地说只是执行按份清偿——如同破产债权人（第 209 条第 1 款：“根据他们的数额比例”）。因此履行之诉也不再合法（仅还可以进行确认之诉）。但债权人平等对待仅在以下三个顺位等级内实行：

（1）财团费用作为第一顺位被清偿。为了完全支配后续的现金，最终需要清偿**财团费用**。

（2）**新的财团债权人**作为第二顺位被清偿：财团不足报告之后（→边码 *398*）才产生请求权的债权人。但只包括管理人设立的自行负责的债务，例如通过合同或侵权。第 209 条第 2 款对此进行了规定；该规定符合第 90 条第 2 款（进一步参见→边码 *396*）。 400

根据第 209 条第 2 款第 1 项，管理人还可以决定履行双务合同（双方都还未履行该合同）。这无论如何适用于第 103 条中的合同，该合同在程序启动前已被缔结。但管理人必须——类推适用第 209 条第 2 款第 1 项——对该合同享有选择权，该合同由管理人缔结并且将使合同相对方（根据第 55 条第 1 款第 1 项）作为财团债权人。后果：尽管存在报告，但管理人还要求其履行的每个合同相对人将为新的财团债权人。

（3）作为第三顺位的是“其他财团债务”，首先是**旧的财团债权人**，即在财团不足报告前所产生的请求权。在此至少现金只够按份清偿。为了保护前顺位的债权人，一般禁止旧的财团债权人实行强制执行（第 210 条；可根据《民事诉讼法》第 766 条执行）。在财团分配后，破产法官终止破产程序（第 211 条第 1 款）。 401

对旧债权人不利是一项紧急措施。该措施有利于破产程序。因为没有该措施，便不允许管理人再进行任何交易（第 61 条）。在财团不足报告后，一般管理人也不再能找到已准备交易的其他人。然后通常后续的财团管理和变价会被中断——这会对所有参与人造成损害。

问题：如果现金甚至不能偿付所有的新财团债权人时，管理人应该怎么做？

法律没有对此进行规定。在此履行之诉也不再合法（*BGH NJW 2006, 3000*）。在此管理人也必须（类推适用第 210 条）阻止，每个新债权人通过单独强制执行而竞相追逐：管理人可以对此做不合法的解释（《民事诉讼法》第 767 条）。

第 206 条规定了**后期才知悉财团请求权**的情形。然后，相关的财团债权人被每项开始的分配排除在外。而只能希望，下次分配时有足够的现金为其余留。后果：谁作为破产债权人从财团债权人的转变中受益的，允许保留所得，尽管其还从来没有“在顺位之中”，因此得利请求权不可以依据第 53 条。 402

三、破产程序后的清偿

如果财团债权人在破产程序中一无所获，随后将对债务人请求个人 403

清偿。但仅明确规定了破产债权人的剩余债权（第 201 条第 1 款）。但是，债务人还仍对程序启动前由其设立并且之后成为财团债务的债务负责（第 55 条第 1 款第 2 项；普遍观点），例如无论如何应对管理人可以首先终止前的支付租金负责。相反对于其他经程序产生的财团债务，根据主流观点债务人仅以破产程序后向其交付的财产为限负责，**即限制于预留财团范围内**（*BGH NJW 2010*，*69 Rn. 12*）——实践中根本不存在：债务人不应对其无法影响该债务产生的债务承担无限责任。但立法者认为承担后续责任（Nachhaftung）是合理的（《破产清算法草案的动议》，第 240 页：同样可参见 *Häsemeyer InsR Rn. 25.28 ff.*）。至少债务人应该承担程序费用（第 54 条）（参见《民事诉讼法》第 788 条）。

第七部分

破产债权的确认

参考文献：*Kahlert*, Beseitigung des Widerspruchs des Schulners gegen den Haftungsgrund der vorsätzlichen unerlaubten Handlung im Insolvenzverfahren, ZInsO 2006, 409 ff.; KS–InsO/*Eckardt*, Die Feststellung und Befriedigung des Insolvenzgläubigerrechts, 533 ff.; *K. Schmidt/Jungmann*, Anmeldung von Insolvenzforderungen mit Rechnungslast des Schuldners, NZI 2002, 65 ff.; *Smid*, Zur verfahrensrechtlichen Lage nach der Zession der vom Zedenten zur Tabelle angemedelten Insolvenzforderung, ZInsO 2016, 1838 ff.

第二十六章　分配程序的确认

第一节　基本思想

破产程序主要应清偿破产债权人。因此应确定，在破产程序启动时 404
谁对债务人享有个人财产请求权（第 38 条）。根据民事诉讼法的原则，如果对此有争议必须寻求司法途径，例如通过对债务人或债务人的管理人进行诉讼。破产法规定了其他的路径：如果可能的话，债权人请求权应在审查期日内被**统一确认**。甚至没有债务人时，这也应该是可能的；债务人的财产将被全部分配，因此真的债权人还是假的债权人得以清偿对于债务人来说是次要的。只有当申报债权遭到管理人或其他债权人异议时，才应由司法予以确认。立法者完全凭借管理人的鉴别能力和具有竞争关系的债权人的不信任，该债权人的份额因“口头债权”被不必要地得以缩减。

思考：该程序对债务人来说完全没有危险吗？ 405

似乎有疑问的是，通常只有债务人了解所申报的债权，无论如何其比管理人和其他债权人更了解所申报的债权。但债务人可以通过告知管理人而受益；债务人甚至有告知义务（第 97 条及以下、第 152 条、第 153 条第 2 款）。但管理人可能有所顾忌与申报人进行诉讼。然后债务人合理的异议可能会被忽视，而一项表见债权可能会被考虑。这造成真正债权人的份额被减少。程序结束后，该债权人保留对债务人更高的剩余债权（第 201 条第 1 款；不同于余债免除的情形）。因该“份额损害”，虽然债务人对申报人享有请求权（当债务人对申报的债权提出异议时），但申报人可能此时会发生破产。

第二节　债权申报

一、概　述

406 可确认的仅是在破产管理人处所申报的债权（第 174 条）。这本身适用于经司法确认的债权（有执行名义的债权）。申报采用书面形式（某些情况下也可以通过电子文书形式）。此外要给出债权产生的“事由”，即债权发生的事实。

如果申报应中止时效期间时（《民法典》第 204 条第 1 款第 10 项），则**产生事由至关重要**，但因故意侵权行为而产生的损害赔偿请求权，故意违反义务未履行的抚养费请求权的产生事由也至关重要，并且如果债务人被判决与税务债权相关的税务犯罪行为时，税务债权的产生事由同样至关重要。因为尽管存在余债免除，该类请求权仍继续存在（第 302 条第 1 项）。破产法院应随即向债务人指明该危险，由此债务人可以立即决定，是否得以余债免除的艰难路径还值得，并且是否某些情况下可以避免过高的请求权（第 175 条第 2 款）。

必须附上产生债权可能存在的文本（第 174 条第 1 款第 2 句），例如合同和账单；这通常致力于可信度并且防止提出异议。管理人将申报的债权记入**破产清单**（Insolvenztabelle）（第 175 条第 1 款第 1 句）。该破产清单中也要标注申报的日期（事由：《民法典》第 204 条第 1 款第 10 项）。该清单在申报期日结束后将连同附件一同交存破产法院，以供参与人查阅（第 175 条第 1 款第 2 句），由此其他债权人也可以对审查期日进行准备。

二、逾期申报

407 破产法官在程序启动时已为申报设置了最多 3 个月的期限（第 28 条第 1 款）。如果逾期申报债权，还**可以对该债权进行审查**。对此应适用一般的审查期日（→边码 *409*）（第 177 条第 1 款第 1 句）。但到该期日所余留的时间可能太短。因此，管理人或债权人可以对审查提出异议。然后破产法官确认一个特别的审查期日（第 177 条第 1 款第 2 句、第 3 款；还有：书面的审查程序），但逾期者需支付由此产生的费用。同样适用于，债权在一般审查期日经过后才被申报。当日程安排允许时，这在结算期日前还是可能的（*BGH NZI 2012, 323*）。

然后债权人除了费用负担外，当然还面临分**配时的损失：**如果债权有争议并且债权人必须诉请确认时（→边码 *412*），在中期分配（第 187 条第 2 款第 1 句）时不予考虑该债权人。但是在 2 周的除斥期间内不能完成确认，该除斥期间随着第 188 条第 3 句的公开公告而开始（第 189 条第 3 款）。同样适用于当债权虽然不具有争议，但分配清单不能被及时（第 188 条第 2 句）得以修改时。但如果债权人截至之后分配时已补回该迟误期间时，债权人的损失必须在之后的分配中得到补偿（第 192 条）。当债权在最终分配清单（第 188 条第 2 句）公告前被申报的，在最终分配时（第 196 条）该债权必须被考虑（*BGH NZI 2007*，*402*；也可参见 *Gerbers/Pape ZInsO 2006*，*685 ff.*）。 408

第三节　审查期日

破产法官在程序启动时已确定了审查期日。破产法官应该在申报期日结束后最早一周最晚两个月内进行审查（第 29 条第 1 款第 2 项）。在该期日必须首先审查是否**申报了债权数额和顺位**（第 176 条第 1 句）。最终该（形式上的）审查属于法官的义务。 409

如果**后顺位债权**（第 39 条）作为一般破产债权申报时，要指明该顺位。但后顺位债权的正确申报几乎没有意义，因为实际上财团从来不够清偿一般的债权。后顺位的债权人也应该等待，破产法官是否要求其申报债权（第 174 条第 3 款），因为财团价值额给出申报后顺位债权的机会。该情形或许只有在程序的进程中才会显示（特别是在审查期日时：第 177 条第 2 款）。

债权成立的事由仅由管理人和债权人审查，通常也是表面审查，或者审查有无矛盾的地方。大多数在期日前就已经发生，因为参与人必须及时明确，是否想提出异议。甚至只对有争议的债权才应进行“共同讨论”（第 176 条第 2 句）。但对此可以进行临时抗辩（*OLG Celle ZInsO 2009*，*1819*）。提出异议者有时间思考并且申报者有机会进一步说明。审查的结果（确认或异议）将登记在破产清单中（第 178 条第 2 款）。

第四节　后续的程序

一、管理人或债权人无异议

411 管理人或债权人都没有对债权提出异议时，便视为债权得以**确认**（第178条第1款第1句）：该债权在财团分配时将立即被考虑。债权人的异议并不影响对该债权的确认（第178条第1款第2句；→*边码404*）。因此，在破产程序的清单中登记被确认的债权如同生效的判决一样发生法律效力（第178条第3款）：管理人在之后的分配中必须以此为依据，具有竞争关系的债权人也必须接受。

二、管理人或债权人提出异议

412 管理人或其他债权人提出异议时，债权将不被确认。根据债权是否有"执行名义"，即对债务人的债权已通过判决、执行通知书等（《民事诉讼法》第704条和第794条）得以确认，而产生以下不同的后果。

1. 无执行名义的债权

谁申报了没有执行名义的债权，必须通过消除异议来达到确认债权（第178条第1款第1句、第179条第1款）。这将通过诉讼解决：或者对异议者提起诉讼，或者在未完成的诉讼中通过承继该诉讼。

"临时"异议（→*边码410*）也必须被消除。但债权人之前最好通过咨询或设置合理期限来解释，是否维持该临时异议。如果其仓促提起诉讼，而管理人之后决定撤回异议或立即承认请求权时，债权人要承担诉讼费用（《民事诉讼法》第93条；*BGH NZI 2006, 295 f.*）。

413 • 原则上有必要进行**确认之诉**（Feststellungsklage）（《民事诉讼法》第256条），例如，确认起诉人享有"对S有限公司财产的破产程序中破产清单上5000欧元的支付请求权"。

排除针对管理人的履行之诉，因为破产债权人不应得到诉讼金额，而仅享有相应的份额，对其他债权人的履行之诉也是如此。必须在破产程序之外进行诉讼，即在"普通程序中"（第180条第1款）。该法律途径遵循一般原则（《法院组织法》第13条）。例如雇员的工资请求权必须由劳动法院确认（参见第185条第1句）。如果要由民事法院裁判，则事务管辖始终根据《法院组织法》第23条及以下、第71条进行判断。诉讼标的额依财团分配时预计可能获得的最低金额确定（第182条）。地域管辖权发生更改：仅作为区法院的破产法院具有管辖权，在地方法院的辖区内存在破产法院的地方法院具有管辖权。提起诉讼不受期限的约束。但是，谁错过了第189条第1款的除斥期间，分配时的风险便发生转移（→边码 *442* 及以下）。

对于**多个异议**（例如管理人和一个债权人的异议；多个债权人的异议），有必要提起多个诉讼。根据第178条第1款第1句，必须消除每个异议。申报者有权自由选择，单独（*BGHZ 112, 97 f.*）或一起对争议标的提起诉讼。对于后一种情形，被告属于必要共同诉讼（《民事诉讼法》第62条第1款第1种情形），因此，申报债权的确认对“所有”债权人统一生效（参见第178条第3款、第183条第1款）。 414

法官的裁判对管理人和所有破产债权人发生法律效力（第183条第1款）。例如，如果仅管理人提出了异议，即仅管理人应诉并且该诉讼被驳回时，则该判决也有利于所有破产债权人。如果仅一个破产债权人提出了异议并且应诉，则驳回诉讼也有利于其他债权人及管理人。如果相反对该破产债权人的诉讼胜诉，则是否有权参与财团分配必须得到普遍确认。 415

与字面意思相反，第183条第1款不适用于**多个异议的部分裁判**。如果债权人X和Y对G的债权提出异议，但是G仅起诉X，则准予的判决（对X的确认）不对Y生效，因为Y（理论上）还可以实现驳回对其提出的诉讼，之后其异议生效（→边码 *414*）。让判决对其他债权人也生效过早。但如果对X的诉讼被驳回，则现在可以确定，G将不能消除所有的异议。

如果赢得诉讼，则应向破产法院申请更正清单（第183条第2款）。例如通过标注“债权通过判决得以确认……”“异议是有根据的……”“异议之诉被驳回……”。

- 破产程序开始时，当对申报的债权已启动诉讼程序时，则通过对**诉讼案件的承继**而发生确认（例如债权人对S提起履行之诉；对其送达了催告通知，对S提出了异议：根据《民事诉讼法》第696条第3款）。然后，该诉讼被中断（→边码 272）。申报人必须承继诉讼来确认债权（第180条第2款；→边码 273），但现在不再针对债务人而是针对提出争议之人；发生当事人变更。如果多人提出异议，则申报人可以自由选择，是否对单独争议人或者所有争议人一起承继诉讼（*Häsemeyer InsR Rn.22.32*；*a. M. BGHZ 76, 210*）。如因履行已对申 416

报人提起诉讼，则必须变更：在确认申请中。这属于变更诉讼，但合法（根据《民事诉讼法》第 264 条第 2 项或类推适用第 3 项）。

2. 有执行名义的债权

417 如果申报人已有债权的执行名义，则不需要继续进行确认。确切地说，谁提出异议，便有义务“追诉该异议”（第 179 条第 2 款），即不执行该执行名义而执行异议。如**提出异议之人不作为**，当财团被分配时申报人立即成为债权人：申报人的执行名义已足够（参见第 179 条第 2 款、第 189 条）。但申报人也可以预先让司法确认，该异议（没有反对者追诉）没有根据。

如果还未先产生对申报者执行名义的异议时，就不可以证明申报者债权的顺位。因此，申报人必须消除相关的异议（→边码 *412*；对于该类诉讼的诉讼标的参见 *KS-InsO/Eckardt 564 f.*）。

418 另外，提出异议之人将致力于**消极确认**。其必须尝试确认，他的异议是有根据的或者申报的债权不成立。但在此必须对申报者的执行名义进行抗议：

- 大多数情况下，执行名义来自对债务人的诉讼。如果该诉讼仍未决，并且通过破产程序启动而中断（→边码 *272*），则提出争议之人有义务**承继诉讼**（第 180 条第 2 款；→边码 *273*）。随着承继诉讼，提出争议之人代替债务人（变更当事人）继续诉讼，例如在控诉或上告程序中（Berufungs–oder Revisionsverfahren）或通过对针对债务人作出的缺席判决（Versäumnisurteil）提出申诉。多个提出争议之人可以一起，也可以单独承继诉讼（争议：→边码 *416*）。未决诉讼的所在法院具有管辖权。

经承继后，还必须对债权人的诉讼进行裁判（即使目前的履行之诉变更为确认之诉，→边码 *416*）。在此，提出异议之人还不必申请（消极）确认：其（如同现在债务人）要求驳回诉讼已足够（*MüKoInsO/Schumacher § 179 Rn. 37*；有争议）。

419
- 但通常承继因诉讼终结而流产，因执行名义已生效。之后破产管理人也受该法律效力的约束（如同债务人的诉讼承继人，《民事诉讼法》第 325 条第 1 款），同样适用于提出争议的债权人。但如果债务人——没有启动破产程序时——还可以提起**执行异议之诉**（Vollstreckungsgegenklage）（《民事诉讼法》第 767 条）或者还可以进行**再审**（Wideraufnahme）时（《民事诉讼法》第 578 条及以下），则提出异议之人有权寻求法律经济，对债权的顺位提出抗辩（→边码 *409*、边码 *417*）。否则异议（与第 179 条第 2 款相反）可以不被追诉并且视为没有根据。

- 可执行证书（《民事诉讼法》第 794 条第 1 款第 5 项）始终可以因执行异议之诉而遭受攻击（《民事诉讼法》第 767 条、第 795 条第 1 句、第 797 条第 4 款）。

表 26–1　概览：破产程序中对申报债权的确认

	对没有执行名义的债权的确认	对有执行名义的债权的确认
没有对债权提出异议或仅债务人提出异议	可以确认（第 178 条第 1 款第 1 句）	可以确认（第 178 条第 1 款第 1 句）
管理人或破产债权人提出异议	仅在申报人的确认之诉胜诉时（第 178 条第 1 款第 1 句、第 179 条第 1 款），必要时在对债务人进行的诉讼承继下而胜诉时	当提出异议之人 没有对执行名义提出反对时 执行名义不可以再被攻击 执行名义虽然被攻击，但有关诉讼败诉

第二十七章　对债务人剩余债权的确认

420 对破产债权的确认（→边码 *404* 及以下）约束着破产管理人和破产债权人（第 178 条第 3 款）。但这仅确保，财团分配时该债权可以被考虑。如果成功，则债权消灭。然而剩余债权还继续保留。破产程序后给予债权人**剩余债权请求权**（第 201 条第 1 款），现在是对债务人的请求权。是否债务人再次获得资金是另一个问题。但仅自然人受剩余责任的约束，并且仅在余债免除的范围内（第 201 条第 3 款）。

421 **公司**如股份公司、有限公司、普通合伙、有限合伙将解散，并且之后大多被注销，当对该公司启动破产程序时（→边码 *172*）或启动申请因财团不足而被驳回时（→边码 *125*）。

如果事后还发现了公司的财产，当然可以用于履行剩余债权。例外情况下，公司甚至可以继续存续。因此，当破产程序基于债务人的申请而终止时或在法官确认规定了公司存续的破产计划后，破产程序随之终结时，有限公司的股东可以决议公司的继续存续（《有限责任公司法》第 60 条第 1 款第 4 句后半句）。在此，当根据破产计划（与第 227 条第 1 款相反）公司的债务不应该消灭时，公司继续承担责任。

422 该剩余债权可根据一般规则被执行。然而，到目前为止尚未获得执行名义的债权人，还必须取得该执行名义。这将耗时且耗财，因为在债务人的经济状况有所好转前，向债务人几乎不能追索到诉讼费用。因此，根据第 201 条第 2 款第 1 句，当债权得以确认（→边码 *404* 及以下）并且在审查期间内债务人也没有否认该债权时（对于审查期日的延误参见第 186 条），**破产清单被视为执行名义**。该原则——债务人的沉默使得执行名义合法化——也适用于此（参见《民事诉讼法》第 331 条及以下，特别是第 688 条及以下）。

当申报一项特别的请求权，该请求权被余债免除排除在外时（第 175 条第 2 款、第 302 条第 1 项），要向债务人特别指明沉默的后果。为了必要时可以保护自己，应该告诫债务人（→边码 *406*）。

对于法律救济的特别管辖权参见第 202 条。

另外，该法律也有助于**债务人**对申报的债权**提出异议**的情形。该异议值得注意（第 201 条第 2 款；不同于→边码 *404*）。一般消除该异议属于申报人的义务。在破产程序期间已可以消除异议（第 184 条第 1 款）。由此，债权人赢得时间并且不会涉及财团财产，这时涉及程序结束后的责任问题。仅确认之诉还是合法的（可参见第 184 条第 1 款第 1 句；有争议）；具有管辖权的法院根据一般规则进行公告（例如《法院组织法》《民事诉讼法》；也可参见《破产法》第 185 条）。如果破产程序启动前诉讼处于未决的状态，则该诉讼中断（→边码 *272*）。之后有必要承继诉讼，通常之前的履行申请要变更为确认申请（诉讼变更）。 423

如果申报债权是因**故意侵权行为**，债务人受限于对该法律原因提出异议（第 175 条第 2 款）。这样“分离的债务人异议”虽然原则上不能阻止债权人，之后根据第 201 条第 2 款执行，但也许可以在余债免除时阻止。谁在余债免除时想执行（根据第 302 条第 1 项），允许并且应该类推第 184 条第 1 款让确认其债权产生的特别的法律原因［*BGH NJW 2006*，*2922 ff.*；*Gaul FS Gerhardt*，*2004*，（*208 ff.*）］。

如果存在**多个异议**，即管理人或其他债权人提出异议时，申报人有权自由选择对所有人或者仅对提出异议人单独采取行动。如果申报人起诉债务人连同第三人，则就与债务人的关系而言仅属于简单的共同诉讼（《民事诉讼法》第 59 条及以下；*BGH WM 1980*，*164*）。也可参见→边码 *414*。

如果债权人甚至已就执行名义进行诉讼，对异议进行追诉属于债务人的事务（进一步参见第 184 条第 2 款）。

第八部分

财团的变价和分配

第二十八章　财团变价

参考文献：*Berscheid*，„Übertragende Sanierung“ in der Insolvenz und Personalabbau，in：KS，1119 ff.；*Bork*，Grundfragen des Restrukturierungsrechts，ZIP 2010，397 ff.；*Beyer/Beyer*，Verkauf von Kundendaten in der Insolvenz–Verstoß gegen datenschutzrechtliche Bestimmungen?，NZI 2016，241 ff.；*Buth/Hermanns*，Restrukturierung，Sanierung，Insolvenz，4. Aufl. 2014；*Eidenmüller*，Unternehmenssanierung zwischen Markt und Gesetz，1999；*Lenger*，Sanierungserlass gekippt–Praxisfolgen und aktuelle Lösungsansätze für Insolvenzplanverfahren，NZI 2017，290 ff.；*Schmerbach/Staufenbiel*，Die übertragende Sanierung im Insolvenzverfahren，ZInsO 2009，458 ff.；*Uhlenbruck/Leibner*，Die Sanierung von Krisenunternehmen als Herausforderung für die Beratungspraxis，KTS 2004，505 ff.；*Zimmermann*，Beschlussfassung des Gläubigerausschusses/ der Gläubigerversammlung bzgl. besonders bedeutsamer Rechtshandlungen（§ 160 InsO），ZInsO 2012，245 ff.

第一节　基本原则

报告期后，破产管理人必须不迟延地对财团进行变价。但如果债权人会议作出其他决议，例如债务人公司想继续经营（第 159 条）。如何变价原则上**取决于管理人**。 424

- 管理人可以决定单个变价和整体变价，即以（较低的）清算价格转让单个财团财产和整体出让债务人公司（或某项营业）（→边码 427 及以下）。
- 管理人可以将动产转让于任何有兴趣的人（对于瑕疵责任参见 *Marotzke ZInsO 2002，501 ff.*）。
- 管理人同样可以自由转让土地，但也可以由司法辅助人强制拍卖（Zwangsversteigern）（第 165 条；→边码 379）。强制拍卖的优势在于，排除担保请求权（Gewährleistungsansprüche）（《强制拍卖与强制管理法》第 56 条第 3 句)。还可以考虑纯粹使用租赁(Vermietung)、用益租赁(Verpachtung)或强制管理(第 165 条)。

- 债权可收回(→*边码 280*)或被转让。转让时,当然必须考虑价值折旧。

425 如果标的物因别除权而承受负担时,当然**存在限制**(→*边码 377 及以下*);并且这是常规。债权人会议也可为变价预设规定:不仅可以在破产计划范围内(第 157 条第 2 句),还可以通过具体的单独指示(第 159 条后半句)。不依赖于此,"重大意义的"变价措施需要债权人委员会(如没有则需要债权人会议)同意。这尤其适用于,当管理人想转让整个破产公司或整个仓库,自由转让土地,或为了收回债权想进行重大诉讼时(第 160 条第 1 款、第 2 款)。对此,管理人必须通知债务人和债权人。之后债务人和债权人可以干预,要求暂时停止并且要求债权人会议决议(第 161 条;*对于上述参见→边码 435 及以下*)。

426 虽然管理人享有相当大的裁量空间,但应确保**变价收益达到最优**。鉴于此,一切取决于管理人的资质(→*边码 48a 及以下*),但也取决于管理人是否谨慎:变价中的"人为错误"(Kunstfehler)可以导致损害赔偿义务(第 60 条),尤其是对债权人的损害赔偿义务。如果证明措施无效,则该措施不因此当然违反义务。几乎每一个变价决定都是基于推断和相应的不确定性,例如关于可获得最高价的时间(市场状况的变化),关于等待过程中找到其他能够提供更好价格的买主的机会,关于为收回债权而进行诉讼的胜诉可能性以及至此购买意向者的偿付能力和可靠性。为了等待偿付的债权人的利益,变价也不应该持续太久。这可能造成被迫妥协。

第二节　公司的转让和重整

一、经济条件

427 在公司破产中,单个财团财产(土地、机器、办公家具、电脑等)的清算转让通常是非常不利的。因为在紧急出售的情况下,对于二手物品甚至几乎得不到合理价格("清算价值")。因此,也许将公司或者至少某项营业组织上统一转让,并且以此实现**较高的继续经营的价值**(→*边码 117 及以下*)是有利的。因为破产和潜力绝对不是相互排斥的。

例如：根据《法兰克福汇报》2017年9月5日的报道，户外专家北面（Nord Face）曾经一度陷于严重困难并且几乎要面临破产。投资人威富公司（VF Corporation）于2000年以整整250万美元的价格购买了该公司；现在市场年销售盈利为2.3亿美元——几乎为其收购价格的10倍。

公司继续经营时，还可以维持工作职位，这也完全符合破产法的意义（第1条："维持公司"）。对于商号和自由职业者经营的事务所的转让参见→*边码144及以下*。健康的企业容易被转让。不景气的企业在（不利的）状况下也可能被转让。但所获得的价格非常低，因为当排除继续经营时，取得人通常只对"有用部件"感兴趣。

有时**通过公司重整**，为重新获利做准备。但重整必须在企业经济上是有意义的。对此，未来必须对所提供的履行有需求。至少具有合理费用的生产计划可以转变为所需求的产品。质量和价格必须符合市场状况。通常，过高的工资费用部分使得很难对激烈竞争做出灵活反应而造成破产。然后必须采取合理化措施。一方面以适格的人才为前提，另一方面通常也要区别于其他雇员（→*边码251及以下*）。如果重要的生产工具因优先权而承受负担，则取决于担保变价能否被延缓（即或许违反优先权人的意愿也可以延缓：→*边码378*、*边码386*）。 428

首先任何重整都要求新的资金，通常需要大规模的资金。一个公司的自有资本可以通过"资本分割"（Kapitalschnitt）而增加。在此，增资依据目前的损失额所造成的资本减少（进一步参见 *Hirte ZInsO 1999, 616 ff.*）。但是只有当重整机会有利时，旧股东及第三人才将准备收购新的公司股份。然后外部筹资才会进入，因为银行几乎不会"不分好坏到处撒币"。当银行被合理担保后又当别论。但只是通过（微弱的）财团财产几乎不能成功，可能要通过破产债权人在破产计划中退让（第264条及以下）或通过国家救助。但不依赖于此，通常也必须减轻债务负担；首先期待大的债权人做出极大的让步。程序启动前破产法官已可以让重整前景得以审查（第22条第1款第2句第3项）。原则上必须对重整收益收税；这并没有便利重整（对于不久前取消德国联邦财政部的有利公告和其结果参见 *Lenger NZI 2017, 290 ff.*）。 429

国家通常通过贷款或担保进行干预。地方银行或复兴信贷银行将**介入**。事实上通常由纳税人支付。该救助不仅是政治姿态的表示。例如其可以在经济结构薄弱的领域内挽救工作岗位，并且由此避免其他（经济上相互依存的）公司相继破产。并且失业也会迫使其提供资金支持，社会保险和国家预算——视社会给付的规模而定——同样会承受重大负担。国家救助的问题至少在于，当从客观观测破产的公司不再具有重整能力时，似乎要靠人工喂养：之后便属于消耗纳税人的钱，国家救助也容易歪曲竞争。因此，其要受到欧盟委员会的审查（《欧盟运行条约》第 108 条；参见 *App NZI 2002, 594 ff.*）。

430 大多数重整伴随着公司的转让（对此具有指导性请参见 *Wellensiek NZI 2002, 233 ff.*）。人们将其称为**转让型重整**（übertragende Sanierung）：破产管理人使公司的每项财产价值从破产承担者——债务人处（个体商人、有限公司、普通合伙等）——脱离并根据其处分权转让该财产于取得人。通常，取得人是一个专门为此设立的收购公司（第 260 条第 3 款）并且支付约定的价款（不同情形参见 *Zipperer NZI 2008, 207 f.*）。该收益将分配给破产债权人（→边码 *441* 及以下）。关于经营主体（被耗尽的）财产的破产程序将继续，对于公司直到清算为止（→边码 *139*）。

431 有时破产债权人基于**债务人重整**自身也需要“重组”。在此公司重整，余留由其载体保留，经营主体受益于此。如果得以强化的公司获得收益，则该收益仍要流向债权人：或者还是归入财团（第 35 条第 1 款第 2 种情形）并且由管理人分配，或者破产程序启动后由债务人进行分配——根据之前裁定的破产计划。破产公司的重组提供给债权人用自有资金参与重整的机会。

432 及时重整甚至可以避开破产程序。当然，**诉讼外重整**同样很难像所希望的那样：多数情况下，为协商余留的时间很少，因为许多破产的公司有义务申请启动破产程序（→边码 *91*）。首先所有的债权人必须达成一致，尤其是对其所放弃部分要达成一致，例如放弃债权（进一步参见 *Gottwald InsR-HdB/Drukarczyk/Schoentag 76 ff.*）。持有异议的债权人（“同意的妨害者”）也不必共同承担多数债权人达成的重整计划（*BGHZ 116, 322 ff.*；其他观点参见 *Eidenmüller 551 ff.*）。而且，债务人财产——没有债权人之间的约束——将因单独强制执行而受到威胁，尤其是当债务人财产还是走向破产程序时，但一般不可以适用短期的追溯禁止（第 88 条第 1 款）并且可能受到破产撤销的约束。转让型重整下，雇员的高额社会计划请求权（没有第 123 条的限制）和根据《税捐法》第 75 条债务人关于税收债务的责任都要受到威胁（进一步参见 *Wellensiek NZI 2002, 236 f.*；对于法律政策方面的讨论参见 *Siemon NZI 2016, 57 ff.*）。

在破产时，无论如何要避免公司完全停止营业造成不可逆转的事实：当最好的员工跳槽，生产中断丧失价值或客户选择与其有竞争关系的公司，因而失去了客户时，公司的转让或重整前景——通常属于运气问题——变得更糟糕。关于停止经营也由债权人会议做出决定。但债权人会议在报告期内才对此做出决定（第 157 条第 1 句），不允许其之前进行干涉。 433

临时破产管理人应尽可能长期继续经营公司：其职务相应截止到程序启动时（第 22 条第 1 款第 2 句第 2 项）。

如果破产管理人想停止经营，则其必须征求（可能存在的）债权人委员会的同意（第 158 条第 1 款）。任何情况下，破产管理人都必须通知债务人。基于债务人的申请，如果停止经营可以延续至报告期日而不会造成财团显著减少时，破产法官可以不准予停止经营（第 158 条第 2 款）。该裁判可能非常艰难。通常，法官可以限制于可信性审查（*对于责任参见→边码 47、边码 53*）。债权人会议决定暂时继续经营公司时（第 157 条），管理人要受其约束。

二、破产法上的合法性

根据第 80 条第 1 款、第 159 条前半句，**破产管理人也可以决定**债务人公司的转让。即使只涉及内部关系，破产管理人也在两个方面都受到限制（第 60 条、第 164 条）：自报告期日起债权人会议（第 159 条后半句；有争议）的指示便约束着破产管理人。另外，转让需要同意。 434

如果报告期日前就应该被转让，则无论如何有必要经过**债权人委员会的同意**（*→边码 71 及以下*）（第 158 条第 1 款；关于债务人保护根据第 158 条第 2 款）。如果企业，一项营业或债务人在另一企业持有的股份——但持股系以同该企业建立长期联系为限——应该被转让时，也有必要经过债权人委员会的同意（第 160 条第 1 款第 1 句、第 2 款第 1 项）。

根据第 160 条第 1 款第 2 句和第 2 款第 1 项，如果没有设立债权人委员会，则有必要经过**债权人会议的同意**（*→边码 67 及以下*）。另外，破产法官可以让债权人会议决定，即基于债务人或第 75 条第 1 款第 3 项中的有权人的申请（占债务财团和别除权价值至少 20% 的份额）。为了使参与人得知该计划，管理人必须通知该参与人（第 161 条第 1 句）。 435

法官裁判委托给债权人委员会，是以所计划的转让的变价为前提，必要时包括债权人委员会失误地，如投机主义地决定的风险评估。特别是申

请人可以证明（→*边码 89*），比管理人的计划更有利的转让是可能的（第 163 条第 1 款）。如果申请人成功，则其为此可能支付的费用必须由财团补偿（第 163 条第 2 款），最终财团通过申请人支付（和较高的购买价款）而增加。

实践中重要的是，在决议无能时的（具有严重后果的）同意拟制（第 160 条第 1 款第 3 句）。

436 如果关于转让条件存在垄断风险——可能是因信息优势（“内幕人员”），可能通过增加关于决定买方和转让条件的影响——则依法必须经过全体大会同意：第 162 条规定，取得人或至少占其股本 20% 的人与债务人的关系是否较为密切（→*边码 300*），或者是否破产债权人（第 38 条）或别除权人至少占债务总额和别除权价值额的 20% 的份额。并且间接持股也是可疑的（第 162 条第 2 款）。

437 对于**转让型重整**（→*边码 428 及以下*）原则上存在以下两种路径：

- 管理人进行重整及转让（→*边码 434 及以下*）。根据管理权和处分权，管理人也允许进行重整，当然仅在第 159 条、第 160 条及以下的界限范围内。管理人做出决定的标准也只是维护债权人的利益：快速受偿并且最大化分配收益。管理人不是“自由浮动的社会工程师，可以在消失的行业中尽可能多地拯救就业岗位”（*Balz*）。
- 通常在适合破产计划的范围内进行重整：在此管理人可以发挥主动性。或者债权人指示管理人草拟重整计划（第 157 条第 2 句、第 218 条第 2 款）。相应的破产计划将由债权人决议（→*边码 500 及以下*）并由管理人执行。

三、取得人的债务责任

438 因法律行为取得企业或企业的一部分而导致加入转移时已**产生的劳动关系**（《民法典》第 613a 条第 1 款第 1 句；进一步参见 *Schiefer NJW 1998, 1817 ff.*）。该劳动关系仅可以通过解雇而终结。不得因企业转让而发生解雇（《民法典》第 613a 条第 4 款）。破产时解雇保护的阻碍总是略有减弱（→*边码 255 及以下*）。这也适用于企业转让后才要进行营业变更的情况（第 128 条）。但是《民法典》第 613a 条显著加剧了重整的难度。

因此实践中的**做法**是：

（1）部分是雇佣公司（中介公司，Transfergesellschaft）加入。所有的或选择部分劳动关系（在利益平衡下，→边码 253 及以下）转让于中介公司，同时伴随着解除旧的劳动关系并和中介公司签订新的（定期）劳动合同（参见 *BAG NZA 1999, 422 ff.*）。然后，所需劳工可以在中介公司处查找，谁收购了重整的公司。中介公司目前主要由公共资金所支持（结构化的短时工补贴、欧洲社会基金）。

（2）还可以根据“取得人的计划发生转让人解雇”。在此，破产管理人已经解雇，但相应地还要通过利益平衡考虑取得人的人员和重整计划。联邦劳动法院（BAG）认为，在企业转让中仅发生“外部的原因”而解雇并不违反《民法典》第 613a 条第 4 款（*BAG NJW 2003, 3506 f.*）。

根据《民法典》第 613a 条第 1 款第 1 句，似乎未付的工资和报酬请求权也要转向取得人。该请求权通常数额很大。因此《民法典》第 613a 条可以阻止完全取得破产的公司，尽管这完全符合债权人的利益，并且也恰好符合雇员的利益。至少债务承担的威胁给购买意向者以动机，使其相应地对购买价款施加压力。这可能减少财团财产，即对破产债权人不利的同时，雇员获得另外的（有支付能力的）债务人。两者都不符合破产目的。因此根据《民法典》第 613a 条第 1 款第 1 句的目的，仅破产程序启动后产生的债务才发生转移（*BGA NJW 1980, 1125 f.*；进一步参见 *Kempter NZI 1999, 93 ff.*）。 439

同样取得人也很少因**继续使用商号**而承担责任（《商法典》第 25 条第 1 款），即对债务人在经营过程中产生的（所有）债务负责。对破产财团中的取得，不适用《商法典》第 25 条第 1 款。有利于债权人的目的会因债务转移而完全被破坏；因为为了债权人的利益，必须转让公司，并且《商法典》第 25 条中的责任规定会吓退有意向者（*BGHZ 104, 154 f.*）。最终可能排除责任（《商法典》第 25 条第 2 款）。而且取得人对破产经营主体的**税收债务**不承担责任（《税捐法》第 75 条第 2 款）。 440

第二十九章　对破产债权人的财团分配

参考文献：*Eckardt*, Die Feststellung und Befriedigung des Insolvenzgläubigerrechts, in: KS, 533 ff.; Gottwald InsR-HdB/*Eickmann* 1140 ff.

第一节　基　础

441 财团变价为现金后，必须首先清偿可能存在的别除权人（→边码 *368*），然后清偿财团债权人（→边码 *394* 及以下）。如果申报的请求权得以确认，则剩余“分配财团”将最终清偿破产债权人：财团将得以分配。法律区分了**三种分配类型**：根据变价情形和资金状况，可能确定中期分配（Abschlagverteilungen）。变价终结后随之发生最终分配（Schlussverteilung）。在特定情形中，可能也有必要进行追加分配（Nachtragsverteilung）。该类分配也由管理人负责。但当设立了债权人委员会时，管理人每次分配前必须征求债权人委员会的同意（第 187 条第 3 款）。每次分配的依据是分配清单（Verteilungsverzeichnis）。

第二节　分配清单

442 在分配之前，管理人要制作分配清单（第 188 条第 1 句）——不仅在中期分配前，而且在最终分配前（“结算清单”，Schlussverzeichnis）。参与人可以在破产法院的文书处查阅每个清单。

债权总额和每次应被分配的总额必须**公开公告**（第 188 条第 3 句）。公告的时间（→边码 *43*）很重要，因为其确定了进程中的两个期限：

（1）两周的除斥期间（第 189 条第 1 款），在该除斥期间内债权人必须证明对争议的债权已提出诉讼。

（2）对中期分配清单的异议享有 3 周的期限。

清单中表明分配时**要考虑的债权**（第 188 条第 1 句）。考虑清偿遵循两种方式：支付债权人应取得的份额；或留置相应的金额，直到确认相应金额应给予债权人。必须考虑的是： 443

- **通常所确认的债权**，即一方面未附条件且未被担保，另一方面根据第 178 条及以下得以确认的债权（*→边码 404 及以下*）。对于该类债权要进行支付。
- **通常有争议的债权**，根据第 189 条的规定来判断。该债权还必须由法官确认（*→边码 412 及以下*）。但是如果债权人走向该路径并且在两周的除斥期间内证明其债权，只要诉讼未决，就会考虑该债权人（第 189 条第 1 款、第 2 款）。管理人必须相应地更改分配清单（第 193 条）。只要争议的债权没有被确定，就不允许债权人取得现金：该债权人的份额必须先给予留置。 444

不予考虑发起人不能证明的债权（第 189 条第 3 款）：所分配的金额分配给其他债权人。由此，可能最终丧失该债权，例如当所有现金被支付后，后续不可能再进行分配。

- **通常有争议的有执行名义的债权**，该债权虽然没有被确认（*→边码 412*），但债权人始终有执行名义而将被考虑（*→边码 147*），甚至其应该得到清偿。但如果对债权提出异议的人，首先提出反对该执行名义（*→边码 418 及以下*），则必须首先留置该资金（第 189 条第 2 款）。 445
- **附解除条件的已确认的债权**，如果解除条件没有出现（第 42 条），则不予以考虑该解除条件。将清偿该债权人。如果之后条件出现，则不再存在法律基础：债权人必须向财团返还支付。如果在最终分配后出现该条件，则属于追加分配（第 203 条第 1 款第 2 项）。 446
- **附延缓条件的已确认的债权**，仅根据第 191 条的规定进行判断：在中期分配时，其将被全额给予考虑，即使仅通过留置的方式，因为或许该条件不再出现。如果该条件在最终分配前一直没有出现，而且条件出现可能性极小以至于该债权不具有价值时，不予考虑该附条件的债权（第 191 条第 2 款；由管理人进行证明）。 447

问题：对于最终分配时没有价值的债权，该如何处理？

根据第 191 条第 1 款所明确规定的原则，该债权必须（继续）给予考虑，即其相应的份额必须留置（类推适用第 191 条第 1 款、第 198 条）。

448 • **被担保的债权**，仅根据第 190 条的规定：如果债权人同时是别除权人，只有在没有人对该债权提出异议时，该债权才属于未被担保的债权。根据第 52 条第 2 句，只有当债权人丧失别除受偿资格或放弃了别除受偿时，才考虑其债权（→边码 *87*）。法律对丧失别除资格声明前的未决状态采取不同的处理方式，分别根据谁必须变价别除物因而可以做出声明：

449 如果**管理人**必须变价，则其必须对损失进行评估（即评估担保物）并留置相应的份额（第 190 条第 3 款）。如因管理人对担保估计过高而留置太少的现金，则必要时要承担损害赔偿责任。但该不确定性也许只发生在中期分配前。到最终分配时，无论如何都应变价别除物，即损失得以有效确定（《破产法政府草案的说明》，第 186 页）。

450 如果允许**债权人**变价，则在中期分配时会考虑其债权，当债权人在两周的除斥期间内证明已丧失或放弃别除受偿时（第 190 条第 1 款第 1 句：之后清偿）。这也适用于，当债权人证明已争取变价并且预计丧失数额可信时（第 190 条第 2 款第 2 句：之后留置份额）。为了参与最终分配，相反债权人必须证明其确切地丧失或放弃数额，确切地说是在分配前的除斥期间内证明。否则最终不考虑该被担保债权（第 190 条第 1 款第 2 句）。

451 谁在中期分配时没有给予考虑，应该承受尽可能小的损失：在**之后必须被考虑**，即通过之后分配时优先获得一笔补偿金额的方式（第 192 条）。这不仅适用于第 189 条及以下的情形，而且也适用于迟延申报的债权（→边码 *408*），当然仅当还有现金剩余时。

第三节　中期分配

452 只要**有足够现金**，管理人便可以实行分配（第 187 条第 2 款第 1 句）。如果设立了债权人委员会，则分配必须由债权人委员会同意（第 187 条第 3 款第 2 句）。另外，分配清单非常重要（→边码 *442*）。

453 仅债权人可以**对分配清单提出异议**（对于债务人参见→边码 *404*）。债权人要向破产法院提出（第 194 条第 1 款），并且根据第 188 条第 3 句公开公告起 3 周内提出。驳回异议时，相关债权人有权提出立即申诉（第 6 条第 1 款、第 194 条第 2 款第 2 句），在异议成功时（即命令更正清单时）管理人和每个其他破产债权人有权立即申诉（第 194 条第 3 款第 2 句）。

当分配清单不可撤销时，**分配份额**便可以被确定：现金与要考虑的债权额（→边码 443）成比例。对此由可能存在的债权人委员会确定（可基于管理人的建议，但不受该建议的约束），另外也可以由管理人确定（第 195 条第 1 款）。

第四节　最终分配和程序终结

一旦**财团变价结束**，便开始最终分配（第 196 条第 1 款）。根据主流观点，对财团有利的积极诉讼还悬而未决，并非会造成损害［*BAG KTS 1973, 269*（*270*）］。债务人持续取得可观的收入时，例如劳动收入，甚至使财团不断增加（第 35 条第 1 款第 2 种情形）。但这并不阻碍最终分配（第 196 条第 1 款），因为否则第 35 条第 1 款可能引起终生的破产程序。 454

最终分配需要两方面的**同意**：如果设立了债权人委员会，则必须经过债权人委员会的同意（第 187 条第 3 款第 2 句），但因最终分配意义重大，所以还必须经破产法院的同意（第 196 条第 2 款）。因此管理人要向破产法院提交相应的申请。 455

同时，管理人应向法院呈递其结算账单（Schlussrechnung）（第 66 条第 2 款），还有结算报告（Schlussbericht）（关于财团变价、合同清算、未决诉讼等）。虽然，法院仅审查职务履行的合法性，但可以由鉴定人审查提交材料的真实性。

如果法院同意最终分配，则其为后续的债权人会议确认**最终期日**（Schlusstermin）（第 197 条第 1 款第 1 句和第 2 款）。在此应该——在法院的主持下——讨论管理人的结算账单，并且决定不可变价的财团标的物。仅在此可以提出对最终清单的异议（第 197 条第 1 款第 2 句第 2 项）；法院之后作出的裁判可以被撤销（第 197 条第 3 款；→边码 453）。随着最终清单产生确定力，[①] 分配份额也随之确定。 456

紧接着便是**分配的执行**。如果管理人因必须留置确定的款项而没有支付时（→边码 444 及以下、边码 447），其要为参与人向合适的机构提存该 457

---

① 译者注：确定力（Rechtskraft）主要是针对司法判决，虽然具体行政行为的存续力（Bestandskraft）是仿照判决的确定力而来，但两者不容混同，参见赵宏：《法治国下的行政行为存续力》，法律出版社 2007 年版，第 16 页。

款项（第 198 条）。因为现在管理人结束了职务。

如果所有的破产债权都能被清偿（只是理论上），则剩余财产必须返还给债务人（第 199 条第 1 句）——从单独强制执行的规则中所发展的原则（《民法典》第 1247 条第 2 句；《民事诉讼法》第 804 条第 2 款）并且该原则在单独强制执行规则中经常得以适用。如果债务人为法人，则有必要向每个股东（例如股份公司的股东）返还依照公司法规则应由股东享有的清算份额（第 199 条第 2 句）。在此，破产管理人应该承担清算的任务（参见→边码 *175*）。

458 该程序随着**破产程序的终结**而终结。一旦最终分配执行完毕，破产法官便裁定终结程序（第 200 条第 1 款）。程序终结经裁定而生效，即公告日后经过两天生效（第 9 条第 1 款第 3 句）。至此程序启动的效力结束。这意味着：

459 • **破产扣押结束**。债务人一直保留原本便属于其财产的所有权。现在债务人可以重新对该财产进行处分。一般仅涉及管理人既没有变价也不属于免于扣押的无价值的剩余财产，但也包括因失误而没有纳入或留置的财团标的物（参见→边码 *462*）。如果在土地登记簿上登记了破产标记（→边码 *130*），必须依职权而取消该标记（类推适用第 32 条第 2 款第 1 句、第 200 条第 2 款第 2 句）。

问题：如果债务人秘密持有大宗股票，破产启动后向其妻子 F 让与了该大宗股票并且现在破产程序终结，法律状况如何？

破产扣押也包括债务人隐藏的财产，包括对受托人不知情的返还请求权，秘密新取得的财产等。因此对 F 的财产转让无效（第 81 条第 1 款第 1 句）。但如果之后处分限制消失，财产转让有效（类推适用第 185 条第 2 款第 1 句第 2 种情形；*BGHZ 123, 62*）。因此也排除了追加分配（不同于 *MüKoInsO/Kayser § 129, 213*）。如果提出了新的破产申请，当然可以进行破产撤销。

460 但如果已采取了该查封 / 扣押措施，并且程序终结前还为（至少默示）追加分配留置了该标的物，则查封 / 扣押还将持续（*BGH NZI 2016, 352*）。例如，这适用于管理人根据第 198 条所提存的现金款项和管理人在终结时在积极诉讼中追究的请求权。

461 • 管理人进行的**未决诉讼**原则上将中断（→边码 *278*）。

• 如果债权人在破产程序中没有被清偿，则**单独强制执行程序**将再次对债权人开放。如果该债权被“确认”（对破产债权人和管理人；→*边码 411 及以下*）并且债务人也没有对该债权提出异议或债务人的异议被消除时（→*边码 423*），登记在破产清单中已构成执行名义（第 201 条第 2 款）。

正如第 201 条第 3 款所明确规定的一样，这不适用于**余债免除**的情形（第 301 条第 1 款）或（根据所谓的开始裁判，Eingangsentscheidung）仅有余债免除的前景时（第 294 条第 1 款）。

第五节　追加分配

如果查封 / 扣押的财产在最终分配时没有被完全分配，则有必要进行 462
追加分配。这并非不常见。第 203 条第 1 款区分了以下 **3 种情形**：

- 留置的款项将用于分配。

例如：债权人关于确认其债权的诉讼败诉（第 189 条）或其诉讼被驳回。约束债权的延缓条件未出现（第 191 条第 1 款）。

- 已支付的款项将重新返回财团。

例如：管理人基于附解除条件的债权而实行最终支付后，该条件出现时，债权人要返还支付（→*边码 446*）。错误支付下的接收人退回支付款项（例如管理人过多支付的偿还垫款）。

- 事后查明的财团财产。

例如：发现隐藏的财产价值；错误分配给第三人的财产；因错误支付的不当得利返还请求权；有机会进行（其他）破产撤销（*BGHZ 83, 103*）；因债权人之后的担保变价而产生的收益盈余（*BGH NZI 2006, 180 f.*）。

如果债务人隐瞒了储蓄账户，则返还支付请求权、储蓄存折和破产程序进行期间产生的利息都属于财团（新取得，第 35 条第 1 款第 2 种情形）。如果没有进行新的破产程序，则仅可以通过单独强制执行取得之后的利息。

只有破产程序结束后，破产法院才命令追加分配（第 203 条第 2 款）。 463
这或依职权进行（例如建议感兴趣的债权人）或基于破产管理人的申请（受第 203 条第 3 款规定的限制）经**法官裁定**（可以进行立即申诉：第 6 条第 1 款、第 204 条）。首先，该裁定导致必要的破产扣押，除非依先前破产启动该查封 / 扣押例外地继续进行（→*边码 460*）。对于扣押的效力参见第 81 条、第 91 条的规定。然而查封 / 扣押的前提是，所涉及标的物属于债务人。

如果该标的物在之前的程序终结后或先前被转让（*例如→边码 459*），则查封 / 扣押陷于流产。

新财团财产的**变价和分配**遵循已有的规则。变价和分配由破产管理人负责，破产管理人基于该目的必须再次履行职务（第 205 条）。结算清单对分配始终起着决定作用（第 205 条第 1 句；→边码 456）。

第九部分

破产程序的结束

第三十章　程序的终结和终止

参考文献：Gottwald InsR–HdB/*Klopp*/*Kluth*/*Wimmer* 1259 ff.

第一节　终　结

一般程序中，**最终分配后**破产程序结束，即通过法院的终结而结束（第 200 条）。由此，破产扣押结束（*进一步参见→边码 458 及以下*），债权人保留剩余债权请求权（*→边码 420 及以下*）。在计划程序中，当由债权人决议的破产计划经确认具有法律效力时，不久后破产程序终结（第 258 条第 1 款；*→边码 520*）。 464

第二节　终　止

一、前　提

终止属于启动程序非正常的终结。当**财团债务**不能被履行时，发生程序终止： 465

- 在此或因财团不足而终止（第 207 条；*→边码 397*），当财团甚至不能支付程序费用，或因没有预付程序费用并且没有延期时。
- 或报告财团不足后而终止（第 211 条；*→边码 398 及以下*），因其他财团债务不能被（完全）清偿并且破产管理人已经分配了现有财团时。必要时在该情形下，可以进行追加分配（第 211 条第 3 款）。

启动原因消灭时，基于债务人的申请而必须终止（第 212 条；对于终止时的程序参见第 214 条）。 466

很明显适用于，启动原因当时存在，而之后发生消灭的情形（例如期间发生赠与、遗赠、收回应收账款等）。

但也适用于，当错误认为存在破产原因而引起程序启动并且裁定生效时。因为根据第 212 条第 1 句重要的是，对于债务人来说，终止时不存在启动原因。相反这意味着，如果之前错误认为存在资不抵债，但现在一直处于支付不能的状态时，不足以构成启动原因消灭。

467 债务人申请还要**经破产债权人的同意**才必须终止（第 213 条）。

在程序进程中，虽然启动申请不再可以被驳回（第 13 条第 2 款）。但程序主要服务于债权人和债务人。如果他们不想再坚持该程序，则程序丧失了启动的基础。

当申报期间所有已申报债权的债权人同意时，便没有疑问（进一步参见第 213 条第 1 款）。当除已同意的债权人之外的其他债权人不知情时，申报期经过前法官可以终止程序（第 213 条第 2 款）。对于终止时的程序参见第 214 条。

二、终止的裁定

468 程序终止及终止的原因必须进行公开公告（第 215 条第 1 款）。终止于公告之日起经过两日后生效（第 9 条第 1 款第 3 句）。由此破产扣押结束：债务人重新获得之前的财团的处分权（第 215 条第 2 款第 1 句；*→边码 459 及以下*），但现在债务人必须考虑其债权人的剩余债权和强制执行（第 215 条第 2 款第 2 句；*→边码 420 及以下*）。

对于反对法官裁定的救济措施参见第 216 条。

第十部分

破产计划

参考文献：Gottwald InsR-HdB/*Koch/de Bra* 1179 ff.; *Leipold*, Zur Rechtsnatur des Insolvenzplans, KTS 2006, 109 ff.

第三十一章　破产计划的目的

之前所述的一般程序（Regelverfahren）对破产债权人的共同清偿做了非常明确的规定。另一方面，破产法要强化**债权人自治**：债权人对程序具有重大的影响，例如必要时对破产管理人的人选（第56a条、第57条），对破产公司的继续经营（第157条）和变价（第159条后半句），另外主要是对管理人特别重大的法律上的行为（第160条及以下），债权人可能通过债权人会议，也可能通过债权人委员会来施加影响。 469

但毫无疑问的是，债权人会议中的表决权一般（只）取决于债权数额（第76条第2款），而债权人委员会（只）由人头的多数（Kopfmehrheit）来决定（第72条）。此外，原则上债权人仅可以在（受限的）法定管辖权内决定，因为破产程序应该由管理人掌控。另外，不可利用程序的基本规则。特别困难的是债权人与债务人的协商（例如关于债权豁免、延期、重整、转让型重整），此外通常所有债权人不能达成一致（*→边码432*）。

因此，法律给予债权人（此外还包括债务人）另外一个**选择机会**：因相信有更好的路径，所以不想选择破产法规定的路径时，债权人可以进一步自行决定所有必要事项。他们将知道，什么对他们是有利的，法律进而只规定了框架：计划程序（Planverfahren）。共同决定的建议必须记入一项破产计划中，或者由债务人，或者由管理人记入（必要时基于债权人的指示）。破产法官要进行一定的初步审查。然后，债权人必须以分组形式对计划以多数同意并且（原则上）在每个组中达成多数同意。（原则上）也必须由债务人同意。而且法官必须确认计划已按规定成立。 470

破产计划**主要适用于公司破产**，即适用于法人、无法律人格的企业和个体商人。消费者也可能对破产计划感兴趣，此外，破产计划还可以使余债免除成为可能（第227条）（*进一步参见→边码664及以下*）。 471

计划程序有许多**优点**：如果所有参与人都可以从中受益时，不仅破产债权，甚至被担保的债权人的优先权也可以被更改。组别划分要求具 472

有相同利益的债权人的同意。投机性质的投票行为是受到限制的，因为计划的同意要求达到债权额多数（Forderungsmehrheit）和人头多数（Kopfmehrheit）。另外，存在阻碍禁止（Obstruktionsverbot），因此，对计划的同意不必因单个债权人（“同意的妨碍者”）的反对而流产——甚至当在某些组别未能达到多数决也不会流产。如果债务人没有因破产计划遭受不利时，就不能阻止计划的实施。相反债务人在早期提出自己的计划（和自行管理，第 270 条）时，有机会自行重整（Eigensanierung）。重整信贷、争取法律关系的改变及计划实现的监督将便捷化。然而**有争议的是**，破产计划在多大程度上是有意义的，以及不是特别简单的计划程序是否在合理期限内能被完成，尤其是当持有异议的债权人利用法律救济（Rechtsbehelfe）时（持确信观点的请参见 *Braun NZI 1999, 473 ff.*）。如今，启动的程序中大约只有 2% 通过破产计划得以终结。

473 **破产计划的前身**是《破产和解法》（1935 年）意义上的和解（Vergleich）。和解是为了避免走上清算程序（Konkursverfahren），但和解的前提是，债权人获得至少 35% 的份额。因此实践中，该程序并没有起到显著的作用。相反，强制和解（Zwangsvergleich）应该结束清算程序（《破产清算法》第 173 条及以下）。但是强制和解要求达到很高程度的同意（达到享有破产债权总额的 75% 的债权人的同意），或许还要求 20% 的最少份额（《破产清算法》第 182 条、第 187 条）。

474 破产计划的**法律性质**（Rechtsnatur）是有争议的。不是债权人和债务人之间的和解（《民法典》第 779 条）；因为破产计划不必具备下述前提，即债权人要对债务人（例如通过免除债务）妥协：某些情况下，债权人可以不给予债务免除（Schuldbefreiung）（第 227 条第 1 款）。根据主流观点破产计划是破产债权人和债务人，或和管理人之间签订的合同（详情请参见 *MüKoInsO/Eidenmüller §217 Rn. 9 ff.: materiellrechtlicher und Prozessvertrag; Häsemeyer FS H. F. Gaul, 1997, 175 ff.*）。但持反对观点的人认为，那些不同意破产计划的债权人也受到了该计划的拘束（第 245 条）。因而，破产计划必须是一项具有自己特征的制度。

学习指导：破产计划程序的细节——鉴于该程序适用较少——还不属于基础知识。但为了便于理解，下面还是会相对详细地介绍破产计划程序。但学生可以自行选择了解大体框架。

第三十二章　破产计划的内容

参考文献：*Haas*, Mehr Gesellschaftsrecht im Insolvenzplanverfahren, NZG 2012, 961 ff.; KS–InsO/*Braun/Frank*, Der Kreditrahmen gem. §264 InsO als Finanzierungsinstrument des Sanierungsplans, 809 ff.; *Madaus*, Möglichkeiten und Grenzen von Insolvenzplanregelungen, ZIP 2016, 1141 ff.; *H.-F. Müller*, Entrechtung der Gesellschafter im Insolvenzverfahren? –Anmerkungen zum Fall Suhrkamp, DB 2014, 41 ff.; *Spliedt*, Debt–Equity–Swap und weitere Strukturänderungen nach dem ESUG, GmbHR 2012, 462 ff.–Vgl. auch Literatur vor → Rn.469.

第一节　概　述

破产债权人的清偿传统上通过对债务人财产的清算和后续的收益分配而完成。正如第 1 款第 1 句所作出的程序性解释一样，也可以通过破产计划“另行作出规定”，“特别是为了**维持企业**”——还有维护就业时。可以通过破产计划进行公司重整，因为破产计划给所有必要的协商提供了自由空间。虽然“转让型重整”也可以在一般程序中进行（*→边码 437*）。但通过破产计划而经常性协商产生的费用，应由公司的取得人以公司的收益偿付债权人（第 229 条）。 475

但是，也可能存在**其他的规则**：第 217 条就下列事项允许做出不同于《破产法》的规定： 476

——别除权人的清偿，例如协商（部分）放弃担保权。

——破产债权人的清偿：根据第 225 条第 1 款后顺位破产债权人将进一步落空。普通的破产债权人可能在一定范围内受到不同对待，即给予不同比例的清偿（*进一步参见→边码 484、边码 509*）。

——财团变价和财团分配：不仅可以对清算，也可以对重整和 / 或公司转让于取得人做出特别的规定。在财团分配上可以做出有别于

第 187 条及以下的规定，例如不同于现金支付的原则，通过分配地产、机器或货物，或转让破产公司或承继公司的股份来分配。由此，计划将成为“使财团变价的可包罗万象的手段”（《破产法政府草案的说明》，第 90 页）。

——此外还包括程序清算（Verfahrensabwicklung）。

——程序结束后债务人的责任：与第 201 条第 1 款相反，当债务人完成了计划中规定的履行后，其责任便结束，除非计划另行作出规定（第 227 条第 1 款）。

——对债务人享有的股权和成员权：事实上公司章程（Gesellschaftsverfassung）的更改由股东保留，但计划中程序参与人也可以给予更改（第 225a 条），特别是在破产债权变更为股权时（→边码 *493a*）。

但此外《破产法》应保留其他事项：强制规定是指关于破产程序的前提、参与者、机构、普遍的效力（第 1 条至第 147 条）和破产程序进程（第 148 条至第 186 条）到计划生效的规定（进一步参见 HK-InsO/Haas § 217 Rn. 9）。

477 对于破产计划应有的**功能**，有人认为是“重整计划”“转让计划”（在公司转让时），或者纯粹的“清算计划”。但通常破产计划集各种功能于一体。

破产计划由两部分组成：陈述部分（ein darstellender Teil）应说明参与者的情况（第 220 条）。形成部分（der gestaltende Teil）应确定，通过计划参与者的法律地位（Rechtsstellung）将发生何种变更（第 221 条）。

第二节　陈述部分

478 该部分应该说明有关计划的基础和影响的所有事项，而该事项对参与人决议和对后续法院审查具有重要意义（第 220 条第 2 款）。法律对进一步的要求未作规定（到第 229 条）。但第 220 条第 2 款要求对**广泛的信息**进行说明：关于公司目前的发展状况、机构和法律关系（例如公司法、资本维持、持股情况）、财务关系，关于购买、生产和销售，破产的原因和实际情况，尤其是计划的目的。还要说明程序启动后的活动（如停止经营、解雇、社会计划磋商），尤其是关于法律上和经营管理上应达到计划目的的措施（第 220 条第 1 款）。如果应进行重整，也要介绍重整计划（Sanierungskonzept）。通常有必要制作对比报表（Vergleichsrechnung），要呈现出，对债权人来说计划能够在多大程度上比一般程序中清偿时更有利。

必要时计划必须附上重要的附件（第 219 条第 2 句）：

- 如果公司继续经营，并且债权人应从未来收益中得以清偿，则应附上财产一览表，在该表中按其价值列出计划生效时相互对应的资产和债务，说明预期的费用和收益及在重整期间的支付能力（第 229 条）；
- 如果债务人应继续经营其公司，则应附债务人的或负个人责任的股东的继续经营声明（Bereitschaftserklärung）（第 230 条第 1 款）；
- 如果债权人接受了企业的股权或成员权，则应附该债权人的同意表示（第 230 条第 2 款）；
- 如果第三人已承担对债权人的义务，则应附该第三人的声明（第 230 条第 3 款）。

第三节　形成部分

破产计划的这个部分将确认，参与者的法律地位应发生何种变更（第 479
221 条）。此外，破产管理人将被授权，执行该计划。

一、参与人

第 221 条意义上的参与人是指破产债权人、别除权人、债务人和债务人中的参股人。计划只能干涉上述参与人的权利。相反，取回权人和财团债权人的法律地位不容侵犯。当然，非参与人可以放弃其权利并且帮助计划得到多数人同意。

二、参与人小组

参与人的利益肯定不一致。因此，根据第 222 条必须对参与人进行分 480
组。一方面要符合**不同的优先权**。

债权人的情形是多种多样的（进一步参见《破产法政府草案的说明》，第 199 页）：后顺位的破产债权人（第 39 条）原则上没有被清偿的可能，普通的破产债权人常常不可能得到清偿。比起其他债权人，债务人的股东、商业伙伴或提供贷款的成员对公司重整更感兴趣，别除权人则不及破产债权人，此外也依据别除财产的价值，尤其当债权可能被继续经营的价值，而非由清算价值清偿时（→边码 *117*）。

因此，不同组别允许受到较好或较坏对待，但每个小组内的参与人必须受到平等对待（第226条第1款和第2款）。

另一方面，也会**便于达成合意**，因为参与人之后要在小组内对计划进行表决（第243条及以下）。

481 以所涉及的参与人具有不同的法律地位为限，必须设置不同的组别（第222条第1款）：普通破产债权人组成最重要的小组（第222条第1款第2句第2项）。同时，其可以成为唯一的小组。如果计划干预到别除权人的权利，才可为别除权人再设立小组；这似乎只是例外（第223条第1款第1句），但并不少见。如果债务人的股东接受干涉其股权（第225a条），则为股东设立小组。当雇员作为破产债权人享有重大债权时，“应该”为其设立特别小组（第222条第3款第1句；违反并不使破产计划当然无效）。如果计划确定，后顺位破产债权人的债权没有被视为免除时，才可为后顺位破产债权人设立小组（第222条第1款第2句第3项）。

482 具有相同法律地位的债权人（即普通破产债权人、后顺位的破产债权人或别除权人）可以建立小组，将具有同类经济利益的债权人归于一组（第222条第2款第1句）。第222条第3款第2句特别提到小额债权人：较小债权额的债权人的聚集可能会简化程序。

例如要考虑的是——基于大的债权人的费用——应该完全得到履行的债权。然后，被清偿的债权人也不享有表决权（第237条第2款）。

建议区分银行和供应商（金钱债务或货物债务）、管理型职员和其他雇员，参股破产公司的债权人，对别除权人根据担保的价值区分等。

483 **组别的设置**在于计划的起草者。其还决定，是否因同类经济利益而需再建新的组别。因此，某种程度上其也可以划定“选区”并且可以建议对后续设立的小组实行不同对待（区别对待）。

例如，起草者可以将预计同意该计划的债权人，划分为2个组别（例如将小债权人划分为供应商和手工业者），并且因此给予其两个表决权重。必要时如果小组中的多数对计划表示同意，就视为计划被接受（第245条第1款第3项）。

这是有疑问的。为了防止专断至少必须对组别进行**公平划分**（第222条第2款第2句；*BGH NJW 2015, 2661 ff.*）。对此设立组别可以被审查（第231条第1款第1项），划分的重要标准必须在计划中说明（第222条第2款第3句）。但是根据主流观点拒绝进行进一步的审查。

问题：对计划表决前，通过债权人审查了组别划分，还不足以防范专断的风险?

虽然债权人可以自由审查。但这并不起作用，因为债权人仅可通过预设的小组内表决，表示不同意并且可能由此成为少数派。专断风险总是受到限制的。因为对其他组别而言遭受不利的组别可以通过拒绝计划，从而阻止该计划。也不将此视为第245条第1款意义上的“阻碍”(→边码 *504* 及以下)。

三、可能的协商

1. 概述

参与者享有广泛的权限来制订计划。甚至破产法的基本思想将被改变：只是在每个小组中必须对债权人**实行平等对待**。只有在小组中每个所涉及的成员的书面同意下，才允许区别对待(第226条第1款和第2款)。相反允许甚至希望对每个组进行区别对待，因为这符合(大多数人)的意愿并且明显可推进清算。 484

例如：对于小债权人将规定25%的份额，对于其他破产债权人将规定10%的份额。

但是，最高的要求是程序透明。因此协议约定当事人在表决或其他与程序有关的事项上给予其未在计划中规定的利益时，协议无效(第226条第3款)。

此外，适用**禁止恶化**(Verschlechterungsverbot)：禁止反对计划的债权人因计划而置于比没有计划更加不利的地位(第251条第1款)，即比一般程序中清算时更加不利的地位。如果谁在一般程序中预计可获得12%的份额，则必然不满足于计划程序中8%的份额。相应地适用于别除权人(第251条第1款)，但也适用于债务人(第247条第2款)。当然，对于更加不利的确认非常困难(→边码 *505* 及以下)。仅基于申请而考虑违反第251条的情形。 485

2. 别除权人的地位

由于享有担保权，通常别除权人有希望在很大范围内得以清偿。因此，别除权人愿意接受损失的情况很难发生。也不得强迫别除权人放弃担保权，否则会使别除权人处于比可保证别除权的一般程序更加不利的地位(→边码 *485*)。鉴于此，第223条第1款第1句规定，有疑问时计划**不影响**别除权。但是，计划可以另行作出规定(第223条第2款)。这可能也有助于别除 486

权人（例如担保的价值不足时）。别除权人可以通过部分或全部放弃从而帮助重整，例如同意延期收益进账（Erlösauskehr）或交换担保（益于担保池→边码 373 及以下），或反对集中被担保的债权，即反对提高份额。

问题：破产计划可以规定，所有别除权都将减少 3000 欧元吗？

因为别除权（如同其他被担保债权）允许有完全不同的范围，估计的减额不太有利于高价值的别除权，而主要强化了低价值的担保。这违反了第 226 条第 1 款的规定，尤其是当别除权人属于一个组别并且不是（根据第 226 条第 2 款）所有人同意时（*Nerlich/Römermann/Braun InsO § 223 Rn. 18*）。

3. 破产债权人的地位

487 普通的**破产债权**可能受到每项规则的约束，当然要在→边码 *484* 及以下的范围内。第 224 条以列举的形式说明债权被较少的份额（部分免除）、确定的延期期间和保全。如果债权人至少可以相信被减少的清偿时，便可获得一定的保障，因此债权人将随着大量的份额减少或延期而得到补偿。

488 也可以协商所谓的**信贷额度**（Kreditrahmen）（第 264 条及以下）。破产程序终结，但实现破产计划应该被监督（→边码 *521*），并且致力于重整时，应该之后给债务人或承继公司（Übernahmegesellschaft）接受必要信贷的机会。当然，只有让信贷提供人看到足够的偿还信贷的希望时，才能在破产程序后不久找到信贷提供人。对此可以设立信贷额度，因破产债权人可以在信贷额度范围内退后：于偿还信贷的新请求权而言，破产债权人以其债权的后顺位而得到满足。必要的法律安定性由第 264 条第 2 款进行规定。

489 当出现第二个破产程序时，信贷额度才开始获得其存在的意义。例如，重整流产，并且第一个（结束的）程序中计划的监督终结前，第二个破产程序启动时（第 266 条第 1 款）。然后贷款人比其他在第二个程序中申报债权的破产债权人优先受偿，但根据第一个程序中的计划应属于后顺位。第 265 条甚至把优先顺位扩展至破产程序终结后才成立的其他合同请求权。

但是，**贷款人还是有风险的**：因第二个程序中的取回权和别除权，也可以因法定请求权的新债权人，如《民法典》第 823 条及以下、《道路交通法》第 7 条。因此，信贷额度是否获得实际的意义，还有待考察。

490 **后顺位的破产债权人**（第 39 条）在一般程序中几乎没有希望取得份额。如此，后顺位破产债权人便应停止在清单中申报（→边码 *409*）。因而，没有理由在破产计划中规定清偿后顺位的债权。原则上也必须接受对后顺位债权人的忽略（→边码 *485*）。第 225 条第 1 款作出了类似规定，如果计划未作出另行规定的，后顺位的债权视为被免除。而对于罚金和第 39 条第 1 款第 3 项中的同等地位的请求权，规定发生改变：对此债务人在破产程序终结后无论如何应承担责任（第 225 条第 3 款），即当根据第 227 条第 1 款免除剩余债务后，也应承担责任（同样参见第 302 条第 2 项）。

4. 债务人的地位

一般程序中规定，如果管理人支付份额后还未能完成清偿，债务人在程序结束后对债权人继续承担责任（第 201 条第 1 款）。**余债免除**需要严格的前提条件（第 286 条及以下）。但在计划程序中很容易理解。因为在计划程序中企业的重整占据重要地位。企业甚至可以从中盈利，因为某种程度上在破产情况下企业仍继续存续，如果计划对此作出规定时（→边码 *421*）。可能会在计划中明确规定免除债权。但如果不是这种情况（例如，根据计划要支付 25% 的份额），如果债务人按照破产计划的规定清偿了债权人，**计划未另行规定时**免除债务人的剩余债务（第 227 条第 1 款；较确切：第 255 条）。仅第 39 条第 1 款第 3 项规定的债权属于例外（例如罚金和强制金；第 225 条第 3 款）。 491

然而，也可**以排除余债免除**（第 227 条第 1 款上半句）。如果在一般程序中根据第 286 条及以下可以免除债务人的余债，因而与一般程序相比，债务人在计划程序中处于更加不利的地位时，债务人不必接受。债务免除当然只是针对自然人并且在没有阻碍因素的情况下发生（第 287a 条第 2 款、第 290 条、第 296 条及以下）。通常也要求超过数年的定期履行（→边码 *558* 及以下）。然后允许债务人依据计划作出相应的牺牲，债务人只是不再支付剩余债务。 492

在人合企业破产中，免除债务扩展至**负个人责任的股东**（第 227 条第 2 款）。因为不这样计划所追求的企业“重新复活”根本不可能实现。另外，由破产管理人主张股东责任（→边码 *285*）。如果应该继续承担责任，也必须由破产计划予以规定。但不允许超过企业的责任。 493

5. 债务人股东的地位

自 2012 年起，破产计划也可以涉及于债务人中（一般是于企业中）的参股人的股权或成员权（第 217 条后半句、第 225a 条）。首先债权人的破产债权（在债权人同意下）可以变更为对债务人的股权（第 225a 条第 2 款第 1 句）。人们称之为第三方资金向自有资本的变更或根据美国法称之为债转股（debt–equity–swap）。**债转股**通常经“资本分割”而产生。在此随 493a

着以目前的损失为额度的减资（通常是减到“0”）而发生增资（第225a条第2款第3项）。但现在原有股东不应参与其中（第225a条第2款第3句：原股东的相关权利可以被排除），相反债权人可以参与：把破产债权作为实物出资（Sacheinlage）投入破产的企业。同时，债权消灭（通过免除或混淆）。如果企业再次破产，则不必再次消灭债权（相反→边码*139*、边码*172*及以下）：破产程序终结（第258条）并且基于裁定企业继续存续（《破产法》第225a条第3款；《有限责任公司法》第60条第1款第4项）。

这可能是有意义的：以这种方式可以为财团保护无形财产权（Immaterial-güterrechte），该无形财产权法律上与债务人相关联（例如许可、批准），但丧失无形财产权时，可以放弃公司并且仅变价可转让的财产。并且股份取得人获得补偿其之前的损失的机会，因为其在企业重整成功时可以享有增值部分、重整收益。

问题是，真实价值低于接受的股份的票面价值（Nebenbetrag）的实物出资引起资金的差额补足责任（Differenzhaftung）（如《有限公司法》第9条）。因此有争议的是，是否允许破产债权按票面价值来计算投资。尽管第254条第4款排除差额补足责任，但任意过高估值可能仍不合法（进一步参见*K. Schmidt/Spliedt InsO § 225a Rn. 22 ff.*）。

493b 计划也可以规定任何符合公司法的规则（第225a条第3款），例如修改公司章程（Satzungsänderung）、排除股东资格、公司变更和公司管理的更换。

股东根据决议变更以合法方式退出企业的，其补偿请求权要受到限制（第225a条第5款）。通常，公司的合同相对方会协商，企业多数股份份额发生变更时，应使其有权解除或终止合同（控制权变更条款）；但是，如果约定与第225a条第2款、第3款的措施相关（第225a条第4款），则约定是无效的。

6. 物权的法律变更

494 计划中不仅可以记载参与人债法上的行为，也可以记载其物权的意思表示（第228条第1句），尤其是**履行行为**（Erfüllungsgeschärfte）。如果计划通过或必须事后得到履行后，才会发生该意思表示，计划起草者也可以将该意思表示载入计划中（进一步参见→边码*517*）。

例如：根据《民法典》第929条进行转让，根据《民法典》第398条进行让与、设立土地债务、转让有限公司股份。

第三十三章　破产计划的程序

参考文献：*Bruns*, Grundpfandrechte im Insolvenzplanverfahren—das Ende deutscher Immobiliarsicherheiten, KTS 2004, 1 ff.; Gottwald InsR-HdB/*Koch/de Bra* 1210 ff.; Heinrich, Insolvenzplan „reloaded" –Zu den Änderungen im Insolvenzplanverfahren durch das Gesetz zur weiteren Erleichterung der Sanierung von Unternehmen, NZI 2012, 235 ff.; KS-InsO/*Braun/Frank*, Der Kreditrahmen gem. §264 InsO als Finanzierungsinstrument des Sanierungsplans, 809 ff.; *Smid*, Vorprüfung des Insolvenzplans, insbesondere in Schutzschirm-und Eigenverwaltungsverfahren, ZInsO 2016, 61 ff., 128 ff.　—Vgl. auch Literatur vor → Rn.469.

第一节　计划的制订

495 **计划**最晚必须在结算期日前**提交**。计划必须提交给破产法院。破产管理人和债务人有权提交（第 218 条第 1 款第 1 句）。管理人可以主动提交，但债权人会议也可以委托管理人制订（具有特定目标的）计划（第 157 条第 2 句、第 218 条第 2 款）。相反，债权人反对制订计划时，管理人也受其约束。当然，管理人始终可以尝试使债权人会议改变其反对的立场（参见第 157 条第 3 句）。

496 债务人作为自己公司的专家必然要提交计划。债务人可将提交计划与自行申请破产合并（第 218 条第 1 款第 2 句）——最好在破产准备阶段，或许在与最重要的股东协商后（“预先包装的计划”）。通常，债务人作为自行管理人致力于计划实施（参见第 270 条及以下、第 284 条）。某些情况下，债务人在临时自行管理时，已允许自行制订计划（第 270b 条；→边码 629 及以下）。

公司破产时，必须所有有代表权的人（Vertretungsberechtigte）授权制订计划（相应地参见第 15 条第 1 款）。另外，管理人和债务人可以提交不同的计划。对不同的计划可以分别表决。理论上可以接受两个计划，但之后破产法官不应确认任何计划（例如 *HK-InsO/Haas* § *248 Rn. 5*）或确认获得最多投票的计划（参见 *Gottwald InsR-HdB/Koch/de Bra* § *67 Rn. 21*）。

497 尽管存在提交计划，一般程序仍继续进行。这可能对计划的执行（和债权人自决）不利。鉴于此情形，当债务人或管理人申请**中止变价和分配**时，破产法官应命令中止（第 233 条第 1 句；例外参见第 2 句）。

498 另外，法官应对计划进行前期审查：在特定案件中必须驳回计划（第 231 条；相反可以立即申诉：第 6 条第 1 款、第 231 条第 3 款）。

必须驳回计划：

——当计划提交或计划内容不符合规定，或该瑕疵不可被消除或法官规定的合理期限内没有被消除的（第 231 条第 1 款第 1 项）。

例如：计划缺少第 229 条及以下规定中的附件；参与人小组的划分不公正（→边码 483）。违反禁止恶化无关紧要（→边码 485），因为之后才必须执行禁止恶化：基于参与人的干预。

——如果因参与人多数不接受该计划或计划将得不到法官的确认，债务人计划明显没有前景时（第 231 条第 1 款第 2 项）。但该阻碍实践中应该意义不大，因为法官不允许参与人抢先形成意见：紧急情况下，参与人可能还需接受不利的条件。

——债务人计划明显不可实现（第 231 条第 1 款第 3 项），即计划形成部分所规定的请求权不可能得到履行。如果难以预测，则必须给予债权人机会进行自行决定。

——债务人提出新的计划，但债务人先前的计划失败并且管理人申请驳回该新计划时（第 231 条第 2 款）。

499 如果没有理由驳回计划，则将**准备**对计划进行**商讨**：必须继续递交计划以供表达意见：必要时递交债权人委员会和企业委员会，另外还有债务人或管理人（并设立期限，第 232 条）。计划连同附件和表达的意见将存放于法院的文书处以供查阅（第 234 条）。此外，法官确认讨论和表决期日（第 235 条、第 241 条）。原则上应在表达意见期日后的 1 个月内进行讨论和表决，但不得早于审查期日（第 236 条）；讨论和表决期日必须公开公告（对邀请参与讨论请参见第 235 条第 3 款）。

第二节　债权人对计划的接受

破产计划——到目前为止仅是一项建议——需要由债权人接受。讨论和表决期日（第 235 条第 1 款第 1 句）服务于专门的债权人会议。必须讨论的是债权人的表决权，但主要是计划。需要时提交者可以于期日内更改计划，例如当意见表示显示出，不更改便不能赢得多数债权人同意时（第 240 条）。此后，将对计划进行表决，也许于特别的表决期日内（第 241 条；也可以以书面的方式行使表决权：第 242 条）。 500

一、表决资格

破产债权人的表决权是有疑问的，因表决时通常还未确定所申报的债权。因此根据第 237 条第 1 款第 1 句，相应地适用第 77 条来确认表决权（*进一步参见→边码 68*）。但是，债权人的债权未因计划受到损害，该债权人不享有表决权（第 237 条第 2 款），例如因债权应该会得到完全清偿时。因不适用第 77 条第 1 款第 2 句，后顺位的破产债权人享有表决权（可参见第 246 条）。 501

以**别除权人**的优先权未受到质疑为限，别除权人享有表决权，除此之外要根据合意和法官的裁判（第 238 条），除非计划根本不会损害到别除权人。另一个问题是，别除权人是否可以因担保债权如同破产债权人一样进行表决。为了避免双重受益（*→边码 87、边码 448*），这会受到阻碍（第 237 条第 1 款第 2 句）。 502

股东的表决权（第 222 条第 1 款第 2 句第 4 项）只依据股东的认购资本份额或财产份额而定（第 238a 条）。 502a

所有的表决权必须在表决名单（Stimmliste）上载明（第 239 条）。

二、必要多数

根据第 243 条，**每个享有表决权的参与人小组**（*→边码* 408 及以下）均对计划进行单独表决。计划被接受的前提是，每个小组中参与表决的人均达到多数同意（**人头多数**）并且表示同意的人的请求权或股权超过所有参加表决的人的请求权总额的半数（**总额的多数**）（Summenmehrheit）（第 244 条第 1 款）。弃权的不予考虑。 503

在此要求高于债务人会议中的表决：债权人会议中，达到总额的多数便可通过（第 76 条第 2 款）。原因在于，决定破产计划对每个债权人来说意义重大并且任何人都不应该因少数大的债权人而吃亏。与之前的规定（→边码 473）相比，当然容易形成多数人意见。这也是合乎逻辑的。因为立法者提出要求，无论如何应通过计划保护不同意的少数人免遭损害（→边码 485、边码 515）。但是没有理由，尽管大部分债权人相信会从计划中受益时，还要强化提出异议的债权人的权利。

同时必须确认：如果仅在一个组内没有达到人头和数额的多数，也视为未达到多数同意。但是，参与人不作出表决的“消极小组”不予考虑（第 246 条第 2 项、第 246a 条）。

三、阻碍禁止

504 立法者不希望，只因一个小组反对就让计划不能被接受而流产。某些条件下反对并不重要，即主要是当反对的债权人不因该计划而遭受损害时。在这种情况下，依法将属于“阻碍”（故意阻止计划）——并**拟制为同意**。

就此来看**多数原则具有相对性**，此外该规则受到美国破产法（“强加”，文义上为：将不喜欢的计划硬吞下去）的启发。《破产法政府草案的说明》第 79 页甚至称之为：“在经济事务上多数与少数相比原则上不再具有正确性。多数决不能保证经济的最优化。在破产程序中，多数人原则不是政治或团体法上的民主要素，而是为了在许多参与人不配合的情况下便于作出决定的一项技术命令”［相似观点参见 *Balz ZIP 1988*，*274*（*278 f.*）］。当然这可能被夸大：如果以作出决定为目的追溯多数决原则，则多数决原则也应该是合法化的。尽管阻碍禁止应该做到理性控制，但应保留多数决的建构性，而不只是在一个组别内部（→边码 *511*）。

505 根据第 245 条第 1 款构成阻碍有以下**三个前提**：

（1）反对小组的成员预计**不会**因计划而**处于**比没有计划**更加不利的地位**。不允许计划对债权人比一般程序中清算时更为不利。否则，将违反禁止恶化（Verschlechterungsverbot）（→边码 485），因而计划在涉及者提出异议情况下不可能生效。但是，所规定的对比会强制进行艰难的评价和判断。让法官来评判不是没有问题的。虽然一直以来专家可能有所帮助。但涉及的问题越棘手，专家的意见越有争议，因而或许问题是，是否必须对假定的一般程序的清算价值（Zerschlagungswerte）或可能发生的（转让型）重整的价值较高说明理由。这可能使程序费用增加——并且减少分配的财团

（对规则的背景参见 *Smid FS Pawlowski, 1997, 387 ff.*）。因此，重要的是举证责任问题。想执行计划的多数参与人对此负举证责任。

例如**典型的问题**是，计划所确定的清偿之后是否真的能被债务人履行，并且是否这比一般程序中以清算价格变价时立即收款的希望更加确定（参见 *Eidenmueller NJW 1999, 1837 ff.*）；对再次破产的风险参见 *LG Traunstein WM 2000, 683 f.*——通常计划也只是以建议的方式规定清偿。这种情形下被考虑的债权人不允许受到不利。因此之后才要支付的款项必须被"折价"：首先通过扣除截至到期时所产生的利息，余留的面值将与（份额的）现金支付进行对比。但要以何种利率进行折价？当计划分配给某些债权人不是现金，而是例如权利甚至股东资格时，还会产生其他的问题（参见 *Gottwald InsR-HdB/Koch/de Bra § 68 Rn. 68 ff.*）。 506

（2）反对小组的成员**适当地参与了**计划基础上应获得的**经济利益**。在第 245 条第 2 款和第 3 款中对此作了精确的规定： 507

- 第 245 条第 2 款第 1 项：不允许有债权人获得超出其请求权总额的价值。因为这会造成财团不必要的减少——（也会）基于反对者的费用。之后使反对计划正当化。
- 第 245 条第 2 款第 2 项：无在若无计划时后于反对组的债权人受清偿的债权人获得经济价值（在其他债权人与后顺位的破产债权人及后顺位破产债权人之间的关系上是重要的，第 39 条）。 508
- 债务人或债务人的参股人也不允许获得经济价值。这表明，如果一般程序中所有的破产债权人受到清偿后，才可以考虑债务人（第 199 条；也可参见第 245 条第 1 款第 1 项）。

因此，这在债务人重整时似乎也是有问题的。因为虽然实际上债权人并没有被完全清偿，但债务人也同样从中受益。始终必须将履行和重整进行对比，该履行必须由债务人从公司中逐渐完成［进一步参见 *LG Traunstein WM 2000, 680（685）*；*Gottwald InsR-HdB/Koch/de Bra § 68 Rn. 76 ff.*］。

- 第 245 条第 2 款第 3 项：最后，无在若无计划时与反对组的债权人同顺位受清偿的债权人得到比反对组债权人更好的清偿。虽然计划程序的特性正是可以区别对待不同组别的债权人（→边码 *484*），但这仅适用于当受不利对待的小组真正地同意了计划时。否则仍然适用债权人平等对待的规定（再次参见第 245 条第 1 款第 1 项）。 509
- 第 245 条第 3 款：以涉及股东组别（第 222 条第 1 款第 2 句）为限， 510

无债权人获得超过其请求权总额的金额并且与无计划时相比，没有股东比其他共同的股东获得更好的地位。

511 （3）另外，当**多数参加表决的小组**同意该计划时，才存在阻碍。

这不是没有问题的。联邦议会的法律委员会才把第245条第1款第3项加入草案中。但如果认真对待阻碍的思想，则该思想实际上并不取决于在少数小组还是许多小组中受到“阻碍”（参见 *Gottwald InsR-HdB/Braun 4. Aufl. 2010, § 68 Rn. 57*）。另一方面，该规则强化了计划的民主立法：但这也不应该完全丧失企业经济上所设定的方向［相反观点参见 *Balz*（上文→边码 *504*）］。

第三节　债务人的同意

512 原则上债务人也必须同意计划。最终涉及债务人的财产分配或债务人未来的义务。另一方面，实际上债务人在一般程序中也会丧失一切其所有的财产。这些限制了其同意权：当债务人不表示反对时，**便视为同意**（第247条第1款）。异议必须最晚于表决期日（Abstimmungstermin）前以书面方式提出。

513 另外，也不允许债务人阻碍计划：如果预计债务人不会因计划而置于比在一般程序中更加不利的地位时（参见→边码 *492* 及以下），并且无债权人获得超过其请求权总额的价值时，债务人的**异议不予考虑**（第247条第2款）。

问题：最后所述的限制的目的是什么（第247条第2款第2项）？

该限制应该要阻止对债务人的损害。尽管通常债务人的财产将被全部分配。但无论如何通过计划产生的债务人负担大多不高于其债务总额。但如果计划给予破产债权人剩余债权请求权（→边码 *493*），则债务人会遭到不利，如果债权人X不能从财团中受到清偿，因为债权人Y获得了过多清偿（参见→边码 *405*）。

第四节　法官对计划的确认

一、法官的审查

514 计划接受后还需要法官进行确认（第248条第1款）。该裁判很重要，因为其属于计划生效的开始。裁判前要听取管理人、债务人和（可能的）

债权人委员会的意见。法官**依职务**审查是否接受该计划，必要时也审查是否缺少的同意可以被代替（→边码 *504* 及以下）。如果依计划法官确认之前，应满足特定条件，也必须确认该条件是否满足（第 249 条：必要时设立期限）。

例如：根据计划，如果债权人同意，股东应该决议增资。在此，法官可以依第 249 条为增资设立期限，并且如此将公司法上的作出决议与破产法上的作出裁定联系起来。

如果在根本问题上未遵守关于计划内容或计划程序的规定并且该瑕疵不能被消除，必须拒绝确认（第 250 条）。同样不予确认的是不正当地接受了计划的情形，例如因个人从中受益而表示接受计划时（第 226 条第 3 款；例如 *BGH NZI 2005, 325 ff.*）。

当破产债权人或别除权人最晚于表决期日对计划提出异议，预计因计划而被**置于**比无计划**更加不利**的地位（→边码 *485*），并且可以在表决期日前加以证明时（→边码 *89*），**基于**该债权人的**申请**要拒绝确认（第 251 条第 1 款）。由于典型的评价问题（→边码 *505*）通常取决于举证责任如何分配：在此由提出申请的人承担举证责任。 515

这可能出现**严重后果**：根据惯常理解被担保的担保所有权人 E，在清算转让只可期待取得最低受益时，会被迫卷入多数人决议下不可预测性的计划中，因为经破产法院所任命的鉴定人很少有理由限制多数人的期待。只有当专家承担不确定的责任时（例如通过对计划分配给 E 的价值进行相应的折价），并且因此 E 始终比清算转让时更加有利，E 必然满意于此机会：担保发生变化。

确认驳回申请需要进行大量取证，并且使破产计划的实现显著迟延。为了不阻碍计划程序，**如果**计划中预先规定，若参与人可证明其地位恶化的情况下，要**给予经济补偿**时，必须**驳回拒绝确认的申请**（第 251 条第 3 款）。是否有义务进行该补偿，应之后在普通的民事诉讼程序中进行解释（进一步参见 *K. Schmidt/Spliedt InsO § 251 Rn. 24 ff.*）。

二、法官的裁判

法官应在表决期日或特别期日宣告裁定（第 252 条第 1 款）。破产债权人、涉及的别除权人、债务人和可能的股东反对该裁定时，有权**立即申诉**（第 6 条第 1 款、第 253 条）。然而立即申诉很大程度上受到了限制， 516

因为申诉程序可能使计划的效力迟延，并且因典型的时间压力也使所争取的公司重整受到威胁，而这在准备阶段已可能阻止，考虑进行破产计划。

因此，只有当提出申诉的人——作为债务人——最晚于表决期日内提出异议，或——作为其他参与人——对计划投了反对票并且证明因计划而比无计划时遭到“很大程度”（至少 10%）的不利，并且该不利不能通过第 251 条第 3 款的方式进行补偿时（第 253 条第 2 款），才**允许**申诉。尽管如此，在**更加不利**的情形下基于破产管理人的申请必须**驳回申诉**：如果计划执行迟延产生的不利（因申诉程序）比申诉人本身遭受的不利（因执行可能违反的计划）更加严重时（第 253 条第 4 款）。对于衡量重要的是，提出申诉的人在因计划遭到不利时虽然不能通过计划直接得到补偿（参见第 253 条第 2 款第 3 项），但总应该从财团中取得损害赔偿（第 253 条第 4 款第 3 句、第 4 句）。但是始终必须注意特别严重的违法情形（第 253 条第 4 款第 2 句）（进一步参见 *G. Fischer NZI 2013, 513 ff.*）。

申诉期经过后或随着申诉程序结束，确认裁定发生法律效力。

三、得以确认的计划的效力

517 随着计划确认发生法律效力，计划的形成部分所规定的事项，无论**利弊均对所有参与人**发生效力（第 254 条第 1 款）。这意味着：计划中设立的请求权成立；破产债权的免除（《民法典》第 397 条）和延期生效。以计划规定了处分为限，尽管存在严格的形式规定，相关的意思表示生效（第 254a 条第 1 款）；因此可以进行转让（《民法典》第 925 条第 1 款第 3 项）。计划包含于债务人中参股的人的股权时（→边码 *493a* 及以下），计划中所载明的股东决议或其他意思表示视为形式合法（第 254a 条第 2 款第 2 句、第 3 款）。当然，不免除必要的事实行为（交付、土地登记簿登记、注册登记等）。计划对反对该计划的参与人也发生效力。甚至计划有权约束**未申报债权的**债权人（第 254b 条）。这可能使履行计划产生疑问。因此第 259a 条及以下作了一定的保护性规定：相反，计划不可以排除“迟到者”（*BGH NJW 2015, 2662*）。

518 如果与依计划相比债权人应该取得的更多，则允许债权人保留该盈余（第 254 条第 3 款）。排除适用《民法典》第 812 条第 1 款第 1 句的返还义务：尽管免除了返还义务，但债务人的“**自然债务**”继续存在（《破产法政府草案的说明》，第 213 页）。虽然基于该自然义务不能产生请求权，但如果债务人自愿履行，是存在法律依据的。

以计划限制破产债权为限，该限制也可以及于**对第三人的担保权**。因此例如，担保人只以主债务的金额为限承担责任（《民法典》第 767 条第 1 款第 1 句、第 768 条第 1 款第 1 句）。但在破产计划中，第 254 条第 2 款第 1 句作了例外规定：对共同债务人、担保人在非财团财产上的权利，基于质权或抵押权（但也包括土地债务）在非财团财产上的权利**不因计划而受到影响**。以计划不能完成清偿为限，债权人可以从担保中优先受偿。另一方面，计划不应免除债务人的责任。该目的不允许受到破坏。因此，担保人对债务人进行追偿（例如根据《民法典》第 774 条第 1 款第 1 句）仅在有限条件下是可能的，即在根据计划债务人已向债权人承担责任的范围内（第 254 条第 2 款第 2 句）。 519

结论：债务人因计划而受益，例如建立在担保人承担责任的基础上。这不是没有疑问的，因至少担保人可请求追偿的情况下才会履行担保责任。但担保人的债务是相对的。因为没有计划时，将仅确保担保人取得破产份额（→边码 *64*）。根据第 201 条第 1 款，虽然担保人还享有剩余债权。但通常该请求权作用甚微（→边码 *420* 及以下）。

第五节　后续程序

一、破产程序的终结

不管破产债权人和已裁定的计划，管理人必须致力于优先清偿财团请求权：以财团请求权无争议为限清偿该请求权；若为有争议的财团请求权，管理人必须履行担保或提供经济方案进行履行（第 258 条第 2 款）。之后破产法官终结破产程序（对于程序结束的计划：参见第 258 条第 1 款）。该裁定必须进行公告（第 258 条第 3 款第 1 句）。公告日起经过两日，公告生效（第 9 条第 1 款第 3 句）。由此，**程序启动的效力结束**（第 259 条第 1 款），尤其是破产扣押（→边码 *459*）和管理人的职务结束（例外：→边码 *521*）。 520

二、对履行计划的监督

当破产程序终结后，通常才确定履行计划。但之后管理人离职，没有任何人监督计划履行。因此，计划可以规定，管理人负责计划的履行（第 521

221 条第 2 句第 1 种情形）或管理人对计划履行单独实施监督（第 260 条第 1 款）。在后一种情形中，管理人保留其职务（参见第 261 条第 1 款，而且债务人委员会和破产法院的监督存续）。监督适用于债务人，但以承继公司对债权人负有义务为限，也可以扩展适用于承继公司（→边码 *430*）（第 260 条第 3 款）。费用由被监督人承担（第 269 条）。监督必须进行公开公告。当然，监督仅有**控制和警示的作用**。

例如管理人允许查阅债务人的商业资料，债务人也有答复的义务（进一步参见第 22 条第 3 款、第 97 条及以下、第 261 条第 1 款第 3 句）。管理人报告计划履行的情况和前景（第 261 条第 2 款）。如果计划的履行有疑问，则必须通知该情况（第 262 条）。然后债权人可以行使其权利（→边码 524 及以下），并且必要时，还可以提出新的破产请求。

522 但是，计划可以继续进行：可以让债务人——甚至承继公司的特定法律行为——取决于**管理人的同意**。然后，只要监督持续，没有经过同意的法律行为便不发生效力（第 81 条第 1 款、第 263 条第 2 句；→边码 *182* 及以下）。法律行为也可以不对债务人履行（第 82 条、第 263 条第 2 句）。为了保护交易安全，保留同意的事项必须进行公开公告（第 267 条第 2 款第 2 项），并且必要时为了排除善意取得，必须在土地登记簿上进行登记（第 267 条第 3 款第 2 句）。

523 当受监督的请求权已被偿付或至少请求权的偿付已获得保障，或当破产程序终结已经过 3 年并且没有提出新的破产申请时，**监督终结**（第 268 条第 1 款）。终结必须进行公告，相应地必须更改土地登记簿（第 268 条第 2 款）。

三、被确认的计划的不履行

524 不履行规定的请求权会产生多种后果。一方面，债务人有**丧失延期偿付和部分免除债务**的危险。如果对某个破产债权人来说，债务人严重拖延履行计划时，该债权人原来的债权重新有效（第 255 条第 1 款）。“严重”拖延是指，尽管已到期，在进行了书面催告，同时为其设立了至少两周的宽限期后债权还未被清偿。然而，在计划被完全履行完毕前，债务人甚至会面临新的破产程序，在此情况下延期偿付或免除对所有破产债权人均失效（第 255 条第 2 款）。但是，以计划作出了其他规定为限，**优先适用计划**的规定（第 255 条第 3 款；界限：依第 255 条第 1 款对债务人的保护）。

对于有争议的破产债权和第 52 条第 2 句的缺额债权（Ausfallforderungen）的拖延问题参见第 256 条的规定。

另一方面——自程序终结时（→边码 *520*）——启动单独强制执行程序。525 据此，**单独强制执行程序**将简化，在此也允许债权人依据破产清单。

这还需要其他前提：该程序中债权必须是被确认的债权（→边码 *404* 及以下）。并且也不允许债务人在审查期日对该债权提出异议。与此相同的是，债务人的异议可以被消除（第 257 条第 1 款第 2 句；→边码 *423*）。

但通常破产债权因计划（例如因债务免除）而受限。之后，债权的强制执行也受到限制。如果破产债权被确认，**破产清单只有与计划结合**才可以作为执行名义（第 257 条第 1 款第 1 句）。不同的是，当债务人严重拖延时，根据第 255 条债权重新恢复（→边码 *524*）：谁可以证明债务人严重拖延，就可以在全额范围内取得执行（第 257 条第 3 款）。

债权人仅可以根据一般的规则对第三人——如应该清偿债权人的**承继公司**（第 260 条第 3 款）——采取措施，例如通过诉讼或通过继续的破产程序给予的权利。第 255 条的规定也不适用于第三人迟延。

第十一部分

余债免除

第三十四章　余债免除的基础

参考文献：*Hergenröder*，Schulden ohne Ende oder Ende ohne Schulden，DZWiR 2001，397 ff.；*Knüllig-Dingeldey*，Nachforderungsrecht oder Schuldbefreiung，1984；*Lösch*，Die Restschuldbefreiung nach der neuen Insolvenzordnung–„ein Freifahrtschein zum Schuldenmachen"?，JA 1994，44 ff.；*Medicus*，Schulden und Verschulden，DZWiR 2007，221 ff.；*Reill-Ruppe*，Anspruch und Wirklichkeit des Restschuldbefreiungsverfahrens，2013.

第一节　余债免除作为政策上的根本性决定

破产程序的终结绝不意味着债务人责任也终结。在破产程序中通常仅达到比例清偿。此外，先前的破产债权人保留有剩余债权（第 201 条第 1 款；*→边码 420 及以下*）。对于债务人来说可能意味着**终生承担责任**。该原则已经在 1877 年的《破产清算法》中被规定（《破产清算法》第 164 条第 1 款），并且 100 多年来一直未受到争议，尽管资不抵债的规模和引起的社会后果长久以来是显而易见的。 526

自 1990 年起才听到对**剩余债权的批判**的声音。一方面，标语如"一生债务纠缠""现代的债台高筑"等发挥出效力（*参见 Gottwald InsR-HdB/Schmidt-Räntsch 3. Aufl. 2006，§ 76 Rn. 3*）；另一方面，指出社会政策的迫切性：数百万家庭处于资不抵债的境地，许多债务人以打黑工和灰色经济的方式逃避扣押的威胁，并且对于有孩子的家庭来说会因贫穷而深受重负（参见《破产法改革法政府草案》的说明，第 11 页）。而且，越来越多的外国法规使债务免除成为可能（大规模的如在美国："破产中的免除"；对于争取改革也可*参见 Springeneer VuR 2001，207 ff.*）。某种程度上，人们也看到了与不受剩余债权约束的法人相比，公民会受到不利，因为法人财产不足时将被注销（*→边码 421*）。经常有人根据《基本法》第 1 条第 1 款认为，解救资不抵债的公民于无望的境地并且使其能够重新开始，完全属于国家的责 527

任（参见 *MüKoInsO/Stürner Einl. Rn. 93*）。之后，随着批判越来越多，联邦议会因此决议，第 1 条中规定的破产程序的目的通过第 2 句加以扩充：“给予诚实的债务人免除剩余债务的机会。”因此，根据该事实产生了个人的“有限责任”（参见 *Balz*）——同法人相似。不依赖于此，债务人也可以通过破产计划被免除剩余债务（→边码 491、边码 663 及以下）。

528 **对于此批判是否有力**，是有争议的。无论如何，在宪法上并无必要平等对待自然人和法人。因为法人不受剩余债权的约束，正是其——合法——消失的必然结果（参见 *Häsemeyer FS Henckel, 1995, 361*）。达到最低生活标准应该属于债务人的人格尊严（参见社会国原则，《基本法》第 20 条第 1 款）。此外，国家还可以通过执行保护维护债务人人格尊严，并且国家甚至大规模地实行执行保护（→边码 152）。如果债务人因扣押保护对较高收入几乎没有兴趣，并且因此满足于简朴的生活条件，国家是否还必须提供帮助属于另一问题。对该问题必须给予否定。特别是《基本法》第 1 条第 1 款没有给予要求免除债务的权利。

联邦宪法法院的司法判例也并不表示反对。认为，终生自由刑必须让被判刑的人有希望之后获得自由（*BVerfGE 45, 245*），不允许出现与资不抵债并行的具有完全不同干涉强度的规则（类似观点参见 *Engelhard ZIP 1986, 1291*）。对担保人提出过分要求的新的判例同样也注意到，债务人不可以（某些情况下可能终生）以一己之力从债务负担中解脱（*BVerfG NJW 1994, 38*），但仅在特殊的情形下并且仅保护免于债务时发生（参见 *Häsemeyer FS Henckel, 1995, 359 f.*）。另外该判例过于夸张（参见 *Isensee FS Großfeld, 1999, 485 ff.*）。

引入余债免除纯粹是一项政策决定。作为政策决定引入余债免除也是有好处的（参见 *Knüllig Dingeldey, Nachforderungsrecht oder Schuldbefreiung, 1984, 57 ff.*）。

529 政策决定也应该**符合宪法**（*Prütting/Stickelbrock ZVI 2002, 305 ff.*；类似观点参见 *AG München ZInsO 2002, 994 ff.*；包括部分重要的理由，参见 *BVerfG NZI 2003, 162*）。但是，该政策干涉到破产债权人已成立的请求权并且由此涉及《基本法》第 14 条第 1 款。该干涉越强，债权人在破产程序中和在最多 6 年的良好表现期内（Wohlverhaltensphase）被清偿的数额越少（也可参见→边码 590 及以下）。自从提高免于扣押数额起（→边码 152），债权人必须更多地考虑，可能完全得不到清偿，尤其是免除程序的费用必须优先得以清偿时（→*边码 591*）。但是，对基本权利的干涉具有相对性：虽然，之前通常完全没有降低客户自治的“宽松的”信贷业务下干预较少（类似观点参见 *wohl Pape/Grote ZInsO 2009, 605 f.*），但由此债权人实际上只是失去强制执行的机会。该机会原本就受到了限制——严重的问题（参见 *Paulus ZRP 2000, 296*）——并且根据破产程序这种机会当然还会更少。然而债权人应该受到保护。无论如何，必须排除滥用余债免除。紧急情况下要对第286条及以下进行合宪性解释。

此外，还存在对债权人影响不大的**其他选择**（很少减轻了债务人责任），瑞士的法律只是扩大了执行保护：在清算中没有得到全部清偿的债权人，当债务人取得新的财产时，可以以“损失证明”（再次）执行［《联邦债务免除和破产法》（瑞士）第265条；类似参见适用于到1998年的新的联邦州的《综合执行法》第18条第2款第3句］。并且，截至前不久，奥地利的法律使7年内的余债免除，这取决于至少债权的10%被清偿或免除仍具有公平性，另外仅根据非常细致的规则和法官的裁判标准而作出余债免除（*Nummer-Krautgasser ZInsO 2017, 2526 f.*）。

余债免除具有很重要的**现实意义**：百万资不抵债的公民可以从中受益， 530
并且该利益似乎非常大（→*边码 2*）。但很多申请人必须做好6年准备去工作并且满足免于扣押的金额，或者（作为失业人员）努力就业。并不是很多债务人相信并且遵守该规定（根据 *Ahrens ZVI 2011, 274 max. 13%*）。大量完全不可供劳动力市场使用的债务人最有希望取得余债免除。

第二节　程序的概述

余债免除程序分为以下**五个阶段**： 531

1. 启动申请时，债务人提出余债免除申请，并附上让与声明（Abtretungserklärung）：债务人将自破产程序启动后的6年内（“让与期限”）获得的劳动收入让与（还未知的）托管受托人。破产法官审查申请的合法性；因之前已给予或拒绝过债务人余债免除时，可能会不具备申请的合法性。合法的申请引起所谓的**“裁判开始”**（Eigangsentscheidung）——为许可进入余债免除程序的方式：如果债务人在破产程序结束后履行后续义务并且不存在反对理由，法官便确认债务人将获得余债免除。

2. 在随后的破产程序中已涉及债务人的收入（让与）义务（Erwerbo-

bliegenheit）。每个债权人可以——在结算期日前（→边码 *456*）——申请驳回余债免除。但是**结算期日后才对驳回申请作出裁判**。

3. 如果余债免除没有被驳回，则法官在**终结破产程序**时确定托管受托人。该受托人应收取债务人让与的收入。受托人将之后转入的现金分配给债权人——或许需要若干年。在此期间，债务人必须遵守重要的义务，特别是（继续）努力工作，而现在，债务人必须完成**良好表现期**。在此也可以驳回债务人余债免除，或许因为事后允许主张先前提出的驳回事由，或许因为新的驳回申请获得成功，成功的原因在于债务人没有履行后续的义务或者由于破产犯罪而被判刑。之后，让与期限（Abtretungsfrist）提前结束。

4. 否则，让与期限随着**余债免除的裁判**而结束（第 300 条）。最晚于让与期限结束时作出裁判，即自破产程序启动 6 年后。但如果债务人清偿了程序费用，将最晚于 5 年后作出裁判。对破产债权至少补充清偿了高达 35% 的份额时，将最晚于 3 年后作出裁判。如果没有未清偿的债权或没有申报的债权，甚至可立即作出裁判。即使此时也还可以驳回余债免除。否则将准予余债免除。

5. 因证实了债务人事后（原则上严重）违反义务，债权人在一年内申请反对余债免除则进入第 5 个阶段。

余债免除程序伴随着破产程序，至少伴随着清偿程序，必要时也伴随着消费者破产程序。在破产计划程序中，余债免除并不重要（→边码 491 及以下）。

相反在某些情况下，通过破产计划可能比在此讨论的免除程序更加有利（进一步参见→边码 664 及以下）。

第三十五章　余债免除的路径

参考文献：*Delzant/Schütze*, Die Restschuldbefreiung für Privatpersonen in den französischen Departements Bas–Rhin, Haut–Rhin und Moselle im Rahmen einer Privatinsolvenz (faillite civile), ZInsO 2008, 540 ff.; *Foerste*, Aktuelle Entwicklungen im Verbraucherinsolvenzrecht, in: Chr. Berger et. al. (Hrsg.), 10. Leipziger Insolvenzrechtstag, 2009, 112 ff.; *Frind*, Praxisprobleme des reformierten Privatinsolvenzverfahrens, ZInsO 2013, 1448 ff.; *Gaul*, Die Privilegierung des vorsätzlich geschädigten Deliktsgläubigers in der Insolvenz durch „Restschuldbefreiungsdispens", GS Heinze, 2005, 193 ff.; Gottwald InsR–HdB/*Ahrens* 1278 ff.; *Hergenröder*, Entschuldung durch Restschuldbefreiungstourismus?, DZWiR 2009, 309 ff.; *Schmerbach*, Gesetz zur Verkürzung des Restschuldbefreiungsverfahrens und zur Stärkung der Gläubigerrechte verabschiedet–Ende gut, alles gut?, NZI 2013, 566 ff.; *Vallender*, Das Schicksal nicht berücksichtigter Forderungen im Verbraucherinsolvenz–und Restschuldbefreiugsverfahren, ZIP 2000, 1288 ff.

第一节　概　述

立法仅规定了对**自然人**的余债免除（第 286 条），既没有规定对法人也没有规定对人合公司的余债免除。而法人和人合公司大多在程序启动后被注销（→*边码 172*）。但余债免除绝不只是对消费者开放，还可适用于个体企业（Einzelunternehmen）和自由职业者（医生、律师、建筑师），还包括负个人责任的股东，但以该股东没有从企业免责中受益为限（→*边码 493*）。 532

表 35–1　不同程序下余债免除的适用

	企业、社团	**受常规程序（第 1 条及以下）约束的个人**	**第 304 条第 1 款第 1 句意义上的个人**
可能的债务人 / 财产财团	股份公司、有限公司、普通合伙、有限合伙、个人民事合伙、社团	商人、零售商、自由职业者、负个人责任的股东	消费者、以前的小企业家（手工业者等）

续表

破产程序的类型	一般程序或计划程序	一般程序或计划程序	消费者破产程序
剩余债权	原则上没有剩余债权（由于解散或注销）；以根据计划程序继续存在并继续承担责任为限（→边码 421）：计划对此未另行规定时，没有剩余债权（第 227 条第 1 款）	在一般程序中：有（第 201 条第 1 款）；在计划程序中：如计划未另行规定时，没有（第 227 条第 1 款、第 2 款）	有（第 201 条第 1 款）
余债免除	可能在计划程序中已作出规定	在一般程序中（第 286 条及以下），必要时在计划程序中也是可能的	在一般程序中（第 286 条及以下），必要时在计划程序中也是可能的

533 余债免除是以**破产程序的执行**为前提。第 286 条已经指出“在破产程序中不能清偿的债务”。因债务人甚至不能筹集程序费用的资金而（→边码 *123*）发生财团不足（根据第 26 条第 1 款第 1 句），以至破产申请被驳回时，余债免除面临流产。当之后很明显财团不足并且破产程序因财团不足（根据第 207 条第 1 款第 1 句）而必须被终止时（→边码 *397*），余债免除也面临流产。

第 289 条确认：如果只是报告“财团不足”（→边码 *398 及以下*）的情形，终止不具有损害性。

然而重要的是，程序费用的延期相当于程序费用的偿付（→边码 *589 及以下*）。

第二节　暂时许可之路径（“裁判开始”）

一、申请余债免除和程序启动

534 开启余债免除需要**债务人的两项申请**：一是余债免除申请（第 287 条第 1 款），二是债务人（自行提出的）破产申请。两项申请必须同时提交。

实践中必须关注细节：如果**在一般程序中**，债务人提交了破产申请，则债务人应将余债免除的申请一并提交（第 287 条第 1 款第 1 句）。法官对债务人（根据第 20 条第 2 款）指明可以获得余债免除并且指定两周的期限后（第 287 条第 1 款第 2 句），债务人必须最晚于两周内提交。

如果债权人提交了破产申请，债务人必须指出，其还要另外自行申请及一并提出余债免除的申请（如果债权人申请已经导致破产程序的启动，则不允许债务人再自行提出申请，由此也排除了余债免除）。因此，应该给债务人设定合理期限，但根据联邦最高法院该期限不是除斥期间。在自行申请到达后，才应开始计算申请余债免除的两周期限［*BGH ZInsO 2009, 1171（1172）*］。如果耽误了期限设定，则必须在启动的程序中补回该期限，由此债务人现在可以（单独）申请债务免除（*BGH NJW 2016, 327 Rn.15 ff.*）。

如果**在消费者破产程序中**（第 304 条及以下），债务人提交了破产申请， 535
则债务人应该一并提出余债免除的申请（第 305 条第 1 款第 2 项）。必要时，就债务人是否争取余债免除，要求其补足声明；如果债务人在一个月内未补足声明，则其破产申请视为撤回（第 305 条第 3 款第 2 句）。

即使债权人提出破产申请，债务人也有机会自行提出破产申请（第 306 条第 3 款第 1 句），对此再次适用第 305 条第 1 款第 2 项并且必须设立合理期限（→边码 534）。如果目前债务人只提出了破产申请，则根据第 287 条第 1 款第 2 句债务人仅可以在两周之内补足余债免除的申请（*BGH NJW 2005, 1434*），如果法官已通知债务人该补足期限（第 20 条第 2 款；*Uhlenbruck/Sternal InsR § 306 Rn. 62*）。

申请余债免除会威胁到破产债权人的利益。因此，第 287 条第 4 款要求申报债权的债权人听审（并且因此可以申请驳回余债免除）。在此情况下，当对排除余债免除有争议时，法官可以获得有价值的意见。

二、需要附加的让与声明

申请书必须附加让与声明，即债务人将其因**雇佣关系所产生的薪酬**中 536
的可扣押债权部分，以破产程序启动后 **6 年为期**让与由法官指定的托管受托人（第 287 条第 2 款）。该 6 年期限也被称为“让与期限”。

让与的范围很广，甚至包括企业养老金的收入（《民事诉讼法》第 850 条第 2 款），此外，还包括代替劳动收入等所取得的“后续收入”（例如退休金、失业金、一定的社会福利等）。

但首先应该包括**程序结束时起到期的收入**（*BGH NZI 2010, 741*）。因此错误的是，第287条第2款规定的是从程序“启动”时起所获得的收入；因为根据第35条第1款第2种情形，该收入属于财团的新取得，即必须由破产管理人收取（→边码*148*）。对此，当然第287条不用修改；仅应该明确属于编辑错误的规定，即自程序启动时起6年内可以实现余债免除（→边码*578*）。

该让与声明远不只是申请的“附件”：让与声明是**余债免除的核心部分**，其给予了债权人希望，不仅可以从（有限的）破产财团中，而且可以从债务人的中期收入中被清偿，如果免除申请允许的话。当然，仅当让与人（债务人）真正获得了工资债权等，即保持或建立了劳动关系时，让与才发挥作用。债务人的就业义务——从侧面——致力于此（→边码*561*及以下）。法律保护免于其他使让与声明“落空”的情形：根据第287条第3款，债务人妨碍或限制让与的约定无效（例如债务人和雇主约定的让与禁止，《民法典》第399条第2种情形）。并且之前向第三人的让与产生的损害很小，例如向银行担保让与未来工资请求权：将不予考虑（遗憾的是，这在法律上几乎找不到明确规定；参见2014年旧法中第114条、第287条第2款第2句的删除部分）。

三、申请余债免除的合法性

537 正如第1条第2句程序上所明确的，余债免除应该仅可以适用于“诚实的”债务人。因此，很多情形下排除适用余债免除。该情形部分视为驳回的原因，法官仅基于第三人的申请，但之后应无时间限制地注意该驳回原因（→边码*547*及以下）。但根据法律还可以因**先前的余债免除程序**而产生**阻碍**（第287a条第2款）。该阻碍很少发生，但必须依职权给予注意。为了早期形成法律上的明确性，在启动程序中就已经应该决定该阻碍（*BT-Drs. 17/11268, 24 u. 26*），即在申请余债免除合法性的范围内时便考虑该阻碍。

在早期时，法官对于取得关于此阻碍的必要信息会感到困难。因此，要求债务人自行解释，是否存在第287a条第2款中的排除事由（第287条第1款第3句）；对于错误解释时的处罚参见→边码553。

538 • 如果存在这样的阻碍，那么债务人的申请也同样**因不合法而必须被驳回**。

不考虑该情形，则必然启动破产程序。当然，债权人可以避免该情况：根据第287a条第2款第2句，给予债务人及时撤回启动申请的机会（→边码 93）。原因在于，多数情况下为了得到余债免除，没有申请义务的债务人提出破产申请。但是债务人必须担心，即使在余债免除不被允许的情况下，也必须接受破产程序，如此债务人也许便很少愿意自行申请：有意义的程序将被不必要地拖延。当然，债务人（通常也被建议）事实上应自行评估，是否根据第 287a 条第 2 款要排除余债免除。

- 相反，如果免除申请是合法的，则法官面临所谓的“**裁判开始**”：该裁判确认，债务人获得余债免除，当债务人根据第 295 条来履行义务，并且不存在第 290 条、第 297 条至第 298 条规定的驳回申请的情形时（第 287a 条第 1 款第 1 句）。 539

以**裁定**的方式作出裁判，裁定必须公开公告。本身可能由司法辅助人员负责（→边码 38），但在此由法官作出裁定（《司法辅助人法》第 18 条第 1 款第 4 项）——因（被驳回的）余债免除的影响。只有债务人有权立即申诉，即针对免除申请被驳回（第 6 条第 1 款、第 287a 条第 1 款第 3 句）。 540

必须对下列阻碍作出判断：

a）先前过去 10 年内给予了余债免除

在当前破产申请前 10 年内已经给予了债务人余债免除时，再次申请余债免除将不合法。 541

b）因破产犯罪行为在过去 5 年内被驳回过余债免除

另外已足以构成阻碍因素，当根据第 297 条债务人破产申请前 5 年内被驳回过余债免除时。债务人必须因破产犯罪行为（《刑法》第 283 条至第 283c 条）而被处以（严重的）罚金或自由刑并且判决已生效，确切地说是在先前破产程序的结算期日到先前进行的让与期限结束的期间内。 542

c）过去 3 年内驳回过余债免除

其他情形是，只有当债务人在破产申请前 3 年内或之后驳回过余债免除时，余债免除申请才是不合法的（第 287a 条第 2 款第 1 句第 2 种情形）： 543

- 适用于因债务人在先前的程序中因故意或重大过失违反告知义务或协作义务，而根据第 290 条第 1 款第 5 项驳回时（→边码 552）。
- 根据第 290 条第 1 款第 6 项，在先前程序中必须给予关于事实情况的声明或根据第 305 条第 1 款第 3 项当时必须提交清单（所涉及的债务人财产、收入、债权人及债权人的请求权清单），因故意或重大过失在声明中或清单中给予了不正确或不完整的说明，因而造成余债免除不合法时（第 287 条第 1 款第 3 句）。

- 也可以根据第 290 条第 1 款第 7 项而发生驳回情形：因在先前程序中债务人未满足其就业义务（→*边码 544 及以下*），并且其不能免除该义务，而破产债权人的清偿因此受到损害时。
- 在最后的 3 种情形中——根据第 290 条第 1 款第 5 项、第 6 项或第 7 项当时出现的驳回事由——根据第 297a 条的驳回也构成阻碍因素：即结算期日后（或根据第 211 条在终止后）才提出某个驳回申请，但仍然及时完成时。
- 最后当基于第 296 条发生驳回时也构成：因债务人违反先前破产程序结束后必须履行的义务时（→*边码 573*），例如债务人继续的就业义务（第 295 条第 1 款第 1 项）。

第三节　破产程序的期限

一、早期的就业义务

544 债务人的劳动力不属于“财团”。因此尽管有第 80 条的规定，破产管理人也无权催促债务人就业。但如果债务人争取余债免除，则应该在破产程序中，即**自程序启动时**起，从事“适当的职业”并且——如果还未就业时——要努力就业，即不拒绝任何“可以接受的工作”（第 287b 条）。这虽不是劳动义务，即不可执行，但更像是一种负担：违反该负担将威胁到余债免除。

确认“适当的”职业是困难的，部分由于其与——政策上备受争议并且多变的——在社会（保险）法领域的期待可能性规则的相似性。但就业义务保护债权人的基本权利（→边码 529；*Ahrens ZInsO 2003，200*）。对于抚养权的具体问题，司法判例给出了第一手依据（对于抚养债务人的履行能力参见 *Kommentare zu § 1603 BGB*）。但是，通常破产法上可以要求的更多（参见 *BGH NZI 2012，852*；*HK-InsO/Waltenberger § 295 Rn. 9 ff.*）。例如可以期待在少许年限内想被免除债务的债务人，在该期间内工作，而不是利用该期间去接受教育，在结束教育后虽然其可以赚得更多，但不再对破产债权人负债（参见 *LG Darmstadt ZInsO 2013，1163 f.*；*Foerste [vor Rn. 532] 124 f.*）。相反——长年的——刑事逮捕一般也不能阻止余债免除（*Foerste [vor Rn. 532] 122 ff.*），除非尽管存在就业义务，还是接受了该逮捕（*BGH NZI 2010，911*

Rn. 11; *Menge ZInsO 2010*, *2347 ff.*）。

立法者对债务人努力就业提出了严格的要求：失业者必须展示出自己的积极性。也可能是接受非专业的或外地的职业，紧急情况下也可以是助理工作或临时工作（《破产法政府草案的说明》，第192页）。因此，尽管存在免除扣押（→边码 *152*）但债务人允诺了收益或至少打开了工作情况得以改善的机会，也必须利用低收入阶层；当然报酬必须（与工作相比）是合理的［*BGH NZI 2012*, *87*（*88*）］，也允许迁居。债务人必须争取全职工作［*AG Hamburg NZI 2001*, *103*（*104*）］，但也允许为家庭义务承担责任（例如抚养孩子，*BGH ZInsO 2010*，*105 f.*）。除了经常与联邦劳动局保持联系和不断阅读相关的招聘广告外，有必要一周提出2—3个职位申请（*BGH NZI 2012*, *852 f.*）。

当债务人——尽管存在财产的扣押 / 查封——（继续）从事**自营职业** 545
时，原则上也算符合就业义务。因为这也有助于债权人：如果破产管理人允许自由职业（第35条第2款第1句意义上的“积极声明”），则收益还是会纳入财团（→边码 *171a*）。如果管理人免于对收益的扣押（第35条第2款第1句意义上的“消极声明”），则债务人有权享有该收益。但债务人必须向管理人**支付补偿**（Ausgleichszahlungen）（第295条第2款、第35条第2款第2句）：支付补偿以使债权人处于如同债务人缔结了合理的雇佣关系那样的地位。

因为在该情形下，工资债权中可扣押的部分立即纳入财团（第35条第1款第2种情形）。并且，债务人自营业务时，债权人也不应该更加不利（*BT-Drs. 16/3227*, *17*）。但是，债权人也不应该获得更多收益。因此，只有必须支付假定的净收入中假定的可被扣押款项。并且——可能较高的部分——公司的盈利由债务人及其可能存在的债权人保留（*BGH NZI 2013*, *797 Rn. 17*）。

债务人不必始终做到收益稳定，因为收益原本就有波动。只要债务人 546
是以营利为目的，并且至少达到假定的“劳动收入”，就必须交付该收益并且至少每年交付该收益（*BGH NZI 2012*, *718 Rn. 14*）。相反，如果债务人能够认识到，自营收益不能达到该目的时，则必须努力寻求雇佣职业（*BGH NZI 2012*, *718 Rn. 16*）。另外，可能也要责难债务人，完全参与了（明显不合适的）公司冒险行为。

二、最先可能发生的驳回余债免除

1. 破产债权人的驳回申请

547 因仅应该给予诚实的债务人余债免除（第 1 条第 2 句），所以第 290 条第 1 款明确了特定的驳回余债免除的事由。但仅基于破产债权人的申请而考虑驳回。申请必须以书面的方式提出并且在破产程序期间，**最晚于结算期日前**提出（第 290 条第 2 款第 1 句；对于财团不足参见第 211 条）。而且，债权人必须已申报债权（→边码 *406*）。

如果破产管理人对债权提出异议，则破产法官应类推适用第 189 条第 1 款对债权人设立期限，以对债权进行司法上的解释。如果没有利用该期限进行解释，根据主流观点，驳回申请不合法（*LG Flensburg NZI 2014, 166*）。

548 而且债权人必须**证明驳回原因可信**，即具有很大可能性（第 290 条第 2 款第 1 句后半句；→边码 *89*）。无须更多地证明；例外情况下法律要求，因不诚实的行为债权人会受到损害。

通常，债权人甚至不能得知驳回原因。多数情况下，要依靠**管理人的帮助**。如果管理人有驳回事由的证据，则应将其递交到法院的诉讼案卷处（债权人查阅文件：参见→边码 *42*）。但不限于此：管理人——在维护债务人权利的情况下——尤其必须维护债权人的利益，因而至少有权通知债权人该驳回事由。管理人既没有义务阻止法官也没有义务推动余债免除。余债免除未依职权给予被驳回，不意味着可以干预的人不允许依职权获知余债免除的情况。

2. 第 290 条的驳回原因

549 驳回原因是确定的。满足下列即可构成：

- **第 1 项**：债务人在（现呈递的）启动申请前最后 5 年内**由于破产犯罪行为**（《刑法典》第 283 条至第 283c 条）判处罚金或自由刑并且判决生效。该犯罪行为不必与正在进行的破产程序有因果关系（*BGH NJW 2003, 974 f.*）。

根据《联邦登记法》第 46 条，因 5 年期限而不（再）取决于清偿期（参见 *BT-Drs. 17/11268, 26*）。

550 - **第 2 项**：为了获得贷款或公共给付，或为避免向公共机关给付，债务人故意或重大过失地对经济情况进行了**错误的书面说明**。如果在债务人知道并同意下书面说明被继续转发，则第三人所做的书面说明也可构成（参见 *BGH NZI 2003, 662, 663*）。说明必须在破产申请前最后 3 年内或破产申请后发生。

例如：在接受贷款时，债务人表明其先前债务仅为 2300 欧元，而实际先前债务已达到 21,500 欧元（*AG Landau ZVI 2004, 699 f.*）。通过错误说明而达到避税的意图也构成（*BGH ZInsO 2010, 1058 f.*）。是否债务人通过错误说明而事实上取得了财产利益，并不重要，这也符合第 1 条第 2 句、第 290 条第 1 句第 2 项的目的。

- **第 3 项：**通过承认不合理的债务、挥霍财产或人为延迟程序启动，债务人在破产申请前最后 3 年内或破产申请后至少**严重过失地损害了**对破产债权人的清偿。 551

例如：债务人转让其业务并以该转让收益支付了昂贵的旅行费用（*LG Düsseldorf NZI 2004, 390*）；债务人将其一体化厨房作为废弃家具扔掉（*BGH ZInsO 2009, 1506*）。清偿某些债权人可能是不被希望的，但不属于"挥霍"（*BGH ZInsO 2009, 733 f.*）。禁止延迟程序启动，并不改变债务人原则上不是必须提出破产申请的事实（→边码 *90*）。因此仅支持，不允许债务人阻止债权人，及时提出破产申请，例如通过对经济状况的欺诈行为。

- **第 4 项：**债务人至少严重过失地**违反了告知义务或协作义务**。这些义务不是在启动程序后才产生的（→边码 *135*、边码 *138*），而是在启动程序中（第 20 条、第 22 条第 3 款第 2 句）甚至在提交破产申请时已产生（*BT-Drs. 17/11268, 27*）。 552

在**没有特别的要求**时，债务人也必须公开与程序有关的情况（*BGH NZI 2010, 264*），即例如债权人的情况（*BGH NZI 2009, 65*）、与撤销相关的情形、遗产的归属或程序进程中对遗产的提取（*BGH NZI 2006, 299 f.*）或之前的错误说明（也包括破产申请中的错误说明）。违反必须达到一定程度（*BGH NJW 2003, 2168*）；但隐瞒信托账户（*LG Aachen ZVI 2005, 552 f.*）或隐瞒因网球课而取得的 192 欧元的年收入应该构成违反（*LG Möchengladbach ZInsO 2003, 956 f.*）。对于法官的询问更要进行详细的答复（*AG Hamburg ZInsO 2001, 332*）。如果在指出错误说明前，债务人主动更改了错误说明，则不构成违反（*BGH ZInsO 2010, 685*）。对于协助义务参见→边码 135。如果转移财产或保留资料甚至完全销毁资料（*BGH BeckRS 2011, 17763*）或可扣押的收入部分未交付给管理人（*BGH NZI 2013, 904 f.*），则违反了协助义务。

553 • **第 5 项**：在消费者破产程序中，债务人至少严重过失地**错误说明**了**先前的免除程序**（违反第 287 条第 1 款第 3 句；→边码 *541* 及以下）或第 305 条第 1 款第 3 项中的材料出现错误说明（对此属于第 5 项的特殊规则）。

如果忽略了债权人清单上的争议债权（进一步参见 *Pieper ZInsO 2010, 174 ff.*）或仅忽略了一个债权人，而该债权人的债权额很高，例如尽管其全部债权额未达到 525,000 欧元，但标明的额度为 5000 欧元时，也构成违反［*LG Stuttgart ZInsO 2002, 1097*（*1099*）］。在关于财产和收入的清单中，也必须对土地上的权利（*AG Göttingen NZI 2000, 92*）和免于扣押款项之下的收入给予说明（*OLG Celle ZVI 2002, 31*）。可以掩盖先前的犯罪行为的错误说明也是具有损害性的。类推适用第 97 条第 1 款第 3 句保护债务人免于刑事追究（→边码 *136*）。债务人仅必须公开其现有财产，但有疑问时不包括对财产的来源进行说明。但在此免除及时更正（第 305 条第 3 款第 1 句、第 307 条第 3 款第 1 句）。

实践中，第 290 条第 1 款第 5 项的驳回申请和第 305 条第 1 款第 3 项的违反情形具有重要地位。

554 • **第 6 项**：债务人**违反了第 287b 条中的早期就业义务**，并且因此破产债权人的清偿受到损害（对于就业义务进一步参见→边码 *544* 及以下，对于证明问题参见→边码 *556*）。

3. 对驳回申请的裁判

555 在整个破产程序中可以提出驳回申请。因此，**在结算期日后**才应对所有的申请作出裁判（第 290 条第 2 款第 2 句），主要为减轻司法机关的负担。这可能使债权人和债务人在提出驳回申请后数月，甚至数年处于不确定的状态。但无论如何法官必须及时指出对驳回申请的合法性的怀疑，例如缺乏可信性证明（《民事诉讼法》第 139 条及以下；《破产法》第 4 条）。

556 裁判取决于驳回申请是否有根据：是否驳回原因确定可以**说服法官**。对此法官依职权调查重要的情况（第 5 条第 1 款第 1 句）。如果未成功，则排除驳回（*BGHZ 156, 146 f.*）。

这也适用于所谓的违反就业义务（→边码 *554*）。如果法官命令告知并且就其正确性——基于债权人的申请——作出代替宣誓的保证时，债务人还必须告知就业义务（努力就业等）的履行情况。如果债务人未给予协助，则因此必须对余债免除予以驳回（第 290 条第 1 款第 7 项最后、第 296 条第 2 款第 2 句和第 3 句）。并且不考虑所提出的违反是否对债权人造成不利（*BGH ZInsO 2009, 2162 f.*，参见第 295 条第 1 款第 1 项），否则必须确认违反了就业义务。如果完成告知，则债务人可以通过证明其没有过错而免责（第 290 条第 1 款第 7 项；举证责任倒置）。虽然免责的情形也必须依职权进行调查（第 5 条第 1 款第 1 句）；但若并无结果，则债务人会遭到损害。

以裁定的方式**作出裁判**。还是法官具有管辖权（《司法辅助人法》第 557
18 条第 1 款第 4 项）——由于裁判的影响：

法官或者**驳回余债免除**，即驳回债务人的申请。之后债务人有权立即申诉（第 6 条第 1 款、第 290 条第 3 款第 1 句）。

法官或者**驳回申请**：之后提出驳回申请的债权人有权立即申诉（第 6 条第 1 款、第 289 条第 3 款第 1 句）。另外，程序进入了最重要的阶段。

第四节　良好表现期

参考文献：*von Gleichstein*, 6 Jahre und kein Ende? Restschuldbefreiung und Wegfall des Insolvenzbeschlags am Neuerwerb nach Ablauf des Abtretungszeitraums im laufenden Insolvenzverfahren, ZVI 2009, 93 ff.; *Herrler*, Vermögenssicherung bei erbrechtlichem Erwerb während des Insolvenzverfahrens und in der Wohlverhaltensperiode, NJW 2011, 2258 ff.; *Heyer*, Strafgefangene im Insolvenz-und Restschuldbefreiungsverfahren, NZI 2010, 81 ff.

可以期待诚实的债务人（第 1 条第 2 句），除了分配其财产外——在 558
破产程序后也会尽力获得收入，以供破产债权人共同分配。在让与期限结束（→边码 578）前，债务人还面临其他义务，因此人们称之为“良好行为表现期”。另外必须确认，债权人会从程序开始时向受托人让与的未来收入中受益。

一、确认受托人

结算期日后——和驳回可能存在的驳回申请后（→边码 555 及以 559
下）——发生最终分配。现在破产程序可以终结：**以终结裁定而终结**（第 200 条）。同时，法官确定一个受托人，让与的工资债权等要交付给该受托人（第 288 条第 2 句）。债务人和债权人可以推荐托管受托人（第 288 条第

1 句）。对受托人的监督和免除相应地适用第 58 条及以下，但任何一名债权人都可以要求免职受托人（第 292 条第 3 款第 2 句）。受托人亦有权提出支付报酬和费用补偿（第 293 条）。

报酬至少为每年 100 欧元（《破产法薪酬条例》第 14 条及以下）；在因让与而到达的现金要向多于 5 个债权人分配时，"每五个债权人"报酬便提高 50 欧元。另外，托管受托人将按百分比参与收进的款项：第一笔 25,000 欧元高达 5%，随后（很少的）多余金额少于 50,000 欧元时为 3%，出现更高的款项时为 1%。如果受托人也负责监督时（第 292 条第 2 款），则每小时另外再取得 35 欧元（标准费率）。托管受托人的责任参见 *OLG Celle NZI 2008，52 f.*。

受托人在其职务结束时，必须提供账单。

二、债务人的义务

560 在破产程序终结和让与期限结束的期间内，债务人必须为了债权人的利益承担重要的义务（第 295 条）。另外，当债权人委员会对此作出决议时，义务的履行将由受托人监督（进一步参见第 292 条第 2 款）。

1. 持续的就业义务

561 最重要的是债务人的就业义务（第 295 条第 1 款第 1 项）：正如在破产程序中，债务人在之后也必须从事"**适当的职业**"，并且——以未就业为限——必须努力就业，即不能拒绝"可以接受的工作"（进一步参见→边码 544 及以下）。

562 如果债务人（继续或第一次）**作为营业主**而从事职业，则必须向受托人**支付补偿**。债务人必须将破产债权人置于如同债务人从事适当职业时的地位（第 295 条第 2 款；→边码 545）：要支付的是假定非自营职业时所获得的纯收入，并且只是假定的可扣押款项的额度（《民事诉讼法》第 850c 条）。剩余的收益由债务人（和可能存在的新债权人）保留。企业成功的不可预测性参见→边码 546。

2. 由于死亡而支付所得

563 如果债务人获得遗产，则必须将财产的一半价值让与受托人，即债权人（第 295 条第 1 款第 2 项），并且努力使所得转化为金钱（也许对共同继承人很困难：*Regenfus ZInsO 2015，726 ff.*）。同样适用于遗赠和特留份请求权（Pflichtteilsanspruch），也适用于预先取得的遗产，但不适用于死亡情形下的其他赠与。

问题：为什么要给债务人保留另一半遗产？

立法者想要激励，接受因死亡而发生的遗赠。债务人在破产程序期间保留放弃遗赠等的权利（第 83 条第 1 款第 1 句），并且程序结束后也是如此。没有该激励措施，债务人毫无例外会放弃遗赠，因为为了债权人，债务人将几乎没有更多财产可以奉献。

不考虑该情形，放弃遗产也是有吸引力的：如果债务人继承其父亲的遗产，并且债务人也有自己的孩子时，放弃遗产对于他们来说不会导致遗产减少。参见《民法典》第 1924 条第 1 款、第 2 款、第 1953 条第 2 款。

区分：如果在破产程序进程中还是归债务人所有时，如何处理该遗产？ 564
作为必须完全变价和分配的新取得财产（第 35 条第 1 款第 2 种情形；→边码 *141*）。如果债务人已阻止该新取得，即放弃遗赠，当然可以避免遗产被变价和分配。

3. 告知义务和答复义务

根据第 295 条第 1 款第 3 项债务人的义务有： 565

——**告知**住所或雇主的变更（由此受托人可以主张提前让与）；

——对让与声明中持续的收入作出**答复**（→边码 *536*）；

——因死亡而所得（由于→边码 *563*）；

——以确认是否违反义务为目的，出于法官或受托人的要求告知就业及求职的情况（必须由债权人证明是否违反义务：第 296 条第 1 款第 3 句）；

——基于要求，告知收入和财产（或许因存在违反其他义务的根据，但也可能因存在补充分配的机会）。

当然，也不允许债务人**向破产债权人清偿**（第 295 条第 1 款第 4 项）， 566
因为由受托人保留向债权人清偿。

三、收入的管理和分配

受托人管理各种收入： 567

- 根据让与声明（→边码 *536*）的规定，受托人获得的债务人可扣押部分的收入，当然只有当受托人的设定发生法律效力（→边码 *559*）并且该设定被接受后。

在确切地接受后，受托人取得债务人对其债务人（第三债务人，如雇主）的请求权。该取得是否基于《民法典》第 398 条是有疑问的。很多人认为让与声明为程序声明，向受托人的债权让与为设定受托人和履行职务的法律后果（*BGH NZI 2006, 600 f.*）。请求权可扣押的部分必须类推适用第 36 条第 1 款第 2 句进行确认（第 292 条第 1 款第 3 句；→边码 *152* 及以下）。

受托人必须向第三债务人告知该让与（第 292 条第 1 款第 1 句）。如此可以防止第三人向作为原债权人的债务人履行给付（《民法典》第 407 条、第 412 条）。如果第三债务人不予支付，受托人必须确定其为履行迟延，进而对其诉讼等。

- 另一方面，债务人的给付可以归入受托人（→边码 *562* 及以下）。如果给付不是金钱，而是其他财产时（例如来自遗产，→边码 *563*），则必须授权受托人进行变价。

568 必须对所到达的给付**进行分配**（第 292 条第 1 款第 2 句）。

注意：该分配不是第 187 条及以下中的财团分配，因为破产程序早就结束了（→边码 *559*）。在破产程序中所必须分配的（包括新取得，→边码 *536*），已得以分配：由破产管理人。在此属于另一种情形：属于非财团款项的分配。

- 但仅可以分配**可扣押的款项**（第 292 条第 1 款第 3 句），并且现在可扣押的款项实际上很少（→边码 *152*）。如果雇主向受托人过多支付时，受托人（缺乏让与）将其给付给错误的接收人时，要继续对债务人承担责任。
- 另外，受托人必须优先交付**被延期的程序费用**，即向州国库支付（第 292 条第 1 款第 2 句后半句；进一步参见→边码 *590*）。仅不包括被委任的律师的费用（→边码 *596*）。
- 如果有剩余现金，则必须每年**向债权人**分配一次。以结算清单为依据（→边码 *442*；参见第 205 条第 1 句）。但毕竟多数情况下给债权人留有剩余。

原本预计不能得到分配的债权人，实际上应该回避破产程序并且自愿放弃其原本丧失的债权部分，例如通过债务清偿计划（→边码 *641*）。无论如何这适用于债务人无从业能力时，另外只要框架条件未更改便一直适用，即一方面免于扣押的款项还是高额的，另一方面就业义务无法实现，因合法的职位不被需要或可以被避开。这不同于当破产程序似乎有必要确保财团的情况，例如要进行破产撤销。也包括，当债务人要求“零计划”时，可能在良好表现期存在的压力是有效的并且总会给债权人提供机会。

在良好表现期也适用**债权人平等对待**原则。该原则首先约束受托人。 569
如果使可分配的现金减少，只对个别破产债权人有利的约定也是无效的（第 294 条第 2 款）。

让与收入的债务人也不应该通过抵销取得好处：如果雇主对破产者享有旧的请求权（例如因违约而产生的请求权），虽然雇主似乎可以对工资请求权进行抵销。尽管根据第 287 条第 2 款该工资请求权让与了受托人（《民法典》第 406 条），但是根据第 294 条第 3 款排除抵销。

特别是**不允许**为个别破产债权人**执行**债务人财产（第 294 条第 1 款）， 570
也包括没有参加破产程序的债权人（*BGH NZI 2006, 602*）。但不适用于新债权人，即在破产程序启动后才对债务人享有请求权的债权人（第 38 条）或在程序终结后才取得请求权的债权人，允许尝试执行，但很少会成功。因为债务人可扣押的收入（长达 6 年）让与了受托人。并且债务人几乎不会取得其他的财产：实际上可以干涉的只有留给债务人的遗产（→边码 *563*）、赠与和自营收入（→边码 *562*），上述财产以（还）未让与受托人为限。毕竟与等待余债免除的债务人只进行现金交易才是明智的。

表 35–2　概览：以让与的收入进行清偿

财产地位	要向谁支付	强制执行是否合法
1. 免于扣押的部分（《民事诉讼法》第 850 条及以下）	债务人	不合法（《民事诉讼法》第 850 条及以下;《破产法》第 294 条第 1 款）
2. 延期的程序费用	州国库	不合法（不是债务人财产）
3. 可能的剩余财产	破产债权人	不合法（不是债务人财产）

四、良好表现期的提前结束

在良好表现期内，破产法官还可以**驳回余债免除**（第 299 条）。然后 571
让与的期限结束，因而对债务人的让与请求权不复存在，受托人的职务也随之终结。并且债权人不再受第 294 条限制性规定的约束。提前驳回必须公开公告，但只在受损害人的申请下进行。

第 296 条至第 298 条列举性地规定了**驳回原因**。只有当裁判开始已排 572
除了某项驳回原因或已允许之前被忽视的驳回，才不予考虑其他驳回原因。

这些驳回原因包括：

573 • 自破产程序结束时起（第 296 条）**违反**第 295 条（→*边码 560 及以下*）中规定的**义务**。义务违反必须达到损害债权人清偿的程度，并且债权人在其驳回申请中说明了该情况（*BGH ZInsO 2010, 392*）。该申请必须自知道违反义务起 1 年内提出（第 296 条第 1 款第 2 句），并且对义务违反和债权人受损进行可信性证明（→*边码 89*）。之后债务人要对义务的履行情况进行说明。

另外，法官可以要求债务人给予相应的答复，基于受害人的申请债务人必须对答复的正确性作出代替宣誓的保证。如果没有充分的免责情形债务人拒绝时，必须驳回余债免除（第 296 条第 2 款第 2 句、第 3 句）并且不考虑，是否所说明的义务违反对债权人造成了不利（*BGH ZInsO 2009, 2162 f.*）。

另外，必须对违反义务进行确认。如果得以确认，债务人可以说明其没有过错（第 296 条第 1 款第 1 句后半句）。债务人与受托人约定，在合理且明确的期间内完全补偿所截留的款项，从而自愿弥补其违反的义务并且到目前为止也遵守了该约定，则也可以免除债务人的责任（*BGH ZInsO 2010, 685*）。

574 • 因《刑法典》第 283 条至第 283c 条中的破产犯罪行为，**被判处（严重的）罚金或自由刑**，构成驳回事由（第 297 条）。判决必须在结算期日和让与期限结束的期间已发生法律效力。

在结算期日前发生的判决不予考虑，因为根据第 290 条第 1 款第 1 项该判决已经可以造成驳回。现在不应该再造成损害（例外：第 297a 条；对此立即驳回）。

在此还需要债权人的申请。但有时债权人完全不知道犯罪行为或之后的判决。

575 • **根据第 290 条第 1 款事后得知驳回原因**时（详情参见第 297a 条）。事后驳回的前提是，申请驳回的债权人在结算期日后才知道——要经司法确认的——驳回原因并且之后在 6 个月内提出了申请。首先必须证明该驳回原因可信（→*边码 89*）。

576 • **不能够支付受托人**上一年度的**最低报酬**（第 298 条；→*边码 559*），如受托人提出申请，则要驳回余债免除。而且受托人必须书面催告债务人并且设立两周的支付期限。但债务人可以补充支付（第 298 条第 2

款)。当然延期支付程序费用时，不构成驳回原因(→边码 589)。

以破产债权人要求驳回为限，法官还有司法辅助人要作出**裁判**(《司法辅助人法》第 18 条第 1 款第 4 项)。申请人或债务人有权对裁定提出立即申诉(第 6 条第 1 款、第 296 条第 3 款、第 297 条第 2 款、第 297a 条第 2 款、第 298 条第 3 款)。 577

第五节　准予余债免除

参考文献：*Ahrens*, Nicht benannte Gläubiger im Restschuldbefreiungsverfahren, NZI 2013, 721 ff.; *Grote*, Vergleich: Vier Möglichkeiten der vorzeitigen Restschuldbefreiung nach neuem Recht, Insbüro 2015, 305 ff.; *Pape*, Die ausgenommenen Forderungen gem. §302 Nr. 1 InsO, ZInsO 2016, 2005 ff.; *Stephan*, Die „vergessenen Gläubiger" im Verbraucherinsolvenzplan, NZI 2014, 539 ff.

一、裁判的时刻

未提前驳回而经过良好表现期时，破产法官最终对余债免除作出裁判(第 300 条第 1 款)，但一般在破产程序后的数年内作出： 578

- 最晚**在破产程序启动后的 6 年内**(→边码 536)，根据第 300 条第 1 款第 1 句即“当让与期限……已经经过”，但基于债务人的申请；
- **破产程序启动后的 5 年内**，当债务人——截至当时——一直清偿程序费用(第 300 条第 1 款第 2 句第 3 项)；
- **破产程序启动后的 3 年内**，当债务人不仅清偿程序费用，而且使破产管理人或受托人还可以在让与期间用该财产清偿至少高达 35% 的破产债权(第 300 条第 1 款第 2 句第 2 项)。

在第 300 条第 1 款第 4 句、第 5 句中明确规定了必须收取哪些债权。但估值仍然很困难，因为只有清偿程序所需的费用后才可以对破产债权进行清偿(有争议的例子参见 *Leipold ZInsO 2013, 2052 f.*)。为了使程序费用不至于一直上升，第三人的遗赠(例如家庭成员)在破产程序后尽可能首先归入债务人(*Stephan VIA 2014, 27*；→边码 665)。

对此，债务人必须公布向受托人支付但未包含在让与声明中的财产的来源(第 300 条第 2 款)。应以该方式避免“所计划的”破产：债务人可以早期取得现金并且对破产管理人提前保留该现金，为了之后加快余债免除。

但是，错误的说明没有制裁（因此有异议参见 *Frind ZInsO 2013, 1456*；参见案例 9）。

- 当程序费用和其他财团债务（第 55 条）得以清偿，并且根本没有申报或完全清偿破产债权时（第 300 条第 1 款第 2 句第 1 项），基于债务人的申请，甚至必须**立即**裁判。

以债务人争取提前余债免除为限（第 300 条第 1 款第 2 句第 1 项至第 3 项），债务人至少应对相应的前提进行可信性证明（→边码 89）。

二、驳回原因

579 根据第 300 条裁判开始余债免除不是一定会发生余债免除。确切地说，允许可能或提前驳回余债免除的原因存在，**始终要注意的是**：根据第 300 条第 3 款——多数情况下基于破产债权人的申请——必须驳回：

——在第 290 条第 1 款（→边码 549 及以下）的情形下：因破产程序期间出现的驳回原因使在结算期日前提出驳回申请；

——良好表现期间内违反义务（第 295 条及以下；→边码 561 及以下）；

——因破产犯罪行为而判刑，并且该判决在结算期日后才生效（第 297 条；→边码 574）；

——根据第 290 条第 1 款事后得知驳回原因，因而在结算期日后才提出驳回申请（第 297a 条；→边码 575）；

——无法偿付最低报酬（第 298 条；→边码 576），但只能基于受托人的申请。

三、程　序

580 在最终裁判前，还必须保证参与者的法定听审权，至少保证书面的听审权（第 300 条第 1 款第 1 句，另参见第 287 条第 4 款）。以破产债权人申请驳回为限，由法官作出**裁判**（《司法辅助人法》第 18 条第 1 款第 3 项），此外还包括司法辅助人。裁判必须公开公告。债务人有权对驳回余债免除立即申诉。反对准予提前的余债免除（第 300 条第 1 款第 2 句）或在听审时提出完全驳回申请（第 6 条第 1 款、第 300 条第 4 款第 2 句）的破产债权人都可以对准予余债免除提出申诉。此外，只要经过申诉期（《民事诉讼法》第 569 条第 1 款；《破产法》第 4 条），准予余债免除便发生法律效力。

四、余债免除的效力

余债免除**对所有破产债权人**都发生法律效力（第301条第1款）。结果是，不再存在可被执行的剩余债权请求权——与第201条第1款相反。但如果寻求强制执行，则债务人可以通过执行异议之诉（Vollstreckungsgegenklage）来进行辩护（《民事诉讼法》第767条）。 581

但是对于每项请求权仍然存在自然法上的义务。如果债权人因债务人的失误而得到清偿，债务人没有返还请求权（第301条第3款；→边码*518*）。

未申报的债权也丧失剩余债权请求权（第301条第1款第2句）。这将避免，债权人通过沉默的方式"拯救"其请求权。但相反，债务人可能试图隐瞒不受欢迎的债权人并且在财产分配时排除该债权人。虽然这违反第290条第1款第6项的规定，也可能与第297a条的规定相关；当然驳回申请人必须是已申报债权的债权人，只要没有因债务人的恶意而使债权无关紧要的话。一旦准予余债免除发生法律效力，则该违反将不具有损害性。不适用于债务人要对被忽略的债权人承担损害赔偿责任的情况（→边码*585*）。 582

然而，对于涵盖较广的余债免除也存在以下**5种例外情形**（第302条）：可被执行的债权：[①] 583

- 债务人因故意实施侵权行为所产生的债务（《民法典》第823条及以下，类似于《民法典》第393条及以下；《民事诉讼法》第850f条第2款）。
- 债务人因未付的法定抚养费而产生的债务（例如《民法典》第1361条、第1569条及以下、第1601条及以下）。
- 税收债务，以该债务与《税捐法》第370条、第373条及以下规定的税收犯罪行为有关并因此对债务人作出生效判决为限。

当然，这些债权和债权产生的法律原因都必须已**在清单中进行申报**：债务人应该在良好表现期后不必考虑意外的债权（→边码*406*；重要的是→边码*423*）。如果所要求的申报发生迟延，例如债权因欺诈而开始只作为"损害赔偿请求权"进行了申报时，**可以追加**申报该债权（作为简单的申报变更，参见第177条第1款第3句：*BGH NZI 2008, 250 Rn. 12*），当然仅在完全可能申报债权的期间内进行（→边码*407*），即在经过让与期限后绝不可

① 译者注：即不可被免除的债务。

能再申报债权（*BGH NZI 2013，907 ff.*）。

- 罚金和第 39 条第 1 款第 3 项中规定的与罚金具有同等地位的债务；因为债务人不应该通过破产程序免除该债务。
- 债务人为偿付破产程序费用而获得的无息贷款所产生的债务。该贷款人（如慈善和公共机构）受到优待，因为这也减轻了国库负担，即使得不必进行延期支付程序费用（→边码 589 及以下）或可能期限被缩短。

584 **区分：**通过余债免除，仅免除债务人的破产债权（第 38 条）。新债权人的请求权**不受影响**。事实上，如果破产债权的利息请求权在破产程序启动后产生，尤其因主债务当时还不可以根据第 301 条不被执行而可能产生利息请求权时，也适用于破产债权的利息请求权；但债务人对此仍然应该被免责［*OLG Köln NZI 2012，681*（*682*）］。无论如何，应保留抚养费请求权。在良好表现期间内该请求权可能具有很高的额度（也可能转移给“提供援助的”社会服务处）并且又会导致支付不能。这可能引起新的破产程序。但可能数年后才发生后续再次的余债免除（第 287a 条第 2 款第 1 句第 1 项）。

585 **加深：被忽略的债权人的剩余债权**。余债免除也免除了对未申报的债权的清偿（→边码 582）。如果因债务人过错造成某个债权人未申报其债权，债务人要对此负责吗？故意使其债权人丧失请求权的，必要时要根据《民法典》第 823 条第 2 款结合《破产法》第 13 条第 1 款第 3 句、第 97 条第 1 款第 1 句和第 290 条第 1 款（也可结合《刑法典》第 156 条、《破产法》第 153 条第 2 款，以同意第三人保护的效力为限），并且根据《民法典》第 826 条承担责任。以与某个债权人的债务关系受到损害为限，过失即已构成。第 301 条第 1 款不总是免除这些赔偿请求权：

（1）以破产程序启动前产生该赔偿请求权为限，第 302 条第 1 项始终包括因故意侵权行为产生的请求权。未申报该请求权，在债务人恶意的情况下几乎不会受到影响。

（2）破产程序启动后产生的请求权（因隐瞒也可能在程序进程中→边码 135）甚至不属于破产债权（第 38 条），该请求权继续存续，而不取决于法律原因。

当然赔偿的仅是因债权人在财团分配时和 / 或在良好表现期未被考虑时所产生的损害［损害来源；*OLG Saarbrücken NZI 2015，712*（*714*）］。根据一般理论应该对被忽略的债权人赔偿实际损失（*Ahrens NZI 2015，688*；也可

参见 *BGH ZInsO 2009, 52*）；当然受害人在债务人合理行为时处于更有利的地位。但在对余债免除裁判之前，必须给予依第 290 条第 1 款第 5 项或第 6 项、第 300 条第 3 款争取驳回余债免除的机会（其他观点参见 *BGH ZInsO 2009, 52*）。

但余债免除情况下，破产债权人**不**应该接受对**第三人的担保权**。这需要进行明确。因而担保人仅根据主债务承担责任（《民法典》第 767 条第 1 款第 1 句、第 768 条第 1 款第 1 句）。但立法者在余债免除时限制了主从债务关系的依赖性：对担保人的权利、共同债务人的权利，因质权、抵押权、预先登记（但也因所有权担保或土地债务）产生的权利不因余债免除而受到影响（第 301 条第 2 款第 1 句；破产计划中的相似情形参见：→边码 *519*）。以债权人到目前为止未被清偿为限，债权人可以通过担保优先受偿。 586

另一方面，余债免除应该免责。不允许损害该目的。因此，担保人**不享有追偿权**：担保人对债务人的补偿请求权（例如根据《民法典》第 774 条第 1 款第 1 句）不可被执行（第 301 条第 2 款第 2 句）。在此，余债免除将由担保人资金支持（参见→边码 *519* 最后）。

破产程序终结前，必须准予**余债免除**的特别情形中会出现界限问题。破产程序可能会长达 4 年之久，但余债免除已被提前准予（第 300 条第 1 款第 2 句第 2 项）。然后到准予余债免除时取得的财团由破产管理人（即债权人）保留，而之后的新取得——与第 35 条第 1 款第 2 种情形相反——必须向不再承担责任的债务人支付（进一步参见第 300a 条）。 587

五、撤回余债免除

如果以前准予余债免除，则实际上不再取决于裁定是否正确：裁定的既判力禁止对债务免除的基础表示疑问。但第 303 条对此作了例外规定： 588

——当债务人**故意违反其义务**（→边码 *561* 及以下），并且因此对破产债权人的清偿造成重大损害。

因该原因很可能提前驳回余债免除，根据第 296 条第 1 款、第 299 条、第 300 条第 3 款即因给债权人清偿造成的任何损害。

——当事后发现，债务人在让与期间**因破产犯罪行为**根据第 297 条第 1 款（→边码 *574*）**被判处刑罚**时，或让与期间内发生犯罪行为，在余债免除后因该犯罪行为而被判处刑罚时。

——当余债免除后债务人（特别根据第 290 条第 1 款第 5 项）**违反了**

报告和参与义务时（仅在少数情况下考虑，参见→边码 *587*）。

然后，在破产债权人自准予裁决生效后的 1 年内提出撤回申请时，必须撤回余债免除（进一步参见第 303 条第 2 款）。根据案情这属于诉讼程序再审（参见《民事诉讼法》第 580 条、第 582 条、第 586 条第 2 款第 2 句）。在给予法定听审权后，仍然由法官作出**裁判**（《司法辅助人法》第 18 条第 1 款第 4 项）。反对撤回时，债务人或申请人有权立即申诉（第 6 条第 1 款、第 303 条第 3 款第 2 句）。

案例 9： 2014 年 5 月启动了对债务人 S 的破产程序。债务人提出了余债免除申请。2015 年 5 月结算期日后，债务人每年让与受托人可观的清偿款项，38% 的破产债权可以以该清偿款项得到清偿。S 欺骗受托人，该款项来自其（新接纳的）岳父。实际上 S 享有大量的外国银行存款，该存款因 2015 年 6 月 S 继承其丈夫的遗产所得。但 S 对询问的受托人隐瞒了该情况，并且在提款后还保留了 7/10 的财产。基于 S 的申请，在 2017 年 7 月 1 日准予了对 S 的余债免除。2017 年秋季所有事情被发现。对债权人 G 有何建议？

参考答案：

初步设想：如果基于某个债权人及时（到结算期日前提出）申请，在 2015 年就可以驳回 S 的余债免除（第 290 条第 2 款第 2 句），因为债务人隐瞒了财产（第 290 条第 1 款第 5 项或第 6 项）。并且在良好表现期间内还可以考虑提前驳回（第 299 条）：在当时根据第 290 条第 1 款基于事后知道驳回事由（第 297a 条）或因违反第 295 条第 1 款第 2 项或第 3 项中的义务（第 296 条第 1 款第 1 句）。无论如何，在最终裁判余债免除时（2017 年 7 月），基于上述原因而提出的驳回申请将会是重要的（第 300 条第 3 款）。但该裁判当时发生了既判力（→边码 *580*）；并且之前，该裁判对 G 也是不可被撤销的，因为 G 在听审时还可以申请驳回（→边码 *580*）。但是对 G 来说还有其他途径：

（1）申请撤回余债免除（第 303 条）？

（a）根据第 303 条第 1 款第 1 项，如果事后发现违反第 295 条第 1 款中的义务，因违反该义务给债权人的清偿造成了严重的损害。是否只是隐瞒遗产已构成第 295 条第 1 款第 3 项（“隐匿”），虽然这是有疑问的（参见 *BGH NZI 2011, 329 Rn. 8*）；但是 S 甚至给出了错误说明。而且涉及第 295 条第 1 款第 2 项，因为 S 不是交付了一半的遗产，而可能只交付了 3/10（此外没有公开其为继承人）。该违反也“严重”损害了债权人的清偿：高达大量银行存款的 20%。

（b）目前该案件不构成第 303 条第 1 款第 2 项的情形——因破产犯罪行为发生具有既判力的判决（第 297 条）。但是，如果 S 应受到刑事处罚，G 可以在追诉时效前（《刑法典》第 78 条第 3 款第 4 项）通过刑事报案使 S 受到生效判决的刑事处分，并且基于此根据第 303 条第 2 款及时（第 303 条第 2 款第 1 句前半句：到 2018 年 7 月）提出申请。可以考虑根据《刑法典》第 283 条第 1 款第 1 项，第 6 款（“隐匿”）中的可罚性，因为 S 对受托人的询问做出了错误的答复。隐匿一般是指，不让债权人或破产管理人知道该财产的行为。是否对受托人错误的说明也构成隐匿，是有疑问的，因为受托人（不同于破产管理人）没有为了债权人的利益获知每项财产的职责；而且随着破产程序的终结，根据第 97 条答复义务也随之结束（其他观点参见 *BGH ZInsO 2016, 793*）。

（2）2017 年 7 月 1 日裁定的法律效力发生破弃[①]（《民法典》第 826 条）？

不取决于撤回的可能性，但首先要衡量的是，是否要破弃对所有破产债权人（也包括 G）都发生法律效力的余债免除的裁定。因为 S 也对破产法官（第 300 条第 2 款第 1 句）关于其向受托人让与的财产的来源做了错误的说明，此外还对该说明的正确性做了错误的声明（第 300 条第 2 款第 2 句）。因此，关于先前的余债免除的前提——正确说明财产来源——S 欺骗了法官。这样的程序欺骗可以作为以违反善良风俗的方式故意侵害参与人，从而产生法律效力破弃（在此取消早期的余债免除）。要考虑的是，债务人隐瞒了某个债权人，为了使该债权人不能参与破产程序（→边码 *585*）。但在此发生的欺诈是不可对比的，尤其是当欺诈并未使任何人受到损害时（不同于隐瞒遗产）。

（3）申请补充分配（第 203 条第 1 款第 3 项；→边码 *462*）？

破产程序的结算期日后，还发现其他财团，即对银行的请求权；或许还包括程序期间所累积的存款利息（新取得，第 35 条第 1 款第 2 种情形）。对此，可以进行补充分配——尽管在此期间还存在余债免除，如果余债免除还存续的话。相反之后存在的利息不受破产扣押的约束。如果还存在可供使用的利息时，因余债免除仍然存续，在此排除 G 的执行干预。

① 译者注：法律效力破弃指因遭到破坏而不再产生原有的法律效力。

第三十六章　程序费用的延期

参考文献：*Ahrens*, Zu den erforderlichen Angaben des Schuldners im Stundungsverfahren und der Kostenvorschusspflicht des Ehegatten, NZI 2003, 558 ff.; *Graf-Schlicker*, Die Kostenhürde im Verbraucherinsolvenzverfahren, FS Uhlenbruck, 2000, 573 ff.

第一节　基本思想

589 余债免除的前提是破产程序得以执行（→*边码 533*）。因该**障碍**，首先破产法生效后的余债免除不值一提。因为百万家庭正处于毫无希望的资不抵债和无支付能力的状态。可能寄希望于提供给这些债务人**诉讼费用援助**。但是立法者却不能使之得以实现，原因在于首先要为联邦州承担“巨大的费用负担”而担忧（*Graf-Schlicker WM 2000, 1990*）。

590 后来人们找到了限制各州费用风险的办法，即破产程序后也允许从债务人财产中优先清偿费用：在特定的前提下，债务人可延长支付程序费用（第 4a 条）。如当紧急情况下程序费用由国库承担时，破产程序可得以继续进行（第 26 条第 1 款第 2 句、第 207 条第 1 款第 2 句），因此解决了→*边码 589* 中的障碍。尽管该费用延期至准予余债免除时，但应尽可能之前就清偿该费用：在程序期间作为财团费用（第 53 条），并且在良好表现期从让与托管人的款项中支付（第 292 条第 1 款第 2 句最后半句；《破产法改革法政府草案》的说明，第 13 页）。如果费用经过让与期限的数年后依然没有被清偿，费用债务在准予余债免除时到期。但该费用债务可以再次被延长（第 4b 条）。只有当债务人持续无支付能力时，才必须由国库对该损失承担责任。但是发生损失的情况比较常见。

591 **持批评意见**者认为，大多数案件中，余债免除可以证明属于基于债权人和国家的费用下的社会政策驱动的免责（参见 *Kirchhof ZInsO 2001, 13; MüKoInsO/Ganter/Lohmann Vor §§ 4a-4d Rn. 3 f.*）。但是，立法者可自行决定该事项。延期规则也使债权人的清偿更加困难，主要指出余债免除多大程度上干预了债权人的基本权利（→*边码 529*）。

正如人们对延期规定一直以来的评价，对于余债免除，尤其消费者破产该规则是**重要**的并且必须进行进一步处理。

第二节　同意延期

一、前　提

一方面，延期的前提是**债务人的财产不足**：债务人的财产预计不足以 592
一次性支付程序费用（第 4a 条第 1 款第 1 句；*BGH ZInsO 2004，1307*）。可扣押的新取得物也属于该财产，即财团（第 35 条第 1 款第 2 种情形）。因此，也必须包括债务人后续的劳动收入。尽管存在向受托人的概括让与，这也适用（根据第 287 条第 2 款），因为该让与还未生效（→*边码 567*）。另外，该评价规则不适用于诉讼费用援助（《民事诉讼法》第 115 条），而适用于因财团不足驳回申请的情况（第 26 条第 1 款；→*边码 120 及以下*）。但如果延期申请中对财产不足的解释没有漏洞并且没有异议，则法官无须进一步审查，应将该说明作为依据［参见 *BGH NJW-RR 2005，775（776）*］。

当债务人可以要求其**配偶垫付费用**时，**不考虑**延期（类推适用《民法典》第 1360a 条第 4 款）。该情形是当债务人的债务主要是在婚姻存续期间产生，并且是为了构建或维持夫妻的经济生存或出于其他事由而与共同生活相关（*BGHZ 156，96*）。

延期的目的只是推动余债免除。因此延期仅限于那些有（一定）**余债** 593
免除希望的债务人（第 4a 条第 1 款第 1 句、第 3 句）：债务人必须是自然人。债务人必须已经申请了余债免除。根据第 290 条第 1 款不允许存在驳回原因；不仅在第 290 条第 1 款第 1 项中排除延期（参见第 4a 条第 1 款第 4 句），而且如果确定存在其他驳回原因时（*BGH NZI 2005，232 f.*），尤其是在余债免除申请不合法时排除延期（重要，参见第 287a 条第 2 款）。债务人应该对此进行解释。而且债务人必须申请延期。

总的来说，**债务人**有必要提出 **3 项申请**：一是申请破产程序启动；二是申请余债免除；三是申请程序费用延期支付。

二、被延期的请求权

594 根据第4a条第1款第1句，延期包括“破产程序的费用”。对实务感兴趣的读者还必须更加确切地进行区分：

被延期的是**诉讼费用**（Gerichtskosten）（第4a条第3款第1a项、第54条第1项），尤其是启动程序和破产程序的费用，根据第4a条第1款第2项也包括余债免除程序的费用（债务人仅在申请驳回时承担该费用）和——在消费者破产程序中——关于债务清理计划（Schuldenbereinigungsplan）的费用。尽管存在延期但要坚持第53条的基本原则：诉讼费用作为财团费用必须优先得以受偿。以发现财团为限，必须对此负责：在程序期间由破产管理人或受托人负责（《破产法改革法政府草案》的说明，第28页），但也包括在后续的良好表现期间内（→边码559）。

595 （临时）**管理人和受托人等的报酬和垫付款**也应尽可能地由财团支付（参见→边码77最后）。以财团不足以支付为限，上述职能人员的请求权不能被延期（《破产法改革法政府草案》的说明，第20页）。由此，管理人、受托人等取得对国库的次级请求权（Sekundäransprüche）（第63条第2款、第73条第2款、第21条第2款第1项）。该类人员可再次作为诉讼费用向债务人主张垫付款（费用索引第9017号）。并且该偿还请求权可以被延期（→边码594）。

596 债务人聘请的**律师的请求权**甚至不属于第54条中的程序费用。

当“尽管法院有责任给予关照但由律师代理仍有必要”时，必须为债务人指派一名律师（第4a条第2款第1句）。这容易理解，当债务人在程序中根据第290条或第296条争取余债免除时（其他情形参见《破产法改革法政府草案》的说明，第21页：“通常”有必要），同样在第175条第2款的情形中也容易理解（*BGH NZI 2004, 39 f.*）。详情参见《民事诉讼法》第121条第3款至第5款结合第4a条第2款第2句。

指派的律师的报酬甚至不能向债务人主张（第4a条第3款第2项）。相反，律师享有对国库（Fiskus）——减少的——请求权（《律师收费法》第45条及以下）。以国库向律师支付了报酬为限，国库（根据法定让与）取得对债务人的追偿请求权（《律师收费法》第59条第1款第1句）。该追偿权（Rückgriffsanspruch）同样可以被延期（第4a条第3款第1b项）。

三、延长的期限

延期的效力在于，**在准予余债免除前**不得向债务人主张所涉及的请求权。597

当然，在每个诉讼阶段分别进行余债免除（《破产法》第 4a 条第 3 款第 2 句；也可参见《民事诉讼法》第 119 条第 1 款），即产生特别费用的每个阶段，并且在原来的延期下还不能完成所有情形的审查，而依该情形可能不能准予余债免除。在消费者破产时（→边码 633 及以下），必须逐步给予延期：启动程序、债务清偿程序、破产程序、余债免除程序和良好表现期［*BGH NJW 2003, 3780（3781）*］。允许在之后的诉讼阶段更正错误评估（例如对财团的过高估值）。

准予余债免除后请求权将全部到期。但即使现在通常债务人也不能支付全部到期的请求权。但**之后还可以再延期**。法官确认合理的月偿还额（《破产法》第 4b 条第 1 款结合《民事诉讼法》第 115 条第 1 款至第 3 款、第 120 条第 2 款），但是最多支付 48 个月（《民事诉讼法》第 115 条第 2 款第 4 句；《破产法》第 4b 条第 1 款第 2 句）。598

四、法官的裁判

如果——像大多数情况——要在启动程序中作出裁判，由法官作出（《司法辅助人法》第 18 条第 1 款第 1 项；*AG Göttingen ZVI 2002, 70*）。可以对裁判提出**立即申诉**（第 4d 条）。债务人也可以提出控诉，未给其指派律师。国库可以对准许延期提出控诉，但是只能基于对债务人的个人情况或经济情况发生误判的前提下（第 4d 条第 2 款）。599

以重要的个人情况或经济情况发生根本变更为限，也**可以随时变更**裁判（第 4b 条第 2 款；进一步参见《民事诉讼法》第 120a 条第 1 款第 2 句、第 3 句）。债务人必须毫不迟延地告知发生的根本改变。自“程序”结束后 4 年内才可以对债务人延期支付或分期支付作出不利的改变（第 4b 条第 2 款第 4 句）。在此仅指余债免除程序，因此自准予余债免除时起计算。600

对于持续延期的典型情形，这意味着：当债务人最多筹集 48 个月的偿付金额时（《民事诉讼法》第 115 条第 2 款第 4 句；《破产法》第 4b 条第 1 款第 2 句），**必须在请求之下计算余债免除后的 8 年期限**。这是合理的，也依费用的规模而言。

第三节　撤销延期

601 如果破产法官结束经同意的延期，第 4a 条第 3 款的效力便不复存在：国库可以立即向债务人主张诉讼费用和让与的请求权（→*边码 594 及以下*），指派的律师（→*边码 596 及以下*）可以主张保留的报酬请求权。重要的是，或许**余债免除也面临流产**。如果还未启动破产程序，则由于财团不足必须驳回破产申请（第 26 条第 1 款第 2 句不可适用）。并且必须终止启动的程序（第 207 条第 1 款第 2 句不可适用）。债务人在破产程序终结后才安全。

602 在第 4c 条提到撤销原因。但该原因并不必然导致撤销。确切地说，法官“可以”撤销延期。对此是根据每项撤销原因的目的作出。延期在下列情况下可被撤销，如：

——债务人故意或重大过失对开始破产程序或延期支付具有重要意义的情况作出了不实说明；

——尽管存在《民事诉讼法》第 120a 条第 1 款第 2 句、第 3 句规定的要求，债务人并没有对其状况作出声明；

——客观上不具备延期支付的个人情况或经济情况的前提（仅在余债免除后的 4 年内可撤销，→*边码 600*）；

——债务人有过错地拖欠应付款项超过 3 个月，例如支付月定额时；

——余债免除被驳回或被撤回时；

603 ——债务人违反了就业义务，并且不能免除就业义务时（进一步参见第 4 项）。对于余债免除必须考虑的义务（第 287b 条、第 295 条第 1 款第 1 项）扩展至延期支付上。

根据第 4c 条第 4 项，法院也没有义务监督就业义务。如果有证据表明债务人违反就业义务，例如通过债权人指出时，法院才必须回应（细节请参见→*边码 544 及以下*和 *BGH NZI 2012, 852 f.*）。

债务人有权就撤销延期提出**立即申诉**（第 4d 条第 1 款）。

第十二部分

特别程序

第三十七章　自行管理

参考文献：*Fröhlich/Bächstädt*, Erfolgsaussichten eines Insolvenzplans in Eigenverwaltung, ZInsO 2011, 985 ff.; Gottwald InsR-HdB/*Haas* 1465 ff.; *Haarmeyer*, Eigenverwaltung mit Selbstbelastungszwang und die insolvenzstrafrechtlichen Folgen, ZInsO 2016, 545 ff.; *Henkel*, Die Voraussetzungen für die Anordnung der（vorläufigen）Eigenverwaltung, ZIP 2015, 562 ff.; *Korch*, Wozu Sachverwalter? –eine funktionale und rechtsvergleichende Betrachtung, ZIP 2018, 109 ff.; *Thiele*, Die Rechtsfigur des Sanierungsgeschäftsführers, ZInsO 2015, 877 ff., 977 ff., 1083 ff.

第一节　导　论

债权人平等对待的前提是确保财团财产。因此，常规的破产程序中债务人丧失管理权和处分权于管理人。但根据第 270 条及以下，债务人也可以“自行管理”：当仅需要一个所谓的事务管理人（Sachverwalter）监督时，可以授权债务人继续自行管理和处分其财产。然后，财产将不再被查封 / 扣押。 604

允许法人、无法律人格的企业以及在对遗产和（继续的）财产共有人的共同财产的特别破产程序中自行管理，相反，仅以第 304 条未提及为限，才允许自然人自行管理（第 270 条第 1 款第 3 句）：在消费者破产程序中没有自行管理。因为一般仅可以在该程序中进行财产清算，即无法做到公司重整，也不可以利用债务人的经验，但中立的管理人更为重要。

自行管理的**好处**在于：没有其他人比债务人更加了解其公司，并且熟悉所在行业，因此首先可以利用债务人的经验。担保财产变价时，可以减少有权人的费用分摊（第 282 条），完全不必考虑，不希望实行清算，因为原则上自行管理以公司继续经营为目的。并且可分配的份额更高，因为事务管理人比破产管理人获得的报酬更少（因此类似于《强制拍卖与强制管理法》第 150b 条的单独强制执行：通过债务人强制执行）。自行管理的 605

可能性也可以激励债务人，提前提起本来就不可避免的破产申请（参见《破产法政府草案的说明》，第 223 页）。同样自行管理也存在**风险**：通常，破产是因企业家的错误而产生。所以，是否可以相信债务人或目前的业务执行使得公司继续经营或公司得到最佳清算，是令人怀疑的。而且，债务人可能将财团财产据为己有或优先清偿特定的债权人。

但是，这取决于每个案件情况。另外，自行管理伴随着许多其他的保护措施。

第二节　命令和撤销

一、命　令

606 由法官或债权人命令自行管理。如果**由法官命令**自行管理，必须在启动裁定中命令自行管理（第 270 条第 1 款第 1 句），不得事后进行自行管理。发布命令有以下两个前提（第 270 条第 2 款）：

- 必须始终由债务人申请。
- 依情形可以预计，自行管理不会给债权人造成损害，例如损害财团或延误程序。可能给出的依据是，目前为止债务人业务经营上存在严重错误使人怀疑其未来的能力，包括债务人不负责任的行为；甚至危机时的犯罪行为；必要时还包括，只要不由他人经营业务时，重要债权人便反对尝试进行重整。

如果设立了临时债权人委员会，则法官必须给予其机会，表达对自行管理的疑问（进一步参见第 270 条第 3 款第 1 句）。如果债权人一致支持自行管理的申请，则自行管理视为对债权人没有不利（第 270 条第 3 款第 2 句）：即使法官有疑虑，也必须在个案中命令自行管理。

607 但是，自行管理只是作为**例外**情形（在 2015 年仅占公司破产程序的 1.54%）。大多数情况下，根本没有人申请或明显不考虑自行管理；而且 1/2 的自行管理面临流产。

但是，**在大型程序中自行管理**才具有重要的意义，尤其是对具有 2000 万欧元财产并且超过 100 名员工的公司而言。在此部分通过危机时撤换董事会，或许甚至违背有经验的破产管理人，早期便已开始行动。对此，债权人也可能有兴趣，在危机时取得更大的影响，同样地方政府或联邦政府想在财政上和政治上避免“最差的”结果。在适当的案件中，尤其是在公司有重整前景时，自2012年起破产程序启动前方便采取自我管理的方式，特别有利，因为债务人和感兴趣的债权人在启动程序中已经可以表明采取**临时自行管理**（第270a条及以下；→边码 *626* 及以下）。

如果债务人提出了启动申请并且启动申请基于濒临支付不能（→边码 *112*），则令人欣喜的早期申请也可能因为债务人希望其将有权实行（临时）自行管理。如果因法官认为自行管理不利而使得（临时）自行管理的想法流产，则不应该立即启动程序并且应该设立破产管理人。而且法官在**拒绝**自行管理申请前必须将自己的疑虑告知债务人（第270a条第2款），并且必须给债务人撤回启动申请的机会（→边码 *93*）。 608

否则，债务人将不得不担心自己没有通过早期破产申请受益，甚至比必须被剥夺权力时还要快速地被剥夺权力（对于申请义务参见→边码 *91*）。这可以防止业务执行人只是冒险尝试，通过（临时）自行管理使其飘摇的公司及时获得重整。因此只是事后的逃跑路线。

另外，法官必须就反对自行管理给出书面理由；还必须在启动裁定中通知该理由（第270条第4款）。

如果自行管理被驳回，法官或许将要选任破产管理人（第27条第1款第1句）。但**基于债权人的申请**，如果债务人同意，此时法官也必须命令自行管理（第271条第1句）。 609

但是，如果债权人会议只是达到金额的多数同意申请，是不够的（第76条）；多数表决的债权人也必须对此表示同意。然后，不再考虑第270条第2款第2项中不利的推断：法官受其约束（例外：第78条）。现在的管理人可以被设立为事务管理人。事后的命令必须被公开公告（第273条）。

二、撤　销

根据第272条第1款，**在以下三种情形下**必须撤销自行管理的命令： 610

——基于债权人会议的申请（第1项）；

——基于债务人的申请（第3项）；

——基于别除权人和破产债权人的申请，如果依情形可预计，自行管理会给债权人造成不利，并且给申请人造成严重不利的危险时（第2项）。必须对此进行可信性证明（→边码 *89*）。

之前债务人必须进行听审。撤销也必须被公开公告（第273条）。也可以对撤销的裁定提起立即申诉（第 272 条第 2 款第 3 句）。

第三节　自行管理时的破产程序

一、原　则

611 一方面**债务人保留有处分权**：其有权管理和处分破产财团（第 270 条第 1 款第 1 句）。与第 80 条及以下相反，不再发生破产扣押。因此不存在要保护财团免受第三人善意取得的理由（第 270c 条第 3 句：不存在土地登记簿中的破产标注）。

612 另一方面债务人要受到**事务管理人的监督**。

事务管理人的法律地位相应地适用关于破产管理人的规定（第 274 条第 1 款）：破产法官设立事务管理人（第 270c 条第 1 句；→边码 *48* 及以下），但是在选择事务管理人时可能受到债权人预先设想的约束（第 56a 条、第 274 条第 1 款；→边码 *48d*、边码 *105a*）。事务管理人也受到法官的监督（→边码 *50*），其取得报酬和垫付补偿款（财团债权：第 54 条第 2 项），但也对有过错地违反义务负责（→边码 *53* 及以下）。

根据第 274 条第 2 款，事务管理人必须对债务人的经济状况进行审查，并且监督业务执行，以及生活费用的支付（第 278 条）。鉴于此目的，债务人必须给事务管理人调查提供方便，并且必须给予答复（第 22 条第 3 款、第 274 条第 2 款第 2 句）。如果事务管理人有证据表明，继续实行自行管理会给债权人造成不利，则必须将该情形毫不迟延地报告给破产法官，还有债权人委员会，如没有债权人委员会，则报告给债权人（细节请参见第 274 条第 3 款）。

二、权限的交叉

613 对于上述监督和保护债权人，债务人、事务管理人和债权人之间的权限有不同的交叉。

如果对**公司**命令实行自行管理，也是基于对目前业务管理的信任。因此，业务执行既不可以被监事会影响也不可以被债权人会议影响（第 276a 条第 1 句）。而且，只有事务管理人同意时，罢免业务主管才生效；对此，当没有给债权人造成不利威胁时，业务主管当然必须承担义务。

自行管理的债务人的权限原则上适用“一般规定”（第 270 条第 1 款第 2 句），即常规程序的规定。但该规定可以被第 270c 条及以下变更：

- 尽管破产程序启动，但债务人仍占有财团（没有被查封 / 扣押）。并编制财产清单，制作**债权人名录和财产一览表**（第 115 条及以下）。事务管理人审查该材料，并分别书面声明，是否提出异议（第 281 条第 1 款第 2 句）。
- 债务人在**报告期日**（第 29 条第 1 款第 1 项）作出报告。事务管理人对报告发表意见（第 281 条第 2 款）。 614
- 债权人会议可以选择由事务管理人或由债务人制订**破产计划**（第 157 条第 2 句、第 284 条第 1 款第 1 句）。如果委托给债务人，则事务管理人以提供咨询的方式参与协作。如果计划规定，必须监督计划的执行（→边码 *521* 及以下），则由事务管理人履行该监督义务（第 284 条第 2 款）。 615
- 因债务人代替了管理人的位置，所以也成立第 55 条中的**财团债务**，当债务人作为自行管理人交易、缔结合同或进行双务合同的履行时（第 103 条）。 616

但无论如何对合同的责任限于财团，如同破产管理人一样。是否债务人在程序后也对该财团债务负责，属于另外一个问题（→边码 *403*），当然一般要对该问题持赞成的观点。

- **非通常业务经营范围内的债务**，债务人只有经过事务管理人同意方可设定（第 275 条第 1 款第 1 句）。违反该规定不会使交易无效，但可能引起撤销自行管理（第 272 条第 1 款第 2 项）。 617
- 允许债务人设定**通常经营范围内的债务**（第 270 条第 1 款），除非事务管理人表示反对（第 275 条第 1 款第 2 句）。 618
- 但是，如果债权人会议提出申请，破产法官便命令特定的法律行为只有在**事务管理人同意**下方可生效（第 277 条第 1 款第 1 句）。当然，不允许将命令归属于一般的处分禁止。 619

为了避免给债权人造成损害而需要紧急发布命令的，也可以由一名别除权人或破产债权人申请发布命令。这必须进行可信性证明（第 277 条第 2 款）。

没有经过同意时，无论如何取得人可以善意取得或要求返还对待给付，以该对待给付使财团获利为限（第 277 条第 1 款第 2 句结合第 81 条第

1 款第 2 句、第 3 句）。因此命令必须被公开公告并且——为了摧毁权利外观——还要在土地登记簿中进行登记（第 277 条第 3 款）。事务管理人同意债务人设定财团债务时（→边码 *616*），类推适用第 61 条对财团债务的履行承担责任（第 277 条第 1 款第 3 项）。

问题：第 275 条第 1 款所反对的非通常经营业务范围内的行为，和第 277 条第 1 款第 1 句中的特定行为的区别是什么？

第 275 条第 1 款中的行为是有效的，而第 277 条第 1 款第 1 句中的行为，如果不是善意取得，始终无效。

620 • 法律上的行为对程序**特别重要**时，债务人实行该法律上的行为要征得债权人委员会的同意（第 276 条第 1 句）——同样适用于破产管理人（第 160 条；→边码 *159*）。如果没有设立债权人委员会或法官暂时拒绝该法律上的行为时（第 276 条第 2 句结合第 160 条第 1 款第 2 句、第 161 条第 2 句），或应该向特别有意购买者让与营业时或低价转让可以被证明的（第 162 条及以下，第 276 条第 2 句的法条指引应该属于立法错误），必须经债权人会议同意。

621 • 以根据第 103 条至第 128 条必须由破产管理人决定为限，债务人决定双方都还未全部履行的**法律行为的履行或终止**（第 279 条）。但其应该与事务管理人保持一致。

以**企业委员会**必须参与为限，债务人同样要取代破产管理人（第 279 条）。对于第 120 条、第 122 条、第 126 条中规定的广泛的权利，债务人只有在事务管理人的同意下才能行使。

622 • 债务人有权**收回债权**（→边码 *280* 及以下），对此还包括**承继效力待定的诉讼**（→边码 *273* 及以下）。但是，只能由事务管理人主张共同损害清偿和要求股东承担个人责任（第 280 条）。事务管理人也可以自行收取和支出款项（第 275 条第 2 款）。

623 • 由事务管理人申报**破产债权**（→边码 *406* 及以下）（第 270c 条第 2 句）。如果涉及破产程序的确认，则债务人也有权**提出异议**（尽管有第 178 条第 1 款第 2 句的规定，因为债务人同时是自行管理人），但事务管理人（第 283 条第 1 款）和破产债权人也可以提出异议。

624 • 同样只有事务管理人有权进行**破产撤销**（第 280 条）。

625 • 债务人有权对财团债权人进行清偿（→边码 *394* 及以下）和**收益分**

配（→边码 *441* 及以下）。但是，对于重要的分配清单由事务管理人进行审查（第 283 条第 2 款第 2 句）。报告**财团不足**对原财团债权人具有重大影响；因此属于事务管理人的义务（第 285 条）。而且事务管理人需要审查**结算清单**（第 281 条第 1 款第 2 句、第 3 款）。

问题：为什么在第 274 条第 1 款中未指引第 61 条？

事务管理人不对未履行财团债权承担责任，因为该责任原则上由债务人承担（参见上文和→边码 *616* 及以下）。不同于经其同意设立财团债权的情形（→边码 *619*）。

第四节 补充：启动程序中的自行管理

参考文献：*Beth*, Die gerichtliche Prüfung der Voraussetzungen des Schutzschirmverfahrens nach §270b InsO, ZInsO 2015, 369 ff.; *Blankenburg*, Begründung von Masseverbindlichkeiten in Eigenverwaltungsverfahren, ZInsO 2016, 1337 ff.; *Foerste*, Gläubigerautonomie und Sanierung im Lichte des ESUG, ZZP 125（2012）, 265 ff.; *Frind*, Wann ist（ein Ratschlag zur）Eigenverwaltung gerechtfertigt?, DB 2014, 165 ff.; *Henkel*, Die Voraussetzungen für die Anordnung der（vorläufigen）Eigenverwaltung, ZIP 2015, 562 ff.; *Pape/Schultz*, Der Gläubigerausschuss im Eröffnungsverfahren und im eröffneten Insolvenzverfahren mit Eigenverwaltung, ZIP 2016, 506 ff.; *Thole/Brünkmans*, Die Haftung des Eigenverwalters und seiner Organe, ZIP 2013, 1097 ff.

随着引入自行管理（在破产程序范围内），立法者希望，以继续营业 626
的可能性激励债务人，可以早于经常发生的情形提前提出破产申请（→边码 *605*）。但是，该可能性也具有欺骗性，因为一般破产申请到达后首先是设立临时破产管理人，无论如何债务人在截至破产程序启动前大多需要经过的 3 个月期间内，会被（公开）“剥夺权利”并且因惧怕及早提出破产申请。因此，立法者为提高**公司重整**的机会而推动了立法：自 2012 年 3 月 1 日起，债务人可以指出，尽管存在破产申请但其依然是“屋子的主人”：**自行管理**似乎将**被提前**。这在当时——在较大型的破产案件中——很大的范围内被争取（*Kranzusch ZInsO 2016, 1077 ff.*）。甚至似乎临时自行管理的可能性在重要的程序中完全改变了破产实践。法律区分了以下两种形式的临时自行管理。

一、简易的临时自行管理

627 目前实践中比较**受欢迎**的是第 270a 条的路径：债务人为之后的破产程序争取自行管理，并且该申请并非“明显没有希望”时，在启动程序中便应保留债务人的支配权。法官既不应该实行一般的处分禁止（→*边码 96*、*边码 98*），也不应该设立享有同意权的管理人（→*边码 103a*），而只在债务人旁设立“临时事务管理人”。临时事务管理人监督业务执行，必须对非通常的业务表示同意，并且允许对有疑问的业务提出异议；当临时事务管理人发现对债权人有危险时，也承担报告的义务。但是，临时事务管理人不参与业务执行（第 270a 条第 1 款第 2 句、第 274 条及以下）。临时事务管理人由法官任命（第 270a 条第 1 款第 2 句结合第 56 条、第 274 条第 1 款）。如果设立了临时债权人委员会，临时债权人委员会当然可以向法官提出选任的条件（第 270a 条第 1 款第 2 句结合第 56a 条、第 274 条第 1 款；→*边码 105a*）。结果，债务人几乎成为“他自己的主人”。

628 当临时自行管理或破产申请被得知时，自行管理对债务人帮助甚微。之后，业务伙伴考虑到破产程序启动时便会退却；因为第 270a 条并不改变，所有在此期间产生的请求权只是破产债权（第 38 条）。因此根据主流观点，破产法官应该可以在特定情形下**给予授权，成立财团债务**（*Klinck ZInsO 2014, 365 ff.*）。尽管这些未规定在第 270a 条中，而只是在保护伞程序中进行了规定，但该漏洞应该可以通过类推适用第 22 条第 2 款第 1 句（→*边码 103*）或第 270b 条第 3 款而被弥补。

二、保护伞程序

629 如果债务人考虑公司重整（→*边码 630 及以下*），则债务人的地位将再次得以加强。如果债务人申请了自行管理，则破产法官基于申请确认最多 **3 个月的**期限以供递交破产计划（第 270b 条第 1 款）——以准备重整为目的，在该阶段再次发生**临时自行管理**，也应该存在临时事务管理人。但该临时自行管理在以下 4 个方面具有特殊性：

（1）债务人不可以进行临时破产管理（不可适用第 21 条第 2 款第 1 句第 1 项、第 270b 条第 2 款第 3 句）。

（2）债务人对选任临时事务管理人（作为业务执行的监督人）具有根本影响：如果债务人推荐特定人员时，法官要受其约束，除非该人员很明显不适合此职位，而且法官要对此说明理由（第 270b 条第 2 款第 2 句）。

（3）基于债务人的申请，破产法官必须使债务人的动产免受执行措施（第 21 条第 2 款第 1 句第 3 项、第 270b 条第 2 款第 3 句后半句）。债务人可以进行经济交易，而不必担心债权人的干涉。

（4）而且可以授权债务人设立财团债务（第 270b 条第 3 款第 1 句）。后果：在临时管理阶段产生的任何债权，在之后破产程序启动时将成为财团债务（第 55 条第 2 款、第 270b 条第 3 款第 2 句）。

这并没有在简易的临时自行管理中加以规定（因而是有争议的）（→边码 *628*），但保护伞也可以涵摄：因此债务人可以根本上改善其偿付能力（参见第 208 条及以下），并且至少可以减少可能的商业伙伴对破产程序启动后果的畏惧，而且也排除了破产撤销（相应地参见→边码 *291*）。雇员也可以从授权设立财团债务中受益，债务人可以继续要求其提供劳务（第 55 条第 2 款第 2 句、第 270b 条第 3 款第 2 句）。但债务人的此项权力可能威胁到破产债权人（持反对意见的请参见 *Siemon NZI 2016, 688 ff.*）。

然而，只有看起来**可能**对不稳定的公司进行**重整**时，这种“保护伞”才会授予该公司。因此，允许“并非明显无希望”（第 270b 条第 1 款第 1 句）。而且还有必要的是，债务人自行提出了破产申请（责任意识的标志），并且债务人存在资不抵债（→边码 *114*）或支付不能（→边码 *112*）的危险，但同样尚未达到：**不允许债务人支付不能**，因为这将危害到重整。 630

所有上述都必须从**证明**中得出，该证明由**对破产事务有经验的人**签发并附上原因（第 270b 条第 1 款第 3 句）。作为合适的证明签发者，法律列举了税务咨询师、审计师和律师。但是上述人员必须具有破产经验，可能还包括重整经验并且不允许和债务人关系很亲近。 631

通过该证明应该使法官理解，公司处于资不抵债等状态，并且公司具有重整能力。因此，审查证明和签发人得出结论所依据的相关事实并不重要，因为求助于鉴定人可能需要花费很多时间（*BT-Drs. 17/5712, 40 f.*：债务人以该证明作为“证据”；有争议）；在证明该证明存在欠缺时，则另行适用。因此，签发人承担很大的责任。在对错误的证明有过错的情况下，签发人要对因保护伞程序对债权人造成的损害承担责任，例如因没有迅速设立临时破产管理人而产生的损害（参见 *Brinkmann DB 2012, 1315 ff.*）。

对积极预测的理由提出什么要求，并没有得到清晰的**说明**。立法者没有要求广泛的重整鉴定。但是可以期望，包含对经济情况的说明、危机产生的原因和解决危机的合理路径；对此通常重要的还包括，是否最重要的债权人支持重整计划（参见 *K. Schmidt/Undritz InsO § 270b Rn. 4 f.*）。

632 在某些案件中，**保护伞程序**必须**提前被撤销**并且立即决定破产程序的启动（第 270b 条第 4 款第 1 句），尤其是，当所争取的重整没有前景时。对此，如果债务人——目前为止仅濒临支付不能——在事实上支付不能时，不立即构成撤销保护伞程序。但是，个别案中这可能已妨碍重整；债务人及临时事务管理人必须毫不延迟地向法官报告支付不能的情形（第 270b 条第 4 款第 2 句）。如果临时债权人委员会提出申请时（第 21 条第 2 款第 1 句第 1a 项、第 270b 条第 2 款第 3 句；→*边码 105c*），在任何案件中都应结束保护伞程序。在没有债权人委员会时，如果依情形可预计保护伞程序将给债权人造成不利时，则由一个别除权人或破产债权人申请即已足够（例如由于公司继续经营下造成较高的损失时）。

第三十八章　消费者破产程序

参考文献：*Büttner*, Private Vermögensverwaltung–Abgrenzung zwischen Regel–und Verbraucherinsolvenz, ZInsO 2011, 2201 ff.; *Dawe*, Verbraucher-darlehen und Restschuldversicherung im Insolvenzverfahren, NZI 2008, 513 ff.; *Ehlers*, Der Insolvenzschuldner und seine Familie, ZInsO 2013, 1386 ff.; Gottwald InsR–HdB/*Ahrens* 1405 ff.; *Lissner*, Der außergerichtliche Einigungsversuch–Notwendigkeit oder staatliche Subvention?, ZInsO 2014, 229 ff.; *Madaus*, Insolvenzpläne im Verbraucherinsolvenzverfahren, NZI 2017, 697 ff.; *Uhlenbruck*, Der Insolvenzgrund im Verbraucherinsolvenzverfahren, NZI 2000, 15 ff.; *Vallender*, Die originäre Anfechtungsbefugnis des Insolvenzverwalters im reformierten Verbraucherinsolvenzverfahren, NZI 2014, 535 ff.

第一节　导　论

一、消费者破产程序的目的

对立法者来说，迄今为止所说明的清算破产程序原本似乎不太适合处理消费者破产问题。因此，**之前的立法**在很大程度上简化了消费者破产的程序。因而不设立破产管理人，而是设立所谓的托管受托人，该受托人的职务是受限的：其不可以变价别除物并且不负责破产撤销，破产撤销委托给债权人。排除破产计划（第 217 条及以下）。而且，债务人在诉讼前就已经必须——在紧急情况下破产申请后还可以——开始尝试与债权人就债务清理达成合意：在“债务清理计划”中。该方案于 2014 年 7 月 1 日被修改。 633

现在，消费者破产程序仅致力于，为法院和债务人（也从程序费用中）减轻负担，**推动协商一致的债务清理**。令人欣喜的是该目的已达成，通常主要因为债权人继续放弃债权。为实现该目标，立法将继续争取债务清理计划，并且法官也应该始终致力于此。如果计划不被同意，也要保留一般的规则：参与者自愿表示还是否同意破产计划（→边码 469 及以下）；否则破产管理人按通常方式进行该程序。

二、消费者破产程序概览

634 消费者破产程序（第 304 条及以下）（以下也称为消费者程序）有以下 3 个阶段。

1. 首先债务人应**致力于法庭外的债务清理**，即之前没有提出破产申请。为此，债务人可以寻求债务人咨询部门的帮助。如果债务清理成功（大多数由于债权人的部分放弃），则无须进行破产程序。

如果债权人提起破产申请并且现在债务人也提起破产申请的，也存在庭外和解的义务，然后程序停止于双方的申请。

当然如果债务人没有提起破产申请，则消费者程序进入通常的破产程序，见下文（3）。

2. 如果致力于债务清理但没有成功，债务人（最迟现在）提出申请并且还需呈递一份（新的）债务清理计划。在债务清理计划的基础上**破产法官致力于协商一致的债务清理**：将要求破产债权人审查计划中所列的属于自己的债权并进行补充。沉默视为同意。如果所有或至少一半债权人同意计划，并且法官因"阻碍"而代替了缺失的同意时，计划视为被接受。然后计划成为执行名义（Vollstreckungstitel）。破产申请视为被撤回。

3. 否则消费者程序走向**破产程序**：破产法官裁判程序启动。

债务人同时争取余债免除时，必须通过及时申请（→边码 534 及以下）从而使其在（简化的）破产程序终结时可以被预先通知余债免除。

第二节　消费者破产程序的适用范围

一、立法规定

635 第 304 条规定了消费者程序的**人员范围**，但并不是一目了然。

第 304 条第 1 款规定："如果债务人为不从事或不曾从事独立经济活动的自然人的，以本章中未作另行规定为限，对程序适用一般规定。如果债务人曾从事独立经济活动，以其财产状况简明清晰并且针对该债务人不存在因劳动关系所产生的债权为限，适用本款第1句。”

重要的是，第304条第1款第1句指向消费者程序：参见（一般程序中的）“一般规定”，以《破产法》第10章没有作其他规定为限。包括以下两组人员：

- 第304条第1款第1句，指出**消费者是**既没有从事并且**曾经**也没有从事独立经济活动的自然人。从事或从事过公司经营（商业或自由职业）的人不属于该组人员并且包括可能在大量副业中从事公司经营活动（*BGH NZI 2011，410 f.*）。 636

负有个人责任的股东必须对其公司（普通合伙、有限合伙、民事个人合伙）的经营活动负责。因为其债务结构同样是复杂的并且这将根据法律规定的目的而决定。根据主流观点，如果股东持有至少50%的股份（控股股东），在资合公司中无论如何视股东为企业主，尤其是同时在业务执行时（参见 *BGH NJW 2006，918*）。但正确的是，原则上机构成员受消费者程序的约束（参见 *Foerste FS Prütting，2018，639 ff.*）。

- 第304条第1款第2项还包括**曾从事独立经济活动的人**，也包括副业。但目前必须已结束经营活动，确切地说在提交申请时已结束经营活动（*BGH NJW 2003，591 f.*）。当然，仅在以下两个条件下包括旧的企业主。 637

1. 财产状况简明清晰。根据第304条第2款，“仅”提交破产申请时最多“仅”有19个债权人时，才被看作财产状况简明清晰。当然，仅有16个债权人时财产状况也可能并不简明清晰（例如存在争议的请求权或复杂的撤销案件时）。第304条第2款是一项必要不充分条件（《破产法改革法政府草案》的说明，第30页）。 638

这可能导致，因澄清正确的诉讼类型而造成一定的费用。这并不理想。但救助——以存在较好的解决方法为前提——可能只伴随着政策而发生。

2. 针对旧的企业主，不存在因劳动关系而产生的债权。社会保险机构和财政局因劳动关系而提出的请求权也属于该类债权［*BGH NJW 2006，917（919）*］。当然，只有当劳动关系是出于公司经营活动时，排除消费者程序才是正当的：私人住宅等的清洁人员的工资请求权无关紧要。 639

二、错误程序类型的选择

对于实践来说取决于正确程序类型的选择。 640

如果债务人想提出破产申请，则必须在消费者程序中的申请上附上重要的材料。这以缺少该资料并且在要求之下也未补足为限，债务人的申请视为被撤回（第 305 条第 3 款第 2 句）。

如果债权人提出破产申请并且涉及消费者程序，则还必须考虑破产程序启动会迟延，因为要给予债务人尝试协商一致债务清偿的机会（第 306 条第 3 款）。

但有时会面临错误的程序选择。遗憾的是，**几乎未规定**错误程序选择的后果，这甚至没有受到注意和质疑。有必要对此区分（参见 *Kübler/Prütting/Bork/Wenzel InsR § 304 Rn. 4 ff.*）：

一般义务性的破产申请将由法官在相关的程序类型中处理。因此在消费者程序中必须根据第 305 条第 3 款或第 306 条第 3 款审理程序。某些情形下债务人不必遵循第 305 条第 3 款第 1 句的要求，因其认为与一般程序相关。然后发生撤回效力（第 305 条第 3 款第 2 句）；原则上撤回效力不可被撤销（→边码 *647*）。错误程序中的启动裁定因缺少申诉而不可以被撤销（*LG Göttingen ZInsO 2002, 244*）。

根据主流观点，只准许了一般程序时，**申请启动“消费者程序”**便受到约束（《民事诉讼法》第 308 条；《破产法》第 4 条）而不被许可。如果尽管存在法官的指示还坚持申请的，必须驳回申请。但是，可以通过立即申诉撤销驳回（第 6 条第 1 款、第 34 条第 1 款），在自行申请时也适用于债务人（*BGH NZI 2013, 540 Rn. 11*）。如果经申请变更为正确的程序类型，可以避免被驳回（类推适用《民事诉讼法》第 263 条；《破产法》第 4 条）。自开始便可以进行相应的辅助申请。

如果只许可了消费者程序，相应对**申请启动“一般程序”**的适用如下：如果申请人坚持提出该申请，根据主流观点该申请不合法，即必须被驳回（尽管存在第 306 条第 1 款第 1 句的规定在债务人申请时：参见→边码 *644*）。相反，如果申请人想变更为消费者程序，在启动程序前必须根据第 305 条或第 306 条第 3 款审理程序。

总之，不可以**启动非选择的程序类型**（《民事诉讼法》第 308 条第 1 款），并且可以对此提出立即申诉（*BGH NZI 2013, 540 Rn. 8*）。

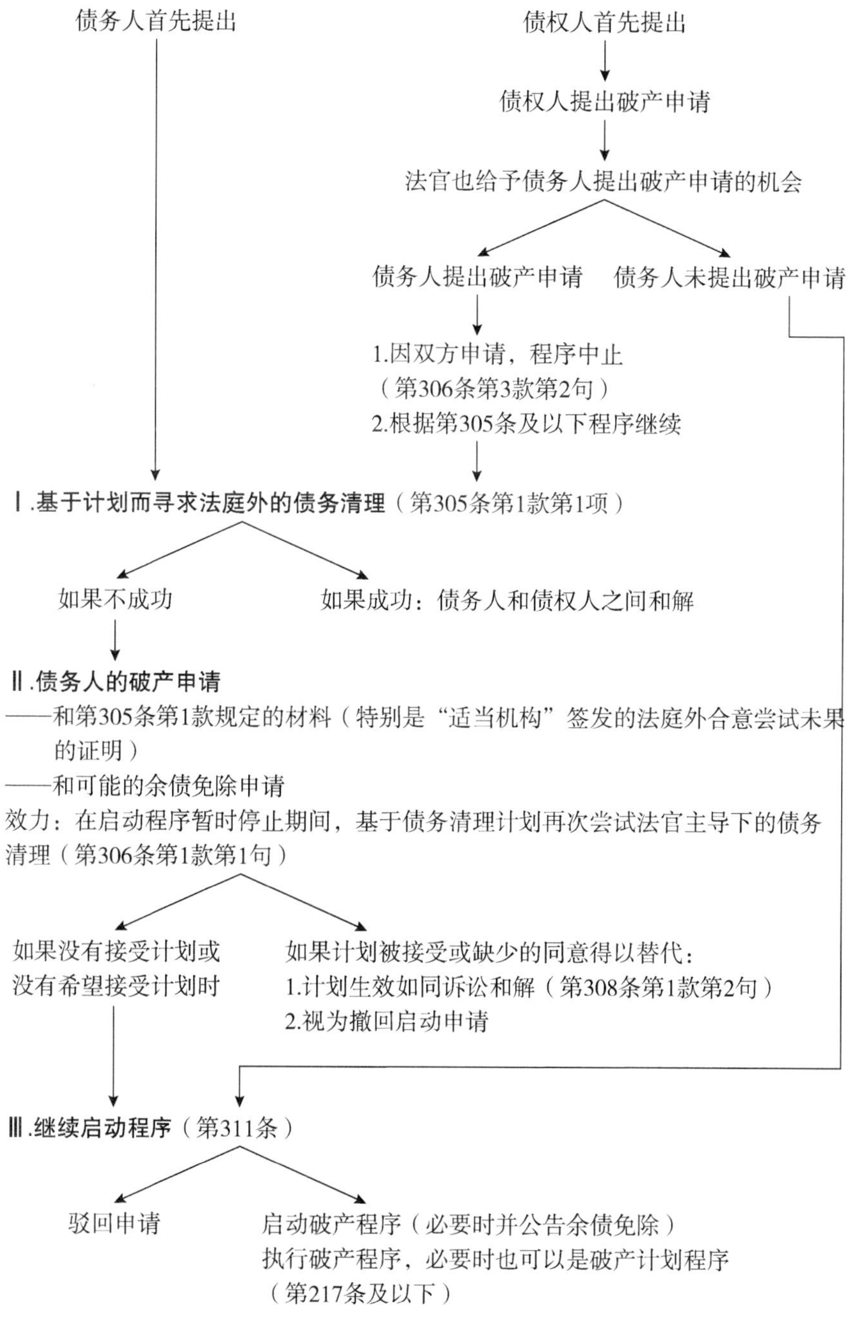

图 38-1　概览：消费者程序的阶段

第三节 债务人申请破产时的程序

一、债务清理的庭外尝试

641 在债务人提出破产申请前，必须试着和债权人协商债务清理（第 305 条第 1 款第 1 项）。与之相关联，立法期待一项“**计划**”，即作为债务人努力尝试的证明。无论如何该计划必须规定债务、债权人和对债权人清偿债务的建议（清偿的数额和时间）。可以包括致力于合理债务清理的所有规则，例如放弃、延期、争议债权的折价、调整性规定（例如针对失业情形），特殊的改善性规定（债务人之后还应获得收入或取得财产时）。事后债务人未遵守计划中的承诺（例如分期付款），债权人可以借助条件或终止条款而获得帮助。

具有争议的是，是否允许债务人设定**零计划**（Null-Plan）——内容：债权人一无所得（主流观点，参见 *BGH NZI 2014, 35 f.*；反对意见参见 *Arnold DGVZ 1996, 129 ff.*）。实际上这取决于个案：当因年龄、疾病等而依赖社会救助生存时或无论如何在中期没有免于扣押的收入时，当然可以少量清偿。但是此外，合意尝试要求认真提供清偿建议，尤其是债务人的清偿意愿、对期待作出牺牲的债权人尽力作出妥协（例如从未来的未扣押收入进行部分清偿）。因就业而可以取得该收入时，必须将该规定纳入计划之中。但是，主流观点认为第 305 条第 1 款第 1 项比起内容更多的是形式上的要求[*OLG Schleswig NZI 2000, 165*（*166*）]。

必须对每个要进行协商的债权人公告整个计划的内容。可以让债务人对所有事项提供支持，通过债务人的咨询部门可能特别便利（→边码 *643*），但咨询部门经常人满为患。

642 即使只有一个债权人反对，或根据第 305a 条，假定即使已对计划进行协商后债权人争取强制执行的，合意尝试**失败**。如果之后提出破产申请，则诉讼前的债务清理尝试最多允许进行 6 个月。否则，应进行一项新的尝试。

二、法官主导的债务清理尝试

643 如果债务清理失败，则应该在破产法官的帮助下再次尝试债务清理。法官而不包括司法辅助人享有管辖权（《司法辅助人法》第 18 条第 1 款第

1 项）。随着债务人的**破产申请**而开启该阶段（第 305 条）。此外，如同在整个消费者程序中，债务人可以由一个“合适的人”代表（第 305 条第 4 款）。例外情形下才必须指派律师（第 309 条第 2 款第 4 句）。

各个州可以规定何种属于合适的人员或机构（根据第 305 条第 1 款第 1 项；详情请参见 *Gottwald InsR-HdB/Ahrens* § *82 Rn. 11 f.*）。例如在下萨克森规定：律师、税务师、税务代理人、审计师、宣誓查账师及债务人的咨询部门，以上述人员或部门在乡镇、县、教会或救助协会进行了登记为限，此外可以根据州政府部门的承认进行判断。

重要的是，对债务清理作出裁判前**启动程序中止**（第 306 条第 1 款；尽可能不超过 3 个月）。在这之前破产申请是否合法，还不确定。这免除了司法机关进行审查，而该审查可能事后证明是多余的。 644

但要随时确认**申请的合法性**（→边码 92）。虽然第 306 条第 1 款似乎也反对该做法，而依目的必须对此进行限制（*Henckel ZIP 2000, 2051*）。否则，只有当程序之后因不合法而必须被中断时，才必须尝试债务清理程序——给司法机关造成无意义的负担。

如果确认合法，则法官也可以命令实行**保全措施**（第 306 条第 1 款第 1 句；→边码 95 及以下），例如设立临时破产管理人。

但是，当法官依自由心证而不能接受债务清理时，启动程序必须**提前继续进行**（第 306 条第 1 款第 3 句）。依经验**经常**发生该情形，尤其是在呈递给法官“零计划”（→边码 *640*）时。 645

1. 由债务人递交的材料

随着破产申请的开始，债务人必须（或破产申请后毫不迟延地）递交重要材料。此外，债务人必须使用 2014 年 6 月 23 日法规规定（《消费者破产程序文本条例》，可以通过该网址：*www.justiz.de/Formulare* 检索）的**预制格式文本**（第 305 条第 5 款第 2 句）。 646

如果债务人**未完整地**呈递或填写**表格**，法官要催告其毫不迟延地补足欠缺内容（第 305 条第 3 款第 1 句）。如果债务人在 1 个月内未补足，则破产申请视为撤回（后果：→边码 93）。该推定撤回，也包括与此相关的法官的指示或裁定不可以被撤销（*BGH NJW 2004, 68 f.*）。若表格中的规定不存在法律基础而被推定撤回时，另行适用（类推第 34 条因类似于驳回启动申请时的推定）。 647

必须提交的有： 648

- 最后 6 个月内**尝试债务清偿失败的证明**（→*边码 641*）。该证明必须由一个合适的人或机构（→*边码 643*）签发，因此排除其他的情谊证明（进一步参见第 305 条第 1 款第 1 项）。债务人必须附上先前所建议的计划和计划失败的解释。

649 • **余债免除的申请**（→*边码 534 及以下*）或将不申请债务免除的表示。如此当债权人反对优先尝试法庭债务清理时，便知悉是否存在债权遭受损失的危险。

650 • **财产清单、收入清单、债权人名录、债权清单**和**财产一览表**以及所载事项正确的声明。此外，可以参照债权人制定的债权清单。债权人必须自行负担费用向债务人递交该债权清单（根据主债权、利息和费用划分）（第 305 条第 2 款第 2 句）。

原因：很多资不抵债人逃避问题，从而不了解全部的账单、催告和支付令，并且不知道对谁负有债务。债务清理本不应该因此而流产。大多数情况下债务清理仍然发生流产（见下文），这迫使债权人事后在破产程序中标明并申报债权（如果债权人想参与财团分配，并且在余债免除前想参与良好表现期间内的清偿的话）。

根据官方的表格（第 63 栏），同时债务人应告知第 132 条、第 133 条第 4 款、第 134 条中的某些可撤销行为（该法律基础可能为启动程序时的告知义务：第 20 条、第 22 条第 3 款第 3 句）。

651 • **清理计划**。可包括合理债务清理的所有规则（→*边码 641*）。尽管先前的债务清理计划流产，提交的计划也可以与先前的诉前债务清理计划一致。

实践中，也可以提交“零计划”（*BGH NZI 2014, 35 f.* 进一步证明；→*边码 641*）。经常出现呈递“零计划”的情形。因该计划几乎没有被接受的希望，所以通常法官根据第 306 条第 1 款第 3 句继续进行破产程序。但对于未被担保的债权人，计划应规定相似的平等对待规则；否则可能危及该类债权人对计划的接受（→*边码 656* 最后）。

652 计划必须载明破产债权人的担保在何种程度上“受到影响”（第 305 条第 1 款第 4 项后半句），这有利于透明化。因为以债权人依计划放弃债权为限，**从属性的担保**（保证、质权、抵押权；例如《民法典》第 767 条第 1 款第 1 句）也强行消灭；其他担保（如所有权担保）也同样必须解除。只有因与法定程序相比受到不利（→*边码 657*），担保人要求另行约定或完全阻止计划时，才可以避免上述情形。谁参与计划，就至少应知道都存在哪些担保。

存在从属性的担保权完全不受破产计划（→边码 *519*）和余债免除的影响（→边码 *586*），因为立法消除了债权的消灭。

2. 准备对计划的裁判

法官向债务人所列举的债权人**送达计划**和财产一览表（第 307 条第 1 款）。同时催告各个债权人在 1 个月之内对计划和在法官处可查阅的清册（→边码 *650*）发表意见，特别是审查对其债权所作的说明，必要时进行补充。必须对各个债权人指明，没有发表意见便视为同意计划（第 307 条第 2 款），未补充会导致丧失债权（第 307 条第 1 款、第 308 条第 3 款第 2 句）。 653

1 个月期限的迟延是有风险的。但该期限属于“不变期限”（第 307 条第 1 款第 1 句）。债权人非因过失而发生迟延时，可以要求恢复原状（《民事诉讼法》第 233 条及以下；《破产法》第 4 条）。

如果债权人反对所提交的计划或另行提出建议时，**更改或补充计划**或许是有意义的。为此，法官必须给予债务人（第 307 条第 3 款）必要时提出具体建议的机会。由于其权威性，法官可以施加自己的影响力，或许甚至：首先对债权人施加影响：这与庭前债务清理有所不同。 654

3. 接受债务清理计划

接受债务清理计划的前提是**所有债权人同意**（第 308 条第 1 款第 1 句；不同于破产计划：第 244 条）。一个债权人就可以危及计划的实现。 655

但在此，也可以**替代同意**（第 309 条），当然仅基于债务人或债权人的申请并且持异议的债权人听审后才可替代同意。前提是，至少达到债务人所列的过半数债权人以人头多数和数额多数同意。

下列两种情形中排除替代同意（第 309 条第 1 款第 2 句）： 656

（1）与其他债权人相比，持异议的债权人未得到适当的参与（参见第 245 条第 2 款；进一步参见→边码 *507* 及以下）。

这也取决于，是否或存在多大额度的竞争性的破产债权。债务人必须列明（→边码 *650*）。但是，如果债权人证明，对于该债权的说明存在重大疑问，并且其适当参与取决于对该债权的说明时，债权人的同意不可以被替代（第 309 条第 3 款）。

特别是，不允许计划明显较好或较坏地对待某个债权人（参见第 245 条第 2 款第 3 项；*OLG Celle ZInsO 2001, 376*），也不允许通过划分为特定小组的方式进行上述行为（参见 *OLG Frankfurt a. M. NZI 2002, 267*）。

657 （2）与执行破产程序和可能的余债免除相比，通过该计划预计使持异议的债权人置于更加不利的地位（参见第 245 条第 1 款第 1 项；→边码 505 及以下）。

例如：如果计划规定每人可获得 5% 的份额，因而给予 G 60% 债权额的质权担保失效，即使在余债免除下也一样（→边码 652）。

另外，在有“疑问”时应认为，提交申请时债务人的收入、财产和家庭状况在程序期间存续（第 309 条第 1 款第 2 句第 2 项）。

但是，如果情况发生变化，则具有决定性作用。如果债务人争取余债免除，便面临就业义务，并且若很可能获得就业收入时，则必须纳入该收入。

当然，判断破产程序的结果是以程序是否完全启动为前提。为此，必须（尽管存在→边码 644）对破产申请有多大希望成功进行评价。

异议债权人有权对替代同意立即申诉，申请人也有权对驳回替代同意立即申诉（第 309 条第 2 款第 3 句）。

4. 债务清理计划的效力

658 破产法官通过裁定确认接受清理计划。经确认的计划效力如同诉讼和解（第 308 条第 1 款第 2 句）。该确认的计划也是**执行名义**（《民事诉讼法》第 794 条第 1 款第 1 项；根据第 308 条第 1 款第 3 句送达）。

原则上，不再需要进行破产程序。因此**破产申请结束**，同样可能存在的余债免除申请结束：该申请被视为撤回（第 308 条第 2 款）。必须撤销之前命令的保全措施（→边码 644）（第 25 条第 1 款）。

659 尽管存在债务清理，**未被考虑的债权人**也可以继续要求清偿，当然仅以其债权既未在债务人的清单中（→边码 650）也未在制作计划时被给予考虑为限（第 308 条第 3 款第 1 句）。这些“被遗忘的”债权人可能因推定撤回而被迫申请新的破产程序。如果与→边码 652 相反，因债权人没有补充债权清单而未被考虑时，则不再适用上述规定（进一步参见第 308 条第 3 款第 2 句）。

根据第 310 条，不必**补偿债权人**因债务清理计划（第 305 条及以下）而产生的**费用**。鉴于此，也不适用第 39 条第 1 款第 2 项。这减免了债务人的负担并且加强了债权人庭外和解的兴趣。

三、转为破产程序

如果一开始破产法官就未给协商债务清理的机会，则破产法官必须马上继续启动程序（→*边码 645*）。但如果应尝试在法官的指导下，达成债务清理合意时，则中止**启动程序**（第 306 条第 1 款第 1 句；→*边码 644*）。当证明，最终提交的计划没有被接受时，必须**重新接手**启动程序（第 311 条）。在两种情形中必须首先确认，是否破产申请是有根据的（→*边码 108 至 122*）。对于启动的程序适用一般规则（→*边码 25 至 87*、→*边码 135 至 468*）。仅必须提及下列少数特殊情况。 660

1. 书面程序

一般消费者破产中满足第 5 条第 2 款第 1 句的前提，因此必须以书面方式审理程序（→*边码 41*）。为了推动进程，法官可以（或部分）另行安排。 661

2. 延长的溯回禁止

为了保护财团免遭执行措施，一般程序中的溯回禁止最早适用于启动申请前 1 个月的行为（→*边码 168*）。在消费者破产中该期间**延长至 3 个月**（第 88 条第 2 款），从而使庭前的债务清理尝试不会因着急得到清偿的债权人而遭到妨碍：保护的是债务人破产申请前的这一季度（*参见 BT-Drs. 17/11268, 22 f.*；还可参见旧法第 312 条第 1 款第 3 句），即消费者程序的两个阶段前。但该期限可能还太短。因为立法者想在整个第一阶段排除执行，并且庭前的债务清理可能长于 3 个月。 662

因此，该禁止**通过第 305a 条得到保护**：如果一名债权人在相应的努力阶段争取强制执行清偿的，庭前的债务清偿尝试视为失败。如果以此为依据，债务人可以取得第 305 条第 1 款第 1 项中的证明并提前提出破产申请。有疑问下因破产申请而导致程序启动时，非常有可能发生溯回禁止。这使执行没有吸引力，因为债权人必须垫付执行费用。 663

3. 消费者余债免除的 4 种路径

如果消费者发起破产程序，通常也会争取余债免除。消费者可能选择**合意债务清理**的路径（→*边码 641*），最有可能**在法官的帮助下**合意债务清理（→*边码 643 至 659*）。如果两种选择都失败了，则对消费者较为安全的方式仅剩**余债免除程序**（第 286 条及以下），同时多数情况下需承担多年良好表现期内的负担（→*边码 558 及以下*），当然必须早期申请余债免除程序（第 287 条第 1 款；→*边码 649*）。虽然如此也可以根据一般条款（第 664

217 条及以下）在消费者破产程序中建议提出**破产计划**，同时如果破产计划未作其他规定时，便发生余债免除（→边码 491 及以下）。

665 如果债务人完全接受对其债权人作出很大妥协，还可以**选择**，早期——并且在庭外——向债权人提供相应的债务清理计划，或不采取此方式，而是事后（例如在启动的破产程序中）才提交破产计划。两种方式区别很大（推荐阅读 *Frind ZInsO 2014*，*280 ff.*；*Stephan VIA 2014*，*25 ff.*；也可参见 *Rugullis NZI 2013*，*869 ff.*；*Baczako ZVI 2013*，*209 ff.*）：

- 两者的共同之处是，与余债免除程序相比，多数情况下可以使债务人明显较快地免除负担（→边码 578）。
- 即使原则上债务清偿计划或破产计划也适用于此，但不能免除因故意犯罪或与故意犯罪有关的行为而产生的债务（进一步参见第 302 条）。同样，如果与第 302 条中的地位相比债权人处于更加不利的地位时，受到威胁的债权人当然可以阻止上述计划（参见第 251 条第 1 款或第 309 条第 1 款第 2 句第 2 项）。
- 如果根据第 286 条及以下债务人的余债免除程序受到阻碍，如未及时申请或存在驳回事由时，破产计划程序便更加有利。
- 如果已启动破产程序并且债务人期待在程序进程中取得第三人的清偿，而该清偿能够促进债务人余债免除时（→边码 578），则必须紧急建议债务人（也出于费用的考虑），使第三人的清偿成为破产计划的基础或者延缓纳入破产计划（*Stephan VIA 2014*，*27*）。
- 与债务清理计划不同（第 308 条第 3 款），破产计划也约束未申报债权的破产债权人（第 254b 条）。但另一方面，这些迟延者也享有破产计划为同种类的债权所规定的权利（*BGH NZI 2013*，*84*）；这可能迫使程序延期并且在极端案例下甚至会威胁到对计划的履行（*Stephan VIA 2014*，*26*）。
- 破产计划便利了债权人还可以取得担保（第 254 条第 2 款或→边码 652），但阻止担保人对债务人的追偿权（第 254 条第 2 款第 2 句）。
- 通常，破产计划的制作、接受、准予产生的费用较高，根据第 305 条及以下无论如何比债务清理计划更容易遭到破坏（也可参见 *Frind ZInsO 2014*，*282 ff.*）。破产计划可能将债权人联合组成一个小组（第 222 条），而不必支出额外的费用。因此，破产法官也可以通告反对意见（*Stephan VIA 2014*，*26*）。此外，消费者程序中必须考虑债权人

“漠不关心的态度”；与债务清理计划（第 307 条第 2 款、第 3 款第 2 句）相比，破产计划（第 244 条第 1 款）很可能会因该因素而流产。另一方面，与消费者的建议相比，债权人可能更加相信由（中立的）破产管理人（根据有效的财团登记）呈递的破产计划。

- 仅债务清理程序可以不经破产程序启动（经公告和支付能力评估—登记）而进行。

总之，不容易确定余债免除的最优路径：这完全**取决于个案**。如果建议选择债务清理程序，必须注意现在大多数情况下，该程序被视为没有前景，因此破产法官喜欢避免走此弯路（→边码 *645*）。因此，债务人最好尽早证明存在特殊情形，例如证明债权人以人头多数和总额多数已同意庭外提供的计划：法官也有权对缺失的同意替代同意（→边码 *656* 及以下）。

第四节　债权人申请破产时的程序

如果债权人申请程序启动，同样应提供合意债务清理的路径。但债权人没有义务合意债务清理，而是取决于债务人提出（另外的）破产申请。由此，破产法官必须**给予债务人提出申请的机会**（第 306 条第 3 款第 1 句）。之后，债务人可能还会提出的余债免除申请，应与该申请合并（→边码 *649*）。 666

债务人提出申请时，债务人和债权人的申请启动程序中止（第 306 条第 1 款、第 3 款第 2 句）。债务人首先必须尝试“庭外达成合意”（→边码 *641* 及以下）。随后发生法庭主导下的合意尝试的第二阶段。如果为此债务人应提交的必要材料不完整，并且法官要求补全时，债务人要在 3 个月内补全（第 305 条第 3 款第 3 句）——以与债权人协商为目的。 667

债务人未提出申请时，便进行债权人所提出申请的程序，因为没有规定中止程序，即如果申请是有依据的，必须立即执行破产程序（→边码 *660* 及以下）。 668

第三十九章　特别财团的破产程序

第一节　遗产的破产程序

参考文献：*Busch*，Schnittstellen zwischen Insolvenz–und Erbrecht，ZVI 2011，77 ff.；Gottwald InsR–HdB/*Döbereiner* 2452 ff.；*Harder/Müller-Freienfels*，Grundzüge der Erbenhaftung，JuS 1980，876 ff.；*Marotzke*，Die Stellung der Nachlassgläubiger in der Eigeninsolvenz des Erben，FS G. Otte，2005，223 ff.；*Messner*，Dissonanzen zwischen Insolvenz–und Erbrecht，ZVI 2004，433 ff.；*Vallender*，Doppelinsolvenz：Erben–und Nachlassinsolvenz，NZI 2005，318 ff.

一、导　论

669 随着死亡发生，被继承人的财产转移给继承人，并成为继承人自己的财产（《民法典》第 1922 条）。可能先前继承人已承担有债务；相应的债权人称为“自有债权人”（Eigengläubiger）。另一方面继承人也对被继承人（Erblasser）的债务承担责任：对遗产债权人（Nachlassgläubiger）的请求权承担责任（参见《民法典》第 1967 条、第 2058 条及以下）。当财产不足以清偿债务时，要分别考虑**以下情形**：

670 • 自有债权人或遗产债权人申请关于“该”债务人财产的破产启动程序。这导致关于全部财产（由自行财产和遗产组成）的正常破产程序。在此遗产债权人和自有债权人将以相同份额被清偿。

671 • 尤其是，当债务人面临遗产债权人，为预防所有该类债权人或至少为了保护自行财产免遭该类债权人分配时，便决定拒绝接受继承遗产（《民法典》第 1942 条及以下、第 1953 条）。如此债务人丧失遗产（Nachlass）并免除遗产债务。

如果债务人已接受遗产或拒绝接受遗产的 6 周期限已过，当然不再可能发生免除遗产债务的情形（《民法典》第 1943 条及以下）。但是，必要时债务人可以撤销接受或拒绝遗产，例如因对遗产的资不抵债发生错误时（《民法典》第 119 条第 2 款、第 1954 条及以下）。

- 遗产不足以抵偿债务，但继承人不（再）能或不（再）想放弃继承。之后债务人的责任可以只限于所继承的遗产。但有两个前提：不允许债务人负无限责任（《民法典》第 2013 条第 1 款），或许由于错过继承法院（Nachlassgericht）设置的遗产清单编制期限（Inventarfrist）（《民法典》第 1994 条第 1 款第 2 句），或许由于虚假制作遗产清单（Inventaruntreue）（《民法典》第 2005 条）而需负无限责任。特别是必须启动遗产破产程序（《民法典》第 1975 条；另外：遗产管理）。 672

这样的**遗产破产程序**（Nachlass-Insolvenzverfahren）限于（还存在的）遗产标的物，即仅限于债务人财产的一部分作为“特殊财团”（Sondermasse）（第 11 条第 2 款第 2 项、第 315 条及以下）。之前所适用的整体破产（Universalinsolvenz）（→边码 25）原则将被冲破。该程序有以下**多重功能**： 673

- 保护继承人免遭遗产债权人对其个人财产的干涉（《民法典》第 1975 条）。
- 保护遗产债权人的责任财团（Haftungsmasse）免遭继承人的自有债权人的消耗殆尽（第 325 条）。这在死者生前被排除并且不应通过继承顺位而被改变。

因此，每个遗产债权人可以启动遗产破产程序。

- 当然，也有利于遗产债权人的共同清偿
- 有利于维持或许属于遗产的公司（第 1 条第 1 句）。

但是，应该**不可能发生余债免除**。继承人不需要余债免除，因为继承人已经承担受限的责任。但是，如果继承人在此（→边码 672）错过了机会，因而承担无限责任时，就必须接受——直到对其个人财产启动了（后续的）破产程序（→边码 675 及以下）。但依据此程序，在其他的条件满足的情况下，债务人保留余债免除的权利（在制作虚假遗产清单时考虑第 302 条第 1 项的情形）。

转让遗产时，买受人对遗产债权人负责。虽然继承人的责任继续存在（《民法典》第 2382 条），但是，遗产破产程序中将买受人视为债务人（第 330 条第 1 款）。作为债务人只有买受人可以提出破产申请，继承人只有为破产债权人时，才可以提出破产申请（第 330 条第 2 款）。 674

二、与普通破产程序的关系

675 遗产破产程序并不排除，对继承人的自有财产（根据一般条款）启动破产程序（第 331 条第 1 款）：**两个程序可能共同存在**。

例如：继承人对遗产债权人承担无限责任。继承人在继承前或继承期间已支付不能。

如果将对遗产立即启动普通破产程序，则该程序首先扩展到所有的财产上（→边码 670）。如果还将启动遗产破产程序，特别财团便从第一个程序的财团中分离。

由此，遗产债权人可以阻止自有债权人。

但某些情况下，自有债权人想阻止遗产债权人取得自有财产。但自有债权人无权申请启动遗产破产程序。事实上继承人有权提出申请（第 317 条第 1 款）。但因继承人丧失了管理权（第 80 条），所以必须由普通程序中任命的破产管理人提出申请。

676 **参与两个程序**的情况较为少见：继承人的自有债权人不可以参与遗产破产程序（→边码 673）。相反，以继承人承担无限责任为限（《民法典》第 2013 条第 1 款），遗产债权人可以干预继承人的自有财产。然后，也必须对遗产债权人开放自有财产的破产程序。但自有财产破产程序对遗产债权人仅具有补充作用（如同别除权人）：以遗产债权人不再或根本未参与遗产破产程序为限，遗产债权人可以在自有财产破产程序中申报债权（第 331 条第 1 款结合第 52 条；→边码 87）。

677 **程序启动后债务人死亡的情况下**，现在的一般程序便转为遗产破产程序。债务人的继承人便取代目前的债务人。

三、遗产破产程序的特点

678 普通破产程序将因第 315 条及以下而被重大修改：破产法院的**管辖权**遵循一般原则（→边码 35 及以下）。但起决定作用的并不是现在的债务人（继承人）的情况，而是被继承人死亡时的情况（第 315 条）。

679 每个继承人、遗产债权人，还包括遗产管理人或遗产保佐人、管理整个遗产的遗嘱执行人都可以提出**破产申请**（第 317 条第 1 款）。继承人可以随时提出破产申请，相反债权人仅可以自接受遗产起两年内提出破产申请（第 319 条）。

原因：之后遗产和自有财产通常会发生混淆，这使鉴别特别财团变得困难。

对于继承人和遗产管理人来说，甚至存在申请义务（《民法典》第1980条、第1985条第2款第2句；也存在损害赔偿义务）。显然，遗产也将与自然人的其他财产（→边码*90*）区别对待。

680 根据第320条，**启动**遗产破产程序的**原因**为支付不能（→边码*109*及以下），继承人方提出破产申请时，启动原因也可以是濒临破产（→边码*112*及以下）。另外，遗产的资不抵债一直可以作为启动原因。

法人继承时，也符合制度规定（参见第19条第1款），但最终也是由个人继承。因为一般个人可以限制继承责任（→边码*672*）。因此，不同之处在于（→边码*114*及以下）——不必期待，其通过自己的极其努力而消除资不抵债。

681 必须根据一般规则来确定**财团**（第35条及以下）。指的是启动程序时属于遗产的财产。但是，并不取决于继承发生时的财产状况。这隐藏着继承发生时和破产程序启动期间的财产消失的风险。法律以各种方式对此进行了规定：

- **代偿物**（Surrogate）也属于遗产（→边码*150*）。
- 继承人可能在继承发生后已**向第三人转让**了继承物。该处分是有效的（也可参见《民法典》第2041条）。当然，该处分可以被撤销（第129条及以下）。另外，以继承人在接受遗产后处分财产为限（《民法典》第1978条第1款第1句），继承人被视为遗产债权人的“受托人”。继承人必须返还经处分而取得的物（《民法典》第667条、第1978条第2款）。以继承人在接受遗产前处分为限，应由继承人承担无因管理（无债权人的委托）的责任，例如承担损害赔偿责任（《民法典》第677条、第1978条第1款第2句）。

如果继承人已清偿了某个遗产债权人时，则取决于继承人是否可以认为遗产足以清偿所有债务（《民法典》第1979条；不违反撤销的前提下）。履行特留份请求权、遗赠请求权或遗托时，甚至如同赠与一样可以被撤销（第322条结合第134条）。

682
- 遗产归入继承人共同体时，继承人共同体可以将一些（甚至整个）标的物**转让给共同继承人**（遗产分割，Erbauseinandersetzung）。但该分配方式并不排除破产程序（第316条第2款）。继承人共同体（共同共有）向共同继承人的处分将被忽视：所分配的遗产物属于“财团”并且必须返还给破产管理人（→边码*156*）。

683 • 如果继承发生后对遗产采取**强制执行程序**时，不产生第 50 条第 1 款意义上的别除权（第 321 条）。该规则符合回溯禁止，但不受第 88 条第 1 款的 1 个月期限的约束，即更加严格。但如果因程序启动前的执行措施债权人成功获得清偿时，则债权人保留该取得（如同第 88 条）——不违反撤销的前提下（→边码 *309*）。

根据一般规定，程序启动后的强制执行已无效（第 89 条）。

684 **财团债务**因第 54 条及以下而得以扩展（第 324 条第 1 款），例如根据《民法典》第 1978 条第 3 款继承人的个人费用及葬礼费和遗嘱启封的费用。但财团不足时，该请求权必然始终作为最后的清偿顺位被清偿（第 324 条第 2 款；→边码 *401*）。

685 **破产债权人**根据已知的规则而产生（第 38 条及以下）。但破产债权人还包括：

• 债权人也可以是继承人。虽然一般继承人丧失对被继承人的请求权，但因随着死亡发生，继承人将成为自己的债务人（“混同”，参见《民法典》第 1976 条）。只有当继承人经济上也继承了其债务人时，该规定才有意义。因此遗产破产时，继承人也必须与所有其他债权人一样对待（第 326 条第 1 款）。

686 • 因遗赠和遗托而产生的特留份请求权仅属于后顺位请求权（第 39 条第 1 款），甚至必须于最后才得以清偿（第 327 条第 1 款）。

原因：该债权是针对继承人的，因此事实上根本不允许在该破产程序中得到保护（第 325 条）。如果还是应该在破产程序中发生，至少不应该损害到被继承人的债权人的利益。

表 39-1　概览：普通破产程序和遗产破产程序

	死亡的债务人的遗产，由 E 先生继承（现在为 E 先生的财产）	E 先生的自有财产
普通破产程序中（“对 E 先生的财产”）	遗产债权人和自有债权人享有整个财团的部分财产	遗产债权人和自有债权人享有整个财团的部分财产
纯粹的遗产破产程序中	仅遗产债权人享有特别财团（“债务人”是 E 先生）	不受破产程序的影响；E 可以阻止干预自有财产（《民事诉讼法》第 771 条）

续表

上述两个破产程序启动时（对遗产及自有财产）	仅遗产债权人享有特别财团（“债务人”是E先生）	自有债权人可以享有特别财团；如果E作为继承人负无限责任时，遗产债权人也可以享有特别财团（“债务人”是E先生）

第二节 共有财产的破产程序

夫妻财产制按照法律规定属于财产增加额共同体制度（Zugewinn-gemeinschaft）：夫妻财产在物上是可分的，因此既有财产可以有不同的发展状况。婚姻存续期间配偶一方比另一方取得较高的增益时，根据情形（尤其离婚时）必须进行债法上的补偿（《民法典》第 1378 条）。但通过婚前协议也可以对夫妻财产制（Güterstand）作其他约定（《民法典》第 1408 条）：所谓的夫妻财产分割（Gütertrennung）并不导致财团的“分离”——这并不新鲜，而是会导致排除增益平衡（Zugewinnausgleich）。相反，财产共同体导致夫妻财产共有。 687

但是在**财产共同制**下，必须区分以下财产财团（《民法典》第 1416 条及以下）： 688

——夫妻双方的共同财产（共同共有，Gesamthandsgemeinschaft）可以由夫妻一方单独或夫妻双方共同管理（《民法典》第 1421 条及以下、第 1450 条及以下）。

——夫妻一方的特别财产（不可转让也不可扣押的财产，即不属于财团）。

——夫妻一方的保留财产（根据夫妻财产协议或第三方的确认，属于夫妻一方保留的财产。该第三方指定夫妻一方的取得物不为共同财产）。

以**对夫妻财产启动破产程序**为限，至少债务人的保留财产属于债务人财团。鉴于共同财产必须作出如下区分： 689

- 债务人单独管理的共有财产，同样也属于债务人财团（第 37 条第 1 款第 1 句）。这是值得注意的，因共同财产是受夫妻双方共同约束的财产（即属于他人财产）。

- 另一方单独管理的共有财产，不属于债务人财团（第 37 条第 1 款第 3 句）。
- 夫妻双方共同管理的共同财产，也不受债务人破产程序的影响（第 37 条第 2 款）。

690 为了均衡，**共同管理时的共同财产**受特别破产程序的约束（特别程序，→边码 *34*）。在该程序中形式上夫妻双方都为“债务人”。但同样该程序以作为特别财团的共同财产为限（第 333 条）。在此，破产债权人仅是《民法典》第 1459 条及以下的共同财产的债权人。破产原因是共同财产发生支付不能（详情参见第 333 条第 2 款第 2 句、第 3 句）。

691 如果发生支付不能，通常会导致夫妻破产，因夫妻任何一方都作为连带债务人对共同财产的债务承担责任（《民法典》第 1459 条第 2 款）。然后可以考虑对夫妻一方自有财产（在此：保留财产）进行后续的破产程序。在共同财产破产程序存续期间，只可以由程序中任命的管理人主张共同财产债权人的请求权（第 334 条，如同第 93 条的情形）。

692 **延续的共同财产制**中（《民法典》第 1483 条及以下），即配偶一方死亡时，生存配偶——与继承人相似——可以根据《民法典》第 1489 条第 1 款、第 2 款将其个人责任限制于共同财产上。在此，可能造成限制于以共同财产为特别财团的破产程序。对此，类推适用第 315 条至第 331 条（第 332 条第 1 款）；→边码 675 及以下。

第十三部分

特殊问题

第四十章　集团破产的特点

参考文献：*Laroche*，Das neue Konzerninsolvenzrecht nach InsO und EuInsVO–Probleme und Fragen aus gerichtlicher Sicht，ZInsO 2017，2585 ff.；*von Wilmowsky*，Insolvenzkonzernrecht：Die Obergesellschaft eines Beherrschungsvertrags in Insolvenz，Der Konzern 2016，261 ff.

与集团相关联的企业是指在统一领导下联合在一起的企业。 693

例如：M股份公司设立了T有限公司并持有T有限公司60%的股份，必要时设立控制协议，该协议可规定母公司和子公司之间确切的职责划分。

如果上述公司支付不能，原则上（在此）必须对每个公司经营主体的财产分别启动破产程序。在该破产程序中，只是每个债务人的债权人得以清偿（即在对M股份公司的破产程序中并不包括由其控制的有限公司的债权人）。当然，母公司在子公司中的股份也属于母公司的财团，但该股份（由于双重破产）也可能已没有价值。通常与集团相关联的公司具有经济上的统一性，因为公司经营主体履行不同的经营上的和经济上的功能。单独的破产程序可能不利。

“因通过对集团范围内可支配资源的管理权限和支配权限去中心化——这之前通过行使集团领导权而进行相互协调，即通过将管理权限和支配权限分配给多个破产管理人，使集团维持经济统一和为债权人实现其整个价值变得困难。结构上的效率低下造成不理想的变价结果，特别是当破产管理人持有不同的并且相互间难以协商的变价策略时或当变价策略因集团内部的交易——鉴于每个财团的总额——而变得无成果并且导致费用过高的诉讼争议时”（因此出现《便利集团破产法草案的说明》，参见*BT-Drs. 18/407，15*）。

因此，自2018年4月21日起，破产法的修订方便了“集团企业”之间**破产的协调**，即对直接或间接关联的独立企业：或通过行使控制力，或通过统一领导下的联合（第 3e 条第 1 款）。这也适用于特殊的有限合伙企业，即适用于作为普通合伙人而负无限责任的有限公司，并且适用于有限合伙企业（推定适用第 3e 条第 2 款，*BT-Drs.18/11436，21 f.*）。在此，简单概述协调多个破产程序可能存在的步骤：

694 • 如果属于集团的债务人向具有管辖权的法院（第 3 条）提出破产申请时，其还可以补充申请，使该法院也可以管辖集团的其他债务人可能提出的破产申请（第 3a 条第 1 款、第 2 款）。对该"集团的后续程序"——依第 3 条管辖权的补充条款——**集团管辖法院**为最先向其提出请求的破产法院（第 3c 条及以下）。前提是，想让集团受理法院启动程序的债务人，对集团来说不是明显属于不重要的企业，对此第 3a 条第 1 款第 2 句规定了具体实例（例如债务人的员工超过集团员工的 15%）。自破产程序启动时起，向集团受理法院提出申请的权利转移给了破产管理人，必要时也已经转移给"强势"临时管理人（第 3a 条第 3 款）。

695 • 如果对集团的多个债务人申请启动破产程序，则必须决定是否对该程序设立**相同的或多个不同的破产管理人**。首要的问题是，设立一个管理人是否符合债权人的利益：特别是管理人是否可以以必要的独立性遵守所有程序，并且是否可以通过设立特别管理人（*→边码 284*）解决可能的利益冲突。如果涉及多个破产法院，则必须对此进行表决（第 56b 条第 1 款）。如果在集团所属的债务人的后续程序中所设立的委员会一致推荐其他符合资质的管理人时（第 56b 条第 2 款），该委员会设立破产管理人的建议或规定并不约束破产法院（*与→边码 105a 及以下相反*）。

• 如果为多个程序设立了**多个破产管理人**，以不损害参与人自己的程序为限，多个破产管理人有义务**相互配合**（尤其要相互通知）（第 269a 条）。

• **多个破产法院**也有**相互配合的义务**（第 269b 条）。

• 而且可以设立**集团—债权人委员会**，即如果对集团所属的多个债务人启动程序并且选任债权人委员会时，由破产法院基于（临时）债权人委员会的申请而设立（第 269c 条；*→边码 71 及以下、边码 105a 及以下*）。集团债权人委员会由每个债务人（临时）债权人委员会的代表和一名雇员代表组成，并且该债务人对集团来说并不是属于明显不重要的公司。为了便利每个程序中的表决清算，集团委员会支持每个破产管理人和债权人委员会。

为启动集团后续程序的管辖法院（→边码 *694*）基于申请也可以进行**特别的协调程序**（besonderes Koordinationsverfahren）（第 269d 条）。有权提出申请的是集团所属的每个债务人或债务人的破产管理人，也包括根据一致决议的每个（临时）债权人委员会。该“协调法院”（Koordinationsgericht）之后——集团债权人委员会听审后——设立一个程序协调员（Verhfanrenskoodinator）。该协调员必须独立于债务人和债务人的债权人以及债务人的破产管理人和事务管理人（第 269e 条）。协调员的选任、监督和责任类似于破产管理人（第 269f 条第 3 款）。（临时）破产管理人必须配合协调员（进一步参见第 269f 条第 2 款）。协调员负责协助各个程序的清算表决。 696

特别是，允许协调员呈递**协调计划**（第 269f 条第 1 款第 2 句、第 269h 条）。计划可以规定采取所有有利于程序表决清算的措施，例如债务人和集团重整、集团内部纠纷解决或破产管理人之间进行协商。如果计划得到所设立的集团债权人委员会的同意，则协调法院仅根据程序法上的审查确认该计划。如果集团所属债务人的破产管理人违背计划，则必须在“其”程序的报告期日内对此进行说明，还必须对拒绝协调计划说明理由，如果“其”债权人会议决议拒绝协调计划并且管理人必须制订破产计划时（第 269i 条）。

第四十一章　对国际破产法的说明

参考文献：*Gottwald*, Internationales Insolvenzrecht, FS 50 Jahre Bundesgerichtshof, 2000, Bd. 3, 819 ff.; *Oberhammer*, Von der EuInsVO zum europäischen Insolvenzrecht, KTS 2009, 27 ff.

第一节　导　论

697 跨国的商业交易不断上升。因此，是否选择跨国的破产程序越来越重要。对德国来说存在两个问题：德国的破产法——例如程序的启动、破产扣押、保全措施——是否在国外也适用？相反，在国外启动的破产程序是否也对我国产生效力？之后要对这两个问题进行区分，是否国家要争取使其措施在国外发生效力并且——如果是——是否其他国家要接受在其领土上发生该效力。根据《国际法》，第二个问题仅属于他国事务。对外国开放被称为普遍原则（Universalitätsprinzip），效力限制于自己国家的领土被称为属地原则（Territorialitätsprinzip）。

法律体系上必须区分破产程序启动的国际管辖权、接受国外破产程序和冲突法，即涉及跨国破产程序具有决定性的规则。

早期对冲突法问题的规定并不完整。但自 2002 年起，出现了**《欧洲破产条例》**。该条例对欧盟范围内多数主要问题作了统一规定，确切地说规定了分级的普遍性。德国立法者也作了补充规定：**《重新规定国际破产法的法律》**于 2003 年生效（参见《破产法》第 335 条至第 358 条）。该自治法首先适用于不属于欧盟成员国的国家（所谓的第三国）间的跨境破产程序。其遵循普遍原则，但不是没有限制的（《重新规定国际破产法的法律的政府草案的说明》，第 24 页及以下）。

通过依特定联结点而明确所介入的冲突条款，来确定**适用**于跨境破产的**法律规定**［即所谓的识别（Qualifikation）］。同时，《欧洲破产条例》的冲突规则——作为直接适用的共同体法——优先于德国的国际破产法（第335条及以下）。然后，原则上相关的冲突规则转向德国或外国实体法，而必须根据该实体法作出判决。

第二节 《欧洲破产条例》

参考文献（部分与旧法相关）：*Fehrenbach*，Die reformierte Europäische Insolvenzverordnung，GPR 2016，282 ff. u. 2017，38 ff.；Gottwald InsR-HdB/*Kolmann/Keller* 2677 ff.；*Hergenröder*，Internationales Verbraucherinsolvenzrecht，ZVI 2005，233 ff.；*Laroche*，Das neue Konzerninsolvenzrecht nach InsO und EuInsVO-Probleme und Fragen aus gerichtlicher Sicht，ZInsO 2017，2585 ff.；*Mankowski*，Zusicherungen zur Vermeidung von Sekundärinsolvenzen unter Art. 36 EuInsVO-Synthetische Sekundärverfahren，NZI 2015，961 ff.；*Pannen*，Aspekte der europäischen Konzerninsolvenz，ZInsO 2014，222 ff.

为替代《第1346/2000号（欧共体）条例》，在2015年5月20日欧盟 698
议会和欧盟委员会通过的《第2015/848号破产程序条例（欧盟）》于2017年6月26日生效（参见2015年6月5日《欧盟公报》第L141号，第19页；网址：*http：//eur-lex.europa.eu* 并输入文件号）。因此，在**欧盟成员国**之间出现了一个相对完善的**破产程序冲突法**（对德国的破产管理人产生的结果参见 *Paulus*，*NZI 2002*，*505 ff.*）。《欧洲破产条例》直接适用于各个成员国，目前为止不适用于丹麦，也不适用于第三国。另外，对特定的行业排除适用，例如保险公司和信贷机构。现在，《破产实施法》第102c条包含对《欧洲破产条例》的执行规定。如果仍存在法律漏洞，则第335条及以下补充适用，除非《欧洲破产条例》作了特别规定（《重新规定国际破产法的法律的政府草案的说明》，第12页及以下）。

一、主程序和特别程序

1. 主破产程序

新欧盟法遵循受限的普遍原则：原则上，主要破产程序在所有成员国 699
（→边码704及以下）内发生效力并且——某种程度上说——包括**所有成员国内**属于债务人的**财产**（《欧洲破产条例》第7条、第20条），以在其他成员国内未启动特别程序为限。《欧洲破产条例》第3条第1款之第1段第1句规定了该指导原则：对启动“破产程序”——作为主要破产程序——债务人的“主要利益”中心所在成员国的法院具有国际管辖权（《欧洲破产条例》第3条第1款之第1段第1句）。

主要利益中心，根据条例的英文文献（centre of main interest）通常也称为“**COMI**”，是债务人“通常经营管理收益”的地方（《欧洲破产条例》第3条第1款之第1段第2句）。但该地点对第三人来说也是可以确认的，例如因早期在商业通信的抬头中告知地址变更（裁量事由28）。

通过**推定**而减轻对主要利益中心的确认：

对**公司**和其他法人来说，其住所地为利益中心所在地（《欧洲破产条例》第3条第1款之第2段）。但这不适用于，当债务人在破产前的最后3个月内才将住所地搬迁到所涉及的成员国时（原因：不希望发生骗取受理法院的情形——所谓的“挑选法院”，参见《欧洲破产条例》裁量事由31）。另外，起决定作用的还有，监督和审查机构作出管理决定的地点（裁量事由31）。

个体企业中，主要经营地或自由职业的营业地应该作为利益中心，如果债务人并非在申请破产前的3个月内才搬迁到该国家时（《欧洲破产条例》第3条第1款之第3段）。

对于**消费者**，《欧洲破产条例》第3条第1款之第4段推定经常居住地为其利益中心，除非债务人于提出申请前的6个月内才搬迁到所涉成员国。起决定作用的是经济、社会和文化关系的重心，例如对某个跨越界限往返斯特拉斯堡的工厂的员工来说，居住地在德国（参见*BGH NZI 2017, 321*）。如获得了破产申请的其他受理法院是搬迁的主要理由时，可反对上述推定；证据可以是，例如大部分财产留在其他的成员国内（裁量事由30）。

2. 特别破产程序

700 尽管存在上述规定，但当债务人在某个成员国有住所时，《欧洲破产条例》第3条第2款允许在不可能启动主程序的成员国内对债务人**国内的财产**启动特别**程序**（对此参见《欧洲破产条例》第2条第10项）。这有利于在第二个国家中“实现国内利益的保护”，但在特别复杂的财产关系和极其不同的法律体系下也有所帮助（裁量事由40）。

因此，物权可能很难因普遍效力而纳入破产程序中，因根据国际私法物权受物之所在地法的约束，而通常物之所在地法在每个成员国内有所区别。《欧洲破产条例》也要遵守成员国内的规定（→边码710及以下）。

该特别程序仅对在启动破产国内存在的财产有效（《欧洲破产条例》第3条第2款第2句、第34条第3句）。主程序的破产财团相应地得以减少。但是，同时欧洲立法者认为特别程序令人怀疑，因为该程序可能会阻止有效管理。因此，立法者设置了严格的界限：

主程序启动后可以启动**“附属破产程序”**（Sekundär-Insolvenzverfahren）（《欧洲破产条例》第3条第3款；进一步参见→边码712及以下），即基于主程序中破产管理人的申请或根据第二国的法律有权提起申请的个人或机构的申请（《欧洲破产条例》第37条第1款）。但——由于相当复杂，在此只说明概括性的规则——可以通过以下3种方式避免启动附属破产程序： 701

（1）主程序中的管理人可以书面保证，在分配第二国存在的财产或经变价而取得的收益时，遵守依据可能启动附属程序的第二国的法律所产生的分配权和优先权。**保证附属程序的利益**必须经“当地的债权人”——因债务人在第二国住所地经营而产生的债权（《欧洲破产条例》第2条第11项）——依规定同意，而该规定适用于接受重整计划（在德国参见→边码503及以下；《破产实施法》第102c条之第17条）。然后，第二国法律适用于在第二国所取得的收益分配、债权顺位和债权人的优先权（《欧洲破产条例》第36条第1款、第2款）。当地的债权人可以（在两国法院的帮助下）要求并且执行保证事项，否则管理人可以要求承担可能发生的损害赔偿（《欧洲破产条例》第36条第7款至第10款）。如果还申请附属程序，第二国的法院应**拒绝启动**，如果“保护当地债权人的一般利益得到保证”具有可信性时（《欧洲破产条例》第38条第2款）。并且，当债权人同意该保证时，更容易理解。但如果启动了附属程序，则该保证失效。因此，主程序中的管理人丧失对第二国存在的财产的管理权（后果：《欧洲破产条例》第36条第6款第2句）。

（2）不取决于此，如果为了使债务人和其债权人进行协商并且为了负责（以其他方式）或可以负责保护当地的债权人，向其申请启动主程序的法院（参见裁量事由45）已暂时执行单独强制执行措施时，第二国所涉法院可以停止启动附属程序**达3个月之久**（《欧洲破产条例》第38条第3款）。

（3）此外，主程序中的破产管理人可以申请，向其提出启动附属程序的法院**启动其他程序**，该其他程序在《欧洲破产条例》的附件A中被提及，并且也规定了该程序的前提和最有利于当地债权人的利益和与主程序的协调（《欧洲破产条例》第 38 条第 4 款）。例如，为了容易在主程序中尝试重整，允许如同重整程序（而非清算程序）一样启动附属程序。

702 主程序前也可以启动受限的程序：启动**特别破产程序**。如果主程序排除适用主要利益中心或因债务人在第二国住所地经营而产生债权的债权人申请特别破产程序时，则可以启动特别破产程序（《欧洲破产条例》第 3 条第 4 款）。主程序启动后，特别程序自动成为附属程序（《欧洲破产条例》第 3 条第 4 款第 2 句）。但启动特别程序明显并不受《欧洲破产条例》第 38 条第 2 款至第 4 款的约束。

问题：如果债务人在德国没有住所但享有财产时，主要经济利益位于比利时的债务人可以在德国启动特别程序吗？

根据《欧洲破产条例》不可以。虽然可以考虑根据第 354 条，即与第三国的关系，但该规定因优先适用《欧洲破产条例》而在此不可适用［*Kemper ZIP 2001, 1609（1613）*］。

二、程序启动的前提

703 程序启动的其他前提——主程序或特别程序——**源于成员国的破产法**，依该法裁判程序应启动与否（《欧洲破产条例》第 7 条、第 35 条）。这也适用于此问题，即程序适用于哪种类型的债务人（例如法国不认可消费者破产程序：参见 *Degenhardt NZI 2014, 437 f.*）。

如果债务人主要利益中心（《欧洲破产条例》第 3 条第 1 款）在德国，则虽然德国的司法机关具有国际上的管辖权，但是否德国法院具有地方管辖权，则根据《破产法》第 3 条来判断，必要时根据债务人“自主经营的经济事务中心”来判断。如果之后没有受理法院，则根据《破产实施法》第 102c 条之第 1 条第 1 款：在此根据“利益”中心来判断，（对此也可以）优先考虑欧盟法上的联结点。具有管辖权的法院仅在第 13 条及以下、第 16 条及以下启动主程序。

三、破产程序在成员国的效力

1. 破产程序启动的认可

704 破产程序基于管理人的申请启动时，至少必须在债务人享有住所地的成员国内进行公告（《欧洲破产条例》第 28 条、第 54 条）。而且，成员国负责进行相应的破产登记，该破产登记未来应在欧洲范围内相互连接（《欧洲破产条例》第 24 条及以下，消费者破产受到限制）。

通过成员国法院启动破产程序必须得到其他所有剩余成员国的认可（《欧洲破产条例》第 19 条第 1 款、第 20 条）。也适用于当因债务人的特性（例如债务人为自然人）程序不能在其他成员国启动时。启动主程序（《欧洲破产条例》第 3 条第 1 款）在每个其他成员国产生**启动国法律规定的效力**（《欧洲破产条例》第 20 条）——当然根据《欧洲破产条例》的范围并且其他国家保留特别程序。如果多个成员国考虑主程序，则受到首先启动主程序法院的裁判的约束（《破产实施法》第 120c 条之第 2 条第 1 款第 1 句）。

也要认可启动法院对执行和终结破产程序（包括确认和解）以及对债 705
务人的返还执行、财团保全和强制执行时的财团变价所作出的其他裁判（《欧洲破产条例》第 32 条第 1 款、《破产实施法》第 120c 条之第 10 条）。执行应该遵循《2000 年 12 月 22 日欧盟理事会第 44/2001 号关于民商事领域司法管辖权以及判决承认和执行的指令》第 39 条至第 44 条、第 47 条至第 58 条。如果为保全财团设立了临时管理人，则临时管理人可根据其他成员国法律为债务人在该成员国的财产在成员国内申请可能的保全措施（《欧洲破产条例》第 52 条）。

但是，每项认可的界限是国家公共秩序（《欧洲破产条例》第 33 条）。

2. 参考启动国的破产法

原则上，启动国的法律也适用于破产程序和破产程序的效力——实质 706
的破产法（《欧洲破产条例》第 7 条）。该“法院地法”（lex fori concursus）规定**范围广泛**：规定可能存在的破产申请义务（主流观点）、财团所属以及限制（例如扣押保护，参见 *Mankowski NZI 2009, 785 ff.*）；启动对处分权和债务人效力待定的合同的后果、对债权人追诉的后果；重要的破产撤销（*BGH NJW 2009, 2215 ff.*）及其他；需申报的债权、债权的顺位、债权的审查和确认；破产抵销；收益分配；程序启动后，依物权法或依抵销已得到部分清偿的债权人的权利；破产程序的终结（也包括通过和解）和终结的效力及剩余债权（相反也包括余债免除）；程序的费用承担。

针对在其他成员国享有住所的反对者的**撤销之诉**，程序启动国的法院 707
享有管辖权（《欧洲破产条例》第 6 条第 1 款）。只有当撤销相对人在第三国居住时，才应适用上述规定（*EuGH NJW 2014, 611 f.*；对此参见 *Baumert NZI 2014, 106*）。在德国由辖区内存在破产法院的区法院或地方法院管辖

（《破产实施法》第 102c 条之第 6 条第 1 款）。

708 通过证书证明**管理人的职权**（《欧洲破产条例》第 22 条），同样依启动国的法律判断（《欧洲破产条例》第 21 条第 1 款第 1 句），除非在其他国家启动了特别程序。例如以不涉及担保物或所有权保留为限，允许管理人将在其他国家发现的财团财产搬离（《欧洲破产条例》第 21 条第 1 款第 2 句）。管理人可以向主程序启动后由位于其他国家的财团财产清偿的债权人返还所得（《欧洲破产条例》第 23 条第 1 款）。这适用于强制执行的情形，但不适用于担保物和所有权保留的情形。相反，如果因不知道程序启动而未向管理人履行债务，而是在其他成员国内向债务人履行了债务，则免除其义务（《欧洲破产条例》第 31 条；参见《破产法》第 82 条）。但管理人必须始终尊重其他国家的法律，即使当其他国家已采取保全措施或涉及财团变价的类型和方式时（《欧洲破产条例》第 21 条第 1 款第 1 句、第 3 款第 1 句）。禁止对管理人实行强制措施（《欧洲破产条例》第 21 条第 3 款第 2 句）；管理人必须利用每个成员国的执行机构。

709 如果债权人的惯常居所、居住地或所在地不在启动国，而在其他成员国时，该债权人可以**申报债权**（《欧洲破产条例》第 53 条）。

知情的债权人必须毫不迟延地告知程序启动（进一步参见《欧洲破产条例》第 54 条：标准通知表格）。申报人同样可以使用标准表格。申报人应详细列明其债权，附上相关证明复印件并解释，是否请求或请求哪些优先权或担保权（《欧洲破产条例》第 55 条；官方文本《欧洲破产条例》第 55 条第 5 款）。

3. 特别联结点（Sonderanknüpfungen）

710 在某些情形下需撤回启动国的法律（→边码 *706*）：取代“法院地法”的是应该致力于信赖保护和法的安定性的“特别联结点”。该“特别联结点”部分涉及**国家的冲突法**。例如这适用于：

- 如果标的物在程序启动时位于其他成员国的领域内时，“特别联结点”适用于卖方因所有权保留而享有的对债务人的权利（《欧洲破产条例》第 10 条第 1 款）；相反尽管卖方破产，买方还可以保留该项取得（《欧洲破产条例》第 10 条第 2 款，当然参见实体法；参见第 107 条第 1 款）。
- 债权人的物权或第三人在债务人标的物上的权利，且该标的物在启动时位于其他成员国（《欧洲破产条例》第 8 条），例如基于质权、抵押权、担保所有权和担保让与所享有的清偿权不因破产程序的启动而受影响（主流观点），但必要时受破产撤销的约束（《欧洲破产条例》第 8 条第 4 款）；该权利的产生和内容遵循依该国冲突规范可主张物权的具有决定性的法律规定（*K. Schmidt/Brinkmann InsR Art. 5 Rn. 7*；不同于主流观点），因此在《民法典实施法》第 43 条的情形下，德国法院依据标的物的地理位置进行管辖。

- 依据对债务人债权有效的规定而产生的抵销权限（《欧洲破产条例》第 9 条）；该规定不仅包括涉及主债权的（根据国际私法确认的）民法而且包括因每项破产法而进行的修订条款（进一步参见 *Ehricke/Ries JuS 2003, 316*）。

部分参见**各个国家的物权法**，在此包括： 711

- 债务人在不动产、船舶、航空器上的所负登记义务的法律规定；在此适用成员国内依其完成登记的法律（《欧洲破产条例》第 14 条）。
- 关于不动产的取得和使用合同；该合同受标的物所在的成员国内的法律的约束（进一步参见《欧洲破产条例》第 11 条）。

例如：S 将其在慕尼黑的土地卖给了 G，现在将对 S 在意大利启动主程序，因此买卖合同的后果将依据德国的买卖合同规定及破产法而判断：必要时，在意大利设立的破产管理人享有选择权（第 103 条第 1 款），除非，因不动产所有权转让合意预告登记而保证 G 所有权取得请求权（《欧洲破产条例》第 106 条第 1 款、第 8 条第 3 款）。

- 程序启动后，债务人对土地或负登记义务的船舶、航空器或有价证券进行的有偿处分；在此，适用土地所在地或登记地的国家的法律（《欧洲破产条例》第 17 条）。

某些情况下，所涉及国家的法律允许善意取得。但管理人可以申请登记或请求进行**破产标注**（《欧洲破产条例》第 29 条；《破产实施法》第 102c 条之第 8 条）。

- 如因可撤销的行为而受益的受益人证明，该行为（依国际私法）受其他国家而非启动国的法律约束，并且依其他国家的法律不可撤销该行为时，“特别联结点”适用于破产撤销等类似行为（《欧洲破产条例》第 16 条；*Prager/Keller NZI 2011, 697 ff.*）。
- 法律特别规定的劳动合同，诸如此类的合同（根据国际私法）受该法律的约束（《欧洲破产条例》第 13 条）。

• 对财团标的物或权利的未决诉讼，可适用未决诉讼所在国的法律（《欧洲破产条例》第 18 条）。

四、附属程序的特点

712 以下主破产程序的管理人称为主管理人，附属破产程序中的债权人称为附属—债权人等。

基于主管理人的申请而**启动**附属程序（→*边码 701*）（《欧洲破产条例》第 37 条第 1 款第 a 项），将不再审查债务人破产，因已在主程序中对此给予了确认（《欧洲破产条例》第 34 条第 2 句）。如果附属程序（如同德国法的规定：→*边码 120*）取决于程序费用的支付，则法院可要求预付费用或提供担保（《欧洲破产条例》第 40 条）。

713 在两个程序中都可以**申报债权**。管理人应在其他各个程序中负责申报事宜（进一步参见《欧洲破产条例》第 45 条第 2 款；代理权类推适用第 341 条第 3 款）。如果债权人在程序中已取得债权的部分份额，则在其他程序中分配时，只有同等地位的债权人获得相同份额时才考虑该债权人（《欧洲破产条例》第 23 条第 2 款）。

714 主程序和附属程序的**管理人**必须**相互配合**（《欧洲破产条例》第 41 条）。管理人必须相互告知对另一程序具有重要意义的所有相关事宜，例如关于申报的债权，债权的审查及重组措施。对重整计划和其他的财团变价也要进行协作。如同债权人，管理人可以参与其他各个程序，也包括债权人会议（《欧洲破产条例》第 45 条第 3 款）。**法院**也必须进行广泛的协作（《欧洲破产条例》第 43 条及以下）。

应给予主管理人对**附属程序中**财团**变价**提建议的机会（《欧洲破产条例》第 41 条第 2 款第 c 项）。基于主管理人的申请，启动附属程序的法院可以停止全部或部分变价，除非这明显不符合主债权人的利益（《欧洲破产条例》第 46 条第 1 款）。停止变价时管理人可以放弃保护附属—债权人的合理措施。

715 附属程序可以依第二国的法律因**重整计划、和解**或相似规定而终结，因此也允许主管理人提出相应的建议（《欧洲破产条例》第 47 条第 1 款）。只有在所涉债权人都同意和解等时，附属程序范围内的延期和债务免除才在其他破产程序中有约束力（《破产实施法》第 102c 条之第 15 条；也可参见《欧洲破产条例》第 47 条第 2 款）。

第三节　德国国际破产法

参考文献：Amtl. Begr. IntInsR（BT-Drs. 15/16），13 f.，18 ff.（sehr instruktiv）；Gottwald InsR-HdB/*Kolmann/Keller* 2720 ff.；Hergenröder，Internationales Verbraucherinsolvenzrecht，ZVI 2005，233，241 ff.；*Hergenröder/Gotzen*，Insolvenzrechtliche Anerkennung des US-Chapter 11-Verfahrens，DZWiR 2010，273 ff.；*Liersch*，Deutsches Internationales Insolvenzrecht，NZI 2003，302 ff.。

德国的国际破产法（第 335 条及以下）首先适用于和第三国的关系上，即与非欧盟国家的关系，但也包括丹麦（→*边码 698*）。该自治法广泛吸收了《欧洲破产条例》中的规定。但是，立法者有意不完全吸收《欧洲破产条例》：对第三国来说，《欧洲破产条例》所包含的对法治国和司法效力的信赖并非在每个案件中都是正当的。 716

一、德国的破产程序

对第三国来说，原则上也必须根据启动国的法律判断破产程序及其效力（《破产法》第 335 条；参见《欧洲破产条例》第 7 条第 1 款）。如因境内的法院具有管辖权，而将在德国启动破产程序时，该程序应具有**跨国效力**，尤其将包括债务人在世界范围内的财产。其他国家不认可德国的程序或不认可某种效力，并不改变上述规则。但也许适用平等对待。 717

例如：*以财团被管理或应被管理为限，债务人必须协助破产管理人（第 97 条第 2 款）。因此，当管理人的法律权限在外国不被认可时，债务人必须授予管理人代理权（BGH NJW-RR 2004，135 f.）。*

如果在德国对 S 的财产启动破产程序，而 S 在 X 国也有财产，并且因 X 国不认可德国的程序和执行禁止，一个在德国居住的债权人在 X 国执行财产时，以德国法的规定来看，该债权人属于不当得利：必须向管理人返还所得（第 342 条第 1 款），必要时还必须履行损害赔偿义务（《民法典》第 826 条）。

另一方面，**普遍的有效性请求**（Geltungsanpruch）将相对化。如同《欧洲破产条例》，不动产买卖合同和租赁合同适用不动产所在地的国家的法律（第 336 条第 1 句），劳动关系适用依据德国的国际私法中对劳动关系具有效力的法律（第 337 条），并且对抵销权适用对破产债务人的（主） 718

请求权具有效力的法律（第 338 条）。当被撤销权人证明，另一国家的法律对法律上的行为具有约束力并且依据该国法律，法律上的行为不可被撤销（第 339 条），破产撤销也不应该遵循“法院地法”（第 129 条及以下）。

719 如根据第 3 条德国法院不享有管辖权，仍然可以考虑**特别程序**（第 354 条），即对限于国内的财产启动破产程序。仅基于债权人的申请并且在下述两种情形下可以启动特别程序：

- 债务人在国内一直拥有营业场所。
- 债务人在此享有其他财产，并且因债权人预计在外国程序中处于更加不利的地位而对国内的程序具有特别利益时。

在特别程序中很难通过破产计划，并且不适用余债免除（第 355 条）。

二、外国的破产程序

720 破产程序和其效力遵循启动国的法律（第 335 条），该原则也适用于在外国启动的程序（普遍原则）。逻辑上我们将**立即认可该程序**（第 343 条第 1 款）。当然这存在双重保留：

- 如果“根据德国法律”在外国启动程序的法院不具有管辖权时，不得适用启动国的法律。审查标准是德国的国际管辖权是否如镜像传输般在外国得到适用：因此这意味着，根据第 3 条法院必须——该规定适用于外国——具有管辖权，因债务人在法院管辖区内拥有一般受理法院或独立的经济事务中心等。
- 禁止因认可而出现不符合“德国法的根本原则”（“公共秩序”），特别是违反基本法的结果。

721 首先，**效力延伸**针对破产程序的启动作了规定：在德国不可以审查破产程序启动的前提。确切地说，德国破产法院（第 348 条）还必须对破产程序启动进行公告（进一步参见第 345 条）。可能存在的保全措施（破产程序启动前的）将予以认可（第 343 条第 2 款；“司法协助”参见第 344 条），特别是要认可依据第三国法律产生的——开始的——和后续的程序后果，例如破产管理人的权限，该破产管理人还必须证明其任命（第 347 条），还包括处分权的丧失（但善意保护参见第 349 条），因此必须向有权机关请求在土地登记簿上登记处分权的限制（第 346 条）。在国内不再免除对债务人的履行（但善意保护参见第 350 条）。国内的法律争议将被中断（第 352 条第 1 款；*例如参见 BGH ZInsO 2009, 2145 ff.-USA*）。认可因第 336 条及以下而受到**限制**：不动产买卖或使用的例外、劳动关系、抵销和破产撤销也适用于外国的破产程序（实际上通常保护的是本国人）。第 351 条对程序启动时位于境内的标的物需依德国法给予取回权和别除权作了补充性保护规定。重要的还包括，执行外国程序中的裁判（例如关于报告义务、债务人的共同参与、确认和解）以德国的执行判决为前提（第 353 条；不同于《欧洲破产条例》第 32 条）。

尽管存在对外国破产程序的认可，德国破产法院还可以启动**附属破产** 722
程序（第 356 条）。该程序限于国内的财产。启动该程序不要求确认破产，因已在外国发生破产。外国的管理人也可以提出启动申请（第 13 条）（第 356 条第 2 款）。附属管理人协助外国的同事（进一步参见第 357 条）。附属程序中获得的剩余财产必须返还给主程序的管理人（第 358 条）。

第四十二章　破产法在实践中的重要问题

第一节　破产程序中的抚养费请求权

参考文献：*Keller*, Der Unterhaltsanspruch als Insolvenzforderung und die Stellung des Unterhaltsgläubigers im Insolvenzverfahren, NZI 2007, 143 ff.; KS-InsO/*Kohte*, Die Behandlung von Unterhaltsansprüchen nach der Insolvenzordnung, 1161 ff.

723 家庭扶养费（《民法典》第 1360 条及以下）、亲属扶养费（《民法典》第 1601 条及以下；多数为：子女抚养费、分居扶养费）和离婚后的抚养费（《民法典》第 1361 条、第 1559 条及以下）或对母亲的赡养费（《民法典》第 1615l 条）可以成为债务。如果债务人享有该请求权，则该请求权可能属于财团请求权（→*边码 153*）。然而，怎么处理**对债务人**的抚养费请求权？这主要取决于何时产生该请求权。虽然，通常支付抚养费义务因破产程序启动前的情形而产生。但是，每次产生新的月抚养费支付义务（仅参见《民法典》第 1612 条第 3 款）。由此：

724 • **程序启动前**的抚养费请求权属于破产请求权。因此，排除任何单独强制执行（第 89 条第 1 款）。仅可扣押债务人在破产程序后的工资请求权（→*边码 165*），且仅对一般免于扣押款项和债务人最低生活费之间的差额进行扣押（《破产法》第 89 条第 2 款第 2 句结合《民事诉讼法》第 850d 条）。以起诉债务人迟延履行或已要求债务人答复为限，还可主张过去的抚养费（即经催告；《民法典》第 286 条第 2 款第 1 项不可适用）（《民法典》第 1613 条）。在余债免除的情形下，所有请求权会面临丧失威胁——如果不涉及因故意违反支付抚养费义务而产生损害赔偿的话（《破产法》第 302 条第 1 项结合《民法典》第 823 条第 2 款、《刑法典》第 170 条）。

- **程序进行期间**的抚养费请求权不属于破产请求权［→边码 *60*；*OLG Koblenz FamRZ 2002, 31*（*32*）］。尽管新债权人的生存依赖抚养费的支付，但该新债权人不参与程序。 725

第 40 条还对此进行了确认。仅以破产人**作为抚养债务人的继承人**而承担责任为限，才可以在破产程序启动后主张抚养费请求权。这实际上并不常见。

例如：对离婚的妻子承担扶养义务的丈夫死亡，并且根据遗嘱由其女朋友继承遗产，该女朋友因而必须承担部分扶养义务（《民法典》第 1586b 条），但其发生破产。

该新债权人也不可以通过单独强制执行取得财团财产（→边码 *163*）， 726
但是在一定范围内可以取得免于财团扣押的财产。虽然原则上该财产不可扣押，但对抚养费债权人——并且仅对抚养费债权人——来说扩展了可扣押的范围（→边码 *164*）：允许以债务人最低生活水平为限对债务人的债权扣押（《民事诉讼法》第 850d 条），此外也可以对程序结束后的债权扣押（→边码 *165*）。两者的帮助有限。但是，一般免于扣押的范围很高（→边码 *512*）并且存在扶养义务时更高（《民事诉讼法》第 850c 条第 1 款第 2 句），因而也许可以取得相当大的差额款项。

- 通常，**程序结束后**可以执行抚养费履行义务。但通常债务人将争取余债免除。然后，在良好表现期内——数年内——收回债务人可扣押的收入，因债务人必须将该收入让与受托人（→边码 *536*）。因此，抚养费请求权债权人依《民事诉讼法》第 850d 条仅可干涉上述差额。 727

另一方面，余债免除也可以给予债权人机会。债务人必须履行其他高额的义务，而该义务降低了债务人的给付能力时，通常会因此降低抚养费请求权（《民法典》第 1603 条）。如果余债免除时该旧债务被消灭，则债务人中期可能提高给付能力。谁对子女抚养承担债务，便应承担启动破产程序的义务（*BGHZ 162, 238 ff.*）。如果债务人履行了该义务，则其给付能力随着准予余债免除而提高，通常在这之前已发生，因不久便进行扣押保护（→边码 726）。如果债务人未履行该义务，则家事法院将因此推定其有给付能力，因即使未违反义务其也可以给付。

据此，抚养费债权人的命运并不一帆风顺。虽然，与其他债权人平等 728
对待是符合逻辑的（→边码 *8 及以下*），但**法律政策上令人怀疑**。因为实际上迟延给付时，抚养费债权人——与其他所有债权人相比——受到的生存威胁更加严重，因而大多数情况下其将请求社会救助。对此，由纳税人进行支付。如果在抚养费请求权被履行前，现金流向其他破产债权人时，将由国家进行救助。根据先前的《破产清算法》，至少允许抚养费债权人因后续的请求权而干预新取得物。现在根据《破产法》，因新取得物属于财团，所以抚养费债权人处于更加不利的地位。

729 **生活费也可由财团**支付（作为财团请求权，第 209 条第 1 款第 3 项），即针对债务人（第 100 条第 1 款）、人合公司中有代表权的承担个人责任的股东（第 101 条第 1 款第 3 句）和其家庭的生活费。对此由债权人会议根据自由裁量决定。在债权人委员会的同意下，破产管理人可以事先以最低生存标准给付“必要的”生活费（进一步参见第 100 条第 2 款）。如果命令自行管理，甚至允许债务人或股东自行从财团中取出（第 278 条）自己和家庭（第 100 条第 2 款第 2 项）“朴素生活下”所需的资金。

第二节　破产程序中的公法上的义务

参考文献：*Kebekus*, Altlasten in der Insolvenz–aus Verwaltersicht, NZI 2001, 63 ff.; KS–InsO/*W. Lüke*, Umweltrecht und Insolvenz, 706 ff.; *Pape*, Altlastenbeseitigungsansprüche und Ersatzvornahmekosten im Insolvenzverfahren–Masseschuldansprüche oder Insolvenzforderungen, FS Kreft, 2004, 445 ff.; *K. Schmidt*, Keine Ordnungspflicht des Insolvenzverwalters?, NJW 2010, 1489 ff.; *Segger*, Die Erfüllung immissionsschutzrechtlicher Nachsorgepflichten in der Insolvenz, 2000; *Tetzlaff*, Altlasten in der Insolvenz, ZIP 2001, 10 ff.

730 通常，经营企业者也必须履行公法上保护公共安全的义务。该义务可能因秩序法而产生或因行政行为而具体化。如何在破产程序中处理公法上的义务，法律没有具体规定。两个规定领域的关系——在此以公共利益为基础的高权行为，及具有少数例外的债权人平等对待原则——出现很多疑难问题。当公司破产必须**解决污染问题**时，还可能存在政策方面的意见。因此，问题是是否必须由基于其他债权人的费用的财团承担危害环境（并且通常也包括债务人的环境污染行为）的责任，还是由公共机构承担责任。在此仅简述该问题。同时要区分有权发布基本命令的公法上的义务、执行公法上的义务［通过代履行（Ersatzvornahme）］和费用负担，还要区分债务人的请求与破产管理人的请求。

一、公法上的义务

已引起争论的是，是否“公法上的义务”（Ordnungspflichtigkeit）属于**可申报的“债权”**。虽然第 38 条也完全涵盖公法上的请求权，例如税费债权。但公法上的义务部分作为没有债权人的纯粹“义务”来对待（*K. Schmidt ZIP 1997，1444；OVG Greifswald ZIP 1997，1462 f.*）。该观点似乎完全合规，因为有权机关可以要求作为或不作为。 731

但不构成债务人的不作为义务，因为该义务不针对债务人的财产，因此缺乏财团相关性。该义务必须与“可代替”的作为相关（参见《民事诉讼法》第 887 条），即可以由第三人代为履行。如果出现危险，债务人有义务消除危险，便属于此情形：第三人也可以采取措施保护环境。因此必要时，机构同样转向代履行。

其次，公法上的义务似乎也存在金钱给付。因为对此可以换算为现金（第 45 条）。

当然，以破产管理人作为行为妨害人负责为限，与**破产后产生的危险**相关的公法上的义务属于财团债务（第 55 条第 1 款第 1 项；→边码 79；普遍观点）：还可能是破产管理人扩大了潜在危险或对环境的损害（参见 *Petersen NJW 1992，1206*）或管理人在享有处分权限下通过继续推动原来的经营目的，本身属于危险设备的运营商（*BVerwGE 126，329*），此外管理人也可以是“强势”临时管理人（*VGH Kassel NJW 2010，1545 f.*）。另外，只要破产扣押持续存在，管理人作为状态妨害人就必须一直承担责任。 732

对**破产前已产生**，破产程序启动后还在持续**的危险**评价不一。 733

- 《联邦行政法院判决集》区分如下：因债权人之前的行为所引起的公法上的义务不转移给管理人，仅可作为破产债权。与之相反，管理人为状态妨害者时，即构成违反公法上的义务（例如根据《联邦防止土地不利改变和污染场地修复法》第 4 条第 3 款第 1 句），在破产扣押持续期间（参见→边码 735）属于财团债务（《联邦宪法法院判决集》122，79 *f.*；补充参见 *K. Schmidt BB 1991，1273 ff.*）。

如果破产程序启动前追诉债务人无果，在此可以对管理人提出**新的消除命令**。如果破产管理人后续报告财团不足（第 208 条；可能正是由于旧污染治理），机关甚至可以通过后续的通知取得新的财团请求权（第 209

条第 1 款第 2 项），该判决对实践具有约束力。但给破产管理人造成严重的困难（参见 *Tetzlaff NZI 2003，642 f.*）。

- 另一方面，公法上的义务等同于民法上的除去侵害请求权（《民法典》第 1004 条）；如果在此考虑取回时，也必须先履行公法上的义务（*Stürner FS Merz，1992，569 ff.，freilich differenzierend*；*abl. Segger，Die Erfüllung immissionsschutzrechtlicher Nachsorgepflichten in der Insolvenz，2000，115 ff.*）。

734 • 根据主流观点，因破产前出现的危险情形而产生的公法上的义务仅属于破产债权［*BGHZ 150，317 f.*，判决理由；*Häsemeyer FS Uhlenbruck，2000，101 f.*（*108 ff.*）；*KS-InsO/Lüke S. 722 ff.*］。这有其优势：当作出消除命令等时，才（又）产生公法上的义务。因为一般至少程序启动时存在法律理由的情况下（→边码 59），才成立破产债权。相应地，当出现每项危险状态且债务人是“妨害者”时，并且当确认了多个妨碍者，而机关还未决定，要对谁在多大程度上提出请求时，也构成公法上的义务。

735 以必须确认管理人公法上的义务为限，存在这样的问题，即是否**可脱离**该义务的**基础**。要考虑的是，污染土地或垃圾的交付使用情形。根据主流观点，在企业破产时也可能发生（→边码 172 及以下）。并且随着引起公法上义务的标的物的交付使用，经过先前废物处理后（*OVG Lüneburg NJW 2010，1546 f.*）也应终结管理人的责任（参见 *BVerwGE 122，80 ff.*；其他观点参见 *Häsemeyer InsR Rn. 13.20*）。虽然多数情形下，不可以通过放弃物的所有权（Dereliktion）而实现（参见《下萨克森州关于公共安全和秩序法》第 7 条第 3 款）；但交付使用不应该与之相比。

二、执行公法上的义务

736 以破产管理人公法上的义务属于财团债务（→边码 732 及以下）为限，也适用于支付费用的代履行。

相反，人们将破产前产生的公法上的义务视为破产债权（→边码 734），对此也排除行政强制执行（Verwaltungsvollstreckung）。因为第 89 条第 1 款中的执行禁止也适用于公法上的请求权。虽然在破产程序启动前允许代履行，但之后只有在代履行不给财团造成负担的范围内允许。因此产生的费用补偿请求权属于破产债权，必须在清单中予以申报。

实践中，该费用从来未通过破产份额而得到清偿。在此代表性的观点认为，必须以国家费用来消除环境危险。如果这造成财团价值上升，则必须追回该价值上升部分：《联邦防止土地不利改变和污染场地修复法》第25条规定了补偿请求权。这可能为财团债务（第55条第1款第3项；进一步参见 *KS-InsO/Lüke S. 730 f.*）。

条文索引

（数字表示边码位置；主要出处由斜体标出）

关键词索引

（数字表示边码位置；主要出处由斜体标出）

文献索引

（下述文献，仅限于每章参考文献部分未特别提及者）

Becker InsolvenzR	Christoph Becker, Insolvenzrecht, 3. Aufl., 2010 《破产法》，第 3 版，2010 年
Bork InsR	Reinhard Bork, Einführung in das Insolvenzrecht, 8. Aufl., 2017 《破产法导论》，第 8 版，2017 年
Ehricke/Biel InsR	Ehricke/Biehl, Prüfe dein Wissen. Insolvenzrecht, 2. Aufl., 2015 《破产法》，第 2 版，2015 年
Eidenmüller	Horst Eidenmüller, Unternehmenssanierung zwischen Markt und Gesetz, 1999 《市场和法律上的公司重整》，1999 年
FK-InsR/Bearbeiter	Wimmer (Hrsg.), Frankfurter Kommentar zur Insolvenzordnung, 9. Aufl., 2017 《法兰克福破产法评注》，第 9 版，2017 年
Gottwald InsR-HdB/Bearbeiter	Gottwald (Hrsg.), Insolvenzrechts-Handbuch, 5. Aufl., 2015 《破产法手册》，第 5 版，2015 年
Gruchot	Beiträge zur Erläuterung des Deutschen Rechts (begründet von Gruchot) 《德国法的解释文集》(由 Gruchot 创办)
Häsemeyer InsR	Häsemeyer, Insolvenzrecht, 4. Aufl., 2007 《破产法》，第 4 版，2007 年
HK-InsO/Bearbeiter	Kayser/Thole (Hrsg.), Heidelberger Kommentar zur Insolvenzordnung, 8. Aufl., 2016 《海德堡破产法评论》，第 8 版，2016 年
Hoffmann	Jan Felix Hoffmann, Prioritätsgrundsatz und Gläubigergleichbehandlung, 2016 《优先原则和债权人平等对待》，2016 年

续表

Jaeger/Bearbeiter KO	Jaeger, Konkursordnung, 9. Aufl., ab 1977 (soweit nichts anderes vermerkt, ist aus dieser Aufl. zitiert); 8. Aufl., 1958 ff 《破产清算法》，第9版，自1977起（如未作其他标注，则引自该版本）；第8版，1958及以下部分
Jaeger/Bearbeiter InsO	Jaeger, Insolvenzordnung, Großkommentar, Henckel/Gerhardt, (Hrsg.), Bd. 1, 2004; Bd. 2, 2007; Bd. 3, 2014; Bd. 4, 2008 《破产法》，大型评注，第1卷，2004年；第2卷，2007年；第3卷，2014年；第4卷，2008年末
Jauernig/Berger ZwangsVollstrR/InsR	Jauernig/Berger, Zwangsvollstreckungs-und Insolvenzrecht, 23. Aufl., 2010 《强制执行法与破产法》，第23版，2010年
Keller InsR	Keller, Insolvenzrecht, 2006 《破产法》，2006年
Kübler/Prütting/Bork/Bearbeiter	Kübler/Prütting/Bork (Hrsg.), Kommentar zur Insolvenzordnung (Loseblatt), Stand: April 2017 《破产法评注》，活页版，引用数据截至：2017年4月
KS-InsO/Bearbeiter	Arbeitskreis für Insolvenzwesen e. V., Kölner Schrift zur Insolvenzordnung 3. Aufl., 2009 破产工作小组协会，《科隆破产法文集》，第3版，2009年
K. Schmidt/Bearbeiter	K. Schmidt (Hrsg.), Insolvenzordnung, 19. Aufl., 2016 《破产法》，第19版，2016年
Medicus/Petersen BürgerlR	Medicus/Petersen, Bürgerliches Recht, 26. Aufl., 2017 《民法》，第26版，2017年
MüKoInsO/Bearbeiter	H.-P. Kirchhof/Eidenmüller/Stürner (Hrsg.), Münchener Kommentar zur Insolvenzordnung, Bd. 1 (§§ 1-79), Bd. 2 (§§ 80-216), 3. Aufl., 2013, Bd. 3 (§§ 217-359), 3. Aufl., 2014 《慕尼黑破产法律评注》，第1卷（第1—79条），第2卷（第80—216条），第3版，2013年，第3卷（第217—359条），第3版，2014年
MüKoZPO/Bearbeiter	Krüger/Rauscher (Hrsg.), Münchener Kommentar zur Zivilprozessordnung, Bd. 2 (§§ 355-945b), 5. Aufl., 2016 《慕尼黑民事诉讼法评注》，第2卷（第355—945b条），第5版，2016年

续表

Motive zur KO	Motive zu dem Entwurf einer Konkursordnung (z. B. in: Hahn, Die gesamten Materialien zur Konkursordnung, 1881, Neudruck 1983 [dort Originalseitenzahlen neben dem Text!]) 《破产清算法草案的动议》(例如: 在: Hahn,《破产法的所有材料》, 1881 年, 1983 年再版 [该版文字旁有原始页码])
Nerlich/Römermann/Bearbei–ter	Nerlich/Römermann (Hrsg.), Insolvenzordnung, (Loseblatt) Stand: Juli 2017 《破产法》, 活页版, 引用数据截至 2017 年 7 月
Reischl InsR	Klaus Reischl, Insolvenzrecht, 4. Aufl., 2016 《破产法》, 第 4 版, 2016 年
Scholz/Bearbeiter	Kommentar zum GmbH–Gesetz, 11. Aufl., 2015 《有限责任公司法评注》, 第 11 版, 2015 年
Smid InsR	Smid, Grundzüge des Insolvenzrechts, 4. Aufl., 2002 《破产法精要》, 第 4 版, 2002 年
Uhlenbruck/Bearbeiter	Insolvenzordnung, 14. Aufl., 2015 《破产法》, 第 14 版, 2015 年

著作权合同登记号：图字 01-2017-8374 号
© Verlag C.H.Beck oHG, München 2014

图书在版编目 (CIP) 数据

德国破产法：第七版 /（德）乌尔里希·福尔斯特（Ulrich Foerste）著；张宇晖译．—北京：中国法制出版社，2020.5（2024.6重印）
（欧洲法与比较法前沿译丛）
书名原文：Insolvenzrecht
ISBN 978-7-5216-0995-0

Ⅰ.①德…　Ⅱ.①乌…　②张…　Ⅲ.①破产法－德国　Ⅳ.① D951.622.9

中国版本图书馆 CIP 数据核字（2020）第 057622 号

项目策划：马　颖　　本书策划 / 责任编辑：王雯汀　　封面设计：李　宁

德国破产法
DEGUO POCHANFA
著者 /［德］乌尔里希·福尔斯特
译者 / 张宇晖
经销 / 新华书店
印刷 / 北京虎彩文化传播有限公司
开本 / 710 毫米 ×1000 毫米　16 开　　印张 / 28　字数 / 458 千
版次 / 2020 年 5 月第 1 版　　2024 年 6 月第 2 次印刷

中国法制出版社出版
书号 ISBN 978-7-5216-0995-0　　定价：98.00 元

北京市西城区西便门西里甲 16 号西便门办公区
邮政编码：100053　　传真：010-66031119
网址：http://www.zgfzs.com　　**编辑部电话：010-66034242**
市场营销部电话：010-66033393　　**邮购部电话：010-66033288**
（如有印装质量问题，请与本社印务部联系调换。电话：010-66032926）